【臺灣現當代作家
研究資料彙編】35

# 羅　門

國立台灣文學館
出版

# 部長序

　　文學既是社會縮影也是靈魂核心，累積研究論述及文獻史料，不僅可厚實文學發展根基，觀照當代人文的思想脈絡，更能指引未來的社會發展。臺灣文學歷經數百年的綿延與沉澱，蓄積豐沛的能量，也呈現生氣盎然的多元創作面貌。近一甲子的臺灣現當代文學發展，就是華文世界人文心靈最溫暖的寫照。

　　緣此，國立臺灣文學館自 2010 年啟動《臺灣現當代作家研究資料彙編》，鉅細靡遺進行珍貴的文學史料蒐集研究，意義深遠。這項計畫歷時三年多，由文學館結合學界、出版社、作家一同參與，組成陣容浩大的編輯群與顧問團隊，梳理臺灣文學長河裡的各方涓流，共匯集 50 位臺灣現當代重要作家的生平、年表與作品評論資料，選錄其代表性的評論文章，彙編成冊，完整呈現作家的人文映記、文學成就及相關研究，成果豐碩。

　　由於內容浩瀚、需多所佐證，本套叢書共分三階段陸續出版，先是 2011 年推出以臺灣新文學之父賴和為首的 15 位作家研究資料彙編，接著於 2012 年完成張我軍、潘人木等 12 位作家的研究資料彙編；及至 2013 年 12 月，適逢國立臺灣文學館十周年館慶之際，更纂輯了姜貴、張秀亞、陳秀喜、艾雯、王鼎鈞、洛夫、余光中、羅門、商禽、瘂弦、司馬中原、林文月、鄭愁予、陳冠學、黃春明、白先勇、白萩、陳若曦、郭松棻、七等生、王文興、王禎和、楊牧共 23 位作家的研究資料，皇皇巨著，為臺灣文學之巍巍巨觀留下具里程碑的文字見證。這套選粹體現了臺灣文學研究總體成果中，極為優質的論述著作，有助於臺灣文學發展的擴展化與深刻化，質量兼具。在此，特別對參與編輯、撰寫、諮詢的文學界朋友們表達謝意，也向全世界愛好文學的讀者，推介此一深具人文啟發且實用的臺灣現當代文學工具書，彼此激勵，為更美好的臺灣人文環境共同努力。

文化部部長　龍應台

# 館長序

　　所有一切有關文學的討論，最終都得回歸到創作主體（作家）及其創作文本（作品）。文本以文字書寫，刊載在媒體上（報紙、雜誌、網站等），或以印刷方式形成紙本圖書；從接受端來看，當然以後者為要，原因是經過編輯過程，作者或其代理人以最佳的方式選編，常會考慮讀者的接受狀況，亦以美術方式集中呈現，其形貌也必然會有可觀者。

　　從研究的角度來看，它正是核心文獻。研究生在寫論文的時候，每在緒論中以一節篇幅作「文獻探討」，一般都只探討研究文獻，仍在周邊，而非核心。所以作家之研究資料，包括他這個人和他所寫的作品，如何鉅細靡遺彙編一處，是研究最基礎的工作；其次才是他作品的活動場域以及別人如何看待他的相關資料。前者指的是發表他作品的報刊及其他再傳播的方式或媒介，後者指的是有關作家及其作品的訪問、報導、著作目錄、年表、文評、書評、專論、綜述、專書、選編等，有系統蒐輯、編目，擇其要者結集，從中發現作家及其作品被接受的狀況，清理其發展，這其實是文學經典化真正的過程；也必須在這種情況下，作家研究才有可能進一步開展。

　　針對個別作家所進行的資料工作隨時都在發生，但那是屬於個人的事，做得好或不好，關鍵在他的資料能力；將一群有資料能力的學者組織起來，通過某種有效的制度性運作，想必能完成有關作家研究資料彙編的人文工程，可以全面展示某個歷史時期有關作家研究的集體成就，這是國立臺灣文學館從 2010 年啟動「臺灣現當代

作家研究資料彙編」（50 冊）的一些基本想法，和另外兩個大計畫：「臺灣文學史長編」（33 冊）、「臺灣古典作家精選集」（38 冊），相互呼應，期能將臺灣文學的豐富性展示出來，將「臺灣文學」這個學科挖深識廣；作為文化部的附屬機構，我們在國家文化建設的整體工程中，在「文學」作為一個公共事務的理念之下，我們紮紮實實做了有利文化發展的事，這是我們所能提供給社會大眾的另類服務，也是我們朝向臺灣文學研究中心理想前進的努力。

　　我們在四年間分三批出版的這 50 本臺灣現當代作家研究資料彙編，從賴和（1894～1943）到楊牧（1940～），從割臺之際出生、活躍於日據下的作家，到日據之末出生、活躍於戰後臺灣文壇的作家；當然也包含 1949 年左右離開大陸，而在臺灣文壇發光發熱的作家。他們只是臺灣作家的一小部分，由承辦單位組成的專業顧問群多次會商議決；這個計畫，我們希望能夠在精細檢討之後，持續推動下去。

　　顧問群基本上是臺灣文學史專業的組合，每位作家重要評論文章選刊及研究綜述的撰寫者，都是對於該作家有長期研究的專家。這是學界人力的大動員，承辦本計畫的臺灣文學發展基金會長期致力臺灣文學史料的蒐輯整理，具有強大的學術及社會力量，本計畫能夠順利推動且如期完成，必須感謝他們組成的編輯團隊，以及眾多參與其事的學界朋友。

國立臺灣文學館館長　李瑞騰

# 編序

◎封德屏

## 緣起

1995 年 10 月 25 日，在臺灣師範大學教育大樓的 201 室，一場以「面對臺灣文學」爲題的座談會，在座諸位學者分別就臺灣文學的定義、發展、研究，以及文學史的寫法等，提出宏文高論，而時任國家圖書館編纂張錦郎的「臺灣文學需要什麼樣的工具書」，輕鬆幽默的言詞，鞭辟入裡的思維，更贏得在座者的共鳴。

張先生以一個圖書館工作人員自謙，認真專業地爲臺灣這幾十年來究竟出版了多少有關臺灣文學的工具書，做地毯式的調查和多方面的訪問。同時條理分明地針對研究者、學生，列出了十項工具書的類型，哪些是現在亟需的，哪些是現在就可以做的，哪些是未來一步一步累積可以達成的，分別做了專業的建議及討論。

當時的文建會二處科長游淑靜，參與了整個座談會，會後她劍及履及的開始了文學工具書的委託工作，從 1996 年的《臺灣文學年鑑》起始，一年一本的編下去，一直到現在，保存延續了臺灣文學發展的基本樣貌。接著是《中華民國作家作品目錄》的新編，《臺灣文壇大事紀要》的續編，補助國家圖書館「當代文學史料影像全文系統」的建置，這些工具書、資料庫的接續完成，至少在當時對臺灣文學的研究，做到一些輔助的功能。

2003 年 10 月，籌備多年的「台灣文學館」正式開幕運轉。同年五月《文訊》改隸「財團法人台灣文學發展基金會」，爲了發揮更大的動能，開

始更積極、更有效率地將過去累積至今持續在做的文學史料整理出來，讓豐厚的文藝資源與更多人共享。

於是再次的請教張錦郎先生，張先生認爲文學書目、作家作品目錄、文學年鑑、文學辭典皆已完成或正在進行，現在重點應該放在有關「臺灣現當代作家評論資料目錄」的編輯工作上。

很幸運的，這個計畫的發想得到當時臺灣文學館林瑞明館長的支持，於是緊鑼密鼓的展開一切準備工作：籌組編輯團隊、召開顧問會議、擬定工作手冊、撰寫計畫書等等。

張錦郎先生花了許多時間編訂工作手冊，每一位作家的評論資料目錄分爲：

（一）生平資料：可分作者自述，旁人論述及訪談，文學獎的紀錄。

（二）作品評論資料：可分作品綜論，單行本作品評論，其他作品（包括單篇作品）評論，與其他作家比較等。

此外，對重要評論加以摘要解說，譬如專書、專輯、學術會議論文集或學位論文等，凡臺灣以外地區之報刊及出版社，於書名或報刊後加註，如中國大陸、香港、新加坡等。此外，資料蒐集範圍除臺灣外，也兼及中國大陸、香港、新加坡、日本、韓國及歐美等地資料，除利用國內蒐集管道外，同時委託當地學者或研究者，擔任資料蒐集工作。

清楚記得，時任顧問的學者專家們，都十分高興這個專案的啓動，但確定收錄哪些作家名單時，也有不同的思考及看法。經過充分的討論後，終於取得基本的共識：除以一般的「文學成就」爲觀察及考量作家的標準外，並以研究的迫切性與資料獲得之難易度爲綜合考量。譬如說，在第一階段時，作家的選擇除文學成就外，先考量迫切性及研究性，迫切性是指已故又是日治時期臺籍作家爲優先，研究性是指作品已出土或已譯成中文爲優先。若是作品不少而評論少，或作品評論皆少，可暫時不考慮。此外，還要稍微顧及文類的均衡等等。基本的共識達成後，顧問群共同挑選出 310 位作家，從鄭坤五、賴和、陳虛谷以降，一直到吳錦發、陳黎、蘇

偉貞，共分三個階段進行。

　　張錦郎先生修訂的編輯體例，從事學術研究的顧問們，一方面讚嘆
「此目錄必然能成為類似文獻工作的範例」，但又深恐「費力耗時，恐拖延
了結案時間」，要如何克服「有限時間，高度理想」的編輯方式，對工作團
隊確實是一大挑戰。於是顧問們群策群力，除了每人依研究領域、研究專
長認領部分作家外（可交叉認領），每個顧問亦推薦或召集研究生襄助，以
期能在教學研究工作外，為此目錄盡一份心力。

　　「臺灣現當代作家評論資料目錄」專案計畫，自 2004 年 4 月開始，至
2009 年 10 月結束，分三個階段歷時五年六個月，共發現、搜尋、記錄了
十餘萬筆作家評論資料。共經歷了三位專職研究助理，近三十位兼任研究
助理。這些研究助理從開始熟悉體例，到學習如何尋找資料，是一條漫長
卻實用的學習過程。

## 接續

　　「臺灣現當代作家評論資料目錄」的專案完成，當代重要作家的研
究，更可以在這個基礎上，開出亮麗的花朵。於是就有了「臺灣現當代作
家研究資料彙編暨資料庫建置計畫」的誕生。為了便於查詢與應用，資料
庫的完成勢在必行，而除了資料庫的建置外，這個計畫再從 310 位作家中
精選 50 位，每人彙編一本研究資料，內容有作家圖片集，包括生平重要影
像、文學活動照片、手稿及文物，小傳、作品目錄及提要、文學年表。另
外每本書分別聘請一位最適當的學者或研究者負責編選，除了負責撰寫八
千至一萬字的作家研究綜述外，再從龐雜的評論資料中挑選具有代表性的
評論文章，平均 12～14 萬字，最後再附該作家的評論資料目錄，以期完整
呈現該作家的生平、創作、研究概況，其歷史地位與影響。

　　由於經費及時間因素，除了資料庫的建置，資料彙編方面，50 位作家
分三個階段完成。第一階段出版了 15 位作家，第二階段出版了 12 位作
家，此次第三階段則出版了 23 位作家資料彙編。雖然已有過前兩階段的實

務經驗，但相較於前兩階段，此次幾乎多出版將近一倍的數量，使工作小組在編輯過程中，仍然面臨了相當大的困難與挑戰。

　　首先，必須掌握每位編選者進度這件事，就是極大的挑戰。於是編輯小組在等待編選者閱讀選文的同時，開始蒐集整理作家生平照片、手稿，重編作家年表，重寫作家小傳，尋找作家出版品的正確版本、版次，重新撰寫提要。這是一個極其複雜的工程。還好有認真負責的雅嫻、崔婷、欣怡，以及編輯老手秀卿幫忙，讓整個專案延續了一貫的品質及進度。

　　在智慧權威、老練成熟的學者專家面前，這些初生之犢的年輕助理展現了大無畏的精神，施展了編輯教戰手冊中的第一招——緊迫盯人。看他們如此生吞活剝地貫徹我所傳授的編輯要法，心裡確實七上八下，但礙於工作繁雜，實在無法事必躬親，也只好讓他們各顯身手了。

　　縱使這些新手使出了全部力氣，無奈工作的難度指數仍然偏高，雖有前兩階段的經驗，但面對不同的編選者，不同的編選風格，進度仍然不很順利，再加上此次同時進行 23 位作家的編纂作業，在與各編選者及各冊傳主往來聯繫的過程中，更是有許多龐雜而繁瑣的細節。此時就得靠意志力及精神鼓舞了。我對著年輕的同仁曉以大義，告訴他們正在光榮地參與一個重要的文學工程，絕對不可輕言放棄。

## 成果

　　雖然過程是如此艱辛，如此一言難盡，可是終究看到豐美的成果。每位編選者雖然忙碌，但面對自己負責的作家資料彙編，卻是一貫地認真堅持。他們每人必須面對上千或數百筆作家評論資料，挑選重要或關鍵性的評論文章，全面閱讀，然後依照編選原則，挑選評論文章。助理們此時不僅提供老師們所需要的支援，統計字數，最重要的是得找到各篇選文作者，取得同意轉載的授權。在第一階段進度流程初估時，我們錯估了此項工作的難度，因為許多評論文章，發表至今已有數十年的光景，部分作者行蹤難查，還得輾轉透過出版社、學校、服務單位，尋得蛛絲馬跡，再鍥

而不捨地追蹤。有了第一階段的血淚教訓，第二階段關於授權方面，我們更是如臨深淵、如履薄冰，希望不要重蹈覆轍，第三階段也遵循前兩階段的經驗，在面對授權作業時更是戰戰兢兢，不敢懈怠。

除了挑選評論文章煞費苦心外，每個作家生平重要照片，我們也是採高標準的方式去蒐集，過世作家家屬、友人、研究者或是當初出版著作的出版社，都是我們徵詢的對象。認真誠懇而禮貌的態度，讓我們獲得許多從未出土的資料及照片，也贏得了許多珍貴的友誼。許多作家都協助提供照片手稿等相關資料，如王鼎鈞、洛夫、余光中、羅門、瘂弦、司馬中原、林文月、鄭愁予、黃春明及其子黃國珍、白先勇及與其合作多年的攝影師許培鴻、白萩及其夫人、陳若曦、七等生、王文興、楊牧及其夫人夏盈盈。已不在世的作家，其家屬及友人在編輯過程中，也給予我們許多協助及鼓勵，如姜貴的長子王為鎌、張秀亞的女兒于德蘭、艾雯的女兒朱恬恬、陳秀喜的女兒張瑛瑛、商禽的女兒羅珊珊、陳冠學的後輩友人陳文銓與郭漢辰、郭松棻的夫人李渝、王禎和的夫人林碧燕，藉由這個機會，與他們一起回憶、欣賞他們親人或父祖、前輩，可敬可愛的文學人生。此外，還有張默、岩上、閻純德、李高雄、丘彥明、朱雙一、吳姍姍、鄭穎、舊香居書店吳雅慧等作家及研究者，熱心地幫忙我們尋找難以聯繫的授權者，辨識因年代久遠而難以記錄年代、地點、事件的作家照片，釐清文學年表資料及作家作品的版本問題，我們從他們身上學習到更多史料研究可貴的精神及經驗。

但如何在規定的時間內，完成第三階段 23 本資料彙編的編輯出版工作，對工作小組來說，確實是一大考驗。每一冊的主編老師，都是目前國內現當代台灣文學教學及研究的重要人物，因此每位主編都十分忙碌。有鑑於前兩階段的經驗，以及現有工作小組的人力，決定分批完稿，每個人負責 2～4 本，三位組長的責任額甚至超過 4～5 本。每一本的責任編輯，必須在這一年多的時間內，與他們所負責資料彙編的主角——傳主及主編老師，共生共榮。從作家作品的收集及整理開始，必須要掌握該作家一生

作品的每一次的出版，以及盡量收集不同的版本；整理作家年表，除了作家、研究者已撰述好的年表外，也必須再從訪談、自傳、評論目錄，從作品出版等線索，再做比對及增刪。再來就是緊盯每位把「研究綜述」放在所有進度最後一關的主編們，每隔一段時間提醒他們，或順便把新增的評論目錄寄給他們（每隔一段時間就有新的相關論文或學位論文出現），讓他們隨時與他們所主編的這本書，產生聯想，希望有助於「研究綜述」撰寫的進度。

以上的工作說起來，好像並不十分困難，身為總策劃的我起初心裡也十分篤定的認為，事情儘管艱困，最後還是應該順利完成。然而，這句雲淡風輕的話，聽在此次身歷其境參與工作的同仁耳中，一定會恨得牙癢癢的。「夜長夢多」這個形容詞拿來形容這件工作，真是太恰當也沒有了。因為整個工作期程超過一年，在這段漫長的歲月中，因等待、因其他人力無法抗拒的因素，衍伸出來的問題，層出不窮，更有許多是始料未及的。譬如，每本書的的選文，主編老師本來已經選好了，也經過授權了，為了抓緊時間，負責編輯的助理們甚至連順序、頁碼都排好了，就等主編老師的大作了，這時主編突然發現有新的文章、新的資料產生：再增加兩三篇選文吧！為了達到更好更完備的目標，工作小組當然全力以赴，聯絡，授權，打字，校對，重編順序等等工作，再度展開。

此次第三階段共需完成 23 位作家研究資料彙編，年齡層較上兩個階段已年輕許多，因此到最後的疑難雜症，還有連主編或研究者都不太清楚的部分，譬如年表中的某一件事、某一個年代、某一篇文章、某一個得獎記錄，作家本人絕對是一個最好的諮詢對象，於是幾乎我們每本書都找到了作家本人，對解決某些問題來說，這是一個好的線索，但既然看了，關心了，參與了，就可能有不同的看法，選文、年表、照片，甚至是我們整本書的體例。於是又是一場翻天覆地的大更動，對整本書的品質來說，應該是好的，但對經過一年多琢磨、修改已近入完稿階段的編輯團隊來說，這不啻是一大挑戰。

　　1990 年開始，各地縣市文化中心（文化局），對在地作家作品集的整理出版，以及台灣文學館成立後對日治時期作家以迄當代重要作家全集的編纂，對臺灣文學之作家研究，也有了很好的促進作用。如《楊逵全集》、《林亨泰全集》、《鍾肇政全集》、《張文環全集》、《呂赫若日記》、《張秀亞全集》、《葉石濤全集》、《龍瑛宗全集》、《葉笛全集》、《鍾理和全集》、《錦連全集》、《楊雲萍全集》、《鍾鐵民全集》等，如雨後春筍般持續展開。

　　經過近二十年的努力，臺灣文學的研究與出版，也到了可以驗收或檢討成果的階段。這個說法，當然不是要停下腳步，而是可以從「臺灣現當代作家評論資料目錄」所呈現的 310 位作家、10 萬筆資料中去檢視。檢視的標的，除了從作家作品的質量、時代意義及代表性去衡量外、也可以從作家的世代、性別、文類中，去挖掘還有待開墾及努力之處。因此在這樣的堅實基礎上，這套「臺灣現當代作家研究資料彙編」，每位編選者除了概述作家的研究面向外，均有些觀察與建議。希望就已然的研究成果中，去發現不足與缺憾，研究者可以在這些不足與缺憾之處下功夫，而盡量避免在相同議題上重複。當然這都需要經過一段時間去發現、去彌補、去重建，因此，有關臺灣文學研究的調查與研究，就格外顯得重要了。

## 期待

　　感謝臺灣文學館持續支持推動這兩個專案的進行。「臺灣現當代作家評論資料目錄」的完成，呈現的是臺灣文學研究的總體成果；「臺灣現當代作家研究資料彙編」套書的出版，則是呈現成果中最精華最優質的一面，同時對未來的研究面向與路徑，做最好的建議。我們可以很清楚的體會，這是一條綿長優美的臺灣文學接力賽，我們十分榮幸能參與其中，我們更珍惜在傳承接力的過程，與我們相遇的每一個人，每一件讓我們真心感動的事。我們更期待這個接力賽，能有更多人加入。誠如張恆豪所說「從高音獨唱到多元交響」，這是每一個人所期待的。

# 編輯體例

一、本書編選之目的，為呈現羅門生平、著作及研究成果，以作為臺灣文
學相關研究、教學之參考資料。

二、全書共五輯，各輯內容及體例說明如下：

輯一：圖片集。選刊作家各個時期的生活或參與文學活動的照片、著
作書影、手稿（包括創作、日記、書信）、文物。

輯二：生平及作品，包括三部分：

1.小傳：主要內容包括作家本名、重要筆名，生卒年月日，籍
貫，及創作風格、文學成就等。

2.作品目錄及提要：依照作品文類（論述、詩、散文、小說、
劇本、報導文學、傳記、日記、書信、兒童文學、合集）及
出版順序，並撰寫提要。不收錄作家翻譯或編選之作品。

3.文學年表：考訂作家生平所進行的文學創作、文學活動相關
之記要，依年月順序繫之。

輯三：研究綜述。綜論作家作品研究的概況，並展現研究成果與價值
的論文。

輯四：重要文章選刊。選收國內外具代表性的相關研究論文及報導。

輯五：研究評論資料目錄。收錄至 2013 年 6 月底止，有關研究、論述
臺灣現當代作家生平和作品評論文獻。語文以中文為主，兼及
日文和英文資料。所收文獻資料，以臺灣出版為主，酌收中國
大陸、香港、日本和歐美國家的出版品。內容包含三部分：

1.「作家生平、作品評論專書與學位論文」下分為專書與學位
論文。

2.「作家生平資料篇目」下分為「自述」、「他述」、「訪談」、
「年表」、「其他」。

3.「作品評論篇目」下分為「綜論」、「分論」、「作品評論目
錄、索引」、「其他」。

# 目次

# 輯一◎圖片集

影像◎手稿◎文物

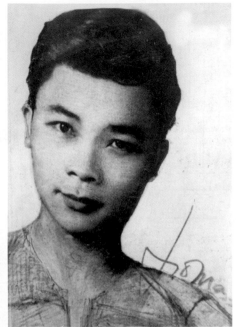

1940年，就讀空軍飛行官校時的羅門。　　1953年，時年25歲的羅門。（羅門提供）
（羅門提供）

1955年4月14日，羅門（中）與蓉子於長安東路禮拜堂舉行婚禮。
（羅門提供）

1956年，時年28歲的羅門。
（羅門提供）

1958年，羅門與蓉子（左）同遊日月潭。（羅門提供）

1962年，謝冰瑩（左三）率韓國女性小說家拜訪羅門（右）與蓉子（左二）夫婦，由許世旭（右二）陪同翻譯。（羅門提供）

1966年12月，應邀參加於菲律賓馬尼拉舉辦的「第一屆詩人大會」，獲國際桂冠詩人協會（UPLI）譽為「中國傑出文學伉儷」，並獲頒菲總統馬可仕金牌獎。左起：蓉子、羅門、劉德樂大使。（羅門提供）

1969年4月14日，羅門、蓉子（左）攝於安東街燈屋，慶結婚15週年，並切蛋糕慶祝。（羅門提供）

約1960年代，羅門與蘇雪林（中）及蓉子（左）合影。（羅門提供）

1970年，與星座詩人群合影於安東街「燈展」。前排左起：淡瑩、蓉子、羅門、蘇凌、王潤華；後排左起：林綠、張錯、黃德偉、佚名、葉曼沙、李狀源。（羅門提供）

1973年11月，與返臺的詩人吳望堯及中國現代詩獎臺北區評審委員攝於中央酒店阿波羅旋轉廳。左起：蓉子、羅門、吳望堯、洛夫、辛鬱、瘂弦、商禽、羊令野。（羅門提供）

1973年11月12～17日，應邀出席中國詩
人協會於臺北舉辦的「第二屆世界詩人
大會」。左起：張默、羅門、高準、大
荒。（羅門提供）

1974年2月，第一屆中國現代詩獎，眾文友合影。左起：辛
鬱、羅門、紀弦、瘂弦、陳祖文、余光中。（文訊文藝資料
中心）

1975年3月16日，於第二屆中國現代詩獎與眾文友合影。左起：羅門、
林亨泰、辛鬱、管管、佚名、吳晟、佚名。（羅門提供）

1975年7月10～22日，攝於清華大學舉辦的「大專及中小學老師文藝營」。左起：羅
門、朱西甯。（羅門提供）

1976年6月，應國際桂冠詩人協會（UPLI）邀請，赴美國巴特摩爾參加「第三屆世界
詩人大會」，並於會中接受大會特別獎項與加冕。左起：蓉子、大會榮譽主席艾伯
哈特、柯肯教授、羅門。（羅門提供）

1977年，與返臺的葉維廉、鄭樹森及眾文友聚餐。前排左起：大荒、葉維廉、廖慈美、蓉子；後排左起：辛鬱、張默、羅門、鄭樹森。（文訊文藝資料中心）

1978年8月，攝於韓國詩人許廷柱夫婦訪臺酒宴。前排左起：辛鬱、許世旭、許廷柱夫婦、蓉子、羅門；後排左起：方心豫、張默、商禽、羊令野、洛夫、梅新。（文訊文藝資料中心）

1970年代，與造訪燈屋的文友合影。左起：林綠、羅門、余光中、胡金銓、
洪麗芬、楊牧、蓉子、佚名。（羅門提供）

1980年2月，與造訪燈屋的文友合影。左起：蓉子、羅門、溫瑞安、鄭明
娳、林燿德。（羅門提供）

1982年，與星座詩社同仁於燈屋聚餐。左起：羅門、張榮森、陳慧樺、蓉子、
張榮森夫人、林綠。（羅門提供）

1984年，應香港大學邀請，赴港進行三場現代詩演講，離港前與送行文友攝於
香港啟德機場。左起：羅門、余光中、范我存、黃德偉。（羅門提供）

1985年10月25日，與藍星詩社同仁於臺北市小統一牛排館聚會。前排左起：周夢蝶、蓉子、羅門、余光中；後排左起：陳素芳、蔡文甫、范我存、張健、向明、黃用。（文訊文藝資料中心）

1988年1月25日，應菲律賓華文作家協會邀請，赴馬尼拉進行四場有關詩的演講，於菲律賓總統府（現改為博物館）前留影。左起：蓉子、羅門。（羅門提供）

1988年4月14日，羅門與獲得國家文藝獎的蓉子（右）合影，時值結婚33週年。（羅門提供）

1989年2月10日，羅門與造訪燈屋的簡政珍（左）、林燿德（右）合影。
（羅門提供）

1989年11月，與文友合影。左起：羅門、莊普、陳延平、胡坤榮、莊喆。
（羅門提供）

1980年代，與造訪燈屋的文友合影。左起：
方梓、向陽、羅門、蓉子。（羅門提供）

1980年代，羅門與蓉子（右）及法國眼鏡蛇畫派理論
家兼詩人隆貝特（Lambert）夫婦（中）合影於燈屋。
（羅門提供）

1990年5月，應邀出席文訊雜誌社於文苑舉辦的「五四文藝茶會暨作家珍藏書
及作家年表展」。左起：羅門、蓉子、王萬福。（文訊文藝資料中心）

1991年4月23日，與造訪燈屋的文友合影。左起：黃德偉、
陳慧樺、鄭明娳、蓉子、羅門、林綠。（羅門提供）

1991年11月11日，獲八十年度中山文藝獎創
作詩歌獎，出席於臺北中山堂舉辦的頒獎典
禮。左起：蓉子、羅門。（羅門提供）

1992年2月21日，羅門詩作〈智慧鳥〉刻入雕塑家何恆
雄之造型藝術作品，樹立於彰化市廣場。左起：羅門、
何恆雄。（羅門提供）

1992年11月20日，羅門（左）應紐約大學邀請，至該校演講詩及朗誦作品。
（羅門提供）

1992年11月31日，應邀赴美參加愛荷華大學舉辦的「世界作家交流會」，贈送
個人著作予愛荷華大學圖書館。左起：圖書館中文部主任周欣平教授、羅門、
蓉子、館長Dr.Shella　Creth、副館長Dr. Ed Shreeves。（羅門提供）

1992年11月，羅門攝於美國，時值參加愛荷華大學國際作家交流會。
（羅門提供）

1993年6月8日，與造訪燈屋的文友合影。左起：羅門、陳慧樺、淡瑩、
蓉子。（羅門提供）

1993年8月6日，羅門（前排左五）與蓉子（前排左七）攝於海南島海口大學舉辦的「羅門、蓉子的文學世界」學術研討會。（羅門提供）

1994年6月20日，拜訪前輩作家冰心。前排左起：羅門、蓉子、冰心；後排：陳祖芬。（羅門提供）

1995年5月14日，攝於臺北國際青年活動中心舉辦的「羅門、蓉子12冊系列書」研討會。左起：蓉子、羅門、余光中、黃德偉、向明。（羅門提供）

約1990年代，羅門與朱銘（右）合影。（羅門提供）

1996年1月11日，羅門與來訪的蕭蕭（右）合影。（羅門提供）

2000年2月13日，羅門攝於臺南國立文化資產保存研究中心舉辦的「詩與燈屋特展」。（羅門提供）

2001年5月4日，羅門與白萩（右）攝於文訊雜誌社於國民黨中央黨部大樓中正廳主辦的「五四文藝雅集」。（文訊文藝資料中心）

2001年11月25日，與造訪燈屋的文友合影。左起：蓉子、唐玲玲、周偉民、羅門、張永村。（羅門提供）

2002年10月，與文友攝於臺灣卡氏珍藏美術館舉辦的
「秦松70回顧展」。左三起：管管、李錫奇、丁文智、
商禽、辛鬱、羅門、秦松。（羅門提供）

2005年4月7日，應邀赴海南大學演講「詩與藝術在人類
世界中的終極價值——兼談詩與藝術關連性」。左起：
海南大學副校長符華兒、羅門。（羅門提供）

2005年，羅門應金門縣政府之邀，參訪金門，
並與蓉子（中）及金門縣長李炷烽（左）合
影。（羅門提供）

2006年5月，羅門與蓉子（右）合影於海南海口市國家地質公園。（羅門提供）

2007年9月8日，羅門與閻振瀛（右）攝於國父紀念館逸仙畫廊舉辦的「閻振瀛彩墨大展」茶會。（羅門提供）

2007年4月20日，羅門出席秦松逝世追思會，於會中發表追思感言。（羅門提供）

2008年4月12日，羅門、蓉子（中）、管管（右）合影於海南大學圖書
館、人文傳播學院及歷史文化基地、海南作協詩社於海南海口市共同舉辦
的「羅門蓉子作品及創作活動週圖片展」。（羅門提供）

2008年6月18日，攝於廣西省南寧市召開的「世界華文文學家會議」，與
眾文友合影。前排左起：謝鳳芹、蓉子、羅門、王一桃、白志繁、潘榮
生、蘇宏發、忠場；後排左起：覃盛發、黎浩邦、吳俊輝、李木青、駱賓
路、黃允旗、馬明傳。（羅門提供）

2011年11月17日，攝於國立臺灣文學館成立八週年館慶，並於會中致贈慶賀詞。左起：張忠進、李瑞騰、羅門。（羅門提供）

2013年4月，臺南大學博物館於臺南香雨書院主辦「翠玉詩展：羅門蓉子58週年結婚紀念展×講座」。羅門、蓉子（右）與羅門短詩作品「天地線是宇宙的最後一根弦」裝置藝術合影。（臺南大學提供）

1969年，羅門與蓉子被選派為五人代表團，出席於菲律賓馬尼拉召開的「第一屆世界詩人大會」，會中獲贈獎章。（羅門提供）

2008年，羅門長達一百多行的長詩作品〈觀海〉，刻於海南三亞大小洞天。
（羅門提供）

羅門位於海南文昌縣地泰村的童年舊居。（羅門提供）

羅門燈屋一隅。（羅門提供）

羅門燈屋一隅。（羅門提供）

# 門 的 聯想

人類活在詩偉大的想像力中，因為時間的門
空間的門，也把著的眼門詩人的心門，以及詩
天堂的門都在此刻一連串很力開。

羅門

花朵把春天的門推開，炎陽把夏天
的門推開，落葉把秋天的門推開，
寒流把冬天的門推開，時間到處
都是門，鳥把天空的門推開，泉水把
山林的門推開，河流把曠野的
門推開，大海把天地的門推開，
空間到處都是門，天地的門被
海推開，海自己卻出不去，全人類
都站在海邊發呆只看到一朵雲
從門縫裡悄悄溜出去，眼睛一直
追著問，問到凝望動不了，雙目竟是
兩把鎖，將天地的門卡擦鎖上，門外看
的進不來，門內的出不去，陳子昂念天
地之悠悠獨愴然而下淚，王維也忍不住
住讀他的詩，江流天地外，山色有無中，
門還是一直打不開，等到天昏地暗，日落
星沉穿黑衣紅衣的救師與神收
忽然出現，要所有的人將雙手像兩扇門
（又是門）在胸前關上，然後叫一聲門（又是門）
天堂的門與所有的門便跟著都被打開在
陣陣的關門聲中，我雖是想把所有的門都
來的羅門，但仍一直怕怕卡門與神抓住鎖
的，所（鎖）羅門。

約1989年，羅門「門的聯想」手跡。（羅門提供）

窗　　羅門

猛力一推　雙手如流
總是千山萬水
繞是回不來的眼睛

遙望裡
你被望成千翼之鳥
羨慕天空而去　你已不在翅膀上
聆聽裡
你被聽成千孔之笛
音道深如望向往昔的凝月

猛力一推　竟被反鎖在走不出去的
透明裡

約1989年，羅門〈窗〉手稿。（羅門提供）

P1

傾斜的21世紀
—後現代敲打樂
羅門

(一)
尼采在天頂山頂塔頂
開連鎖店
專賣孤高
里爾克 在海底山底心底
開連鎖店
專賣旅愁
遊客們遊完吃完山腳海濱
好看好吃的風景
便鳥散
世紀蓋盖的「現代主義」高手天樓
只好暫緩遊名基
資金外後（註二）

(二)
圓圓的銀圓
挾持圓圓的眼珠珠歷地球
大吼一聲「一來」
將廿世紀多溶到市中心
太陽跌碎成燦爛
世界便一亮起一亮亮
絕美的光速裡
明晴生滅在它的光速裡
留影在股市起落的看板上
成為在諾日出
重建視覺的秩序

(三)
這是吃色的年代
文化被请化打敗
要情吃後現代
把到火鍋城
便能吃吃動植物自作料都放進火鍋
再用可樂用BEER冲洗腸胃
要藥用的睡後現代
便衡上網路
把绞交三run情 3D全難在床上
床百克雖都擋不住的吉吉流
要盡興的玩後現代
便讓運動玩其其也把自己
當做肉動玩其其來玩
玩到電腦人腦變成合成腦

約2004年10月，羅門〈傾斜的21世紀——後現代敲打樂〉手稿。（羅門提供）

流浪人　　　　羅門

被海的遼闊整得好累的一條船在港裡
他用燈柱自己的影子在咖啡桌的旁邊
那是他隨身帶的一條動物
除了它　娜娜近得比什麼雲都遠

椅子與他坐成它與椅子
坐到長短針指出酒是一條路
他向樓梯取回鞋起聲
帶著隨身帶的那條動物
讓整條街衢只在他的腳下走著
一顆星也在很遠很遠裡
帶著看天空在走

約2006年，羅門〈流浪人〉手稿。（羅門提供）

詩的歲月
—給蓉子

羅門

書日啊
要是青鳥不來
妳怎孵綠的枯野
如何飛入明麗的四月

這一路的繽紛燦爛
要不是六月在燃燒中
已焚成那隻火鳳凰
夏日怎會一張翅
便紅遍兩山的楓樹

將輝煌全美給秋日
那隻天鵝在入晚的靜野上
留下最後的一朵潮事白
去照亮溫馨的冬日
隨便抓一把雪

都是流回四月的河水
一把相視的目光
一把琴絃
把銀髮
窅窅回四月的詩

〔註〕
(1)《青鳥》是蓉子也是台灣詩壇女詩人出版的第一本詩集。
(2) 四月是我與蓉子結婚的月份（我們在民國四十四年四月十四日星期四下午四時舉行婚禮並有詩朗誦）

羅門〈詩與歲月——給蓉子〉手稿。（羅門提供）

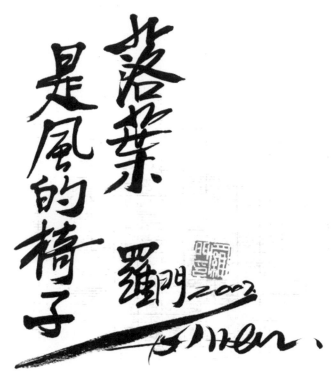

羅門「落葉是風的椅子」手跡。（羅門提供）

羅門「完美是豪華的寂寞」手跡。（羅門提供）

羅門拼貼藝術作品。
（羅門提供）

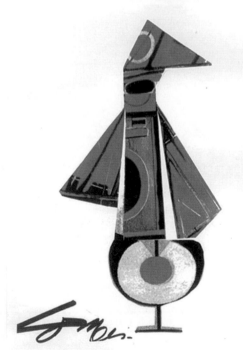

# 輯二◎生平及作品

## 小傳◎作品◎年表

# 小傳

## 羅門（1928～）

　　羅門，男，本名韓仁存。筆名「羅門」，「羅」爲懷念母親，以母姓爲筆名；「門」取自美國詩人桑德堡名言：「詩是一扇門一開一闔間之所見」。1949 年來臺。籍貫海南省文昌縣，1928 年 11 月 20 日生，1949 年 8 月來臺。

　　四川空軍幼年學校畢業，後保送杭州筧橋空軍飛行官校，曾任職民航局，1977 年提前退休，全心投入詩與藝術的創作，並於 2010 年完成一生創作的終端作品——「詩國」。曾任中國文藝協會詩歌創作班主任、中國新詩學會常務監事、世界華文詩人協會會長、藍星詩社社長等。曾獲菲律賓總統金牌獎、藍星詩獎、世界詩人大會傑出詩人獎、中華文化復興委員會鼓吹中興榮譽獎、教育部詩教獎、時報文學新詩推薦獎、中山文藝獎、中國聯誼會新詩獎等獎項。

　　羅門創作文類有詩、散文及論述，尤其重視詩與藝術的結合。1954 年認識女詩人蓉子，並受其影響熱中詩創作，後於《現代詩》季刊發表〈加力布露斯〉，獲得詩壇矚目。羅門創作可分爲三階段，第一階段致力創作詩與詩論，約可分爲「曙光時期（1954～1957 年）」、「第九日的底流時期（1958～1961 年）」、「死亡之塔時期（1962～1967 年）」、「隱形的椅子時期（1968～1975 年）」、「曠野時期（1975～1979 年）」、「日月的行踪時期（1979～1983 年）」。1984 年後，「詩眼」及「第三自然螺旋型架構」詩論

建構完成，作品開始朝多方面發展，並積極從事雷射藝術推廣。

　　在詩與藝術的結合上，除 1955 年與詩人蓉子結婚時，將住處布置成視覺藝術品，取名「燈屋」，而後更歷經十年構思，以柏拉圖「理想國」爲藍圖，於 2010 年完成多元組合藝術的「我的詩國（MY POETREPUBLIC）」。以戰爭詩、自然詩、都市詩、永恆詩四大主題作爲「詩國」的四面高牆巨石，再加上「燈屋」的視覺美學、繪圖手稿的畫面美學、碑刻藝術品的造型美學，以及電子書、網站的影像美學等，合構成一個立體的、多面向的永恆完美境地。

　　在詩的創作思想與實踐中，羅門認爲人類存在的面向可切割爲三個層次——「第一自然」、「第二自然」和「第三自然」，「第一自然」是指接近田園山水型的生存環境，「第二自然」是物質文明建立後的都市型生活環境，「第三自然」則是詩人與藝術家掙脫有限境界與障礙的存在之境，是透過詩與藝術昇華自我的心靈世界。

　　羅門的作品意象繁富，節奏波瀾起伏、跌宕有致，對於追求詩與藝術的執著，一如詩人管管所言：「羅門專注於心靈的探索，強調人的精神與生命，他可以說是一個新理想主義者，塑造獨特繽紛的意象，擴展詩中的投射力與生命內涵性。」

# 作品目錄及提要

## 【論述】

### 現代人的悲劇精神與現代詩人

臺北：藍星詩社
1964 年 6 月，32 開，144 頁

本書爲作者第一本詩論作品。全書收錄〈詩人對人類精神世界的塑造〉、〈現代人的悲劇精神〉、〈談虛無〉等十篇。正文前有羅門〈前言〉，正文後附錄羅門〈附「馬尼拉去來」散文一篇〉。

### 心靈訪問記

臺北：純文學出版社
1969 年 11 月，32 開，216 頁
藍星叢書之六

本書爲作者對於自身心靈中，悲劇美學創作的探尋與觀照，並藉此呈現人類心靈在純粹美與現實中活動的力量。全書收錄〈心靈訪問記〉、〈談詩人藝術家存在的價值〉、〈現代作家與人類精神面臨的困境〉等 23 篇。正文前有羅門〈前言〉。

環宇出版社 1974

### 長期受著審判的人

臺北：環宇出版社
1974 年 2 月，14.5×20 公分，186 頁
常春藤文學叢刊 14

臺北：環宇出版社
1998 年 12 月，25 開，299 頁
心靈醇品 1

環宇出版社 1998

本書提出「存在」永遠是一種悲劇，但若能將生命推入永恆之美的追索，便能獲得最大滿足。全書收錄〈長期受著審判的人〉、〈人類存在的四大困境〉、〈詩人之死是人的澈底之死〉等20篇。正文前有羅門〈悲劇性的牆（代序）〉。

1998 年 12 月環宇增訂版：改開本為 25 開，新增文章〈我最短的一首詩——「天地線是宇宙最後的一根弦」〉、〈在廿一世紀，文學家如何面對人類存在的一些關鍵性問題〉、〈「後現代」風暴襲擊都市人〉、〈詩眼七視〉、〈詩眼看宗教家達賴喇嘛——站在「出世」與「入世」水平線上的人〉、〈詩眼看戴安娜——戴安娜是死了，留下一條漏網的新聞〉、〈孤寂中的回響——一條向內的引爆線〉、〈文學之旅的心情〉八篇；訪談〈心靈訪問記——天窗訪問羅門〉、〈觀念對話——林燿德訪問羅門〉、〈傳統現代與後現代訪談錄——陳旭光訪問羅門〉三篇，及回應評論〈對文學說真話——讀《彼岸的繆司》的部分感想〉一篇。正文前新增羅門〈前言——《長期受著審判的人》再版感言〉，正文後新增〈羅門簡介・重要記事・著作〉、〈羅門著作〉。

## 時空的回聲

臺北：德華出版社
1981 年 11 月，32 開，450 頁
愛書人文庫 189

本書收錄作者重要詩論文章，展現其對詩與藝術的看法。全書收錄〈內在世界的燈柱〉、〈悲劇性的牆〉、〈人類存在的四大困境〉等 26 篇。正文前有羅門〈序〉，正文後有〈羅門創作年表〉。

## 詩眼看世界

臺北：師大書苑
1989 年 6 月，32 開，390 頁
師苑文評叢書 3

本書為作者詩學理論、訪談及參訪各地文學會議的紀錄。全書收錄〈詩與藝術能為人類做些什麼〉、〈內在世界的燈柱——我的詩話〉、〈詩眼看世界〉等 28 篇。正文前有羅門〈我兩項最基本的創作觀——「第三自然」與「現代感」〉（代序），正文後有〈羅門簡介、著作、創作年表〉。

## 羅門論文集

北京：中國社會科學出版社
1995 年 4 月，14×20 公分，401 頁
羅門、蓉子文學創作系列

本書彙集作者各階段詩論作品。全書收錄〈打開我創作世界的
五扇門〉、〈以詩寫詩論〉、〈現代人的悲劇精神與現代詩人〉等
28 篇。正文前有羅門〈我的詩觀與創作歷程（代序）〉，正文後
附錄分二部分，「附一」收錄陳慧華訪問紀錄〈心靈訪問記——
——專訪：著名詩人羅門談「詩與藝術」〉及〈心靈訪問記（續
一）〉、〈心靈訪問記（續二）〉共三篇；「附二　詩評」收錄
〈展現立體美感空間——讀詩人卞之琳的《音塵》〉、〈談詩人
艾青詩創作的風貌〉、〈詩人馮至的《十四行集》——一部喚醒
人類對生命省思的啟示錄〉、〈評張錯《死亡的觸角》詩集〉、
〈走在「單行道」上的淡瑩〉、〈評陳慧樺《多角城》詩集〉、
〈林燿德海洋詩的想象世界〉、〈向內凝視的詩人——蘇紹
連〉、〈用詩投射生命的青年詩人陳寧貴——兼談他的《洗臉
記》〉、〈在知性與感性的均衡狀態中建立極限表現的精短詩
風——菲華傑出詩人和權〉、〈以情、愛、感、知、靈、悟製作
生命場景的女詩人謝馨——《謝馨詩集》序言〉。

## 存在終極價值的追索

臺北：文史哲出版社
2000 年 1 月，25 開，〔222〕頁
文學叢刊 100

本書論述羅門「第三自然世界」詩論及視覺藝術等命題。全書
分為「Ⅰ」、「Ⅱ」、「Ⅲ」三部分，收錄〈詩眼七視〉、〈內在世
界的燈柱——我的詩語〉、〈心靈訪問記——天窗訪問羅門〉等
20 篇。正文前有羅門〈前言〉、〈羅門資歷〉、〈羅門蓉子研究小
檔案〉，正文後有〈學者、評論家、詩人、作家對羅門理論創
作世界的評語〉、〈羅門簡介·重要記事·著作〉與照片集「藝
文生活影像」。

## 創作心靈的探索與透視

臺北：文史哲出版社
2002 年 4 月，25 開，371 頁
文學叢刊 136

本書為作者評介高行健、卞之琳、張健等 25 位詩人作家文章之彙編，分四部分。全書收錄〈高行健獲諾貝爾獎的思想主力線——高行健獲獎對從事文藝創作者，確具有高度的啟示與激化作用〉、〈序美籍詩人卜納德（PLATTHY）《秋舞》詩集〉、〈展現立體的美感空間——評介詩人卞之琳的《音塵》〉、〈詩人馮至的《十四行集》——一部喚醒人類對生命省思的啟示錄〉等 38 篇。正文前有羅門〈前言〉。

文史哲出版社 2010

文史哲出版社增訂
（上）2011

文史哲出版社增訂
（下）2011

## 我的詩國

臺北：文史哲出版社
2010 年 6 月，21×29.4 公分，269 頁

臺北：文史哲出版社（增訂版）
2011 年 12 月，21×29.4 公分，2 冊，936 頁

本書以「第三自然螺旋型架構」的詩觀為基礎，將時間與空間面向加以交錯作用，收錄保存作者各類型美學作品，建構出一完美的立體詩國。全書分「我的詩國」、「詩國的基地與瞭望塔——第三自然螺旋型架構世界」、「詩國中心指標與宣言」、「詩國詩話語錄」、「詩國訪問記」、「羅門贈給詩國恩人的詩作」、「國內外詩友藝友文友贈詩國燈屋與羅門蓉子的詩作」七部分。正文前有〈羅門簡介〉、羅門〈詩國藝術世界絕世的愛〉，正文後附錄有〈羅門研究檔案〉、〈後記〉。
2011 年 12 月文史哲增訂版：內容擴增為兩巨冊，正文增加「圖像」、「羅門蓉子藝文資料館」兩部分，臺北「燈屋」、海南「燈屋」的圖象、史料、特展照片及訪談相關資料。原正文後附錄〈羅門研究檔案〉併入正文，擴增為「蓉子羅門研究檔案」。

# 【詩】

## 曙光
臺北：藍星詩社
1958 年 5 月，15.7×18 公分，74 頁

本書為詩人第一本詩集，展現其早期追尋愛情、夢幻與理想的
浪漫情懷。全書收錄〈COBE！我心靈中的不滅太陽〉、〈寂寞
之光〉、〈啊！生命〉、〈啊！過去〉等 39 首。正文前有羅門
〈前言〉，正文後有羅門〈後語〉。

## 第九日的底流
臺北：藍星詩社
1963 年 5 月，15.7×18 公分，120 頁

本書為詩人風格轉向現實探索之作。全書收錄〈光　穿黑色的
睡衣〉、〈生之前窗通向死之後窗〉、〈Ａ・Ｂ・Ｃ・型智慧〉、〈美
的 V 型〉等 30 首短詩，〈第九日的底流〉、〈麥堅利堡〉、〈都市
之死〉三首長詩與〈現代人的悲劇精神與現代詩人（詩論）〉。
正文前有羅門引言三行，正文後有羅門〈後記〉及照片一幀。

## Sun Moon Collection／Angela Jung Palandri（榮之穎）譯
臺北：美亞出版社
1968 年 8 月，18 開，85 頁

本書為詩人與妻子蓉子詩作合集《日月集》。全書分兩部分，第
一部分收錄蓉子詩作共 19 首；第二部分收錄羅門詩作
"Aurora"、"Fort McKinley"、"The Four Strings of a Violin"等 18
首。正文前有 Angela Jung Palandri"Preface"、Robert J.
Bertholf"Introduction"。

### 死亡之塔

臺北：藍星詩社
1969 年 6 月，16.5×18.7 公分，97 頁

全書收錄〈鳳凰鳥〉、〈臨窗的眺望〉、〈假期〉等 19 首。正文前有羅門照片一幀、羅門〈對詩的全面性認知及我的創作世界（代序）〉。

黎明文化公司 1975　　軍中版 1978

### 羅門自選集

臺北：黎明文化公司
1975 年 12 月，32 開，258 頁
中國新文學叢刊 41

臺北：國防部總政治作戰部（軍中版）
1978 年 4 月，32 開，258 頁
中國新文學叢刊 41

全書收錄〈窗〉、〈孤煙〉、〈河〉、〈海〉等 53 首。正文前有作者素描、生活照片、手跡詩作〈窗〉、〈年表〉及羅門〈詩人與藝術家創造了「第三自然」（代序）〉，正文後有〈作品書目〉、〈作品評論引得〉。
國防部總政治作戰部版：正文前新增〈印補國軍官兵文庫叢書前記〉。

### 隱形的椅子

臺北：藍星詩社
1976 年，32 開，181 頁

本書結集詩人 1968～1975 年詩作，依發表時間順序排列。全書收錄〈綻〉、〈車入自然〉、〈週末事件〉等 22 首。

**曠野**
臺北：時報文化出版公司
1980 年 11 月，32 開，155 頁
時報書系 303

全書收錄〈窗〉、〈目・窗・天空的演出〉、〈樹鳥二重唱〉、〈逃〉等 45 首。正文前有羅門〈心靈的疊景（代序）〉。

**羅門詩選**
臺北：洪範書店
1984 年 7 月，32 開，344 頁
洪範文學叢書 112

本書精選詩人 1954～1983 年詩作，依發表時間順序排列，分為「《曙光》時期（1954～1957 年）」、「《第九日的底流》時期（1958～1961 年）」、「《死亡之塔》時期（1962～1967 年）」、「《隱形的椅子》時期（1968～1975 年）」、「《曠野》時期（1975～1979 年）」、「《日月的行踪》時期（1979～1983 年）」六部分，收錄〈加力布露斯〉、〈啊！過去〉、〈寂寞之光〉、〈小提琴的四根弦〉、〈蜜月旅行〉等 112 首。正文前有羅門〈我的詩觀——兼談我的創作歷程（代序）〉。

**日月的行踪**
臺北：藍星詩社
1984 年，32 開，344 頁

本書結集詩人 1979～1983 年詩作，依發表時間順序排列。全書收錄〈外鄉人〉、〈觀舞記——看保羅泰勒現代舞〉、〈出走〉、〈光住的地方〉等 31 首。正文前有羅門〈我的詩觀——兼談我的創作歷程（代序）〉。

## 整個世界停止呼吸在起跑線上
臺北：光復書局
1988 年 4 月，新 25 開，200 頁
春暉叢書 21

本書結集詩人 1984 年之後詩作。全書收錄〈時空奏鳴曲〉、
〈「麥當勞」午餐時間〉、〈週末旅途事件〉等 25 首。正文前有
羅門〈創作之輪〉圖說、羅門〈打開我創作世界的五扇門（代
序）〉，正文後附林燿德〈火焚乾坤獵——論羅門〈時空奏鳴
曲〉〉、陳寧貴〈把鄉愁運回來——讀羅門「時空奏鳴曲」〉、陳
慧華〈羅門訪問專輯〉、〈羅門創作年表〉。

## 羅門蓉子短詩精選
臺北：殿堂出版社
1988 年 9 月，新 25 開，189 頁

本書精選詩人與蓉子詩作，分「蓉子短詩精選」與「羅門短詩
精選」兩部分。「羅門短詩精選」收錄〈小提琴的四根弦〉、
〈鑽石的多日〉、〈光　穿著黑色的睡衣〉、〈美的 V 型〉等 44
首。正文前有「羅門・蓉子詩生活中的部分影像」、蓉子〈夢
裡的四月〉、羅門〈鳳凰鳥〉、羅門〈詩的歲月——給蓉子〉、
羅門〈假期——同蓉子旅遊南臺灣〉、羅門〈給「青鳥」——
蓉子〉、羅門〈前言〉。

## 有一條永遠的路
臺北：尚書文化出版社
1990 年 4 月，25 開，223 頁
尚書詩典 003

本書分「系統藝術模式」、「光的建築」、「長城上的移動鏡」、
「門與世界與我的奇妙連線」四卷。全書收錄〈在屏風與面具
背後被扼殺的世界〉、〈存在空間系列〉、〈有一條永遠的路〉、
〈組合藝術五件〉等 44 首。正文前有羅門〈自序〉，正文後有
林燿德〈在文明的塔尖上造塔——羅門都市主題初探〉、王幼
嘉輯〈詩論家眼中的羅門〉、〈羅門詩創作歷程簡介〉。

### 太陽與月亮──【臺灣】羅門、蓉子詩精選

廣州：花城出版社
1992 年 3 月，13×18.3 公分，241 頁

本書選錄詩人與蓉子詩作，分「羅門詩選」、「蓉子詩選」二部分。「羅門詩選」收錄〈詩的歲月──給蓉子〉、〈小提琴的四根弦〉、〈鑽石的多日〉、〈光　穿著黑色的睡衣〉、〈南方之旅〉等 55 首。正文前有〈羅門簡介〉、羅門〈序──我的詩觀〉。

### 羅門詩選／謝冕編

北京：中國友誼出版公司
1993 年 7 月，13.9×20.2 公分，197 頁
臺灣詩歌名家叢書

本書分爲「麥堅利堡」、「第九日的底流」、「都市心電圖」、「三桅船之戀」、「燈屋」五輯。全書收錄〈麥堅利堡〉、〈彈片・TRON 的斷腿〉、〈夏威夷（HONOLULU）──旅美詩抄之一〉、〈紐約（NEW YORK）──旅美詩抄之二〉、〈藍色的奧克拉荷馬（OKLAHOMA）──旅美詩抄之三〉等 67 首。正文前有謝冕〈羅門的天空──序《羅門詩選》〉，正文後附錄羅門〈附錄一：我的詩觀──兼談我的創作歷程〉、羅門〈附錄二：打開我創作世界的五扇門〉、〈附錄三：羅門小傳及創作年表〉、〈附錄四：羅門著作目錄〉。

### 誰能買下這條天地線

臺北：文史哲出版社
1993 年 12 月，25 開，167 頁
文學叢刊 45

本書收錄〈詩眼七視〉、〈詩不見了〉、〈大峽谷奏鳴曲〉、〈一直躺在血裡的「麥堅利堡」〉、〈後現代 A 管道〉等 52 首。正文前有羅門〈序〉，正文後附錄〈羅門年表〉。

### 羅門長詩選
北京：中國社會科學出版社
1995 年 4 月，14×20 公分，227 頁
羅門、蓉子文學創作系列

本書精選詩人長詩作品，分五部分。全書收錄〈第九日的底
流〉、〈死亡之塔〉、〈逃〉、〈隱形的椅子〉、〈2 比 2・20 比 20〉
等 63 首。

### 羅門短詩選
北京：中國社會科學出版社
1995 年 4 月，14×20 公分，249 頁
羅門、蓉子文學創作系列

本書精選詩人短詩作品，分六部分。全書收錄〈詩眼七視〉、
〈小提琴的四根弦〉、〈啊！過去〉、〈光　穿著黑色的睡衣〉、
〈鑽石的多日〉等 175 首。

### 在詩中飛行──羅門詩選半世紀
臺北：文史哲出版社
1999 年 12 月，25 開，463 頁
文學叢刊 99

本書精選詩人 50 年間詩作，分二部分。全書收錄〈窗〉、〈詩的
歲月〉、〈小提琴的四根弦〉、〈鑽石的歲月〉、〈光　穿著黑色睡
衣〉等 94 首。正文前有〈羅門資歷〉、〈羅門・蓉子研究小檔
案〉、羅門〈詩與我（代序）〉，正文後附錄羅門〈「第三自然螺
旋型架構」的創作理念〉、〈海內外名詩人、學者、詩論家眼中
的羅門──回響來自孤寂的深谷、空茫的時空、天地線最後的
那根弦〉、〈學者教授、詩評家對羅門都市詩的重要評語〉、〈學
者、評論家、詩人、作家對羅門理論創作世界的評語〉、〈羅門
簡介・重要記事・著作〉。

### 羅門精品

北京：人民文學出版社
2001 年 3 月，14×20.5 公分，218 頁

本書為詩人精選詩作，分二部分。全書收錄〈麥堅利堡〉、〈板門店・三十八度線〉、〈火車牌手錶的幻影〉、〈第九日的底流〉、〈死亡之塔〉等 84 首。正文前有〈羅門簡介〉、羅門〈序——我的詩觀與創作歷程〉，正文後有〈羅門簡歷〉、〈羅門著作〉。

### 全人類都在流浪

臺北：文史哲出版社
2002 年 4 月，25 開，156 頁
文學叢刊 137

本書為詩人 2000 年 3 月～2003 年 4 月間發表於《新觀念》月刊專欄詩作，以及別具回憶與紀念的贈詩，分為三部分。全書收錄〈全人類都在流浪〉、〈童年歲月的流向〉、〈隕石——給詩〉、〈颱風眼——給詩人 L・大衛〉等 46 首。正文前有羅門〈前言〉，正文後有〈羅門研究檔案〉、〈羅門從詩中走來獲得的「最」〉。

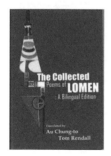

### The Collected Poems of LOMEN：A Bilingual Edition ／ Au Chung-to、Tom Rendall 譯

Taipei：The Liberal Arts Press
2006 年 11 月，15.5×22 公分，430 頁

本書為中英對譯詩集，前半部為英譯詩，後半部為中文原詩，全書分為「戰爭」、「城市」、「自然」、「自我」、「其他」五部分，收錄〈麥堅利堡〉、〈茶意〉、〈板門店・三八度線〉、〈月思〉、〈時空奏鳴曲〉等 103 首。英譯本正文前有"Acknowledgements"、"Introduction"，正文後有 Au chung-to "Afterword——Lomen：The Man Who Dwells Poetically"。中文詩正文後有"Lomen's Vitae"、〈羅門簡歷〉與羅門藝術作品。

# 【散文】

## 羅門散文精選

臺北：文史哲出版社
1993 年 12 月，25 開，244 頁
文學叢刊 44

本書收錄〈長期受著審判的人〉、〈悲劇性的牆〉、〈人類存在的
四大困境〉等 27 篇。正文前有羅門〈詩之外的創作空間
（序）〉正文後附錄〈一九六○年訪馬尼拉〉、〈一九六七年經
過紐約〉、〈一九七九年世界詩人大會在漢城〉、〈香江十日記——
——赴港大演講〉、〈大陸行〉、〈詩之旅在 IOWA——國際作家寫
作計畫（IWP）紀實〉、〈把所有的門都羅過來——我的筆名
「羅門」〉、〈羅門簡介〉。

# 【合集】

## 羅門創作大系／林燿德策畫

臺北：文史哲出版社
1995 年 4 月，25 開

《羅門創作大系》共 10 卷，分別以「戰爭」、「都市」、「自然」、「存在與藝術境
界」、「素描」與「抒情」、「無明確主題」、「麥堅利堡特輯」詩作與詩論、視覺藝
術、燈屋生活影像為各卷主題。正文前有作者銘謝詞、林燿德〈策畫者的話〉。第
1～7 卷正文前有羅門〈總序：我的詩觀與創作歷程〉。

## 羅門創作大系 1・戰爭詩

臺北：文史哲出版社
1995 年 4 月，25 開，183 頁

本書以「戰爭詩」為主題，全書收錄〈麥堅利堡〉、〈一直躺在
血裡的「麥堅利堡」〉、〈板門店・三十八度線〉等 21 首。正文
前有羅門〈前言〉，正文後有「附錄部分有關評論」，收錄林燿
德〈人與神之間的交談——論羅門的戰爭詮釋〉、陳煌〈戰爭
之路——談羅門詩中的戰爭表現〉、陳寧貴〈爬這座大山——
讀羅門的〈週末旅途事件〉〉、陝曉明〈戰爭詩的巨擘〉。

## 羅門創作大系 2・都市詩

臺北：文史哲出版社
1995 年 4 月，25 開，276 頁

本書以「都市詩」爲主題，全書收錄〈都市之死〉、〈都是你要
到那裡去〉、〈都市的旋律〉、〈都市・方形的存在〉等 39 首。
正文前有羅門〈都市與都市詩（代序）〉，正文後有「附錄部分
有關評論」，收錄張漢良〈分析羅門的一首都市詩〉、張健〈評
羅門的〈都市之死〉〉、林燿德〈在文明的塔尖造塔──羅門都
市主題初探〉、陳煌〈城市詩國的發言人〉、張默〈羅門及其
〈都市之死〉〉、王一桃〈論羅門的城市詩〉、陝曉明〈「城市詩
國的發言人」──羅門都市詩〉、李正治〈新詩未來開展的根
源問題〉。

## 羅門創作大系 3・自然詩

臺北：文史哲出版社
1995 年 4 月，25 開，192 頁

本書以「自然詩」爲主題，全書收錄〈海〉、〈觀海〉、〈山〉、
〈山的世界〉等 32 首。正文前有羅門〈前言〉，正文後有「附
錄部分有關評論」，收錄陳寧貴〈〈曠野〉中的羅門〉、陳寧貴
〈羅門如何「觀海」〉、李瑞騰〈《曠野》精神〉、李弦〈評介
《曠野》〉、陳煌〈〈曠野〉的演出〉、林野〈回顧茫茫的《曠
野》〉、朱徽〈〈觀海〉詩賞析」〉、紀少雄〈羅門的《山》〉。

## 羅門創作大系 4・自我・時空・死亡詩

臺北：文史哲出版社
1995 年 4 月，25 開，178 頁

本書以「存在與藝術境界」爲主題，全書收錄〈小提琴的四根
弦〉、〈第九日的底流〉、〈死亡之塔〉等 23 首。正文前有羅門
〈前言〉，正文後有「附錄部分有關評論」，收錄賀少陽〈羅門
詩的哲思〉、陳寧貴〈讀羅門的〈窗〉與〈傘〉〉、呂錦堂〈詩
的三重奏──評介羅門的詩〉、周伯乃〈論詩的境界〉。

### 羅門創作大系 5‧素描與抒情詩

臺北：文史哲出版社
1995 年 4 月，25 開，180 頁

本書以「素描詩與抒情詩」為主題，分「素描詩」、「抒情詩」
二部分。全書收錄〈流浪人〉、〈女性快鏡拍攝系列〉、〈一個異
邦女郎〉、〈拉蒙娜〉等 50 首。正文前有羅門〈前言〉。

### 羅門創作大系 6‧題外詩

臺北：文史哲出版社
1995 年 4 月，25 開，166 頁

本書將「不具明顯思想主題」之詩作，聚合為「主題之外」的
系列詩。全書收錄〈「燈屋」的觸覺〉、〈「燈屋」的世界〉、〈光
住的地方〉、〈鑽石的冬日〉等 32 首。正文前有羅門〈前言〉，
正文後附有〈詩人‧詩論家眼中的羅門〉、〈羅門年表〉。

### 羅門創作大系 7‧麥堅利堡特輯

臺北：文史哲出版社
1995 年 4 月，25 開，183 頁

本書收錄作者悲劇主題詩〈麥堅利堡〉之相關資料。全書分為
「麥堅利堡詩」、「麥堅利堡的回響」、「麥堅利堡場景」、「麥堅
利堡配圖特輯」、「麥堅利堡詩的答辯及其他」五部分。正文前
有羅門〈前言〉。

### 羅門創作大系 8‧羅門論文集

臺北：文史哲出版社
1995 年 4 月，25 開，295 頁

本書收錄羅門重要詩論文章。全書依論述主題分五部分，收錄
〈打開我詩創作世界的五扇門〉、〈以詩寫詩論〉、〈門的聯想〉
等 25 篇。

### 羅門創作大系 9‧論視覺藝術

臺北：文史哲出版社
1995 年 4 月，25 開，232 頁

本書以「視覺藝術」為談論主題，從藝術創作、繪畫世界到建築空間的探討，反思普普藝術的創新與局限。全書分四部分，收錄〈漫談藝術家的創作精神〉、〈大藝術家的三大條件〉、〈「追蹤美」！詩眼中的視覺藝術世界〉、〈藝術家如何抓住「美」的轉化與造型能力〉等 32 篇。正文前有羅門〈前言〉。

### 羅門創作大系 10‧燈屋生活影像

臺北：文史哲出版社
1995 年 4 月，25 開，167 頁

本書以多元藝術作品「燈屋」為主題。全書分二部分，「Ⅰ燈屋造型空間」收錄戴維揚〈詩心之光，思維之門──羅門燈屋後現代藝術造型空間之暇思〉文章一篇，及張默、向陽、商略、林泉四人以燈屋為題之詩作。正文前有作者〈前言──燈屋藝術的造型空間〉及燈屋影像圖片，正文後附有〈四十年來到「燈屋」的國內外文藝界與文化界人士留影〉、〈燈屋接受雜誌、報章與電視採訪報導目錄〉、蓉子〈燈屋的故事〉、〈燈屋與我〉。「Ⅱ藝文生活影像」收錄多幅羅門與蓉子的生活照，照片前有羅門〈引言〉。

# 文學年表

| 1928 年 | 11 月 | 20 日，出生於海南省文昌縣地泰村。本名韓仁存。父韓春農，母羅氏，其筆名爲紀念母親。 |
|---|---|---|
| 1937 年 | 本年 | 因抗戰，全家至廣州灣避難，感受到戰爭與死亡的震撼。 |
| 1942 年 | 本年 | 就讀四川灌縣空軍幼年學校，開始提筆寫詩。 |
| 1948 年 | 6 月 | 空軍幼年學校畢業，並在當年度《畢業特刊》上發表詩作〈回顧‧告別‧前瞻〉。 |
| | 9 月 | 就讀杭州筧橋空軍飛行官校。 |
| 1949 年 | 本年 | 隨空軍飛行官校遷址高雄岡山，抵臺。 |
| 1950 年 | 本年 | 因踢足球腿傷，離開空軍飛行官校。 |
| 1951 年 | 11 月 | 考進交通部民用航空局，擔任圖書室管理員。 |
| | 本年 | 擔任中國文藝協會及中國詩人聯誼會詩歌朗誦隊輔導員。 |
| 1953 年 | 1 月 | 30 日，發表詩作〈英雄路〉於《聯合報》第 6 版。 |
| 1954 年 | 12 月 | 30 日，發表詩作〈獻辭〉、〈命運的俘虜〉、〈獻給 Roman 你生命的誕辰〉於《藍星週刊（公論報）》第 29 期。 |
| | 冬 | 發表詩作〈英雄頌〉、〈發聲〉、〈無題〉、〈加力布露斯〉於《現代詩》季刊第 8 期，主編紀弦特別將〈加力布露斯〉以紅字刊登於《現代詩》季刊封底。 |
| 1955 年 | 1 月 | 20 日，發表詩作〈人道的意念〉於《藍星週刊（公論報）》第 32 期。 |
| | | 27 日，發表詩作〈高雲後的藍天〉於《藍星週刊（公論報）》第 33 期。 |

2 月　3 日，發表詩作〈我願〉、〈賜給我吧〉於《藍星週刊（公論報）》第 34 期。

10 日，發表詩作〈洛比！（Cobe）！歌頌你——我心靈中的不滅太陽〉於《藍星週刊（公論報）》第 35 期。

17 日，發表詩作〈洛比！（Cobe）！我生命中的永久春天〉於《藍星週刊（公論報）》第 36 期。

24 日，發表詩作〈我的心是你平安的港〉、〈我的心在夢中離奔〉於《藍星週刊（公論報）》第 37 期。

3 月　3 日，發表詩作〈獻給妳我心靈中的玫瑰花環〉於《藍星週刊（公論報）》第 38 期。

17 日，發表詩作〈那安詳的國度本來是我的祖國呀！〉於《藍星週刊（公論報）》第 40 期。

21 日，發表詩作〈夜會〉於《藍星週刊（公論報）》第 42 期。

春　發表詩作〈愛的旋律〉、〈乘上音樂的銀船金車及其他〉於《現代詩》季刊第 9 期。

4 月　14 日，與王蓉芷（詩人蓉子）結婚，並於喜筵前舉行婚禮朗誦會。《藍星週刊（公論報）》第 44、45 期有特別報導，第 44 期收錄羅門、蓉子〈謝詞〉及羅門詩作〈玫瑰色的日子來了！〉。

5 月　19 日，發表詩作〈蜜月旅行〉於《藍星週刊（公論報）》第 49 期。

26 日，發表詩作〈呵，過去！〉、〈我們的遺產〉於《藍星週刊（公論報）》第 50 期。

6 月　9 日，發表詩作〈領我從灰色日子的缺口逃脫〉於《藍星週刊（公論報）》第 52 期。

24 日，參加文協詩歌創作研究委員會主辦「戰鬥文藝座談」。

24 日，發表詩作〈人類不滅的心曲〉、〈生命的獨奏曲〉於《藍星週刊（公論報）》第 54 期。

夏　發表詩作〈COBE！歌頌你，我心靈中的不滅太陽〉、〈COBE！歌頌你，我生命中的永久春天〉於《現代詩》季刊第 10 期。

7 月　14 日，發表詩作〈林立在旅途上的驛站是夢〉、〈鄰居的女歌唱家〉、〈家——給妻〉於《藍星週刊（公論報）》第 57 期。

28 日，發表詩作〈人間〉、〈人類不滅的憂念〉、〈笑吧〉於《藍星週刊（公論報）》第 59 期。

8 月　11 日，發表詩作〈是要從祖先的海上打回去〉、〈倔強且驕傲地活著〉於《藍星週刊（公論報）》第 61 期。

9 月　30 日，發表詩作〈青春你遠去了〉於《藍星週刊（公論報）》第 68 期。

秋　發表詩作〈生命的讚禮〉、〈流浪人的歌〉於《現代詩》季刊第 11 期。

11 月　4 日，發表詩作〈藍色小海灣的夜曲〉於《藍星週刊（公論報）》第 72 期。

發表詩作〈當我戰死之後〉於《幼獅文藝》第 16 期。

12 月　9 日，發表詩作〈給蓉子〉於《藍星週刊（公論報）》第 76 期。

冬　發表詩作〈公務員〉於《現代詩》季刊第 12 期。

1956 年　3 月　2 日，發表詩作〈久違了！藍星閃動下的綠鎮〉於《藍星週刊（公論報）》第 89 期。

5 月　18 日，發表詩作〈今夜滿天的星都藍了——為藍星百期刊而作〉於《藍星週刊（公論報）》第 100 期。

6月　29 日，發表詩作〈宮庭的鍍金馬車〉、〈呵！生命，呵！人類〉於《藍星週刊（公論報）》第 106 期。

11 月　16 日，發表詩作〈憂歡之歌〉於《藍星週刊（公論報）》第 124 期。

1957 年　1 月　發表詩作〈陽光下的陰影〉於《藍星（宜蘭版）》第 1 期。

8 月　20 日，發表詩作〈謊言的世界〉於《藍星詩選》第 1 輯。

30 日，發表詩作〈智慧的短曲〉、〈眼〉於《藍星週刊（公論報）》第 164 期。

10 月　18 日，發表詩作〈詩的威尼斯〉於《藍星週刊（公論報）》第 171 期。

25 日，發表〈論詩的理性與抒情——讀了紀弦先生《現代詩》第 19 期社論後感〉及詩作〈閃光〉、〈雪茄‧捲煙〉、〈賭場〉於《藍星詩選》第 2 輯。其中以〈論詩的理性與抒情〉一文與現代派切割，正式加入藍星詩社。

12 月　31 日，發表詩作〈廿世紀的無聊者〉於《藍星週刊（公論報）》第 180 期。

1958 年　4 月　11 日，發表詩作〈夜城的喪曲〉於《藍星週刊（公論報）》第 194 期。

5 月　23 日，發表詩作〈給恩芬天奴〉於《藍星週刊（公論報）》第 199 期。

詩集《曙光》由臺北藍星詩社出版。

6 月　1 日，發表詩作〈曙光〉於《藍星週刊（公論報）》第 200 期。

1 日，《藍星週刊》200 期紀念活動於臺北市中山堂舉行，獲藍星詩社頒「藍星詩獎」。

21 日，文協與中國詩人聯誼會合辦詩人節慶祝大會，詩作〈曙光〉獲頒「年度新詩獎」。

7 月　20 日，發表詩作〈最後的消息〉於《藍星週刊（公論報）》第 206 期。

8 月　29 日，發表詩作〈吊橋〉於《藍星週刊（公論報）》第 211 期。

10 月　1 日，發表詩作〈古典音樂室〉於《文星》第 12 期。

11 月　8 日，發表詩作〈長街的銀河口〉於《聯合報》第 7 版。

12 月　10 日，發表詩作〈靈肉篇〉於《藍星詩頁》第 1 期。

本年　獲中國詩聯會詩獎。

1959 年　1 月　1 日，發表詩作〈教堂與城樓之間〉於《文星》第 15 期。

20 日，發表詩作〈近作二首——都市・金色憂鬱的心靈走廊〉於《文學雜誌》第 5 卷第 5 期。

2 月　10 日，發表〈談詩人藝術家存在的價值〉於《藍星詩頁》第 58 期。

4 月　發表詩作〈春天是一座花城〉於《幼獅文藝》第 133 期。

10 日，發表〈美、奇蹟與詩（上）〉於《藍星詩頁》第 5 期。

發表詩作〈「人情」的裸體像〉於《創世紀》第 11 期。

5 月　10 日，發表〈美、奇蹟與詩（下）〉於《藍星詩頁》第 6 期。

20 日，發表詩作〈純粹的我在這城中〉於《文學雜誌》第 6 卷第 3 期。

10 月　通過民航局高級技術員考試，調任民航局臺北國際機場高級技術員。

11 月　20 日，發表詩作〈生之前窗向死的後窗〉於《文學雜誌》第 7 卷第 3 期。

12 月　10 日，發表〈為藍星詩社五週年紀念而寫〉於《藍星詩頁》第 13 期。

1960 年　1 月　20 日，發表詩作〈一九六○年序曲〉於《文學雜誌》第 7 卷第 5 期。

2 月　10 日，發表詩作〈這種死・很流行〉於《藍星詩頁》第 15 期。

6 月　1 日，發表詩作〈美的禮讚──誠以本詩獻給樂聖悲多芬〉於《文星》第 32 期。

10 日，發表詩作〈五月畫展〉、〈星球們交談著〉於《藍星詩頁》第 19 期。

20 日，發表詩作〈慾像〉於《文學雜誌》第 8 卷第 4 期。

8 月　10 日，發表詩作〈等在岸上看魚的人〉於《藍星詩頁》第 21 期。

9 月　10 日，發表詩作〈六月・電氣世界〉於《藍星詩頁》第 22 期。

發表詩作〈窗裡的流浪人〉於《幼獅文藝》第 71 期。

11 月　10 日，發表詩作〈A・B・C 型智慧〉於《藍星詩頁》第 24 期。

12 月　12 日，發表詩作〈一九六○年的休假〉於《亞洲文學》第 15 期。

1961 年　1 月　10 日，發表詩作〈深秋・庭園〉於《藍星詩頁》第 26 期。

3 月　10 日，發表詩作〈燈下的回頭人〉於《藍星詩頁》第 28 期。

與蓉子共同主編《藍星詩頁》，自第 28 期至 1962 年 8 月第 45 期。

4 月　10 日，發表詩作〈我美麗的小巴黎〉、〈初夏・半露性的現代標題〉於《藍星詩頁》第 29 期。

26 日，發表詩作〈巴士上〉於《聯合報》第 8 版。

5 月　10 日，發表詩作〈Ⅰ白蘭地酒櫃似的下午〉、〈Ⅱ辦公室裡困睡的白髮老者〉於《藍星詩頁》第 30 期。

6 月　15 日，發表詩作〈第九日的底流：（一、二、三、四）〉於《藍星季刊》第 1 號。

7 月　10 日，發表〈現代詩人精神的動向〉於《藍星詩頁》第 32 期。

發表詩作〈光，穿黑色的睡衣〉於《幼獅文藝》第 81 期。

9 月　發表詩作〈閃動的弓影〉於《亞洲文學》第 20、21 期。

12 月　1 日，發表詩作〈第九日的底流：（五、六、七）〉於《藍星季刊》第 2 號。

10 日，發表〈現代人的悲劇精神與現代詩人〉於《藍星詩頁》第 37 期。

1962 年　1 月　10 日，發表詩作〈Ⅰ一個 BB 型女郎的彫像〉、〈Ⅱ被折壞的三角形〉於《藍星詩頁》第 38 期。

26 日，發表詩作〈燈屋〉於《聯合報》第 6 版。

4 月　10 日，發表詩作〈一個異邦女郎〉、〈俯視在陰暗裡的銅像〉於《藍星詩頁》第 41 期。

5 月　1 日，發表詩作〈第九日的底流：（八、九）〉於《藍星季刊》第 3 號。

8 月　10 日，發表詩作〈在回流裡〉、〈南方之旅〉於《藍星詩頁》第 45 期。

9 月　24 日，以民航局高級技術員身分，赴菲觀摩民航業務，並訪問菲律賓文化及僑社文化人士。

10 月　29 日，發表詩作〈麥堅利堡〉於《聯合報》第 8 版。

11 月　10 日，發表詩作〈馬尼拉之夜〉於《藍星詩頁》第 47 期。

12 日，發表詩作〈麥堅利堡〉於《大中華日報》第 5 版。

15 日，發表詩作〈到無港的海上去睡〉、〈我的鳥〉於《藍星

季刊》第 4 號。

12 月　9 日，發表〈祝藍星詩頁四週年紀念〉於《藍星詩頁》第 48、49 合期。

1963 年　2 月　9 日，發表詩作〈悼佛洛斯特〉於《藍星詩頁》第 51 期。

4 月　8 日，發表詩作〈小巴黎狂想曲〉於《聯合報》第 8 版。

5 月　詩集《第九日的底流》由臺北藍星詩社出版。

11 月　1 日，發表詩作〈死亡！它是一切〉於《文星》第 73 期。

1964 年　1 月　15 日，發表詩作〈不朽的二 P 又在一起了〉於《現代文學》季刊第 19 期。

6 月　1 日，發表詩作〈五月花號飄航記〉於《文壇》第 48 期。

《現代人的悲劇精神與現代詩人》由臺北藍星詩社出版。

與蓉子主編《藍星 1964》詩刊，並發表〈現代詩創作的基本問題〉及詩作〈閃在腦屋裡的霓虹燈〉、〈死亡！它是一切（續作）〉。

1965 年　1 月　1 日，發表詩作〈死亡！它是一切（第三次續稿）〉於《文星》第 87 期。

10 日，發表〈談詩人藝術家存在的價值〉於《藍星詩頁》第 58 期。

發表詩作〈春天是一座花城〉於《幼獅文藝》第 133 期。

2 月　10 日，發表〈詩人、藝術家是人類心靈的貴族〉於《藍星詩頁》第 59 期。

3 月　10 日，發表〈現代詩的前途光明遠大——寫在藍星詩社十一週年紀念〉於《藍星詩頁》第 60 期。

6 月　發表詩作〈鳳凰鳥〉於《幼獅文藝》第 138 期。

9 月　發表〈讀「一次小聚的雜記」後的一點意見〉於《幼獅文藝》第 141 期。

11 月　發表〈我們已面臨一個莊嚴的問題〉於《幼獅文藝》第 143

期。

|　|　|　|
|---|---|---|

12 月　1 日，發表〈介紹著名翻譯機施穎洲先生及其「世界名詩選譯」〉於《文壇》第 66 期。

1966 年　1 月　發表〈我的箭在颱風夜射入青鳥的心房〉於《幼獅文藝》第 145 期。

4 月　24 日，參加由徵信新聞報與中國文藝協會主辦「文藝創作的路向」座談會。

7 月　發表〈心靈內景的開放——現代詩人已漸成為內在世界的守塔人〉於《星座季刊》第 10 期。

10 月　發表〈論詩的思想性〉及詩作〈死亡之塔〉於《星座季刊》第 11 期。

12 月　7 日，參加幼獅文藝月刊於臺北中國大飯店舉辦「新詩往何處去」座談會，座談紀錄收入該刊第 157 期。

羅門與蓉子被世界桂冠詩人協會（UPLI）譽為「中國傑出文學伉儷」，由菲駐華大使劉德樂在大使館頒發菲總統金牌。

本年　獲國際詩人協會榮譽會員。

1967 年　3 月　發表詩作〈SW 的笑容〉於《幼獅文藝》第 159 期。

前往美國民航失事調查學校研習兩個月。

7 月　發表寫給林綠的書信〈「詩之外」之三〉，後收錄於《星座季刊》第 12 期。

詩作〈麥堅利堡〉獲菲律賓馬可仕金牌獎。

9 月　發表〈現代・紐約・莊喆與我〉於《幼獅文藝》第 165 期。

10 月　5 日，發表〈海灘上〉於《聯合報》第 9 版。

11 月　應韓國國際筆會邀請，參加中國現代詩人訪問團訪韓。

發表詩作〈奧克立荷馬〉於《中國新詩》第 9 期。

1968 年　1 月　發表〈生活多方面情趣的開發者——王藍的創作世界〉於《幼獅文藝》第 169 期。

5 月　發表詩作〈夏威夷〉於《幼獅文藝》第 173 期。

6 月　發表詩作〈馬思聰與琴〉於《幼獅文藝》第 174 期。

8 月　詩集《Sun Moon Collection》（日月集）由臺北美亞出版社出版。（Angela Jung Palandri（榮之穎）英譯）

9 月　發表詩作〈給詩、音樂與妳〉於《幼獅文藝》第 177 期。

1969 年　1 月　發表詩作〈進入週末的眼睛〉於《現代文學》雙月刊第 36 期。

發表詩作〈渡假〉於《幼獅文藝》第 181 期。

3 月　發表詩作〈彈片・TRON 的斷腿〉、〈紅綠燈・車與圓環〉於《現代文學》雙月刊第 37 期。

4 月　18 日，於世新大學奔濤詩社演講「現代詩與藝術家精神活動的層次」。

發表詩作〈划五月的太陽船歸來〉於《幼獅文藝》第 184 期。

6 月　詩集《死亡之塔》由臺北藍星詩社出版。

發表詩作〈上昇的河流〉於《幼獅文藝》第 186 期。

8 月　23 日，發表詩作〈麥堅利堡〉於菲律賓《大中華日報》第 2 版。

25～30 日，受邀赴菲律賓馬尼拉參加第一屆世界詩人大會，被譽爲「大會第一文學伉儷」，獲菲國總統授予勳章。

9 月　發表〈心靈訪問記〉於《大學雜誌》第 21 期。

11 月　《心靈訪問記》由臺北純文學出版社出版。

1970 年　1 月　10 日，發表〈關於我的「麥堅利堡」〉於《青年戰士報》第 8 版。

發表〈視覺的新世界交響曲作者——莊喆〉於《幼獅文藝》第 193 期。

4 月　發表詩作〈他〉於《幼獅文藝》第 196 期。

| | | |
|---|---|---|
| | 5 月 | 發表詩作〈內在世界的燈柱〉於《幼獅文藝》第 197 期。 |
| | | 獲英國國際學院頒發榮譽人文碩士學位。 |
| | 7 月 | 郭榮助等人於精工畫廊以羅門詩作〈死亡之塔〉爲演出主題，呈現多媒體展演。 |
| | 10 月 | 白萩、桓夫、岩上、趙天儀等人合評〈麥堅利堡〉，載於《笠》詩刊第 39 期，羅門於次年 6 月《藍星年刊》第 2 期發表回應〈從批評過程中看讀者、批評者與作者〉，趙天儀又撰〈裸體的國王〉反駁。 |
| 1971 年 | 6 月 | 接受高歌專訪〈追索的心靈——詩人羅門對話錄〉收錄於《幼獅文藝》第 210 期。 |
| | | 與蓉子主編《藍星 1971》，並發表〈從批評過程中看讀者、批評者與作者〉及詩作〈受擊的太陽（獻給負傷的詩神）〉、〈天空〉、〈海邊別墅〉、〈車禍〉、〈斑馬線上〉、〈過了站的乘客〉、〈禮拜堂內外〉。 |
| 1972 年 | 3 月 | 發表詩作〈迴旋的燈屋〉、〈海望〉、〈初夜〉於《現代文學》第 46 期。 |
| | 7 月 | 6 日，受聘擔任中國文藝協會文藝創作經驗研習會詩歌組講座。 |
| | | 發表詩作〈燈屋之夜〉於《暴風雨詩刊》第 6 號，該期製作「燈屋」特刊，由多位詩人發表以燈屋爲題詩作。 |
| | 11 月 | 11 日，受邀參加於臺北中央圖書館舉辦的第二屆文藝創作展覽「新詩座談會」。 |
| | 12 月 | 發表〈一個作者自我世界的開放——與顏元叔教授談我的三首死亡詩〉於《中外文學》第 1 卷第 7 期。 |
| 1973 年 | 2 月 | 獲世界文學學會頒發人類詩人（Poet of Humankind）榮銜及巴西聖保羅哲學院授予榮譽博士學位。 |

4 月　參加《人文與社會科學》雙月刊及《幼獅文藝》月刊合辦「中國現代詩的發展趨向座談會」，座談紀錄收錄於《人文與社會科學》第 1 卷第 2 期。

6 月　發表詩作〈海〉於《創世紀》第 33 期。
　　　發表〈現代詩的精神要素〉於《人與社會》第 1 卷第 2 期。

9 月　發表〈批評的荒謬與危機〉及詩作〈山〉於《創世紀》第 34 期。

10 月　發表〈現代詩的再認與評價〉於《人與社會》第 1 卷第 4 期。

11 月　12～14 日，參加在臺北舉行的第二屆世界詩人大會，並於歷史博物館策畫展出現代詩畫。
　　　發表詩作〈河〉於《創世紀》第 35 期。

1974 年　1 月　發表詩作〈山水之歌〉於《創世紀》第 36 期。

2 月　《長期受著審判的人》由臺北環宇出版社出版。

6 月　23 日，出席「第一屆中國現代詩獎」頒獎典禮，與會者有辛鬱、白萩、余光中、洛夫、商禽、蓉子、瘂弦、林亨泰等人。
　　　24 日，與蓉子獲印度世界詩學會授予「東亞傑出詩人伉儷」榮銜。

7 月　發表〈詩人與藝術家創造了存在的「第三自然」〉於《創世紀》第 37 期。

8 月　2 日，受聘擔任中國文藝協會暑期文藝創作研習會詩歌組講座，主講「詩創造了存在的第三自然」。

12 月　12 日，出席洛夫作品《魔歌》出版座談會與朗誦會「魔歌之夜」，於會中與葉維廉、商禽、張漢良共同針對《魔歌》進行討論。

發表〈詩人與藝術家的位置〉及詩作〈一把鑰匙〉、〈目·
窗·天空的演出〉於《藍星季刊（復刊）》第新 1 期。

1975 年　1 月　發表詩作〈樹鳥二重唱〉於《創世紀》第 39 期。

3 月　發表詩作〈逃〉於《藍星季刊（復刊）》第新 2 期。

6 月　15 日，出席「第二屆中國現代詩獎」頒獎，與會者有羊令
野、張默、洛夫、瘂弦、商禽等人。

19 日，發表〈掛在大自然胸前的一塊玉珮〉於《聯合報》第
12 版。

發表詩作〈2 比 2·20 對 20——未完成的隨想曲〉於《藍星
季刊（復刊）》第新 3 期。

9 月　發表〈談「詩的社會性」〉及詩作〈清華園組曲〉於《藍星季
刊（復刊）》第新 4 期。

12 月　發表〈作為廿世紀物質文明世界中的詩人角色〉及詩作〈開
開關關的兩扇門〉於《藍星季刊（復刊）》第新 5 期。

發表〈十天在文藝營有感〉於《幼獅文藝》第 264 期。

詩集《羅門自選集》由臺北黎明文化公司出版。

1976 年　4 月　30 日，於高雄青年寫作協會演講「詩打開人類生命存在的兩
隻籠子——活著便是對詩的偉大聯想力之讚誦」。

6 月　23～27 日，受邀赴美國馬利蘭州參加第三屆世界詩人大會，
獲「大會傑出詩人獎」及「國際男女桂冠獎」。

發表詩作〈詩打開兩隻籠子〉於《藍星季刊（復刊）》第新 6
期。

10 月　發表〈現代詩的危機〉於《臺大青年》第 76 期。

發表〈詩人在人類世界中的地位〉於《國魂》第 371 期。

11 月　25 日，應許世旭邀請，與羊令野、方心豫、洛夫、菩提、張
默、商禽、辛鬱、梅新等人前往韓國漢城（今首爾）訪問，
並赴板門店 38 度線，瞭望北韓。

至 12 月 5 日經東京返回臺北。

本年　詩集《隱形的椅子》由臺北藍星詩社出版。

1977 年　2 月　28 日，發表〈思鄉曲〉於《聯合報》第 12 版。

發表〈我選擇了詩〉於《中外文學》第 5 卷第 9 期。

3 月　發表詩作〈對流〉於《幼獅文藝》第 279 期。

6 月　發表詩作〈板門店・三十八度線〉於《創世紀》第 45 期。

發表詩作〈一朵幽美的空寂——贈給我崇敬的韓國詩人徐廷柱〉於韓國《月刊文學》第 9 卷第 6 號。

7 月　發表〈日月湖海之歌〉於《藍星季刊（復刊）》第新 7 期。

當選由「創世紀」成員推舉選出的「中國當代十大詩人」，詩作〈第九日的底流〉、〈流浪人〉、〈樹鳥二重唱〉等 13 首選入張默、張漢良、辛鬱、菩提、管管編《中國當代十大詩人選集》，由臺北源成文化圖書供應社出版。

8 月　1 日，受邀於太極門茶藝主辦、家庭與婦女雜誌協辦「太極門文化系列講座」主講「剖釋現代人的情感生活」。

發表〈空中英雄頌〉於《幼獅文藝》第 284 期。

10 月　開始連載〈心靈訪問記（續稿）〉於《藍星季刊（復刊）》第新 8 期。

於臺北國際航空站薦任一級航務官任內提前退休，專心從事詩創作。

11 月　9 日，發表詩作〈地攤——市景之一〉於《聯合報》第 12 版。

本年　擔任藍星詩社社長。

1978 年　1 月　發表〈詩人與藝術家創造了「第三自然」〉於《筧橋》第 5 期。

發表〈心靈訪問記〉及詩作〈都市的旋律〉於《藍星季刊（復刊）》第新 9 期。

| | | |
|---|---|---|
| 2 月 | | 6～18 日,「聯合副刊」推出「八駿圖」專題詩展,並請畫家為各詩配上插畫,18 日刊登羅門詩作〈烈馬〉。 |
| | | 18 日,參加顧獻樑於臺北耕莘文教院舉辦的「裸體藝術問題」座談,座談紀錄後收錄於《出版與研究》第 17 期。 |
| 3 月 | | 14 日,發表〈洪根深的現代水墨畫〉於《中央日報》第 10 版。 |
| | | 發表詩作〈永恆的血淚〉於《幼獅文藝》第 291 期。 |
| | | 發表〈談「主動創作」的深一層意義〉於《國魂》第 388 期。 |
| 4 月 | | 15 日,發表詩作〈教堂——市景之二〉於《聯合報》第 12 版。 |
| | | 主持由《出版與研究》半月刊主辦「中國現代詩的未來」座談會。 |
| 5 月 | | 發表〈「中國現代詩的未來發展」座談實錄〉於《出版與研究》第 21 期。 |
| 9 月 | | 參加作曲家李常泰「傳統與展望」表演,並撰寫序文及詩作〈李泰祥再度發出的聲音〉,後發表於 9 月 13 日《民生報》。 |
| 11 月 | | 發表〈新詩所面臨的挑戰〉、〈對鄉土文學的看法〉於《大學雜誌》第 119 期。 |
| 12 月 | | 發表〈新詩所面臨的挑戰〉、〈現代詩與社會大眾〉於《中國現代文學的回顧》由臺北龍田出版社出版。 |
| | | 發表〈心靈訪問記〉及詩作〈卡特,當你吐出那句話〉、〈痛——痛是孕婦為生命的誕生而呈現的〉、〈餐廳——市景之三〉於《藍星季刊(復刊)》第新 10 期。 |
| 1979 年 | 1 月 | 10 日,發表詩作〈自焚者的告白——為一位計程車司機以汽油自焚抗議卡特背信而作〉於《聯合報》第 12 版。 |
| | 3 月 | 發表〈卡特,當你吐出那句話〉於《葡萄園》第 66 期。 |

4 月　5 日，發表詩作〈實行憲政──民主的聖經在你手中完成〉於《聯合報》第 14 版。

13 日，發表詩作〈中國現代藝術的護航者──悼念顧獻樑教授〉於《聯合報》第 12 版。

5 月　31 日，刊載詩作〈我的第一首詩──加力布露斯〉於《聯合報》第 8 版。

6 月　參加救國團高雄學苑文藝創作班及中國青年寫作協會高市分會於高雄學苑舉辦「青年文藝座談會」，並演講「現代藝術思潮趨勢」。

7 月　2～7 日，受邀赴韓國漢城參加第四屆世界詩人大會，朗誦詩作〈麥堅利堡〉。

10 月　31 日，發表〈統帥的戎裝〉於《聯合報》第 8 版。

12 月　發表詩作〈都市主題歌〉於《掌門詩刊》第 2 期。

1980 年　1 月　10 日，發表詩作〈遙望故鄉〉於《聯合報》第 8 版。

2 月　2 日，發表詩作〈觀燈記〉於《聯合報》第 8 版。

4 月　發表詩作〈執著、外鄉人〉於《創世紀》第 54 期。

發表〈心靈訪問記〉及詩作〈自焚者的自白〉、〈燈屋〉於《藍星季刊（復刊）》第新 11 期。

7 月　發表〈心靈的驛站〉於陳銘磻編《青澀歲月》由爾雅出版社出版。

發表〈如何欣賞雕塑──什麼是理想的雕塑展覽場所，有無特定條件？〉於《幼獅文藝》第 319 期。

8 月　發表詩作〈隱形的椅子（續稿）〉於《葡萄園》第 71 期。

與公共電視拍攝小組飛往菲律賓馬尼拉「麥堅利堡」現場拍攝「〈麥堅利堡〉電視專輯」。

10 月　發表〈少年時光〉於《幼獅少年》第 48 期。

11 月　詩集《曠野》由臺北時報文化出版公司出版。

1981 年　1 月　24 日，發表詩作〈我家燈屋〉於《聯合報》第 8 版。

31 日，發表〈鑰匙與鎖〉於《聯合報》第 8 版。

發表詩作〈晨起〉、〈門〉於《藍星季刊（復刊）》第新 12 期。

3 月　發表〈從「異鄉人」看蘇紹連〉於《陽光小集》第 5 期。

4 月　24～26 日，參加第五屆全國比較文學會議「現代詩人座談會」，討論主題為「西方文學與中國現代詩」，內容收錄於《中外文學》第 10 卷第 1 期。

發表〈永恆的追懷〉於《中央月刊》第 13 卷第 6 期。

5 月　3 日，發表詩作〈落日滿秋山〉於《聯合報》第 8 版。

30 日，發表〈莊靈的世界〉於《聯合報》第 8 版。

6 月　發表詩作〈光住的地方〉、〈出走〉於《藍星季刊（復刊）》第新 13 期。

參加「從『東方』與『五月』畫會 25 週年談臺灣現代繪畫的啟蒙與發展」專題座談由《藝術家》雜誌主辦，會議紀錄收錄於《藝術家》第 13 卷第 1 期。

7 月　《陽光小集》第 6 期刊出「羅門與蓉子的詩情世界——羅門蓉子伉儷作品評析專輯」，其中羅門發表〈我的詩觀——兼談「曠野」詩創作之意圖與感想〉及詩作〈哥倫比亞太空梭登月——並追記三十年來創作的心路歷程〉、〈月思〉，後有李弦、吳興仁等對〈曠野〉的評介。

8 月　3 日，發表詩作〈女人與月〉於《中國時報》第 8 版。

25 日，發表詩作〈視覺的新大陸——國際雷射景觀藝術在我國啟航〉於《臺灣新聞報》第 12 版。

9 月　14 日，發表〈中國雷射藝術啟航了——一些感想與看法〉於《中國時報》第 8 版。

10 月　10 日，發表詩作〈龍鳳相追相隨〉於《中國時報》第 8 版。

發表詩作〈寂〉、〈賣花盆的老人〉於《陽光小集》第 7 期。

11 月　2～3 日，應邀赴韓參加第一屆「中韓作家會議」。

發表詩作〈溪頭遊〉於《中外文學》第 10 卷第 6 期。

《時空的回聲》由臺北德華出版社出版。

12 月　發表詩作〈「想園」夜語〉於韓國《全北文學》第 77 期。

1982 年　1 月　15 日，於臺北國軍英雄館參加「中日韓現代詩人會議」。

2 月　8～12 日，擔任救國團舉辦冬令青年自強活動南區大專文藝營駐會輔導工作。

3 月　28 日，出席中華民國雷射推廣協會成立大會，擔任委員。

以詩〈花之手〉配合雕塑家何恆雄的雕塑，碑刻入臺北新生公園，是現代詩首次發表在國家土地上。

發表〈我的詩觀——兼談〈曠野〉詩創作的意圖與感想〉於《大地文學》第 2 期。

4 月　16 日，發表〈從「花之手」出發〉於《中央日報》第 10 版。

5 月　發表詩作〈向光與背光的世界〉於《中外文學》第 10 卷第 12 期。

6 月　19 日，發表〈真純與輕柔中的美——評筱曉的兩手獲獎詩〉於《臺灣新聞報》第 12 版。

因洛夫發表〈詩壇春秋三十年〉於《中外文學》第 10 卷第 12 期，引起各方爭議，羅門代表藍星詩社發表〈「藍星」是這個樣子嗎？〉於《陽光小集》第 9 期做為反駁。

發表〈抓住生命中「感性」的動流——讀連水淼《生命的樹》〉於《創世紀》第 58 期。

發表詩作〈礦工——光的牧者〉於《藍星季刊（復刊）》第新 14 期。

發表詩作〈心境〉於《現代詩》復刊第 1 期。

10 月　發表〈「藍星詩頁」再度出發〉及詩作〈都市‧摩登女郎〉於
　　　《藍星詩頁（復刊）》第 64 期。

本年　獲選爲《陽光小集》詩刊舉辦「青年詩人心目中的十大詩
　　　人」票選之一。

1983 年　1 月　17 日，發表詩作〈海的夢〉搭配畫家洛貞的畫作於《臺灣新
　　　聞報》第 12 版。

發表詩作〈山的世界〉於《中外文學》第 11 卷第 8 期。

發表〈心靈訪問記〉及詩作〈山〉於《藍星季刊（復刊）》第
新 15 期。

2 月　發表詩作〈傘〉於《陽光小集》第 11 期。

3 月　發表〈詩的語言世界——兼談我的語言旅程與感想〉於《中
　　　外文學》第 11 卷第 10 期。

5 月　1 日，參加笠詩社與《自立晚報》副刊合辦「藍星、創世
　　　紀、笠三角討論會」，討論「現代派以後詩壇的演進」及「主
　　　要社團運動的影響」議題，會議紀錄刊登於 6 月 15 日《自立
　　　晚報》副刊及《笠》第 115 期。

6 月　發表〈心靈訪問記〉及詩作〈都市‧方型的存在〉於《藍星
　　　季刊（復刊）》第新 16 期。

發表〈詩社的面面觀〉於《笠》第 115 期。

7 月　發表〈文藝社團介紹——「藍星」的光痕〉於《文訊雜誌》
　　　第 1 期。

8 月　1 日，發表〈記憶中的回響——青協成立週年紀念感言〉於
　　　《中央日報》第 10 版。

23 日，發表詩作〈未完成的塑像——追念詩人覃子豪先生〉
於《中央日報》第 10 版。

發表〈美在詩——文藝營美麗的側影〉於《中央月刊》第 15
卷第 10 期。

發表〈作協留在我記憶中的回響〉於《幼獅文藝》第 356 期。

9 月　發表〈羅門情書二則〉於《東方婦女雜誌》第 3 期。

10 月　發表〈漫談藝術家的創作精神〉於《掌門詩刊》第 11 期。

發表〈心靈訪問記〉、〈覃子豪先生逝世廿週年紀念三項獻禮〉、〈生命的回響──追念覃子豪先生〉於《藍星季刊（復刊）》第新 17 期。

發表專欄〈心靈訪問記〉及詩作〈20 世紀生存空間的調整〉、〈摩卡的世界〉於《詩人坊》第 6 期。

發表〈內心世界的音響〉於《幼獅文藝》第 358 期。

11 月　發表〈漫談藝術家的創作精神〉於《掌門詩學》第 11 期。

發表〈藝術與色情的界域〉於《文訊雜誌》第 5 期。

12 月　10 日，擔任中興大學文學獎評審。

1984 年　3 月　發表詩作〈老牌式主婦〉、〈標準型風塵女郎〉、〈BB 型單身女祕書〉、〈老處女型企業家〉、〈大眾牌情婦〉於《藍星詩頁（復刊）》第 72 期。

4 月　22 日，參加於臺北耕莘文教院舉辦「中國現代詩談話會」，會議紀錄刊登於《文訊雜誌》第 12 期。

參加雕塑家楊英風、何恆雄等人所舉辦國內首屆科藝展，並發表〈追蹤美──詩眼中的視覺藝術世界〉於《商工日報》。

5 月　4～13 日，應邀至香港大學演講，並在香港中文大學文藝班與余光中、黃維樑主持現代詩座談。

28～30 日，連續三天發表〈詩之旅・香江十日記〉連載於高雄《成功時報》第 11 版。

發表詩作〈海邊遊〉於《鍾山詩刊》第 1 期。

發表詩作〈摩卡的世界〉、〈海邊遊〉於新加坡《五月詩刊》創刊號。

6 月　19 日，發表詩作〈香江詩抄〉於《中央日報》第 12 版。

發表〈燈屋的女主人——蓉子〉於《摩登婦女》第 24 期。

7 月　21 日，發表詩作〈光的詩境——為首屆光電科藝展而作〉於
《商工日報》第 12 版。

19～22 日，參與中華民國雷射推廣協會、牛頓雜誌社主辦
「光電科藝展」，並於 21 日演講「藝術家的視象世界」。

詩集《羅門詩選》由臺北洪範書店出版。

8 月　26 日，發表〈「異度空間」的探討——一次具有新構想的空
間觀念展〉於《臺灣新聞報》第 8 版。

9 月　29 日，擔任耕莘青年寫作會文學講座講師。

10 月　30 日，發表詩作〈時空奏鳴曲——遙望廣九鐵路〉於《商工
日報》第 12 版。

發表〈藍星年刊創刊號——五十三年詩人節出版〉、〈藍星詩
頁再度出發〉、〈紀念藍星詩社成立三十週年〉於《藍星詩
刊》第 1 號。

本年　詩集《日月的行踪》由臺北藍星詩社出版。

1985 年　1 月　發表〈心靈訪問記〉及詩作〈時空奏鳴曲——遙望廣九鐵
路〉於《藍星詩刊》第 2 號。

發表〈羅門的詩觀——兼談我的創作歷程〉於《心臟詩刊》
第 7 期。

2 月　發表〈架構詩世界的一些石柱——談詩創作的一些看法與經
驗〉於蕭蕭《現代詩入門——寫作與導讀》由故鄉出版社出
版。

3 月　發表詩作〈時空奏鳴曲——遙望廣九鐵路〉於《中外文學》
第 13 卷第 10 期。

4 月　24 日，參加雷射藝術特展，並於臺北市立美術館演講「追蹤
美！詩眼中的視覺藝術世界」。

27 日，發表〈異度空間的拓展──談張永村獲首屆抽象化大展首獎作品〉於《臺灣新聞報》第 8 版。

發表詩作〈天空三境〉於《藍星詩刊》第 3 號。

5 月　15 日，發表〈探索莊普的繪畫世界〉於《商工日報》第 12 版。

25 日，發表〈「超度空間」展的探討〉於《自立晚報》第 10 版。

6 月　12 日，發表〈美的追蹤與詩的視覺藝術（上）〉於《臺灣新聞報》第 8 版。

13 日，發表〈美的追蹤與詩的視覺藝術（下）〉於《臺灣新聞報》第 8 版。

7 月　20 日，發表〈詩的聯想之夜〉於《中央日報》第 12 版。

發表〈追蹤「美」！詩眼中的視覺藝術世界〉及詩作〈給「青鳥」〉等三首於《藍星詩刊》第 4 號。

發表〈抗日戰爭中的空中英雄──寫於七七抗戰紀念日〉於《幼獅文藝》第 379 期。

10 月　開始連載〈詩眼看世界〉及發表詩作〈夏的連鎖店〉於《藍星詩刊》第 5 號。

發表詩作〈建築工人〉、〈馬路工人〉、〈玻璃工人〉於《文學家》第 1 期。

12 月　9 日，發表〈我讀《鳳凰城》詩集〉於《臺灣新聞報》第 8 版。

發表〈假如我是副刊主編──爲嚴肅的文藝服務〉於《文訊雜誌》第 21 期。

1986 年　1 月　發表〈鳳凰城詩集讀後感〉及詩作〈飛在雲上三萬呎高空讀詩看畫〉於《藍星詩刊》第 6 號。

發表〈新的起跑點〉、〈我的意見〉於《幼獅文藝》第 385 期。

2 月　27 日，發表詩作〈完美是一種豪華的寂寞〉於《中央日報》第 12 版。

3 月　13 日，發表詩作〈大地沉思錄〉於《中央日報》第 12 版。

4 月　發表〈我印象中的詩人——鄧禹平〉、〈詩眼看世界〉及詩作〈你那張臉已成為那片雪地——悼詩人沙牧〉、〈生之旅〉、〈煙的速寫〉於《藍星詩刊》第 7 號。

5 月　發表〈陳冠華詩作筆談〉於《葡萄園》第 94 期。

6 月　舉辦藍星詩社成立 32 週年慶祝會，與張健編選《星空無限藍》（藍星詩選）由臺北九歌出版社出版。

7 月　25 日，發表詩作〈世界走在純粹的透明與繽紛裡——雷射光的演出〉於《中央日報》第 11 版。

發表〈詩眼看視覺詩〉及詩作〈週末旅途事件〉於《藍星詩刊》第 8 號。

8 月　發表詩作〈都市你要到那裡去〉於《中外文學》第 15 卷第 3 期。

9 月　6 日，受邀擔任「圖書有聲發表會——現代詩系列」評論講座。

發表詩作〈球王馬拉杜納〉於《文星》第 99 期。

10 月　發表〈讀「林燿德詩作初探」有感〉及詩作〈給 P〉於《藍星詩刊》第 9 號。

11 月　發表〈探索生存實知與實覺性的詩人——小評柯順隆的詩〉於《葡萄園》第 96 期。

12 月　發表〈彩色音樂的王國——陳正雄的繪畫世界〉於《聯合月刊》第 65 期。

1987 年　1 月　發表詩作〈燈屋的觸覺〉、〈玻璃大廈的異化〉於《藍星詩

刊》第 10 號。

4 月　發表〈世界高品質精神食糧轉運站〉及詩作〈歲月的琴聲〉、〈卡拉 OK〉於《藍星詩刊》第 11 號。

5 月　獲教育部頒發詩人節詩教獎。

7 月　發表詩作〈詩人節四景〉於《藍星詩刊》第 12 號。

8 月　9 日，發表〈「低限與材質之後」展的前後觀——看胡坤榮的「超度空間」〉於《自立晚報》第 10 版。

9 月　28～30 日，參加中國青年寫作協會於實踐堂舉行「詩的聲光——現代詩的多媒體演出」。

10 月　發表〈詩的追蹤〉及詩作〈1987 都市心電圖——「後現代情況」是現代人生存空間被「速度」、「物質化」、「行動化」全部占領，發出的呼救訊號〉、〈屏風的世界〉於《藍星詩刊》第 13 號。

11 月　18 日，發表詩作〈回到原來叫一聲您〉於《中央日報》第 10 版。

配合朱沉冬等詩人在高雄文化中心舉行視覺詩展，在朱沉冬文藝班演講「詩與視覺藝術」。

發表〈探索莊普的繪畫世界〉及專訪〈時空的回聲——名詩人羅門談「詩與藝術」〉（陳慧華訪問及記錄）於《心臟詩刊》第 12 期。

發表詩作〈從歷史冷藏室中解凍出來的風景——參觀臺北林家花園〉於《文星》第 113 期。

發表詩作〈流浪人〉、〈窗〉於韓國《湖西文學》第 13 期。

1988 年　1 月　發表〈心靈訪問記〉及詩作〈鳥聲帶著早晨起跑〉於《藍星詩刊》第 14 號。

應菲華文藝協會邀請赴菲律賓演講，主講「詩的轉化與造型能力（兼談詩語言運作的十二種類型與活動空間）」、第四場

羅門主講「詩與藝術的世界」。

2月　應光復出版社策劃人與臺北評論總編輯羅青之邀，在贊助作家獎得主的頒獎典禮上致詞〈詩的想像轉化與造型世界〉，收錄於同年9月《中縣文藝》第2期。

3月　15日，發表〈畫內在自然風景與生命的畫家——看閻振瀛教授畫作有感〉於《大華晚報》第10版。

4月　發表〈談「人品」與「詩品」〉及詩作〈龍飛來龍年〉、〈光的建築——純正超越的生命，都是光的建築〉於《藍星詩刊》第15號。

　　　詩集《整個世界停止呼吸在起跑線上》由臺北光復書局出版。

5月　接受林燿德專訪〈第三自然中的螺旋型世界——訪羅門〉，收入《臺北評論》第5期。

6月　接受夏瑞虹專訪〈明亮心靈詩人傳燈〉，收入《時報週刊》第254期，並於6月10日上午八點於華視「早安今天」節目播出。

7月　9日，於現代詩研討會專題演講「詩的想像轉化與造型世界」，演講紀錄收錄於《中縣文藝》第2期。

　　　發表〈從我詩的「第三自然」螺旋型架構看後現代情況〉及詩作〈蓉子回家日記〉於《藍星詩刊》第16號。

　　　發表詩作〈麥堅利堡〉、〈旅途的感覺〉於《光華》第13卷第7期。

8月　詩作〈小提琴的四根弦〉、〈光　穿著黑色的睡衣〉、〈麥堅利堡〉等10首選入《當代臺灣詩萃（上）》由湖南湖南文藝出版社出版。

　　　發表〈林燿德海洋詩的想像世界〉於《幼獅文藝》第416期。

赴港。應香港人協會宴請，於餐會上發表「詩」的談話。

9 月　詩集《羅門蓉子短詩精選》由臺北殿堂出版社出版。

10 月　3～11 日，於北京大學、北京中國社會科學院、中國文聯、中國現代文學館等單位發表演講及座談。

17～25 日，於海南大學、海南師範學院發表演講及教授座談。

24 日，發表第 11 屆時報文學獎新詩推薦獎〈得獎感言〉於《中國時報》第 18 版。

25～27 日，於廣州中山大學、廣州暨南大學發表演講及教授座談。

27 日～11 月 3 日，於上海復旦大學、上海華東師範大學、上海戲劇學院發表演講及座談。

29 日，刊載詩作〈斷骨記〉於《中國時報》第 18 版。

發表〈詩與藝術「美」的轉化與造型能力〉及詩作〈斷骨記〉、〈組合藝術五件〉於《藍星詩刊》第 17 號。

11 月　11～13 日，於北京大學、廈門大學、廈門作家協會、廈門采貝詩社等單位發表演講及座談。

12 月　26 日，發表〈文學之旅──臺灣詩人大陸行〉於《自由副刊》第 11 版。

詩作〈整個世界停止呼吸在起跑線上〉獲《中國時報》頒發第 11 屆時報文學獎新詩推薦獎。

發表「三人行」聯展畫集序〉及詩作〈觀舞記〉、〈光住的地方〉、〈瘦美人〉、〈BB 型單身女祕書〉、〈老處女型企業家〉、〈老牌式主婦〉、〈標準型風塵女郎〉、〈大眾牌情婦〉共 8 首於《心臟詩刊》第 13 期。

本年　以詩〈宇宙大門〉配合雕塑家何恆雄的雕塑，碑刻入臺北市立動物園門口。

| 1989 年 | 1 月 | 發表〈詩的文學之旅〉及詩作〈長城上的移動鏡〉於《藍星詩刊》第 18 號。 |
| | 2 月 | 發表〈都市生活與文學系列探討之三——我對「都市詩」意涵之探索〉於《臺灣春秋》第 1 卷第 4 期。 |
| | | 發表詩作〈銀行〉、〈世界性的政治遊戲〉、〈社會檔案〉、〈雙拼空間〉於《聯合文學》第 52 期。 |
| | 4 月 | 發表〈以情、愛、感、知、靈、悟製作生命場景的女詩人謝馨〉及詩作〈存在空間系列〉於《藍星詩刊》第 19 號。 |
| | | 發表「羅門短詩選」〈小提琴的四根弦〉、〈窗〉、〈遙望故鄉〉、〈重見夏威夷〉、〈咖啡廳〉、〈都市的旋律〉、〈一拳打通十六座山〉、〈電視機〉、〈賣花盆的老人〉、〈都市·摩登女郎〉、〈都市與粽子〉、〈日月的行踪〉、〈都市·方形的存在〉、〈廿世紀生存空間的調整〉共 17 首及〈詩的文學之旅〉於香港《文學世界》第 5 期。 |
| | 6 月 | 發表詩作〈門的聯想〉於《創世紀》第 77 期。 |
| | | 發表〈展現立體美感空間——讀詩人卞之琳的「音塵」〉於《臺灣新聞報》第 12 版。 |
| | | 《詩眼看世界》由臺北師大書苑出版。 |
| | 7 月 | 發表〈羅門詩話——內在世界的燈柱〉及詩作〈天安門·廣場印象〉、〈都市　此刻坐在教堂作禮拜〉於《藍星詩刊》第 20 號。 |
| | 10 月 | 發表〈詩眼看詩,詩會死嗎?〉及詩作〈香港及澳門賭場印象〉於《藍星詩刊》第 21 號。 |
| | | 發表〈存在空間系列——贈給真正的藝術家與詩人〉於《心臟詩刊》第 14 期。 |
| | 11 月 | 發表〈談「創作」與「批評」的基本論點〉於馬來西亞《蕉風月刊》第 432 期。 |

發表詩作〈活在框裡的照片〉於北京《人民文學》第 363
期。

本年　擔任世界華文詩人協會會長。

1990 年　1 月　發表詩作〈從歌廳舞臺走回妳來時的故鄉──給一位名女歌
星演員〉、〈都市　此刻坐在教堂作禮拜〉、〈在屏風與面具背
後被扼殺的世界──一幅後現代的拼湊藝術〉於香港《文學
世界》第 8 期。

發表詩作〈一條永遠的路〉、〈看時間一個人在跑〉於《藍星
詩刊》第 22 號。

2 月　發表詩作〈「明星」咖啡屋浮沉記〉於《光華》第 15 卷第 2
期。

發表〈詩與藝術的對話〉及詩作〈後現代 A 管道〉、〈後現代
○管道〉於《藍星詩刊》第 23 號。

發表〈詩觀〉及詩作〈後現代 A 管道〉、〈後現代○管道〉等
5 首於香港《當代詩壇》第 8、9 期合刊。

4 月　25 日，發表〈書、書架、書房的聯想〉於《中央日報》第 24
版。

詩集《有一條永遠的路》由臺北尚書文化出版社出版。

5 月　香港《當代詩壇》第 8、9 期合刊刊出「羅門蓉子小輯」，其
中收錄羅門〈詩觀〉及詩作〈後現代 A 管道〉、〈後現代○管
道〉、〈雪與魚〉、〈三座名山〉、〈向死亡能追回什麼〉。

7 月　發表詩作〈政治有現實利害〉於《新詩學報》第 3 期。

發表〈談我的「第三自然」與公木的「第三自然界」──兼
回答讀者問題〉及詩作〈三座名山〉、〈「雪」與「魚」的對
話〉、〈古典的悲情故事〉及與蓉子合撰〈藝術永遠與你同
在──追思文友朱沉冬〉於《藍星詩刊》第 24 號。

8 月　為馬中欣的原住民攝影照配詩，有詩作〈有眼睛的樹　能說

話的石頭〉、〈把整個世界都笑開來〉、〈神與造物的設計〉等
26 首，1990 年 8～9 月間刊載前 9 首於《中國時報》寶島 26
版，後改自 1992 年 3 月 17 日起，陸續刊載於《自由時報》。

14 日，搭配馬中欣攝影照，發表詩作〈有眼睛的樹　能說話
的石頭〉於《中國時報》寶島 26 版。

16 日，搭配馬中欣攝影照，發表詩作〈把整個世界都笑開
來〉於《中國時報》寶島 26 版。

18 日，羅門赴馬尼拉拍攝由寶象文化公司製作公共電視「詩
人專輯」，並現場朗誦〈麥堅利堡〉。

22 日，搭配馬中欣攝影照，發表詩作〈神與造物的設計〉於
《中國時報》寶島 26 版。

23 日，搭配馬中欣攝影照，發表詩作〈笑掉了牙〉於《中國
時報》寶島 26 版。

25 日，搭配馬中欣攝影照，發表詩作〈望〉於《中國時報》
寶島 26 版。

29 日，搭配馬中欣攝影照，發表詩作〈大自然爲妳加冕〉於
《中國時報》寶島 26 版。

9 月　1 日，搭配馬中欣攝影照，發表詩作〈大地的臉〉於《中國
時報》寶島 26 版。

10 日，搭配馬中欣攝影照，發表詩作〈驚疑的雙目〉於《中
國時報》寶島 26 版。

20 日，搭配馬中欣攝影照，發表詩作〈都市看不見你的笑〉
於《中國時報》寶島 26 版。

10 月　發表詩作〈一直躺在血裡的「麥堅利堡」——29 年後我與風
與雨又來看你〉於《聯合文學》第 72 期及《藍星詩刊》第
25 號。

1991 年　1 月　20 日，發表詩作〈子彈‧炮彈‧主！阿門〉於《中國時報》

第 27 版。

發表詩作〈窗的世界〉、〈誰能買下這條天地線〉於《藍星詩刊》第 26 號。

發表詩作〈抓住 1991 年的「1」號航道前進〉於《幼獅文藝》第 445 期。

2 月    4 日，發表〈美，不是金錢能塑造的〉於《中央日報》第 16 版。

24 日，發表詩作〈主阿門！平安夜〉於《中國時報》第 31 版。

3 月    詩作〈傘〉、〈遙指大陸〉、〈賣花盆的老人〉、〈山〉選入《臺灣現代詩選》由香港文藝風出版社出版。

4 月    2 日，擔任中原大學新詩組決選評審，會議內容收錄於《中原青年》第 42 期。

21 日，應邀參加中華民國美國文學研究學會主辦的文學會議，以「後現代可能出現的盲點」為題演講。

發表詩作〈主阿門！平安夜〉、〈農曆年印象〉於《藍星詩刊》第 27 號。

6 月    6 日，參加由《中華日報》與藍星詩社合辦的現代詩座談會，討論三項子題：（1）詩能給人什麼（2）詩的想像與真實（3）一首詩如何完成。會議紀錄刊載於 6 月 16 日《中華日報》。

7 月    發表〈詩人馮至的《十四行集》——一部喚醒人類對生命省思的啟示錄〉於香港《詩雙月刊》第 2 卷第 6 期。

發表詩作〈跟著詩與藝術走〉、〈都市的特寫鏡頭〉、〈不能再大的三明治〉、〈形上形下〉、〈死亡一直這麼說〉於《藍星詩刊》第 28 號。

8 月　評介〈艾菁詩的創作世界〉一文，於 8 月間北京召開的艾菁
　　　創作研討會中，由大會請專人宣讀。

10 月　19 日，應市立美術館邀請於米羅大展期間演講「詩眼看米羅
　　　畫中的詩眼」，後更題為〈詩眼看米羅〉收錄於《詩・夢・自
　　　然——米羅的藝術》由臺北市立美術館出版。
　　　發表〈把所有的門都羅過來〉於《聯合文學》第 84 期。
　　　發表〈談詩人艾菁詩創作的風貌〉於《中縣文藝》第 5 期。
　　　發表〈心靈訪問記〉及詩作〈「世紀末」病在都市裡〉、〈長在
　　　「後現代」背後的一顆黑痣〉、〈回首〉、〈海誓山盟〉於《藍
　　　星詩刊》第 29 號。
　　　發表詩作〈海邊遊〉於《玉壘詩刊》第 19、20 合期。

11 月　4 日，發表詩作〈藝術大師米羅〉於《青年日報》第 14 版。
　　　10 日，詩集《有一條永遠的路》獲第 26 屆中山大學中山文
　　　藝創作詩歌獎。

1992 年　1 月　發表詩作〈藝術大師——米羅〉、〈一聲想變白的「李黑」〉、
　　　〈「丁副官」的命運〉於《藍星詩刊》第 30 號。

2 月　2 日，發表〈詩眼看米羅——米羅是世界大師級的詩人藝術
　　　家〉於《青年日報》第 14 版。
　　　18 日，發表詩作〈舊曆年印象〉於《中國時報》第 31 版。

3 月　7 日，搭配馬中欣攝影照，發表詩作〈如果天藍不過眼睛〉
　　　於《自由時報》第 18 頁。
　　　17 日，搭配馬中欣攝影照，發表詩作〈小小的年紀〉於《自
　　　由時報》第 18 頁。
　　　24 日，搭配馬中欣攝影照，發表詩作〈我從服裝店與成衣中
　　　心逃脫〉於《自由時報》第 18 頁。
　　　發表詩作〈「世紀末」病在都市裡〉、〈長在「後現代」背後的
　　　一顆黑痣〉於《聯合文學》第 89 期。

詩集《太陽與月亮》由廣州花城出版社出版。為與蓉子的詩作合集。

4月 5 日，搭配馬中欣攝影照，發表詩作〈朝著天高興的叫一聲〉於《自由時報》第 21 頁。

15 日，發表詩作〈都市的變奏曲〉於《中國時報》第 27 版。

17 日，搭配馬中欣攝影照，發表詩作〈你要把我們從窗裡放出來〉於《自由時報》第 16 版。

25 日，搭配馬中欣攝影照，發表詩作〈兄弟的手足之情〉於《自由時報》第 21 版。

發表藍星「屈原詩獎」得獎作品評審意見〈力道‧老練‧穩健〉、〈弱勢人生的控訴與反諷〉、〈尖銳又深入〉及詩作〈都市的變奏曲〉於《藍星詩刊》第 31 號。

5月 2 日，搭配馬中欣攝影照，發表詩作〈這兩顆鮮蘋果〉於《自由時報》第 21 版。

7 日，搭配馬中欣攝影照，發表詩作〈嘻嘻，你們都在我的掌握中〉於《自由時報》第 21 版。

14 日，藍星詩社主辦「屈原詩獎」。

發表〈詩人馮至的《十四行集》——一部喚醒人類對生命省思的啟示錄〉於《幼獅文藝》第 461 期。

發表「動物觀照造型系列」詩作共 4 首於《葡萄園》第 114 期。

至曼谷「泰華文藝作家協會」演講。

擔任青年寫作協會與千島詩社在馬尼拉舉辦的文藝營詩講座。

6月 2 日，搭配馬中欣攝影照，發表詩作〈一直守住陰暗的日

子〉於《自由時報》第 21 版。

5 日，發表〈我的另一邊翅膀——詩人節，重讀贈蓉子的一首詩〉及詩作〈詩的歲月——給蓉子〉於《中央日報》第 16 版。

10 日，搭配馬中欣攝影照，發表詩作〈年輕時我也美過〉於《自由時報》第 21 版。

24 日，搭配馬中欣攝影照，發表詩作〈那是歲月走成的千踪萬徑〉於《自由時報》第 21 版。

擔任臺灣師範大學師鐸獎評審委員。

7 月 1 日，搭配馬中欣攝影照，發表詩作〈我們是一群快活的星球〉於《自由時報》第 21 版。

23 日，搭配馬中欣攝影照，發表詩作〈都是為了你要看〉於《自由時報》第 21 版。

發表〈詩眼看世界（續稿）〉及詩作〈單純的對話　透明的相望〉於《藍星詩刊》第 32 號。

8 月 6 日，搭配馬中欣攝影照，發表詩作〈這是一座古老的屋子〉於《自由時報》第 21 版。

15 日，搭配馬中欣攝影照，發表詩作〈為什麼這隻眼睛是首獎作品〉於《自由時報》第 21 版。

應邀赴美參加愛荷華大學舉辦國際作家寫作計畫（IWP）會議，獲頒 IWP 榮譽研究員證書，並於「後現代主義與超越」研討會中發表〈從「第三自然螺旋型架構」世界對後現代的省思〉。

9 月 16 日，搭配馬中欣攝影照，發表詩作〈如果想看到大自然的眼睛〉於《自由時報》第 21 版。

10 月 8 日，搭配馬中欣攝影照，發表詩作〈母親不在身邊〉於《自由時報》第 21 版。

11 月　發表〈詩眼中的論見〉於《中縣文藝》第 6 期。

本年　以詩〈智慧鳥〉配合雕塑家何恆雄的雕塑，碑刻入彰化市區廣場。

1993 年　4 月　10 日，發表〈相片背後的話與憶念〉於《青年日報》第 10 版。

發表〈從我「第三自然螺旋型架構」世界對後現代的省思〉於海南島《海南大學學報》第 4 期。

發表〈春之旅的迷思〉於《當代青年》第 21 期。

6 月　2 日，發表〈詩會死嗎？詩永遠不死！〉於《青年日報》第 10 版。

7 月　發表〈化想像為具體的魔術——胡宏述的造型世界〉於《藝術貴族》第 43 期。

發表〈從我「第三自然螺旋型架構」世界對後現代的省思（上）〉於菲律賓《萬象》第 89 期。

發表〈燈屋的傳奇〉於新加坡《21 工程雜誌》第 11 期。

發表〈詩的文學之旅——同蓉子赴美參加國際作家寫作計畫（IWP）〉於《幼獅文藝》第 475 期。

謝冕編《羅門詩選》（簡體版）由北京友誼出版公司出版。

8 月　5～11 日，於海南大學舉辦「羅門蓉子文學世界」學術研討會，會中發表自己的詩觀〈將同詩走完我的一生〉。

發表〈從我「第三自然螺旋型架構」世界對後現代的省思（下）〉於菲律賓《萬象》第 90 期。

10 月　11 日，發表詩作〈帶著世紀末跑的麥可傑克遜〉於《中國時報》第 27 版。

發表〈詩會死嗎？詩永不會死！〉於《中國詩刊》第 3 期。

12 月　詩集《誰能買下這條天地線》由臺北文史哲出版社出版。

《羅門散文精選》由臺北文史哲出版社出版。

1994 年　　3 月　　發表〈秋的悲愴交響曲〉於《南風》第 2 期。

發表〈從我「第三自然螺旋型架構」世界對後現代的省思〉於《臺灣詩學季刊》第 6 期。

4 月　　5 日，接受臺北市立美術館「多元媒體藝術」發展製作專輯訪談，訪談紀錄收錄於《現代美術》雙月刊第 53 期。

13 日，發表〈談許世旭的「中國詩之溶合古今」〉於《新詩學報》第 11 期。

《羅門蓉子文學世界學術研討會論文集》由臺北文史哲出版社出版。

5 月　　14 日，發表〈現代畫與現代詩——寫在朱沉冬紀念展〉於《臺灣新聞報》第 15 版。

17 日，發表〈湖是怎麼樣變成海的〉於《青年日報》第 15 版。

6 月　　18 日，發表〈創造純粹自然的抽象畫境——論陳正雄的畫〉於《自立晚報》第 18 版。

24 日，出席北京美術館舉行的畫展酒會並發表演講「現代抽象繪畫與現代詩」。

發表〈談「詩與讀者」的通路〉於《臺灣詩學季刊》第 7 期。

發表〈「詩眼」七視〉於《香港文學月刊》第 114 期。

7 月　　發表詩作〈一座走動的大自然——給詩人公劉〉於《中外文學》第 266 期。

9 月　　發表〈詩在人類世界中的永恆價值〉於《國文天地》第 112 期。

10 月　　發表〈普普藝術（Pop Art）潛在思想的探索與反思〉於《現代美術》第 56 期。

11 月　　21 日，發表〈悼念詩友羊令野——那段交往日子的追憶〉於

《青年日報》第 15 版。

12 月　3 日，於臺北市立美術館「後現代美學與生活講演系列」演講「後現代風暴襲擊都市人該怎麼辦呢？」。

26 日，發表〈都市與都市詩〉於青年寫作協會主辦「當代臺灣都市文學研討會」。

發表詩作〈樹・鳥・森林・天空——性的象徵符號〉於《臺灣詩學季刊》第 9 期。

發表〈詩在人類世界中的永恆價值〉於北京《詩探索》第 16 期。

本年　以詩〈天堂鳥〉配合雕塑家何恆雄的雕塑，碑刻入彰化火車站廣場。

1995 年　1 月　發表〈詩在人類世界中的永恆價值〉於《文昌文獻》第 1 期。

發表詩作〈阿里山之旅——也聽聽它環保的心〉於《幼獅文藝》第 493 期。

發表〈詩在人類世界中的永恆價值〉於《南風》第 3 期。

發表詩作〈大峽谷奏鳴曲——詩與藝術看守的世界〉於《香港文學月刊》第 121 期。

3 月　接受蕭蕭「詩人的心靈世界」訪談會專訪，內容收錄於《臺灣詩學季刊》第 10 期。

4 月　林耀德策畫《羅門創作大系》（共 10 卷）由臺北文史哲出版社出版。

《羅門論文集》與詩集《羅門長詩選》、《羅門短詩選》由北京中國社會科學出版社出版。

5 月　14 日，中國青年寫作協會於臺北國際青年活動中心舉辦「羅門作品研討會」暨「羅門蓉子創作大系發表會」。

6 月　3 日，發表〈透明的生命建築〉於《聯合報》第 37 版。

發表〈讀雲逢鶴的詩〉於北京《詩刊》第 6 期。

發表〈詩眼中的宗教性與靈思〉及詩作〈靈與肉一直是好芳鄰〉於《臺灣詩學季刊》第 11 期。

7 月　　發表詩作〈過三峽〉於《萌芽》第 7 期。

8 月　　17 日，發表詩作〈都市・浮生錄影記〉於《聯合報》第 37 版。

發表〈詩批評世界的多面觀——談批評所面對的一些關鍵性問題〉於《詩世界》第 1 期。

9 月　　發表〈看臺灣現代詩史研討會論文：「家園與世界——試論五十年代臺灣詩語言環境」〉及詩作〈歲月一直是這樣變調的〉於《臺灣詩學季刊》第 12 期。

10 月　　7 日，發表〈各家看余光中——具有競選諾貝爾獎的有力條件〉於《中國時報》第 39 版。

12 月　　6 日，北京大學中國語言文學研究所、清華大學中文系、海南大學、海南日報社、中國社會科學出版社、中國藝術研究院中國文化研究所、《詩探索》編輯部於北京大學賽克勒考古與藝術博物館舉辦「羅門蓉子文學創作系列發表會」及「羅門蓉子文學創作座談會」。

發表〈詩眼看後現代現象（上）——談其中具關鍵性的問題〉於《臺灣詩學季刊》第 13 期。

本年　　獲美國傳記學術中心頒發 20 世紀世界 500 位具有影響力的領導人證書。

1996 年　1 月　　25 日，發表〈你會從文學史中回來——悼詩友林燿德〉於《中華日報》第 14 版。

2 月　　獲選為中國青年寫作協會第二十四屆常務監事。

3 月　　11 日，發表詩作〈臉的拼盤——後現代超級市場特製品〉於《聯合報》第 37 版。

發表〈仍是「理所當然」〉、〈詩眼看後現代現象（下）——談其中具關鍵性的問題〉於《臺灣詩學季刊》第 14 期。

4 月　24 日，發表〈「燈屋」與我〉於《商報 Chinese Commercial News》。

6 月　19 日，發表〈重認詩人的角色〉於《中華日報》第 14 版。

發表〈我最短的一首詩〉於《臺灣詩學季刊》第 15 期。

9 月　13 日，發表〈「天堂」！路在哪？〉於《中華日報》第 14 版。

發表〈我對得獎作品的意見〉、〈「詩」、「牛毛」與「屁眼」同上藝術法庭——羅門答辯文第一篇〉於《臺灣詩學季刊》第 16 期。

11 月　23 日，發表〈我最短的一首詩〉於《中華日報》第 14 版。

12 月　24 日，發表〈「燈屋」與我〉於《商報 Chinese Commercial News》第 18 版。

25 日，發表〈以詩追蹤生命——談詩在人類世界存在的價值〉於《芝蘭雜誌》第 18 期。

發表〈在「美」中昇越——從藝術看臺北市美館 13 年・人・世界「進入生命與事物的深處，將美的一切喚醒」〉於《現代美術》第 69 期。

發表〈讓事情接近它的真實性〉於《臺灣詩學季刊》第 17 期。

發表詩作〈靈與肉一直是好芳鄰〉於《星星詩歌月刊》第 253 期。

1997 年　1 月　3 日，發表詩作〈隕石——給詩〉於《聯合報》第 37 版。

25～27 日，參加「林燿德與新世代作家文學論——悼念一顆耀眼文學之星的殞滅」研討會，並發表〈立體掃描林燿德詩

的創作世界——兼談他後現代創作的潛在生命〉。

29 日，發表詩作〈嘴都在吐血〉於《聯合報》第 37 版。

發表〈徹底重認「詩」是否死的問題〉於《乾坤詩刊》第 1 期。

2 月　發表〈走進胡宏述的造型世界——看他在北市美館展出有感〉於《現代美術》第 70 期。

3 月　發表〈短詩短論〉於《臺灣詩學季刊》第 18 期。

6 月　發表〈讓一切存在於坦誠與真實中〉於《臺灣詩學季刊》第 19 期。

7 月　10 日，發表〈詩眼看 21 世紀新人類〉於《中華日報》第 16 版。

發表詩作〈視覺拼圖〉、〈雞與鳥〉於《乾坤詩刊》第 3 期。

8 月　21 日，發表詩作〈搖籃邊的低語〉於《聯合報》第 41 版。

30 日，發表詩作〈旅美途中〉於《聯合報》第 41 版。

9 月　發表〈還要無理罵人嗎？〉於《臺灣詩學季刊》第 20 期。

11 月　27 日，發表〈詩眼看黛安娜——黛安娜是死了，留下一條漏網的新聞〉於《中華日報》第 16 版。

29 日，發表〈「詩眼」看宗教家達賴喇嘛——站在「出世」與「入世」水平線上的人〉於《臺灣新聞報》第 13 版。

應邀參加美國華盛頓郵報基金會及國際文化基金會舉辦「21 世紀亞洲文學國際會議」、「21 世紀西方文學國際會議」及「21 世紀世界和平國際文學會議」，並擔任世界和平文學聯盟顧問。

12 月　發表〈必要的說明與回應——讓一切存在於坦誠與真實中〉於《臺灣詩學季刊》第 21 期。

1998 年　2 月　27 日，發表〈孤寂中的回響〉於《中華日報》第 16 版。

4 月　23 日，發表〈文學之旅的心情〉於《中華日報》第 16 版。

發表詩作〈對號入座〉於《乾坤詩刊》第 6 期。

6 月　　發表〈向明？向暗？向黑？〉及詩作〈靜觀〉於《臺灣詩學季刊》第 23 期。

發表詩作〈去看原來〉於《創世紀》第 115 期。

7 月　　14 日，發表詩作〈全人類都在流浪〉、〈童年歲月的流向〉於《聯合報》第 37 版。

發表〈對文學說真話——讀「彼岸的繆司」的部分感想〉於《乾坤詩刊》第 7 期。

8 月　　發表〈由 1998 臺北雙年展：漫談亞洲當代藝術的未來——亞洲當代藝術的未來，在期待的，當然是亞洲當代的藝術家〉於《現代美術》第 79 期。

9 月　　19 日，發表〈重認創作的大眾化與明朗化〉於《臺灣新聞報》第 13 版。

發表〈一聲警笛——讀蕭蕭編後記中的「詩人與政客」〉於《臺灣詩學季刊》第 24 期。

10 月　　29 日，發表〈語言功能性的探索〉於《中華日報》第 16 版。

12 月　　25 日～1999 年 1 月 31 日，臺灣大道藝術館於開幕展中展出羅門蓉子的燈屋圖象及創作著作畫牆，並受邀開幕演講。

發表〈杜十三作為詩人的存在——他內層創作生命的「基本面」〉於《臺灣詩學季刊》第 25 期。

《長期受著審判的人》（增訂版）由臺北環宇出版社出版。

1999 年　　1 月　　7 日，發表詩作〈颱風眼——給詩人大衛〉於《聯合報》第 37 版。

11 日，發表〈談詩與藝術的終極價值〉於《臺灣新聞報》第 13 版。

3 月　25 日，發表〈在詩的沉思默想中探視「前進中的永恆」世界〉於《臺灣新聞報》第 13 版。

　　　發表〈藍星詩社的簡史與概況〉、〈藍星復刊的一些感言〉於《藍星詩學》季刊第 1 期。

4 月　13 日，發表〈詩眼看臺灣經典文學——例舉瘂弦詩集談定位話題〉於《臺灣新聞報》第 13 版。

5 月　13 日，發表〈面對廿一世紀，詩的重認〉於《臺灣新聞報》第 13 版。

6 月　29 日，發表〈內心深層世界的探索——「第三自然」超越存在的解讀〉於《臺灣新聞報》第 13 版。

　　　發表詩作〈追著大自然的風景線跑——給世界旅行家 M.C.TSIN〉於《藍星詩學》季刊第 2 期。

　　　接受林麗如專訪文章〈詩眼看世界——專訪詩人羅門〉發表於《文訊雜誌》第 164 期。

7 月　發表詩作〈太陽‧背上光的十字架——給詩神〉於《乾坤詩刊》第 11 期。

8 月　發表〈談詩與藝術的終極價值〉於《葡萄園》第 143 期。

9 月　發表詩作〈觀念劇場——世紀末終審，地球‧人‧詩的演出〉於《藍星詩學》季刊第 3 期。

10 月　25 日，發表〈921 號悲愴奏鳴曲〉於《臺灣新聞報》第 13 版。

12 月　5 日，發表〈詩與藝術的關聯性——探視詩語言的深層建構〉於《臺灣新聞報》第 13 版。

　　　發表〈詩與藝術真那麼重要嗎？——它帶給人類真正永恆的財富：「美」〉及詩作〈921 號悲愴奏鳴曲〉於《藍星詩學》季刊第 4 期。

詩作〈「世紀末」病在都市裡 "Fin de Siècle" Falls Ill in the city〉、〈帶著世紀末跑的麥克傑克遜 Michael Jackson Running with the Fin de Siècle〉、〈咖啡廳 A Café〉共 3 首翻譯選入《臺灣文學英譯叢刊》第 6 期。

詩集《在詩中飛行——羅門詩選半世紀》由臺北文史哲出版社出版。

2000 年　1 月　《存在終極價值的追索》由臺北文史哲出版社出版。

2 月　11 日～3 月 2 日，國立文化資產保存研究中心籌備處於臺南市籌備處展覽廳舉辦「『詩光・藝光・燈光』三重奏——羅門・蓉子詩與燈屋」特展。

3 月　發表〈詩與我——創作半世紀的內心告白〉及詩作〈隕石——給詩〉、〈颱風眼——給詩人 L・大衛〉、〈人去　星在——給詩人 L・大衛〉於《藍星詩學》季刊第 5 期。

發表〈臺南——抓住內外亮麗的風景點〉於《新觀念》第 137 期。

發表詩作〈時間三題〉於《創世紀》第 122 期。

4 月　發表〈人與大自然的對話——「人」生存空間的驚爆線〉於《新觀念》第 138 期。

5 月　14 日，著作與手稿展出於行政院新聞局假臺北捷運總站新光三越入口處地下廣場展出的「向資深作家致敬——資深作家作品回顧展」，同時參展者有王藍、向明、余光中、巫永福、杜潘芳格、周夢蝶、林海音、蓉子等 35 位作家。

發表〈「人」的環保出了些問題——抓住內外亮麗的風景點〉於《新觀念》第 139 期。

6 月　4～5 日，發表〈內在深層世界的連鎖引爆線〉於《臺灣辛文報》第 B10 版。

20 日，發表〈臺灣新聞報創刊 51 周年特別企劃——美進出的港口〉於《臺灣新聞報》第 B10 版。

發表〈內在深層世界的連鎖引爆線——除了死亡，世界上最具威脅性的是「美」〉及詩作〈「人」的環保出了些問題〉、〈「人」生存空間的驚爆線〉、〈我們來自然　已不自然〉於《藍星詩學》季刊第 6 期。

發表〈漫談中國詩與西方現代視覺藝術的關聯性——兼談中國詩的某些卓越性〉於《臺灣詩學季刊》第 31 期。

發表〈抓住生命美麗的升力——藝術幫助人類走出封閉的物體世界從有限看無限〉於《新觀念》第 140 期。

發表詩作〈羅門新寫實詩三首〉於《藍星詩學》第 6 號。

發表〈漫談中國詩與西方現代視覺藝術的關聯性〉於《臺灣詩學季刊》第 31 期。

7 月　1 日，發表詩作〈我們來自大自然〉於《聯合報》第 37 版。

發表〈世界性的大政治家塑像〉於《新觀念》第 141 期。

8 月　發表〈靜觀‧哲思——說話的幾何圖象〉於《新觀念》第 142 期。

9 月　發表〈進入「易度」空間探險的藝術家〉、〈追求「前進中的永恆」存在的藝術家〉於《藝術家》第 51 卷第 3 期。

發表〈詩實際存在空間的一些觀念對話〉、〈扛著「現代」與「後現代」走向二十一世紀的詩人〉於《藍星詩學》季刊第 7 期。

發表〈屹立在八掌溪洪流中的悲劇塑像〉於《新觀念》第 143 期。

10 月　發表〈斷橋，又是誰在偷電——高屏大橋斷橋事件〉於《新觀念》第 144 期。

發表〈想像力同詩人與世界的互動〉及詩作〈屹立在八掌溪洪流中的碑刻塑像〉於《乾坤詩刊》第 16 期。

獲中國詩歌藝術學會頒發第五屆詩歌藝術貢獻獎。

11 月　19～22 日，發表〈圖象詩世界的一次大引爆——以電影鏡頭寫詩〉於《臺灣新聞報》第 B8 版。

發表〈21 世紀新人類的遠景〉於《新觀念》第 145 期。

12 月　3 日，發表〈21 世紀詩人與藝術家創作生命的重建〉於《臺灣新聞報》第 B8 版。

17 日，發表〈詩眼看高行健抽象水墨畫〉於《臺灣新聞報》第 A15 版。

發表〈戰爭與和平的世紀對話〉於《新觀念》第 146 期。

發表〈誠摯的感想——給張健〉、〈圖象詩的探視與追索〉於《藍星詩學》季刊第 8 期。

2001 年　1 月　1 日，發表詩作〈詩的假期——巴里島之旅〉於《聯合報》第 37 版。

發表〈21 號新理想交響樂，迎接 21 世紀的光臨〉於《新觀念》第 147 期。

2 月　16 日，連載〈高行健獲得諾貝爾獎的思想主力線〉於《臺灣新聞報》第 23 版。

發表詩作〈向完美與永恆致敬——21 世紀的頌歌〉於《新觀念》第 148 期。

3 月　發表〈21 世紀——追蹤人在哪裡〉於《新觀念》第 149 期。

刊載〈高行健獲諾貝爾獎的思想主力線〉及發表詩作〈讓「美」VS「死亡」〉、〈廿一世紀呼叫器——呼叫「人」在那裡〉於《藍星詩學》季刊第 9 期。

詩集《羅門精品》由北京人民文學出版社出版。

4 月　發表詩作〈讓「美」VS「死亡」〉於《新觀念》第 150 期。

5 月　3 日，發表詩作〈羅門作品兩首〉於《臺灣新聞報》第 20 版。

　　　28 日，發表詩作〈一種絕世的愛〉於《臺灣新聞報》第 18 版。

　　　發表詩作〈春天，升起的人與世界〉於《新觀念》第 151 期。

6 月　發表〈心靈訪問記（續稿）〉及刊載詩作〈一種絕世的愛——詩人藝術家與蒙娜麗莎的婚禮〉於《藍星詩學》季刊第 10 期。

　　　發表〈人類有這樣絕世的婚禮？！——詩人藝術家與蒙娜麗莎的婚禮〉於《新觀念》第 152 期。

7 月　6 日，發表〈追思與感念——在我內心「第三自然的世界」〉於《臺灣新聞報》第 20 版。

　　　29 日，發表詩作〈夏〉於《聯合報》第 37 版。

　　　發表〈城內城外的夏天——詩將潛藏在生命與事物深處的奧祕與美叫醒〉於《新觀念》第 153 期。

8 月　6、13 日，發表〈學者、評論家、詩人、作家對我「第三自然」世界的有關評語〉於《商報 Chinese Commercial News》第 15 版。

　　　17 日，發表〈向藝術大師布朗庫西致敬——以詩眼閱讀他的巨作「空間之鳥」〉於《臺灣新聞報》第 20 版。

　　　發表〈他畫筆下永遠在飛的鳥——給「採花大盜」丁雄泉〉於《新觀念》第 154 期。

　　　發表〈大師布朗庫西（Constantin Brancusi）展出的觀感——兼以詩眼閱讀他的名作「空間之鳥」〉於《現代美術》第 97 期。

9 月　發表〈心靈訪問記（續稿）〉及詩作〈人與大自然淚眼相望——桃芝颱風過臺，雨水淚水一起流〉於《藍星詩學》季刊第 11 期。

發表〈人與大自然淚眼相望——桃芝颱風過臺，雨水淚水一起流〉於《新觀念》第 155 期。

10 月　8 日，發表〈從「詩的核心是永恆」這句話起跑〉於《臺灣新聞報》第 19 版。

發表〈詩的頌歌——臺北國際詩歌節有感〉於《新觀念》第 157 期。

發表〈心靈訪問記（續稿）〉與詩作〈人與大自然淚眼相望〉於《藍星季刊》中秋號。

11 月　27 日，發表詩作〈神與上帝都不忍心看的悲劇——911 恐怖事件・21 世紀人類的大災難〉於《臺灣新聞報》第 13 版。

發表〈神與上帝都不忍心看的悲劇——911 恐怖事件・21 世紀人類的大災難〉於《新觀念》第 159 期。

12 月　發表〈心靈訪問記（續稿）〉及詩作〈神與上帝都不忍心看的悲劇——九一一恐怖事件，廿一世紀人類的大災難〉於《藍星詩學》季刊第 12 期。

發表〈以色面造型建構人類美的視覺聖地——給「東方的結構主義」大畫家：霍剛〉於《新觀念》第 161 期。

2002 年　1 月　發表〈2002 年虔誠的祝望〉於《新觀念》第 163 期。

2 月　發表〈幽默中的嚴肅人生——2002 年詩的後現代之旅〉於《新觀念》第 165 期。

3 月　發表〈心靈訪問記（續稿）〉及詩作〈二○○二年詩的後現代之旅〉於《藍星詩學》季刊第 13 期。

發表〈世界在玩 0 與 1 的遊戲——給絕對主義幾何抽象大畫

家：秦松〉於《新觀念》第 168 期。

4 月　12 日，發表詩作〈看雨河兄合體字有感〉於《臺灣新聞報》
第 13 版。

《創作心靈的探索與透視》與詩集《全人類都在流浪》由臺
北文史哲出版社出版。

發表〈去看原來──有感於大雕塑家陳庭詩的作品「人生」〉
於《新觀念》第 169 期。

5 月　發表〈無條件跪乞在死亡面前──有感於恐怖的 331 地震〉
於《新觀念》第 170 期。

6 月　26 日，發表詩作〈搖頭丸──搖進那救不出千山萬水的渦
漩〉於《聯合報》第 39 版。

發表〈心靈訪問記（續稿）〉及詩作〈活的畫・活的雕塑──
追思大藝術家劉其偉〉於《藍星詩學》季刊第 14 期。

發表〈發光在詩與藝術中的「燈屋」〉於《創世紀》第 131
期。

刊載詩作〈活的畫・活的雕塑──追思大藝術家劉其偉〉於
《新觀念》第 171 期。

7 月　發表〈建構 MANIMAL 的藝術王國──「白色空間」的藝術
大師──林壽宇〉於《新觀念》第 172 期。

8 月　發表〈大自然的建築師──給抽象大畫家莊喆〉於《新觀
念》第 173 期。

刊載詩作〈活的畫・活的雕塑──追思大藝術家劉其偉〉於
《詩網絡》第 4 期。

9 月　21 日，出席於金門舉行的「金門詩酒節」。

發表〈一聲冰爆，春流滾滾──讀《生命是悲歡相連的鐵
軌》有感〉、〈心靈訪問記（續稿）〉及詩作〈人無條件跪乞在
死亡面前〉、〈建構 MANIMAL──「白色空間」的藝術大師

林壽宇〉於《藍星詩學》季刊第 15 期。

發表〈臺灣現代繪畫的導航者——前輩大藝術家李仲生〉於《新觀念》第 174 期。

10 月　發表〈輕快與明麗的春之舞——給抽象大畫家陳正雄〉於《新觀念》第 175 期。

11 月　發表〈宇宙時空兩扇不朽的大門——看大雕塑家楊英風作品「東西門」〉於《新觀念》第 176 期。

12 月　發表〈心靈訪問記（續稿）〉及詩作〈大自然的建築師——水墨抽象大畫家莊喆〉、〈江湖豪俠——給愛喝酒的詩人 S．J〉、〈走狗——給 C. M 巷內鳴先生〉於《藍星詩學》季刊第 16 期。

發表〈花之手——大雕塑家何恆雄教授作品〉於《新觀念》第 177 期。

2003 年　1 月　發表〈存在的回聲——看世界級大畫家趙無極這幅畫〉於《新觀念》第 178 期。

2 月　發表〈回應憑空罵人不實報導的文章〉於《葡萄園》第 157 期。

發表〈「天人合一」真的合了——看國際級造型藝術家胡宏術教授的作品「人」〉於《新觀念》第 179 期。

3 月　31 日，「作家文學手箋」系列刊登羅門照片及手箋「文學是最美的文字語言，上帝的聖經是用詩寫的，文學終究是要將人與世界推入真實甚至完美與永恆的存在之境」於《臺灣新聞報》第 16 版。

發表〈心靈訪問記（續稿）〉及詩作〈時空的回聲——看世界級大畫家趙無極的畫有感〉、〈牽著世界在絕對與美裡走的線條——給抽象大畫家李德教授〉於《藍星詩學》季刊第 17

期。

發表〈牽著世界在絕對與美裡走的線條——給抽象大畫家李德教授〉於《新觀念》第 180 期。

4 月　發表〈新文化的十景大拼盤——給「新觀念」〉於《新觀念》第 181 期。

5 月　30～31 日，發表〈記憶中的回音——詩人彭邦楨逝世追思會有感〉於《青年日報》第 10 版。

6 月　發表〈心靈訪問記（續稿）〉及詩作〈花之手——看大雕塑家何恆雄「花之手」作品有感〉、〈輕快與明麗的春之舞——看抽象大畫家陳正雄的作品有感〉於《藍星詩學》季刊第 18 期。

9 月　5～6 日，發表〈進入「第三自然」回憶航道——追思臺灣現代藝術護航者顧獻樑教授〉於《青年日報》第 10 版。

28～30 日，發表詩作〈21 世紀戰爭連續劇〉連載於《聯合報》E7 版。

發表〈心靈訪問記（續稿）〉及詩作〈二十一世紀戰爭連續劇〉於《藍星詩學》季刊第 19 期。

10 月　發表詩作〈窗〉、〈全人類都在流浪〉、〈世界性的政治遊戲〉、〈21 世紀戰爭連續劇〉、〈山〉、〈馬中馬〉、〈詩的假期——巴里島之旅〉、〈我最短的一首詩〉於《芝田文學》第 2、3 期合刊。

12 月　發表〈心靈訪問記（續稿）〉及詩作〈「天人合一」真的合了——看國際級造型藝術家胡宏述教授的作品「人」〉於《藍星詩學》季刊第 20 期。

2004 年　3 月　發表詩作〈希臘・詩的藍色假期〉及刊載〈心靈訪問記（續稿）〉及於《藍星詩學》季刊第 19 期。

發表〈「愛與和平」的新世界交響樂〉於《新觀念》第 192 期。

4 月　15 日,發表〈人類存在最要命的兩條線——文類解構仍以「詩」做主〉於《聯合報》E7 版。

5 月　發表〈歲月倒鏡中的影像光景〉於《文訊雜誌》第 223 期。

9 月　14 日,發表〈隨筆兩章〉於《青年日報》第 10 版。

發表〈寫詩半世紀〉及詩作〈創建「黑色新視覺王國」——致大畫家胡宏述教授〉於《藍星詩學》季刊第 20 期。

10 月　發表〈傾斜的 21 世紀——後現代敲打樂〉於《創世紀》第 140、141 期合刊。

發表詩作〈千山萬水你獨行〉於《乾坤詩刊》第 30 期。

11 月　發表〈我虛擬中的「詩國」訪談錄——企望在地球上,做（非寫）的一首詩（POETRY 非 POEM）詩名是〈我的詩國〉〉於《掌門詩學》第 38 期。

12 月　發表〈快鏡頭下的精要掃描——參加藍星詩社四十多年的一些印象與感想〉於《藍星詩學》季刊第 24 期。

本年　以詩〈清水 12 行詩〉配合雕塑家何恆雄的雕塑,碑刻入清水自然風景區。

發表詩作〈希臘‧詩的藍色假期〉與〈心靈訪問紀（續稿）〉於《藍星詩學》。

2005 年　4 月　10 日,發表〈詩眼七視〉及刊載詩作〈門的聯想〉於《海南日報》第 8 版。

發表〈「詩」飛過姚慶章富麗的畫境〉於《新觀念》第 205 期。

受聘為海南大學名譽教授。

5 月　19 日,發表〈隨筆兩章〉於《青年日報》第 10 版。

發表〈「詩」與「藝術」——救救地球與人類世界〉、〈把所有的門都羅過來——我的筆名「羅門」〉於《掌門詩學》第 40 期。

6 月　發表〈幾何抽象藝術「豪宅」的探訪——看大畫家秦松半世紀回顧展有感〉於《新觀念》第 207 期。

7 月　發表詩作〈一個美麗的形而上：飛越三萬呎高空有感〉於《青年日報》第 10 版。

8 月　發表〈談創作世界的影響層面——從真實追蹤真實，我內心深處的聲音〉及刊載詩作〈一個美麗的‧形而上——飛越三萬呎高空有感〉於《掌門詩學》第 41 期。

秋　　發表〈藝術高峰世界三大論題〉於《乾坤詩刊》秋季號。

9 月　10～11 日，發表〈談創作世界的影響層面——從事實追蹤真實我內心深處的聲音〉於《青年日報》第 10 版。

11 月　發表〈馬中馬——給詩人‧藝術家〉於《掌門詩學》第 39 期。

12 月　發表〈心靈訪問記（續稿）——我意圖在地球上作一首名為「詩國的詩」〉及詩作〈航行中的視覺拼圖〉、〈鳥‧蝙蝠‧雞都在飛〉於《藍星詩學》季刊第 22 期。

2006 年　1 月　發表〈流浪人〉於《詩歌月刊》第 1 期。

3 月　發表〈2006 年後現代動畫特輯〉於《創世紀》第 146 期。

5 月　3～7 日，與蓉子返海南島。

9 月　5 日，發表詩作〈世界性的大政治家塑像〉於《聯合報》第 E7 版。

發表〈創建「黑色新視覺王國」——致大畫家胡宏述教授〉於《藍星詩學》第 23 期。

11 月　發表〈談我對「族群」的觀感經驗〉於《文訊雜誌》第 253 期。

詩集 *The Collected Poems of LOMEN：A Bilingual Edition* 由臺北文史哲出版社（The Liberal Arts Press）出版。（Au Chung-to、Tom Rendall 英譯）

2007 年　2 月　發表〈都市的落幕式〉於《椰林灣》第 10 期。

21 日，發表詩作〈世界仍一直發出警訊〉於《聯合報》第 B7 版。

5 月　13 日，發表詩作〈詩眼看核爆、音爆與自由車大賽——存在終端價值的回聲〉於《聯合報》第 E7 版。

19 日，發表詩作〈光住的地方〉於《海南日報》第 7 版。

7 月　發表〈藝術高峰世界三大論題〉於《藝文薈粹》第 2 期。

9 月　發表〈幾何抽象藝術「豪宅」的探訪——看大畫家秦松半世紀回顧展有感〉於《創世紀》第 152 期。

12 月　發表〈快鏡頭下的精要掃描——參加藍星詩社四十多年得一些印象與感想〉於《藍星詩學》季刊第 24 期。

發表〈張永村——筆墨紙消失的水墨畫〉於《典藏今藝術》第 182 期。

2008 年　1 月　發表〈我第三自然的 Minimalism 極限世界〉於《乾坤詩刊》第 45 期。

4 月　14 日，海南海口市建成羅門蓉子詩的圖象燈屋（羅門蓉子藝文研究中心）；海南三亞大小洞天旅遊區舉辦碑刻詩作〈觀海〉落成儀式。

發表〈「詩」與「藝術」救救地球與人類世界〉於《乾坤詩刊》第 46 期。

7 月　發表〈一座多彩多姿的「藝文後花園」〉於《文訊雜誌》第 273 期。

12 月　獲詩歌月刊、當代漢語詩歌研究中心、黃山歸園國際詩歌陶藝雙年展組委會合頒終身成就獎。

發表〈歲月倒鏡中的季紅〉於《創世紀》第 157 期。

2009 年　　1 月　　發表〈詩的歲月——四月十四日難忘的這一天〉於《大海洋詩雜誌》第 78 期。

　　　　　3 月　　發表〈「黃山」交響詩——序曲〉於《創世紀》第 158 期。

　　　　　6 月　　發表〈快鏡下平塗的旅遊圖象〉於《創世紀》第 159 期。

　　　　　7 月　　發表〈羅門論詩集〉於《大海洋詩雜誌》第 79 期。

　　　　　9 月　　發表詩作〈河蚌及其他 5 首〉於《創世紀》第 160 期。

　　　　12 月　　發表詩作〈與浣熊對視〉於《創世紀》第 161 期。

2010 年　　1 月　　發表〈創作心靈的告白——詩人與藝術家是坦露在陽光中的大自然〉於《大海洋詩雜誌》第 80 期。

　　　　　3 月　　發表〈「詩眼」看後中生代都市生存場景〉於《創世紀》第 162 期。

　　　　　5 月　　18 日，赴南亞技術學院演講「超乎想像的機遇」。

　　　　　6 月　　18～21 日，海南師範大學、海南省文學藝術界聯合會、海南省作家協會於海南師範大學主辦「羅門蓉子六十年詩歌創作研討會」。

　　　　　　　　《我的詩國》由臺北文史哲出版社出版。

　　　　　7 月　　發表〈觀海——給所有具自由與超越心境的智慧創造者〉於《大海洋詩雜誌》第 81 期。

　　　　11 月　　18～21 日，海南師範大學、海南省文學藝術界聯合會及海南省作家協會於海南師範大學合辦「羅門蓉子六十年詩歌創作研討會」。

　　　　12 月　　於北京師範大學中國當代研究中心舉辦《我的詩國》新書發表會。

　　　　　　　　《我的詩國》（增訂版）由臺北文史哲出版社出版。

　　　　　本年　　交通大學執行數位典藏與數位學習國家科技型計畫，設立「浩然藝文數位典藏博物館」，分別為其與妻子蓉子建置「羅

門數位典藏」與「永遠的青鳥：蓉子」典藏網站，收錄兩人畢生創作、生平資料與藝術活動經驗相關。

2011 年　2 月　發表〈詩國藝術世界絕世的愛〉於《文訊雜誌》第 303 期。

　　　　　3 月　發表〈「詩眼」（poetic eyes）看國家——由詩思拼湊專題言談的藍圖〉於《吹鼓吹詩論壇》第 12 號。

　　　　　6 月　3 日，受邀參加「兩岸詩歌高端論壇」。

　　　　11 月　發表〈輝煌「黑色世界」的創作者——黃克全詩選出版有感〉於《金門文藝》第 45 期。

2012 年　2 月　19 日，兩度昏迷住院，至 3 月 19 日出院。

　　　　　6 月　2 日，參加中華民國筆會主辦「我的文學因緣——羅門、蓉子」系列講座，發表〈我的「第三自然螺旋型架構」世界與「詩國 Poetrepublic」〉。

　　　　11 月　23 日，於海南出席兩岸詩歌論壇「詩歌與美麗中國」，並於晚間的「跨越海峽的呼喚——2012 兩岸音樂詩會」中獲頒兩岸詩會桂冠詩人獎。

2013 年　4 月　14 日，出席臺南大學博物館於臺南香雨書院主辦「翠玉詩展：羅門蓉子 58 週年結婚紀念展×講座」開幕典禮。該展於 14 日起至 6 月 28 日，展出羅門蓉子詩作、裝置藝術、書籍與簡報。

　　　　　　　15 日，於臺南大學文薈樓演講，為臺南大學博物館策畫「翠玉詩展：羅門蓉子 58 週年結婚紀念展×講座」活動。

　　　　　6 月　30 日，發表〈頌「阿勃勒——黃金雨樹」節慶〉、〈90 歲古松的頌歌〉於《鹽分地帶文學》第 46 期。

## 參考資料：

‧羅門，〈羅門研究檔案〉，《創作心靈的探索與透視》，臺北：文史哲出版社，2002 年 4 月，頁 355～366。

‧羅門，《我的詩國》，臺北：文史哲出版社，2010 年 12 月，2 冊。

‧網站：「羅門數位典藏館」，〈羅門年表〉，交通大學圖書館，2010 年。
http://lomen.e-lib.nctu.edu.tw/index.html。最後瀏覽日期：2013 年 7 月 25 日。

輯三◎
研究綜述

# 狩獵如藍空裡的鷹目
羅門研究綜述

◎陳大為

　　1956 年，夏濟安創辦的《文學雜誌》開始爲臺灣文壇引進西方現代主義思潮，1960 年的《現代文學》進一步讓現代主義成爲臺灣文壇的新浪潮，徹底終結充滿教條和政治統戰意味的反共文藝時期。1960 年代的臺灣文壇，幾乎籠罩在沙特的存在主義，以及尼采的悲劇精神的陰影底下，1954 年開始寫作的羅門當然也無法免疫。

　　1960 時代的存在主義文化語境，開啓了羅門的辯證思維，成爲他在創作和理論建構的根基。羅門投入全部心思去消化沙特的存在主義和尼采的悲劇精神，進而轉化成自己的創作理念，先後發表了〈現代人的悲劇精神與現代詩人〉（1962 年）、〈談虛無〉（1964 年）、〈對「現代」兩個字的判視〉（1968 年）、〈悲劇性的牆〉（1972 年）、〈人類存在的四大困境〉（1973 年）等多篇重要的文論，初步確立了一條足以貫穿往後 40 年的創作與思想的核心路線。沙特和尼采的形上思考，在很大的程度上主導了羅門對都市（人）的觀察，並且跟他與生俱來的道德人格相互合成，漸漸形成一種羅門式的存在主義哲學思考。羅門認爲存在永遠是一種悲劇，現代人除了感到生存的壓力之外，他們對一切已缺乏永恆的信心，此悲劇源自人類對生存的懷疑與默想，以及因死亡的威脅而產生的惶恐、絕望和空漠感，而人類先後藉助神祇與形上思維，企圖超越此一困境，但越是向內尋找，痛苦的程度越深。[1]

---

[1] 《羅門創作大系·（卷八）羅門論文集》（臺北：文史哲出版社，1995 年），頁 49。

他覺得正是這種對生命理解上的空洞，令現代人墜入虛無之境，在悲劇的牆裡茫然地苟活著，無法像希臘人自苦難中超越。這個空洞，致使現代人崇拜物質、放縱於性慾，羅門強烈的道德批判意識，讓他對現代人的沉淪不拔感到無比的悲痛，他將這種沉淪於物慾的生存趨勢，視爲現代人的「悲劇」。

香港詩人暨評論家洛楓曾經寫過一篇〈羅門的悲劇意識〉（1987 年）討論羅門的悲劇意識，但他的論述比較偏重羅門詩作中悲劇意識的文本分析，涵蓋了戰爭、死亡、都市等三大主題的詩作，但沒有深入到哲學理論層面的辯證。洛楓在文章裡指出：都市與戰爭一樣，都是人類憑藉智慧建立而成的，兩者都本存無限的潛力，可以築起更豐盛的生命，也可以破壞原有的自然秩序，人類既擁有無窮的力量創造和毀滅，生命的悲劇便由他們主動的導演和被動的主演。悲劇論者常以爲悲劇的根源在於人類無法克服自我的脆弱（weakness），又無法抗拒環境主宰，於是便有悲劇性的掙扎，以至挫敗、毀滅。羅門筆下的都市相貌，是人類無法抗拒物質文明的沖洗，和宗教、道德等等淪亡以後的腐化的表現，所不同者，他們缺少了自我意識的反省能力，無法洞察都市生活的五花八門外潛伏的危機，或許，這才是另一種更可悲的活劇！羅門主動替都市文明人擔當反省的角色，透過觀察、體認、轉化和提升，浮現都市醜惡而真實的一面，對物質和文明保持批判的態度。雖然他沒有提出改變現實的方案，因爲詩人不是政治家或社會改革者，而他透過沉思而反映出來的經驗世界，卻足以發人深省！[2]

洛楓相當準確的掌握住羅門的人格特質，以及對現代都市人的悲劇思考。有關羅門在悲劇思想上的深層探索，出現在翌年發表的陳鵬翔〈論羅門的詩歌理論〉（1988 年）一文。

當時任教於臺灣師範大學英語系的陳鵬翔教授，在這篇論文裡展開了

---

[2]洛楓，〈羅門的悲劇意識〉，收入蔡源煌等著《門羅天下──當代名家論羅門》（臺北：文史哲出版社，1991 年），頁 389。

十分精闢的論述，他確立了羅門對尼采和存在主義在思想上的繼承關係，還特別將羅門的悲劇精神跟亞里斯多德《詩學》的悲劇觀區隔開來。陳鵬翔認為：尼采在《悲劇的誕生》裡說：「希臘人尖銳地意識到生存的恐怖；為了能生活下去，他們得把奧林匹斯山頭眾神綺麗的幻想擺在眼前」，「為了能生存下去，他們得創製出這些神祇來」，而且「眾神為了給人類生活辯護就自己先生活一遍」，神祇們扮演的種種腳本是人類生存憧憬的外射。在另外一個場合，尼采又非常肯定神話對一個民族文化和想像力的重要性。在他的理論系統中，神話與悲劇相互依存——悲劇推演的神話故事可是人類生活與想像的外爍與昇華。羅門的第一層悲劇觀大體上是從這裡推展而來，他要探討的可是本體性、形而上的問題。在羅門看來，任何有靈性、有自覺性的人天生必然痛苦，悲劇內容根本就是天生地植根在人的精髓中，他所謂的「悲劇內容」就是尼采所宣示的「生存的恐怖」，只要張開眼睛注視人生的爭鬥殘缺、思考生老病死的問題，尤其在正面面對時間的壓力時，必然會感到驚慌。不過，羅門的人類悲劇理論跟尼采的理論有一個大分歧：尼采的悲劇觀結合了酒神戴奧尼斯的狂暴特質與太陽神阿波羅的清澄和知性特質，而羅門的觀念則是從尼采縱論人的生存孤絕境況處出發。[3]

　　陳鵬翔在此完成了羅門在悲劇思想上的理論建構，也深入探討了第三自然理論的問題。可說是羅門研究論述中，最具有理論深度的一篇。其後，我在碩士論文《羅門都市詩研究》（1997 年）承接了指導老師陳鵬翔對羅門的理論建構，再針對羅門跟存在主義和現象學之間的問題，在理論層面提出了批判性的意見，並將羅門這套「羅氏－存在主義式悲劇精神／美學理論」[4]，作了全盤性的整理。

---

[3]陳鵬翔，〈論羅門的詩歌理論〉，收入周偉民、唐玲玲編《羅門蓉子文學世界學術研討會論文集》（臺北：文史哲出版社，1994 年），頁 251～253。
[4]有關羅門「存在主義式悲劇精神／美學理論」的論述與辯證，詳閱：陳大為《存在的斷層掃瞄：羅門都市詩論》（臺北：文史哲出版社，1998 年），頁 9～29。此為碩士論文《羅門都市詩研究》的修訂版。

在我看來，「羅氏—存在主義式悲劇精神／美學理論」緊緊纏繞著羅門現代詩創作的四大主題：（一）人面對自我所引發的悲劇、（二）人面對都市文明與性所引發的悲劇性、（三）人面對戰爭所引發的悲劇性、（四）人面對死亡與永恆的存在所引發的悲劇精神。羅門對都市詩的思考根據，即源自第一、第二主題，第三主題是獨樹一幟的戰爭詩寫作，第四主題則是悲劇精神的深層探索，四大主題都可以統攝在「悲劇精神」底下，相互糾纏，必須深刻的掌握住羅門的都市詩、戰爭詩和悲劇思考，才能真正了解羅門。

廈門大學俞兆平教授的〈歷史的悖論・悲劇的超升——《麥堅利堡》論〉（1991 年）一文，正是從悲劇精神的層面來探討羅門對戰爭主題的書寫，他認為羅門此詩既寫出戰爭的慘痛、恐怖的罪過的一面，又不否定它「偉大與不朽」的意義，這是悲劇力量產生的動因。這其中的關鍵便是羅門對苦難的轉化，有別於亞里斯多德的傳統悲劇美感理論，後者著重在喚起悲憫與悟懼之情，再使這類感情得到淨化，悲劇美感即由哀痛淨化為平靜、舒暢的感受。古典悲劇理論強調痛苦體驗與緊張情緒的緩解，並把這種正性的心理進程絕對化，卻忽略了負性情感直接激發生命機體的積極功效，因為機體也能把痛苦的緊張作為積極體驗加以接受，而不必通過緩解的過程。奧地利著名心理學家弗蘭克爾指出：擔當苦難，會使我們的人格更加深邃精微，當苦難無法避免時，就應該勇敢地承受它，人類會因此更深地認識到自己的本質。羅門的悲劇美觀念是和他相似的。死亡的痛感帶來了不安、困惑、悲憤，但痛感也激發了生命體的反思、奮起與追求，激發了生命體對自身價值實現的能動性[5]。這種轉化出來的悲劇力量，是羅門戰爭詩的核心思想。

臺灣詩人林燿德也曾在〈人與神之間的交談——論羅門的戰爭詮釋〉（1985 年）裡討論過包括〈麥堅利堡〉在內的四首羅門的戰爭詩，他認為

[5]俞兆平，〈歷史的悖論・悲劇的超升——《麥堅利堡》論〉，收入《門羅天下——當代名家論羅門》，頁 512～514。

整個中國抗戰時期的苦難早已不可磨滅地壓縮在羅門的意識裡，雖然當時他只有十餘歲。戰爭現象以及本質，成爲他不斷企圖在銳利的靈視下，利用語言思索的重要主題之一，是有前因可循的。不過，林燿德未能掌握住羅門的悲劇精神，僅止於「從人道思想出發的悲憫心境」——由人道思想出發而顯現的「人類內在性靈沉痛的嘶喊」，以及自歷史解釋著眼而肯定的「偉大與不朽」，共同被置放在羅門的內在空間，讓兩者火花交迸，昇華出超越戰爭困境的「神人對話」[6]。這是較早期的羅門詩作評論文章，可以代表當時偏重文本分析的批評路線，如果當時林燿德對羅門詩作背後的理論運作有更深刻的認識，他必能發現更多的奧義。

臺灣現代詩史上曾經有不少詩人提出自家的詩論，有的從超現實主義變形而來，有的轉移了後現代，但從來沒有出現過像「羅氏—存在主義式悲劇精神／美學理論」如此嚴謹，如此富有個人色彩的形上詩學思考。這套以都市詩爲思辨例證，進而探索現代都市人的生存境況的美學理論，在很大程度上可以視同都市詩理論。羅門所有的都市詩創作，皆可納入這個理論的思考網絡，並獲得充分的印證。

站在一個充滿悲劇精神的現代虛無論的位置，羅門不僅僅對現代都市文明展開充滿憂患意識的道德批判，他在「羅氏—存在主義式悲劇精神／美學理論」基礎上，進一步提出「第三自然」的超越境界。這個「第三自然」美學理念的雛型，最早表現在〈詩人創造人類存在的第三自然〉（1974年）。再經過十餘年的創作實驗與反覆思辨，他又發表了〈從我詩的「第三自然」螺旋型架構看後現代情況〉（1988 年）、〈「第三自然螺旋架構」的創作理念〉（1990～1991 年）、〈從我「第三自然螺旋型架構」世界對後現代的省思〉（1992 年）、〈談都市與都市詩的精神義涵〉（1994 年）等文論。其中最完整、嚴謹的論述，莫過於經過長時間沉澱和修訂的、空間感十足的〈「第三自然螺旋架構」的創作理念〉。這些文章大多收錄在《羅門創作大

---

[6]林燿德，〈人與神之間的交談——論羅門的戰爭詮釋〉，《羅門論》（臺北：師大書苑，1991 年），頁 28～31。

系・（卷八）羅門論文集》（1995 年），堪稱臺灣都市詩理論發展史上的一座豐碑。

　　《羅門創作大系》的總序〈我的詩觀與創作歷程〉，清楚記述了羅門經常不自覺表現出來的，宗教意味很濃厚的「詩人宣言」：詩人是人類荒蕪與陰暗的內在世界的一位重要的救世主，並成為人類精神文明的一股永恆的升力，將世人從「機械文明」與「極權專制」兩個鐵籠中解救出來，重新回歸大自然原本的生命結構，重溫風與鳥的自由。[7]他認為詩人必須有正義感、是非感、良知良能與人道精神，不但關心人類的苦難，還要解決人類精神與內心的貧窮，進而豐富、美化人類的生命與萬物。[8]這個極為罕見的道德使命感，讓羅門站在一個鳥瞰都市各種生存環節的高度，嚴厲地指證都市帶來的亂象與道德沉淪，再透過詩的力量來力挽狂瀾。這個承載著現代人生存悲劇的空間，即是他所謂的「第二自然」──是高科技的物質文明開拓出來的「都市型的生活環境」。

　　無論是對「第一自然」或「第二自然」的思考，羅門皆以人類現實生存狀態為本位，屬於形而下的現象論層次。他將「第一自然」定義為「接近田園山水型的生存環境」，它不等於大自然，那是一片經過人類耕作及建設的田園。他筆下的大自然有兩組重要的意象：（一）「山、水」──「視覺層次」的大自然象徵。當他在描敘都市建築對自然景觀的摧毀與吞噬，這組大自然符碼必然成為典型的受害者；（二）「風、鳥」──「感覺層次」的大自然精神內涵。風的逍遙與鳥的翱翔都是現代人奢望的自由，它兼具行動意義的形下自由，以及心靈舒解的形上自由。

　　羅門對「第一自然」的設計與了解，偏向西方田園詩，他以感性的「氣氛」為觀測點，不只片面抽離了牧人和農人，甚至根本沒有任何人生活在田園之中。所謂的生活，遂淪為視覺、聽覺與感覺的綜合印象：「人類生活在田園寧靜的氣氛裡，視覺、聽覺與感覺所接觸到的一切，均是那麼

---

[7]《羅門創作大系・（卷八）羅門論文集》，頁 9～11。
[8]《羅門創作大系・（卷八）羅門論文集》，頁 21。

的平靜、和諧、安定與完整；寧靜的自然界好像潛伏著一種永恆與久遠的力量，支持住我們的靈魂；而在都市化逐漸擴展的現代，我們活在緊張的生活氣氛中，視覺、聽覺與感覺所接觸到的一切，都是那麼的不安、失調、動盪與破碎；於動亂的都市裡，好像潛伏著一種變幻與短暫的力量，隨時都可能將我們的精神推入迷亂的困境」[9]。可見「寧靜」的田園（幻境／構想）是爲了烘托出「不安」的都市（現況）。

羅門構想中的田園只是「理想中」的優質生存空間，完全漠視現代農民在農產品行銷過程中的被剝削處境，風災水禍的疾苦等因素，更別提前現代農業社會在政經體制下農奴般的劣境。從未真正體驗過現實山林生活的都市詩人，對大自然總有一些不切實際的幻想，往往成爲創作與論述文本中的烏托邦和思考盲點。人文地理學大師段義孚在《逃避主義》（*Escapism*, 1998 年）一書提出非常另類的見解：「世界各地的人們，即使當時沒有感受到，但最終也會感受到自然既是家園，也是墳墓；既是伊甸園，也是競技場；既如母親般的親切，也像魔鬼般的可怕；有時會對人類做出回應，有時又冷酷無情。從古到今，人類都對自然抱有可以理解的矛盾態度。文化就體現了這一點；文化彌補了自然的不足，但是恐怕又會矯枉過正。自然界的主要不足，在於它的不可依賴性以及殘暴性人類改造自然，創造出比自然界更加穩定的人造世界，並以此作爲與自然相聯繫的紐帶。爲人們所熟知的人類改造自然的故事，可以被理解爲是人類爲逃避自然的威脅所做出的種種努力」[10]。人文地理學的觀察角度比都市詩人的批判更接近事實，大自然的可怕力量往往在都市人的夢幻之外，人與自然之間的關係確實很複雜。從前現代到現代都市的發展，或許可以看作人類文明的生存手段，我們在吞噬大自然的同時，也在防範它的吞噬。

很矛盾的，都市文明讓人類成功「逃避自然」之後，久居都市的人們卻渴望離開都市「逃向自然」。可是「人們逃往的自然必定已經被人化了，

---

[9]《羅門創作大系・（卷八）羅門論文集》，頁 81。
[10]段義孚著；周尙意、張春梅譯《逃避主義》（臺北：立緒文化出版公司，2006 年），頁 10。

且被賦予人類的價值觀，因爲這種自然是人類願望的目標所在，而不是人
們被迫或不高興進入的一個模糊的『外在』世界。所以，可以這麼說，我
們希望逃向的地方已經不再是自然，而是『自然』這一迷人的概念」[11]。羅
門的「第一自然」也算是一種「迷人的概念」，而且它完全是從詩人的視覺
與心靈角度來定位的，他深信那片一望無際的遼闊田園，能使都市人進入
寧靜、和諧與含有形而上性的「天人合一」自然觀之心境；有利於建立
「悠然見南山」、「山色有無中」的空靈詩境。這些詩境的產生，卻又說明
了陶淵明、王維在這個存在層面裡得不到心靈的滿足，必須借助詩歌的藝
術力量，方能進入無限開展的「第三自然」內心境界。

　　根據羅門的理論架構，由李白、杜甫、陶潛、王維、里爾克、米羅、
畢卡索、貝多芬、莫札特等人的靈視建構出來的「第三自然」，等同於上帝
所設造的「天國」，是一個「永恆的世界」，它是詩人與藝術家超越了「第
一自然」及「第二自然」的有限境界與障礙，將一切轉化到更純然、更理
想、更完美的「存在之境」[12]。換言之，都市人必須透過這些具有昇華能力
的「特定文本」，晉升到「第三自然」的存在境界（另一個更迷人的概
念）。昇華都市人的心靈，遂成爲現代詩人的重大使命。羅門爲「第三自
然」的審美與昇華過程設計了一套「第三自然螺旋型架構」，更表示它透過
不斷超越與昇華的創作生命，確已發現與重認到另一種永恆存在的形態，
它是一種在瞬息萬變的存在環境中，不斷展現的、永遠不死的超越的存
在。

　　羅門的「第三自然螺旋型架構」的創作理念對物體的審美結果，與海
德格有相當程度的神似，理念與方法的傳承十分明顯，儘管「第三自然」
理念存在著不少問題[13]，它卻能說明羅門面對陷入「非本真」
（"inauthentic"）結構中的都市人，所觸發的強大道德動力與思考方向。他

[11] 《逃避主義》，頁 23。
[12] 《羅門創作大系‧（卷八）羅門論文集》，頁 115。
[13] 有關「第三自然螺旋型架構」與海德格〈藝術作品的本源〉審美方法之比較，以及「第三自
　　然」在理論架設上的缺憾，詳見：陳大爲《存在的斷層掃瞄：羅門都市詩論》，頁 34〜40。

確實企圖透過詩的力量，將這些「常人」（"das Man"）從生存的困境中救出來。詩就是羅門的宗教，「第三自然」就是他的文化／藝術天堂，那是一個他努力營造的境界，用來超越這個黏滯的現實。

　　「第三自然」是一個理想中的、形而上的概念，或藝術想像裡的幻境，所以羅門在創作時終究離不開「現代都市／第二自然」。羅門選擇與「第二自然」對話的其中一個重要因素，是他察覺到都市詩在傳達現代人生活實況時，具有明顯的透視力與剖解實力，尤其都市生活中不斷萌生的前衛資訊和流行思維。他企圖緊緊扣住「第二自然」這個對話者，以貫徹他的美學理念、道德批判、人道關懷、本體及現象論的存在思想。很弔詭的是：當他與「第二自然」對話之際，即主動又被動地加速了詩歌語言的節奏，被書寫對象的脈動牽著走，都市化的閱讀節奏加上都市題材本身的不安與沉淪，所達致的第一層閱讀感受，即是另一次感覺的沉淪，之後才轉變成反省。

　　這種被都市生活節奏「都市化」的文本，絕對不可能產生「第三自然」心靈境界的昇華作用。倒頭來，讀者仍然受困於「第二自然」當中，閱讀著本身的現身情態。

　　「現代都市／第二自然」中的「此在」（"Dasein"），即是羅門都市詩的終極關懷對象。

　　強烈的道德批判意識，讓他義不容辭地選擇了現代都市作為首要的書寫場域，跟這個被龐雜的資訊和思潮衝擊下的都市生存景象，展開對話，進行追擊。於是我們在臺灣詩史的 1960 至 1970 年代，讀到一位火力強大的「攻擊型都市詩人」，以及奠定「城市詩國的發言人」地位的諸多名篇：〈都市之死〉（1961 年）、〈流浪人〉（1966 年）、〈紐約〉（1967 年）、〈窗〉（1972 年）、〈咖啡廳〉（1976 年）。其中野心最龐大、架構最雄偉的，莫過於〈都市之死〉。[14]

---

[14] 我在《存在的斷層掃瞄》的「第三章・第一節：『雄渾』：都市的氣象」（頁 49〜58），曾用雄渾理論解讀過這首詩，在此略述大概。

　　爲了充分激蕩出「都市之死」的氛圍，羅門運用了兩個宏大卻相互衝突的母題──「宗教」和「慾望」──來分解現代都市文明，全詩在黑暗、幻滅、頹敗和絕望中展開：

> 建築物的層次托住人們的仰視
> 食物店的陳列紋刻人們的胃壁
> 櫥窗閃著季節伶俐的眼色
> 人們用紙幣選購歲月的容貌
> 在這裡腳步是不運載靈魂的
> 在這裡神父以聖經遮目睡去
> 凡是禁地都成為市集
> 凡是眼睛都成為藍空裡的鷹目[15]

宗教在他強大的憂患意識中不斷龜裂，而慾望鯨吞著都市，也鯨吞著都市人的惶恐。羅門感受到這股「正不勝邪」的勢力消長，遂指出「都市之死」。「死亡」在這裡意指被慾望割裂的「性靈之死」，一種較肉體之死，更爲徹底且可怕的，屬於內在的根本之死亡。每一雙眼睛都爲本身的慾望在狩獵如藍空裡的鷹目，全都聚集在道德的禁地；那些無力挽回都市人德行的頹塌，神父唯有以聖經遮目睡去。同樣目睹了都市文明對純樸人性的踐踏，羅門心中熊熊燃起了拯救天下蒼生的意識，然而「上帝已死」，他也只能絕望地捶擊著都市這具行屍。高度魔鬼化的都市內涵，不斷釋放出羅門對都市文明的恐懼與憂患，以及一股源自內心焦慮的道德批判勇氣。「宗教」與「慾望」兩大母題在詩歌文本之中，有十分繁複且完整的詮釋；它亦成爲往後三十餘年間，羅門都市詩創作的一個重要原型。羅門這一手大氣磅礴、雄渾剛烈的敘述筆法，讓〈都市之死〉成爲 1960 年代臺灣都市詩

---

[15]羅門，《羅門詩選》（臺北：洪範書店，1984 年），頁 51～52。

的傑作之一。

　　另一首比〈都市之死〉更上層樓的是五年後發表的短詩〈流浪人〉：

　　　　被海的遼闊整得好累的一條船在港裡

　　　　他用燈拴自己的影子在咖啡桌的旁邊

　　　　那是他隨身帶的一種動物

　　　　除了牠安娜近得比什麼都遠

　　　　……

　　　　明天當第一扇百葉窗

　　　　將太陽拉成一把梯子

　　　　他不知往上走還是往下走[16]

孤獨是最經典的都市人存在境況，所以全詩沒有第二個人（從另一個角度
而言，這間咖啡廳裡的每一個人，都是「一個」人），安娜只是被自己擬人
化的影子，甚至沒有交談。羅門將寂靜的空間氣氛，跟都市人內心的苦
悶、孤寂結合成一體，再抽出影子作為孤寂更立體／具體的象徵，然後正
式經營此詩的主題。在抽象和具象的符碼置換當中，羅門不會忘記添加一
味茫然、虛無的生命情調，讓苦悶和孤寂發酵成更深刻的存在境況，由
「一個人」提升成「一個時代」的整體象徵。於是羅門完成一個荒謬的存
在邏輯：冷酷的都市文明將都市人放逐在暗角（咖啡廳），都市人的生存狀
況（以及詩人對此一空間／主題的思考）卻反過來豐富了暗角的意涵。此
詩雖不聞煙硝，但批評的彈頭卻穩穩擊中靶心。不僅影子的暗喻運用得
當，「將太陽拉成一把梯子」的意象轉換，非常精準且巧妙地勾勒出「光明
後面的虛幻」和「未來的迷茫」。不管從思考的深度，或詩歌語言和技巧表
現等層面來看，此詩堪稱臺灣都市詩第二紀元（1958～1980 年）的巔峰之

[16]《羅門詩選》，頁 93～94。

作。

　　宏觀視野的現象抨擊，和內在生存境況的微觀敘述，是羅門在 1960、1970 年代雙管齊下的書寫路線，同時成為臺灣都市詩第二紀元的創作指標。都市文明不但淪為羅門火力全開的攻擊對象，難能可貴的是：在輝煌的戰果背後，他發展出一套架構完整的都市詩戰略。羅門一面進行都市文明的解讀和書寫，一面修築那套存在主義式的都市詩理論。如果沒有這套理論，羅門的創作成就勢必遜色不少。

　　林燿德〈在文明的塔尖造塔──羅門都市主題初探〉（1988 年）可說是最貼近羅門都市詩創作理念的一篇評論，大體而言，他是根據羅門在自己的詩論裡所闡述的創作理念或理論建構，將之印證到相關詩作上去，進行一場相當到位的演練。林燿德在文末如此總結羅門的都市詩：「在這個都市化的紀元裡，以文明題材為經、以都市精神為緯的都市詩，將是最能夠穿刺文明造形與現代人心靈空間的利器，因為，都市系統確實無所不在地掌握住人的動向，影響著我們生命的流程。都市詩是詩中之詩，塔上之塔，面對著在文明塔尖起造精神之塔的羅門，我們可以理會，都市詩學的確立已是一樁不可動撼的事實」[17]。類似的寫法在羅門相關研究裡十分常見，真正有新意的卻不多，前有蔡源煌透過原型理論來分析羅門詩中意象／象徵的〈從顯型到原始基型──論羅門的詩〉（1977 年），後有張漢良的短篇論述〈分析羅門的一首都市詩〉（1997 年）。蔡源煌進行了一系列微觀的文本分析，對後來的研究者在羅門詩中意象的探索上，具有很大的啟發性，他在文中特別指出：「本文所稱從顯型到原始基型的過程，並不是指依寫作時間順序而成形的演變，而是指詩人心靈中潛存的一種超越嘗試。在主題精神上，羅門的顯型與原始基型是自成因果的進展」[18]。張漢良則運用了結構主義方法來分析〈咖啡廳〉一詩，並且對此詩被其他評論定義為自動寫作提出了質疑，改用暗喻和換喻結構來詮釋它，「透過本詩結構的分

---

[17]林燿德，〈在文明的塔尖造塔──羅門都市主題初探〉，《羅門論》，頁 114。
[18]蔡源煌，〈從顯型到原始基型──論羅門的詩〉，收入《門羅天下──當代名家論羅門》，頁 21。

析，我們看出羅門的觀念：人如何介中於『第一自然』與『第二自然』之間，指出它們的離異，或調和它們；或如何能夠藉詩的活動，創造出一個超越這兩層自然的新秩序，這新秩序就是他所謂的『第三自然』」。[19]

1980 年代中期以後，後現代主義引進臺灣，在詩壇產生了巨大的影響，幾乎是全面統治（或壓制）了眾多現代文學研究者和詩評家的批評方法，身為現代主義先鋒的羅門，在世紀末的臺灣遭遇到後現代主義思潮的衝擊時，立即啟動第三自然的詩學防衛機制，與之抗衡。羅門〈從我「第三自然螺旋型架構」世界對後現代的省思〉（1992 年）一文，針對後現代思潮提出一個觀點（或防衛態勢）：詩人與藝術家擁有絕對的、永恆的超級性和統攝能力，不受時代思潮的動搖。在文章的開頭，他首先指出：「一個具有涵蓋力與統化力的詩人與藝術家，在任何階段的現實生存情況與境域、以及已出現過的任何『主義』乃至古、今、中、外等時空範疇、乃至『現代』之後的『後現代』的『後現代』……等不斷呈現的『新』的『現代』，都只是納入他們不斷超越的自由創作心靈之熔化爐中的各種『景象』與『材料』」[20]。經過一番不動如山的辯證，最後，「我深信，後現代無論採取哪一種解構形式，也無法阻止我站在『第三自然螺旋型世界』，以詩眼看到詩與藝術永遠在探索人類心靈存在的另一個具有永恆性的世界」[21]。羅門一開始便指出相對於詩人和藝術家所掌握、所追求的永恆性思想，後現代不過是一段短暫的思潮（這是十分正確的洞見，有別於眾人的盲從）。因此，他並沒有修訂或調整「第三自然」去回應後現代，而是站在比後現代更崇高的「第三自然螺旋型架構」，去俯視它，去說明兩者之間的共振點，甚至證明後現代乃其思想之局部（景象與材料）。羅門的第三自然依舊是存在主義式的，「第三自然螺旋型架構」更是堅守原來的海德格模式，沒有任何改變或動搖。

---

[19] 張漢良，〈分析羅門的一首都市詩〉，收入《門羅天下——當代名家論羅門》，頁 32。
[20] 《羅門創作大系·（卷八）羅門論文集》，頁 146。
[21] 《羅門創作大系·（卷八）羅門論文集》，頁 159

　　林燿德在〈「羅門思想」與「後現代」〉裡指出：「當他面對蠭起的後現代（諸）主義時，則面對了資訊匱乏的問題；透過那些蹩腳的中譯以及一知半解的介紹，錯誤的資訊只會令人感到更為困惑，這是成為世界資訊終點站臺灣的莫大悲哀。因此，羅門批判後現代的基礎無疑會受到質疑」[22]。至於羅門的回應文章[23]，更進一步強化了本身的立場，展開全面性的反擊。最後，他把所有的理論辯證逐一統攝到都市文明的存在思考範疇，成為詩人靈視的觀照對象。換言之，「第三自然」理論才是永恆的、超越的、涵蓋一切的美學思想。緊接林燿德的批評，陳俊榮在〈羅門的後現代論〉（2003年）裡針對羅門在後現代主義的誤解，提出了更嚴肅的看法。他認為：羅門在論述中經常給「後現代」加上引號，所謂的「後現代」成為他個人以「詩眼」（也就是他的「第三自然螺旋型架構」理論）所描繪的一張認知地圖，儘管這張認知圖和真正的後現代地圖有所出入（此亦即其對後現代誤讀之所在）[24]，而且羅門試圖以「現代思想＋後現代詩風（拼湊、顛覆、複製……）＝傑出詩作。」來「綰合現代主義與後現代主義的論證」[25]，諸多問題再三顯示羅門堅守其現代主義者的理論思維和立場，對後現代主義的理論始終採取一種偏移式的誤讀，他那篇〈從我「第三自然螺旋型架構」世界對後現代的省思〉即是一切辯證之根本。

　　總的來說，羅門在都市詩創作及理論的建設，確實展現了相當罕見的思考深度，以及強大的道德批判力量，他無論在面對存在主義、悲劇美學、後現代主義等西方文學理論時，都會企圖站在一個追求永恆的制高點，用他的「詩眼」來展開對話，雖然偶爾產生理解上的偏差，但他堅持不盲目尾隨潮流而起伏，這一點是值得肯定的。在臺灣新詩發展史上，羅

---

[22]林燿德，〈「羅門思想」與「後現代」〉，收入《羅門蓉子文學世界學術研討會論文集》，頁159。

[23]羅門，〈讀詩人林燿德的「羅門思想與後現代」〉，收入《羅門創作大系‧（卷八）羅門論文集》，頁163～176。

[24]陳俊榮〈羅門的後現代論〉，收入彰師大國文系編《臺灣前行代詩家論──第六屆現代詩學研討會論文集》（臺北：萬卷樓圖書公司，2003年），頁144。

[25]《臺灣前行代詩家論》，頁164。

門的都市詩創作和理論建構，都是不容忽視的里程碑。

# 談都市與都市詩的精神意涵

◎羅門

## 前言

由於人類投入巨大的精力、智慧、人力、物力與時間所創造的科技與物質文明，都大多集中在「都市」裡；求生存與發展的各行各業的多數人，都大多擠在「都市」裡；大多數詩人作家與藝術家，也幾乎住在「都市」，享受「都市文明」的生活；「都市」的生活圈，又逐漸隨著密集的交通網，把田園與農村都網進來……這樣，「都市」已事實上成為全人類生存具優先性與吸引力的世界性生活領域。

由於作家要跳離自己真實存在的處境來創作，往往像站在太陽光下，想跳離自己的影子一樣困難。因此，住在「都市」裡的詩人，寫同「都市」生活感受有關的詩，是自然甚至是必然的創作行為，因而提供給詩人寫「都市詩」的「都市」，便也顯然是給詩人表現現代人生命思想與精神活動形態較具前衛性、劇變性與新創性的創作舞臺，同時認明「都市詩」是新興的、具有現代生活風貌與精神形態的現代詩型；我們甚至可以說，臺灣「現代詩」創作真正的現代精神內涵意識，除了紀弦先生在提倡「現代派」所宣告的現代詩創作信條有所指陳，我認為更重要的，應是現代詩人，不斷從現代「都市文明」中體驗到現代生存的現代感、新穎性與前衛意識，所寫的或多或少或深或淺同「都市」有關的「都市詩」——具體化與實際化了「現代詩」特殊的創作精神與思想形態。同時尚可說凡是寫與「都市」生活經驗有關的現代詩，都可說是廣義的「都市詩」；就是後現代

詩人，只要他離不開「都市」，繼續擁抱所謂後現代物質文明資訊快速發展的「都市」，他的詩就會繼續受「都市」影響，尤其是在商業交通網與資訊逐漸把鄉村統合入「都市」的型構範圍，形成全方位的「都市效應生活圈」，詩人與作家便勢必更不能不看高科技與物質文明輸送給「都市」這一被眾目圍觀的大櫥窗，去面對那不斷激化想像與思考世界蛻變的新媒體、新事物與新環境，而仍一直會寫與「都市」脫不了關係的「都市詩」。這樣，便無論寫「都市詩」或寫後現代、後後現代的「都市詩」，都同表現「都市」這一主題思想源遠流長的「都市詩」詩型，有斷不了的血源關係。世界上沒有一條沒有源頭的河流。

由此可見「都市」同強調現代感與創新性的「現代詩」，有密不可分的互動性，也可看出「都市詩」在「現代詩」中創作的重要地位。事實上「都市詩」，也顯然是所有詩型中，最能貼切地表現與傳真現代人在「都市」中生存的生命真況與實境。

# 一、都市與都市詩的探索

既有「都市詩」這一詩型，則在創作精神義涵上，必有其特殊性。在談論「都市詩」之前，首先應了解那做為詩人創作「都市詩」的場所——「都市」之真貌。

## （一）都市的界定與觀感

「都市」顯然是借助科技力量，不斷發展物質文明，呈現不同於「田園型」生活空間的另一個屬於「都市型」的特殊生活空間：也是工商業的集居之地；甚至幾乎是經濟、政治、文化活動的中心。

### 1. 從速度的相對觀點來看都市：

在「田園生活」中，人的腳步與牛車的速度較慢，生存的時間量度變小，空間變大；在「都市文明」的生活中，因有汽車、火車、飛機等機械化的交通工具，速度較快，則生存的時間量度增大，空間縮小。譬如用腳從臺北走到高雄，要走好幾天；若坐飛機，一天可飛廿次。是故，高速度

發展的都市，使人類有更多的時間，去追求與創造更繁富與進步的生活環境；也因而使「都市」自然具有更大的拓展性，以及較「田園生活」更多的優越性與便利性，而不能不被重視。

## 2. 從人力、財力與智慧投入的情形來看都市：

由於人力、財力與智慧資源的大量投入，促使「都市」不斷的進步與發展，形成「田園」與「都市」勢力圈的移位，是可見的。大量青年人從「田園」往「都市」跑，已說明「都市」已成為現代人生存的「重力磁場」，甚至是眾人爭權奪利之地，具有對人存在難於抗拒的無比吸力，即使有人說「都市」是繁殖罪惡的溫牀，也常有很多人在那牀上做夢。

## 3. 從田園與都市實際的生活景觀來看都市：

「都市」帶來高度的物質文明，使現代人在壯觀的玻璃大廈、百貨公司、超級市場、餐廳飯館以及娛樂場所……等繁華與高品質的衣食住行生活中，充分達到欲望的滿足，而當然較貧窮落後的「田園」具有進步發展的強勢與動力，並抓住現代人追求物欲享受的心。

## 4. 從田園與都市生活的負面來看都市：

「都市」帶給現代人豐富的物質生活，是其正面，但也帶給人們精神生活的緊張、不安、焦慮、空虛、寂寞與有壓力感，甚至使人成為被物質文明放逐中的文明動物，是其負面，至於「田園」雖較寧靜、安定、純樸、開闊，但缺乏高速度與多元性的發展能力，使物質生活的享受與品質，都一直偏低，仍有賴「都市」的繁榮面來補救，是其負面。而兩者間的負面現象，由於交通與資訊的迅速發達，已互相的調整，可望進入相輔相成的佳況。然而「都市」仍事實上一直在前衛位置掌握著不斷改進人類物質生活的主導權。因為「都市」是展現物質文明繁榮的中心。

## （二）都市詩的創作世界

### 1. 都市詩的緣起：

當我們讀過上文對「都市」生存空間所做的論述之後，已大致了解「都市」存在的重要性與其特殊的形態，而大多數詩人，又集居在「都

市」中，怎能不以「都市生活」新的題材來寫「都市詩」，來表現與傳真這代人從「田園」轉型到「都市生活空間」裡來的新的美感經驗與新的心象活動、新的生存意境。可見「都市詩」型的產生，是極其自然的。若進一步來說明，便是基於：

（1）「都市化」的生活環境，不斷激化現代人的感官與心態活動，產生變化，呈現新的美感經驗，便也調度與更新詩人對事物環境等觀察與審美的角度、及其運用語言媒體與藝術表現技巧的適應性。因而自然引發「都市詩」的創作動機。

（2）現代「都市文明」高速發展，帶來尖銳與急劇的變化，導致一切進入衝刺、緊張與具壓迫感的行動化存在空間，使詩人不斷逼近思考的新銳性、前衛性、創新性與突破性是可見的。因而寫具有「都市現場感」與創新性的「都市詩」，也是必然的。

（3）現代「都市文明」已構成住在「都市」中詩人心象活動重要的機能與動力、以及不斷展開多變性、多元性與新穎性的想像空間，這便使詩人很自然的遵循自己內心真實的感受、去寫同「都市生活」潛在經驗勢必有關的「都市詩」，而把握詩創作新的「時空性」。

2.都市詩活動的時間與空間觀感：

（1）由於以往「田園型的大自然生活空間」，是無限的廣闊、一望無窮，較能使人進入寧靜、和諧與含有形而上性的「天人合一」的自然觀的心境；故也有利於「悠然見南山」、「山色有無中」的偏向空靈的詩境之建立。而在「都市」，高度的機械文明帶來緊張、動亂、吵鬧與具壓迫感的生存空間，人類精神向上升越的「形而上」活動空間，便不斷的被「都市」極度物化與偏於「形而下」的「下降氣流」壓低到越來越被「物質性」與「外動力」全部占領的空間裡來，因而不斷縮短「物」、「我」接觸的空間，既拉不出精神「靜觀」、「內省」與「空靈」的理想距離，最後是「物我兩在」的時機尚有，「物我兩忘」的情境是較少了，所以很多詩人都不大太正面的同「都市」對碰。

的確，「都市詩」活動的空間是較偏於「實在性」、「實知性」與「設造性」的間架式空間形態，而有異於純粹抒情或者空能納萬境的「空靈」的空間模式。所以在「都市」裡「抬頭望明月」，「低頭」可能看見的是車禍；打開冰箱，只能看見冰箱裡的冰山冰水，可看不見山隨水盡的景象。可見詩人生存的外在物理空間，同內在心理空間，是一直有機的相互動與分不開的。

（2）由於「都市」是生命與事物快速度地活動與進行的場所，「時間」顯得非常匆忙與焦急，往往這一秒鐘還未停定，下一秒已闖進來，這種急速的存在感，使「都市」的形形色色與景物，都不停地追著速度跑，「時間」便也緊逼得跟著喘息與變調，而自然影響到詩生命的脈動、呼吸系統以及語言活動產生新的動力、動速、動向與節奏。

的確，由於在「都市」生存環境裡，時間感的急速加快，便同時迫使語言運作的「速度感」與「行動性」的加強，因而也刷新語言與詩思的活動航道，呈現不同於以往新詩的詩感，很明顯地感觸「都市詩」潛藏著一種至為特殊與具體的現代感與新穎性。尤其是「動」詞在時間與速度的緊迫感下，所放射的新的動力，給予詩境呈現新的動態與動境，是可見的。

## 3. 都市詩語言與藝術技巧的運作力：

從「都市詩」的緣起及其活動的時空觀感來看，「都市」特殊的生活環境，已事實上影響詩人創作的心境，偏向於「都市特殊生活經驗與心象活動」之捕捉，是必然的。同時也使「都市詩」語言與藝術技巧的運作力，必須機動且具適應性，有效地去表現「都市詩」的精神內涵。是故：

（1）「都市詩」不能不偏向「多元性」的表現，開放各種藝術流派與主義以及各種新的材質，來為「都市詩」工作。因為「都市」的存在是富變化、多元性的，價值觀與存在意識，也是多元性的，生活面是至為繁複的。

（2）「都市詩」不能不強調與偏向「現場感」的表現，而對現代人生活在「都市」中，生命與精神思想活動的實感、實態、實況與實境，予以

確實有效的傳真與表達。否則,對讀者會產生疏離感,失去強有力與迫近性的感應。因為生活在「都市」中的人,大多數可以不活在深遠的形而上的玄想世界中,但他們不能不活在「都市」所正面推過來的具存在壓迫感的真實狀況中。

(3)「都市詩」的語言,不能不偏向「生活化」與「行動性」,因為「都市」不斷展現高科技的物質文明,帶來至為尖銳與急劇的「變化」與「存在」,導致一切進入快速的「行動化」情況,這便一方面使詩語言活動的速度、呼吸系統與脈動,進行新的調整,產生新的節奏感,同時也使詩語言的活動與造型空間,也必須有新的變化與呈現新的形態。

(4)從上述三點來看,「都市詩」顯然較其他類型的詩更有利去強調創作的「前衛性」與「新創性」。因為做為「都市詩」創作場所的「都市」,一直是處在科技與物質文明進步力量衝擊的第一線,是其最先的受益者。而「都市詩人」面對千變萬化、不斷接受新思潮、新資訊的「都市」生活環境,便勢必無形中以具突破性的「前衛」與「創新」的藝術表現技巧與語言,來做適應性與互動性的表現。這種要求,不但是「都市詩」創作的內在景觀如此,都是「都市」本身發展的外在景觀也如此,譬如沿臺北市延平北路→西門町→中山北路→仁愛路→忠孝東路的市街一路看過去,所觀看的繁榮與美的景象,則越是往前的,便越是接近人類創造境域的「前衛性」與「創新性」。這現象反過來,便也意識著「都市」文明,的確是一直潛藏著對「都市詩」乃至所有的現代詩向前推展的激化作用與動力。這也就是說,「都市詩」根本上是受「都市」監控。無論是「都市詩人」或住在「都市」裡寫現代詩的詩人,要完全脫離「都市」的影響,是不可能的。這種不可能,正像走路的腳,想脫離路是困難的。

從以上所談的觀念與理念中,茲以一些「都市詩」的詩例予以助證:

譬如在「都市」生活中,看到迷你短裙,採取「都市詩」來表現短裙對現代人產生尖銳的感官反應與特殊的視覺美感經驗。如果我們寫:「迷你裙/短得像鳥的翅膀(或尾巴)」,雖然寫得很巧,也確實有好的表現,但

鳥的翅膀（或尾巴），這景象畢竟是由「田園生活空間」借調的，較缺乏
「都市現場」的視感，語言活動的動感、動速與形態仍不像「都市」那樣
急切與尖銳化，缺乏碰擊力。

　　如果我們寫「迷你裙／短得像踢達舞的音響」，以聽覺來表現迷你裙視
覺的短捷、輕巧、活潑的感覺，而「踢達舞」的景象又是「都市」生活現
場可見的，應是相當有效的藝術表現。但是語言對「都市」要害的襲擊
力、切割力與爆發力，仍不夠強烈與深入。

　　如果我們寫「迷你裙／短得像一朵火花／一閃／整條街便燒了起來」，
便是抓住「都市人」特殊的官能、性欲、心態與潛意識活動的實況，語言
的襲擊點與爆發力便「臨場性」地使佛洛伊德注視的「性美學天空」全部
著火燃燒。這樣的寫法，較貼近「都市」專業製造「物欲」與「性欲」的
心意：也使「都市詩」確實獲得較特殊與深化的創作精神空間。

　　我之所以較重視最後一種寫法，是因爲我深信大家會同意詩人林野在
《陽光小集》詩季刊（1981 年夏季號）所說的：

> 源於都市景觀和人類生存層面的題材，一直爲詩人們努力地探討和詮
> 釋。但探討此類的作品，多半由於語言的傳熱性和導電度不佳，或局限
> 於物象的表淺切割，以致不能激發強烈感情的痛覺反射，所造成的心靈
> 震撼，也就不足爲奇……。

　　接下來，又例如古詩人寫「黃河之水天上來」，現代都市詩人寫「咖啡
把你沖入最寂寞的下午」。很明顯的，古詩人寫的是「第一自然」田園生活
所見的景物；現代都市詩人寫的是「人爲第二自然」──「都市」新的生
活環境、新的景物、新的思維空間、新的美感經驗；以具現代感與新創性
的語言形態予以表現，確實傳真現代人生活在「都市」中特殊的心象活動
與生命情境。

　　從這些抽樣的「都市詩」例舉中，可看出「都市詩」著重於「都市」

生活的美感經驗與心象活動的表現；語言媒體與運作空間，也盡量逼近
「都市」現場性，以使作品產生同現代人思想有高敏度與強有力的「感應
磁場」。

## 4.都市詩的貢獻與理想的創作導向：

從以上三項的論談，可見「都市詩」提供創作新的美感經驗、新的思
考與想像空間，確是表現「都市人」生活實況，具有透視與探索力的特殊
詩型，並有助詩創作向前突破與推展，產生新的藝術表現形態。同時，目
前科技資訊更向前邁進，到了「後現代」情況，在創作已面對新的趨勢，
便也因而給「都市詩」帶來新的前景與展望：

（1）由於後現代出現的「解構」意念，「都市」與「大自然的田園」
之間的界線已拆開，借助交通網力，架設思想活動新的交流道，拓廣「都
市詩」創作的題材與詩思的範圍。

（2）由於後現代的解構意念，在「新達達」觀念徹底的自由與任放驅
使下，素材媒體與表現技巧以及語言的運用是朝更多元、多向、更開放與
沒有任何制約的情況下，去創作的，給詩人更大的自由空間與主動性。

（3）對傳統與固守的一切陳舊形態與秩序，不斷進行強有力的抗衡、
質疑與突破，以確實反應現代「都市」物質文明與科技不斷發展帶來的新
的生活環境與新的生存指標。

此外更值得重視的一點，應是在前言已說的：紀弦先生早期提倡的
「現代派」，其更充分與具體的精神內涵，我認為是隨後來「都市」物質文
明生活確實的「都市化」與「現代化」，輸進現代新的觀物態度、新的思
維、想像與心象的活動空間，以及創作上應變的藝術表現手法，使特別具
有現代思想性與現代感的「都市詩」的興起，而加強且突現「現代詩」確
實的現代精神意識內涵及其實質的形體與風貌。這也可說是「都市詩」在
「現代詩」創作思想與精神上所提供的實質影響力與較重要的貢獻。

至於「都市詩」創作的理想導向：

（1）首先我認為「都市詩」創作者應以「心輪」帶動「齒輪」，也就

是說，「都市」與科技文明前進的力量，必須讓人的心進入機器的心，並使之轉化進入目前人類正再度追求的「新人文精神」的佳境。一切的事物都應由人類美的心靈來主導，離開「人」的一切，若不是尚未誕生，便是已經死亡。科學製造僵冷的「都市帝國大廈」，必須將詩人的心燈放進去，使它亮出溫暖的光。難怪有一位傳奇的雕塑家，曾將已以高精密度設計的一座非常完整的雕塑品的頂端，用手擊斷並讓血滿入作品裡去，滲入人性，才充分的感到滿足與驚喜，覺得作品有「活性」與「溫暖感」。這也就是說，「都市詩」中物架的思維空間必須推入心感的慧悟與靈動空間，去獲得轉化超越與昇華。

（2）「都市詩」創作者追逐科技文明軌跡以及透過智識及理論性的觀念所展開的想像雖不容忽視，但注入真實人性的切割力，抓住生命與血的聲音，便更值得重視，因為詩不是製造機器與智識以及喝「汽油」的；詩是創造生命與流心血的，應更加予以關注。這是所有從事心靈與精神永恆作業的作家，均必須堅持的。否則在創作世界中，「物抒」與「心感」沒有確實的交融便難免呈現冷漠性與疏離感，失去作品對內心強大與永久的感動力，甚至引起人類內在生命產生「第二度」更為嚴重的鄉愁，那便是人被關進冷然的物性思考世界，而淡遠了溫潤的「人性」、「心性」、「靈性」與「悟性」，所引起的較「都市電燈光」望著「田園菜油燈」所引起的「第一波鄉愁」更可怕，因為那是人被科技世界挾持，同「物」一起推上科學的「貨櫃車」而被迫離開人自己的有人性的「肉體的原鄉」，形成「第二波的鄉愁」。若這樣，人追逐的已不是人自己的生命，而是「機器造的兔子」；人在玩耍電動玩具時，科學反而把人也當作電動玩具來玩。由此可見，將科技的「理運」思維空間與人文的「靈動」思維空間，融合成溫潤優美的心象世界，是「都市詩」乃至所有的現代詩都必須深加省思並永遠堅持的創作導向。

## 二、都市對詩創作世界廣泛的影響力

的確，由於高科技帶動不可阻擋的物質文明，不斷占領人類的生存環境，「都市」便隨之成為展示物質文明的大櫥窗，甚至被看成「科學的帝國大廈」，壓倒性的炫耀在人類的眼睛中；即使被它的光芒刺傷——如大多數人都或多或少感到「都市生活」的緊張、焦慮、不安、寂寞與空虛，甚至有壓迫感……等，但仍迷惑著無數人去圍觀它，甚至熱烈的擁抱它。既如此，則生活在「都市」中較一般人更敏銳且又不能不面對「都市」生存挑戰的詩人，便無論以那一種心情來擁抱「都市」與寫「都市詩」，都理應帶有優先選擇性與難於逃避的創作意欲。

事實上「都市」非但是展示美的物質世界的秀場；也是人類生活吸力最大的磁場，除非人類沒有「交易」，科技與機器停止生產，大家不要更好的享受：而且更是促使現代詩人與作家心象世界千變萬化的黃金路段與新開發區，給予詩人與作家創作上巨大的激化作用與廣泛的影響及反應，是繼續不斷的。

譬如「都市」物質文明景觀所不斷引發的「現代感」，已近乎是創作的試金石。當詩人與作家面對它便立即產生五種接受「傳統」的不同態度，而影響到作者創作不同的動向與形態——

第一種：創作者把「故宮」的門關上，只死抱住「傳統」，不同「現代」對話與打交道，因而喪失創作權。

第二種：抱住「傳統」的大包袱，上「現代」的高速公路，顯有壓力與阻力，既跑不快，還要顧前顧後形成缺乏突破性、前衛性與創新性的創作形態。

第三種：從「傳統」走進「現代」，「傳統」和「現代」，有顯著的連線與裙帶關係。構成仍含有「傳統」形質甚至推陳出現的創作形態，不過在突破時，難免多少受傳統的制約力。

第四種：站在「現代」的位置，自由的同「傳統」對話，以「現代」

為主導力，提升「傳統」優良的有利質素、機能與菁華，建立能觀視「現在」、「過去」與「未來」的開放的新的視野，所呈現的創作形態。

第五種：只抓住「現代」存在與變化的過程以及眼前流行的新奇，使過去的「傳統」與「現代」之間，沒有必要的接合點，甚至斷層。至於「未來」的一切，只要它來，便跟著就變、就新。像這樣所形成的流行一時的創作形態，它之所以出現標新立異、沒有歷史感，見到「傳統」就反，也是有其特殊的長相的；但也像持第一種態度把「故宮」的門關上，不看「現代」而在兩極化相對的創作境況中只看「現在」不看「過去」，便出現可見的疑點──那就是它很可能犯上「用完便丟」的現象，沒有確實值得保留的東西。

這五種不同的創作形態，既是緣自「現代」引發作者對待傳統不同的態度，則「都市」一直主控著存在與變化的「現代」情況，便也勢必會一直在影響著創作的思想形態是否「現代」。

再說大多數住在「都市」的詩人與作家，都熱衷與經常的表現性欲、空虛、寂寞、孤獨、焦慮、緊張、無奈、荒謬以及反常、刺激性乃至科幻、奇異……等至為熱門的題材與思想內涵。其實這都是受到「都市」影響的。因為「都市」的物質文明，大量製造「物欲」與「性欲」，驅使「形而下」世界將「形而上」世界逐漸關閉，造成靈空狀態，大多數「都市人」便也逐漸變成吃喝玩樂但內心空洞的文明動物，並習慣以「物欲」與「性欲」甚至有以麻醉品來填補內心的虛空，而過後仍是循環性的空虛與寂寞；仍是在生存壓力下，感到莫名的焦慮與不安……，這似乎是「都市」繁華光亮面的背後，一直潛藏的難於根除的盲點，讓人尤其是詩人作家不能不面對它、正視它、指認它甚至帶警示性的指控它。這都的確是「都市」帶給詩人與作家躲不掉的、相當荒謬也不討好但卻至為認真嚴肅的精神工作。但當創作成為好的作品時，便也同樣的存在與被肯定。雖然那是「都市」帶給人們精神與思想並不太健全、甚至帶有病態的情形，但詩人與作家透過藝術創作思想的表現，對存在進行深入的透視，提供真實

資訊，甚至警示，已盡了力。

　　接下來，談到目前大家都關注的所謂「消費文化」以及「文化」已有被當作「商品」來看……等情形，先不說它是好是壞，我們已感到那都是「都市」物質文明對存在具壓倒性的影響力與威勢所造成的。誠然，在「都市」的生存空間裡，幾乎是被「物質」、「速度」與「行動」所把持，心既不能往深處與形而上的高處去，便只好被阻在感官的快感層面，偏向浮面淺顯、單薄、乖巧、新潮與流行……，而自然流向目前所謂通俗化甚至粗俗化與低俗化的「消費文化」與「商品文化」的格調。其實，這也是「都市」一向強調形而下「物質文明」的特殊個性所形成的，並一直在強勢的操作與左右著現代大多數都市人生活的想法與行為，縱使也呈現有不太理想與缺失的地方，但已存在於可見的事實中，留給作家們去從不同的思考角度與美學理念來審視處理與予以表現。

　　此外，像劉克襄等詩人對大自然環境關懷寫的「環保詩」，也是由於「都市」發展對大自然生存空間造成嚴重的污染與傷害，激發詩人與藝術家創作的良知而來；像廿多年前我在《1971 藍星年刊》論文中提倡以電影鏡頭寫詩（目前已有錄影書，則未來有真的錄影詩也屬可能）以及詩人羅青採用電影手法書寫《錄影詩》，也都是由於擁有放映電影的電影院與影片的「都市」，給詩人有機會引發與電影有關的創作見解與念頭；即是像詩人林燿德寫的〈廣告詩〉，雖是源自「達達」與「普普」的創作意念（或後現代的文體解構）但畢竟同「都市」滿天飛呈強勢的廣告業資訊與意識有潛在的關係；再下來像詩人白靈與杜十三等以詩為主控力，所從事的多元媒體表現而形成的視覺詩，同「都市」物質文明所提供的物質材料及其引發現代人多元性視聽美感經驗的創作欲求，也難免有關係。

　　的確，「都市」帶動現代物質的文明面，給予作者創作的藝術形式與題材內容方面，所提供的能源與潛在影響，應是夠大夠廣與多方面的，而且持續不斷。

## 三、結語

綜觀上述「都市」與「都市詩」以及「都市」對創作思想的強力影響之論述，我的結語與補充的感想是：

（一）「都市」是人類尤其是詩人作家不能不面對甚至不斷要去擁抱的生活世界。即使有時感到不快：但它不斷以「存在與變化」的眾多與豐富的新的事物與影像，刷新作者的感官、思維、想像與內心的美感經驗世界，因而激發創作媒體與表現技巧有所調整與移變，甚至有所突破與創新，呈現作品新穎與具前衛性的形態。

（二）只要人類繼續改變「第一自然」與創造人為的「第二自然」——「都市」的行為，見「都市」便會存在，「都市詩」也會存在；當目前現代都市」有向後現代「都市」狀態在移動，「都市詩」也會跟著往前移動以及往前存在與變化的發展下去，即使後現代「都市」處在解構後的多元化、泛方向感與泛價值觀所形成拼盤式的堆砌存在模式中；即使現代主義一向強調超越與卓越，並不太能認同「消費文化」的低價位思想，於目前已受阻，它過去強大的聲勢，也有降溫情形；即使以往向「形而上」高處看的仰視，在目前已逐漸拉低到對世界平視的位置，而且失去可靠的「中心」，也正好對應「都市文明」急速存在與變化中的繁亂、雜陳的生存場景與物象，不斷沖擊著人向四處失敗與急逃，使成千成萬的人，匆忙過街肩碰肩，彼此都不認識；存在都只是眾多的個人一連串的愉快的直接感覺的過程的告白，在可靠與不可靠之間，隨著變化的時空在泛方向感中滑溜，因而也浮現出所謂世紀末與「後現代都市生活」層面上至為浮動、激變、紛陳的亂象；即使由「新達達」意識臥底所掀動的「沒有什麼不可以」的多形多狀，那正有如在〈哈維爾縱論挽救現代困境之道〉[1]一文中說的「後現代主義，這種思想狀態，對我來說，這其中的一個象徵——是一個騎著駱駝的遊牧人，身上蓋著傳統的袍子，袍下卻是牛仔褲，手上握著半導體

---

[1]哈維爾，〈哈維爾縱論挽救現代困境之道〉，香港《明報》，1994 年 10 月 5 日，A10 版。

收音機，而駱駝背則有可口可樂的廣告」……。這一有趣又怪異荒謬可笑的組合圖象，的確能反映目前越來越偏向「後現代都市」「雜交」紛陳不調和的生活景象。但我們深信這種種，對後現代的詩人、作家、尤其是視覺藝術家來說，正好可透過「普普藝術」的拼湊（Collage）手法，以多元媒體組合與提升它們進入有新的義涵與新的秩序之中。詩人也可用詩的語言，如此來創作，開拓新境，這也就是說，後現代的作家與藝術家，在後現代解構後的多元世界裡，仍有向上建構的可觀的創作空間，並真的有可能看「後現代」將「現代」當作一座太陽解構後的許多部分都仍然是太陽，而又逐漸形成有秩序與整體地運作在一起的太陽系。這樣也正符合人類思想世界中一直不停地向前工作的兩部大機器，正常地運作，一部是「演釋」——多元的向外展開出去；一部是「歸納」——再向內匯合。這兩部機器任何一部停工，都將影響人類生存的建全與進步。所以後現代大師詹明信對後現代缺乏深度與歷史感的生存現象提出信號與警示[2]，以及李歐塔仍堅持人生崇高、莊嚴與可為的形而上精神[3]，都是在人生中仍希求建造精神存在的高層建築；再從我為詩人林燿德傾向後現代風格的《1990》詩集寫的序[4]，論述他詩中的後現代詩創作的精神風貌，仍特別指認它解構後，不但抓住多元性的內在思維航向所呈現的卓越性與深度，而且仍潛藏有由多面性的思想疊層、向上建構高層精神面的可觀的形而上性與統合力，確實為後現代創作提出正面的效益。可見無論是詩往裡變，最後都不只是創造新的形式，而更是繼續創造新的精神深度與由「形而下」世界再度升越進入「新」的「形而上」世界，而無論是現代「都市詩」以及後、後現代「都市詩」，乃至所有的現代詩，也都不能例外。雖然「都市」格外

---

[2]陳光興，〈歷史‧理論‧政治——詹明信的後現代主義評介〉，《當代》第 16 期（1987 年 8 月 6 日），頁 76～86。

[3]林燿德，〈羅門思想與後現代〉，《羅門蓉子文學世界學術研討會論文集》（臺北：文史哲出版社，1994 年 4 月），頁 164。

[4]羅門，〈1990 年向詩太空發射的一座人造衛星（序）〉，收錄於林燿德《1990》（臺北：尚書文化出版社，1990 年 7 月）。

的物質化與「形而下」，較偏向浮面與流行性甚至庸俗化。但詩人與作家面
對它，在創作中，總得相對地使出「深度」的思想與「形而上」的精神升
力。我們深信任何「成功」與「高品質」的藝術品，最後都必潛藏有思想
的「深度」與精神的「形而上性」。即使是採取「遊戲」、「幽默」、「寫
實」……等的心態寫成的作品，也難免有：因它是藝術品，不是普通「玩
具」，已介入作者的藝術理想以及看不見的思想與精神的影射作用所引發的
感應空間，就不能不也藏有逃不掉的「形而上性」。往往在一個小丑的成功
演技中，笑聲背後，大量湧出思想滲入人性、一起昇華的「形而上性」與
精神「深度」。我甚至確信，所有看得見、看不見的一切，只要從確實好的
藝術作品中傳出來，就必定有思想的「深度」與精神存在的「形而上性」
的特質。

## 附記：

　　「都市」以製造物欲與性欲為主所建構「形而下」的生存空間，對全
人類的欲望生活，是一視同仁的；世界上任何詩人作家面對它，感官與內
心都享受同等的待遇，可自由反應。所以本文較為重「都市」對詩人、特
別是寫「都市詩」的詩人較共通性的影響，以及談「都市」與「都市詩」
的特殊理念與觀感，也因篇幅，未能提出許多成功與優秀的「都市詩」的
實例。

　　（本文是在「當代臺灣都市文學」學術研討會上發表的論文內容，
1994 年 12 月）

——選自羅門《羅門創作大系・卷八・羅門論文集》

臺北：文史哲出版社，1995 年 4 月

# 「第三自然螺旋架構」的創作理念

◎羅門

　　「第三自然螺旋型架構」[1]，是我從事詩創作與藝術探索近四十年來，從創作思想與實踐中所體認與建立的觀點，曾被名批評家蔡源煌教授視為是我個人的創作理念與思想體系。對我而言，這一觀點，自 20 年前開始迄今，我仍始終堅持並加以強調，那是因為我確認它已是詩人與藝術家創作生命的較理想的基型。現在將問題分開來談：

## 一、先談「第三自然」部分

### （一）對「第三自然」理念的解說

　　當後期印象派畫家喊出「我們照著太陽畫，怎樣也畫不過太陽的本身」這句話，便使我們清楚地重認到第一自然存在的層面與樣相——諸如日月星辰、江河大海、森林曠野、風雨雲霧、花樹鳥獸以及春夏秋冬等交錯成的田園與山水型的大自然景象，它便是人類存在所面對的第一自然；當愛迪生、瓦特發明了電力與蒸氣機，在那有電氣設備的冬暖夏涼、夜如晝的密封型巨廈內，窗外的太陽升與落，四季的變化，都異於在田園生活裡所感覺的，再加上人為的日漸複雜的現實生活環境與社會形態，使我們清楚地體認到另一存在的層面與樣相，它便是異於第一自然而屬於人為的第二自然的存在層面與樣相了。

　　很明顯的，第一與第二自然的存在層面，是人類生存的兩大「現實

---

[1]此文是從我 1974 年寫的論文〈詩人創造人類存在的第三自然〉（發表在《創世紀》第 37 期（1974年 7 月），進一步探索擴大寫成。

性」的主要空間，任何人甚至內心活動超凡的詩人與藝術家，也不能超離它。然而，這一事實上已構成大多數人生存範圍與終點世界的第一與第二自然，對於一個向內心探索與開拓人類完美存在境界的詩人與藝術家來說，它卻又只是一切的起點。所以當陶淵明寫出「採菊東籬下，悠然見南山」、王維寫出「江流天地外，山色有無中」、艾略特寫出〈荒原〉，我們便清楚地看到人類活動於第一與第二自然存在層面得不到滿足的心靈，是如何地追隨著詩與藝術的力量，進入那無限地展現的內心「第三自然」境界。

可見「第三自然」，便是詩人與藝術家掙脫第一與第二自然的有限境界與種種障礙，而探索到的更為龐大與無限壯闊的自然——它使第一與第二自然獲得超越，並轉化入純然與深遠的存在之境。此境，有如一面無邊的明淨之鏡，能包容與透現一切生命與事物活動於種種美好的形態與秩序之中，此境，可說是「上帝」的視境。的確，當詩人與藝術家以卓越的心靈，將一切生命與事物導入「第三自然」的佳境，獲得其無限延長與永恆的生機，這便等於是在執行著一項屬於「上帝」的工作了。

所以，當畫家站在第一自然的存在層面上畫太陽，雖畫不過太陽的本身，但畫家可以透過靈視之深見，畫出那活動於「第三自然」中的更為無限與更具生命的內涵力的「太陽」；詩人王維與陶淵明在創作時（如上面例舉的詩），與第一自然於和諧中，一同超越與昇華入物我兩忘的化境；詩人里爾克、艾略特等在創作時，與第一自然或第二自然於衝突的悲劇感中，使「人」超越那痛苦的阻力，而在內心中感知到那無限地顫動的生之源，因而獲得到那受阻過後的無限舒展，終於產生一種近乎宗教性的狂熱與追隨、信服與滿足感；樂聖貝多芬的音樂在演奏時，當時無論是權力最高的王公也好，智力最高的哲學家也好，都被樂音中那種不可抗拒的神祕的美感力量所制服，而順從於內心的那種無限的嚮往……。如此看來，則無論是進入內心的那種無限的嚮往也好，進入物我兩忘的化境也好，進入內心中的更為無限與更具生命內涵力的境界也好，都不外是進入我所指的那個

使一切獲得更完美與充分存在的「第三自然」——它正是詩人與藝術家創造的。這種創造，在 20 世紀後半葉，當人類對神與上帝逐漸發生懷疑，如果我們仍確信在內心世界中，有上帝所設造的「天國」，那麼我敢說再沒有像詩人李白、杜甫、陶淵明、王維、里爾克等人的詩句，更能確實地寫出「天國」的樣子；再沒有像米羅、克利、畢卡索等人的色彩與線條，更能確實地畫出「天國」的樣子；再沒有像貝多芬、莫札特等人的聲音，更能確實地說出「天國」的樣子。的確，詩人與藝術家將一切轉化入「第三自然」獲得更為理想與完美的存在，在事實上，便也就是上帝（如果世間確有我信服的上帝）對萬物存在最終的企望與期求。

## （二）「第三自然」創作理念的 A 與 B 兩大作業程式

A 程式：

$$對象 \rightarrow 潛在對象 \rightarrow 美感意象$$
$$A \rightarrow A^1 A^2 A^3 \rightarrow A^N$$

在我看來詩與藝術絕非第一層面現實的複寫；而是將之透過聯想力，導入內心潛在的經驗世界，予以交感、提升與轉化為內心的第二層面的現實，使其獲得更富足的內涵，而存在於更龐大且完美與永恆的生命結構與形態之中，也就是存在於內心無限的「第三自然」之中。如圖中的對象 A，經過聯想力，引入內心潛在的經驗世界，觸及同位質性的潛在意象 $A^1$、$A^2$、$A^3$ 而交融成 $A^N$ 美感意象的無限效果。

的確，詩人與藝術家從「觀察」到「體認」到「感受」到「轉化」到「昇華」，直到進入靈視的「無限的內在心象世界」，這個世界，便正是存在於內心的「第三自然」之中。

## B 程式：螺旋型架構

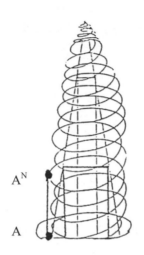

　　誠然詩人與藝術家如果站在第一自然（或第二自然）的 A 原象位置不動（如上圖中的 A），則詩與藝術確實的創作行為仍在靜止狀態中。所以將 A 當作外在世界實在的「魚」或「山」來看，則詩人陶淵明必須將 A 向內作無限的超越與轉化，且玄升到 $A^N$ 的 N 度存在空間，不會去寫「悠然見『阿里山』」，而去寫「悠然見」「第三自然」中的「南山」；同樣的，柳宗元也不會去寫「獨釣寒江『魚』」，而去寫「獨釣」內心「第三自然」中的「寒江雪」。如果寫「獨釣寒江『魚』」，則讀者應大多是菜市場不懂詩的魚老闆，但寫「獨釣寒江『雪』」，則讀者便包括有哲學家了。可見由 A 轉化到 $A^N$ 所形成詩人內心創作的螺旋型架構，已是詩人與藝術家在詩與藝術作品中，創造了人類存在於內心的「第三自然」中的一個永恆活動的基型，並掌握著詩人與藝術家創作生命那無限地演變與拓展的活動航道與空間。

　　同時由詩人藝術家透過「觀察」→「體認」→「感受」→「轉化」→「昇華」等思考程序，所形成人類智慧創作向前連續發展的「螺旋型」世界，一方面在「時間」上，可將「過去」、「現在」與「未來」相關聯地整體存在於「前進中的永恆時刻」，使創作中的「時間感」源遠流長生生不息；一方面在「空間」裡，「螺旋型」是「空間」上下走動左右迴轉的螺旋

梯，它有不斷向上突破的尖端掌握美的顛峰世界，它也有無數變化衍生的厚實圓底，潛藏無限的美的奧祕。它甚至像是緊握在詩人與藝術家手中的一把螺絲刀，鑽開古今中外的時空範疇與現代物質文明圍壓過來的一層層「厚牆」，讓詩與藝術帶引人類不斷穿越，進入超於象外與脫離「框架」的無限境域，去呈現精神自由廣闊的形而上升力；同時也鑽通所有已由美學世界出現的種種藝術流派與主義，以及由科技世界出現的各種新穎的使用工具媒體、資訊與生存的物質環境……等這些均視為創作上的材料，等待詩人與藝術家不斷將它融解轉化入內心「第三自然」，去繼續展現創作新的「南山」境界，新的自然觀。

## （三）「第三自然」應是世界上所有詩人與藝術家創作生命永遠的家

像陶淵明詩中的「南山」，柳宗元詩中的「雪」，都是屬於「第三自然」的景象，在第一與第二自然是看不到的；又貝多芬交響樂中的樂音、馬蒂斯畫中的色彩、米羅與克利畫中的線條、布朗庫西（Constantin Brâncusi）與康利摩爾（Moore, H.）雕塑中的造型世界等，也都是在內心「第三自然」無限廣闊的空間才出現，只能被「靈視」見到、被「靈聽」聽到；在第一自然與第二自然是聽不見看不到的。可見「第三自然」正是現代藝術所一致強調的；藝術家必須去創造內在不可見的更為無限的實在。

的確也如此，如果人類只活在「第一自然」與人為的「第二自然」等兩個外在的現實世界中，去指認與說明所面對的一切而沒有進一步將之轉化與昇華進入超越外在現實的內心「第三自然」無限世界，去呈現一個更富足與新穎的「美」的存在，則所有的詩人與藝術家都將因此失業與無事可做了。

譬如我們看到天地接合處的那根線，一般人都只能說它是天地線或水平線，而詩人卻能經過聯想與轉化過程，將它說是「宇宙最後的一根弦」，使天地線變為更富足與新穎的「美」的存在。

譬如我們看到一隻廢棄在荒野上生鏽沾泥的破牛車輪，正常人只把它當作廢物看待。但造型藝術家透過詩的靈視與聯想可從輪子生鏽與沾泥的

部分，看見與聽見輪子滾動過時空所留下的聲音與痕跡；甚至進一步，將它以一個幽美的角度，樹立在茫茫的荒野上，並標上作品的名稱「路」，而使我們從作品中，發現與頓悟到人類與宇宙萬物走在那條看不見起點與終點的路上，因而對存在時空，產生無限與莫名的鄉愁。於是那隻沒有生命的廢棄的牛車輪，便被藝術家創造成一隻帶動著所有生命轉動的有生命的輪子，而使藝術家無形中也成為另一位創造「生命」的造物主——他能使沒有生命的變成有生命的存在；使有生命的，變成有豐滿的生命內涵的存在。

　　又如上面曾提過的貝多芬與莫札特的音樂，在演奏時，能使臺下的王公貴族與哲學家都感動，並占領他們的內心世界，帶領他們的心靈升越到「美」的巔峰世界，臻至忘我之境，但究竟那些樂音中，含有多少噸的智識、學問以及思想精神與情感的威力？那是萬能的科學，也無法計算得出來的。這種奇蹟，只有進入內心「第三自然」無限的「美」的境域，才會感知與發現的。

　　由上面所說的這些實例，可看出「第三自然」不但是詩人與藝術家為人類創造輝煌與永恆精神事業大展鴻圖的地方，而且更是詩人與藝術家精神與思想永久居留的老「家」。

## 二、接著談「螺旋型架構」部分

### （一）「螺旋型架構」理念的扼要解說

　　「螺旋型架構」，很明顯是創作思考世界的幾何造型形態與符號，既不同於單面存在的穩定的圓形，也不同於單向直指頂端的冷峻的三角形；它是融合圓形與三角形進入多向度多面性的活動層次與程序，並包容有衍生的變化的圓形與層層向上升越推進的三角形的銳點所形成的造型世界。像上面說過的，它既有圓厚的實底，也有向上突破的尖端，既有旋進去看不見底的奧祕，也有不停地旋上去的望之無窮的仰視、更有隨著螺旋型不斷在時空中向前旋轉，以 360°的環視所展現的無限地開放的廣闊幅面。如此

看來「螺旋型架構」的創作思考造型世界，除了作爲「詩」與「藝術」向前創造的理想基型，滿足詩與藝術在無限變化的 N 度空間中活動的充分須求，尚可作爲人類文化向前推進的理想基型，因爲融合溫潤的「圓形」與冷凝的「三角形」這兩個造型符號於一體的「螺旋型架構」，是無形中在進行著統合人類文化思想中的「感知」與「理知」、「靈運」與「理運」活動空間相渾成的造型世界。如果其中的「三角形」看來尚含有建築美的形態；「圓形」看來尚含有音樂與舞蹈律動美與音韻美的形態，則詩在「螺旋型架構」的創作造型世界中，也不會放過這些造型符號，所暗示與無限地開放的世界與實力。而事實上，「螺旋型架構」是具有巨大無比的容納性與涵蓋力，能被視爲是人類尤其是詩人與藝術家創作生命在時空中不斷向前探索、突破、超越與創造的生生不息的永恆基型。

## （二）圖解「螺旋型架構」造型世界的由來

　　由於人類的思想活動空間，形如一透明的玻璃鏡房，「思想」走進去，前面明，背面暗；暗面就是思想的盲點。因此，「螺旋型架構」採取 360°旋轉與變化的視點，便盡量克服了可能在背後所看不見的盲點，讓多向度與多元性的開放世界，都能以確實可爲的卓越性與傑出性進入「美」的展望與永恆的注視，並使一切存在，都從有約束的框架中，解放到全然的自由裡來，呈現出更爲新穎、可觀與美好的存在。藝術家與詩人，便就是這樣站在「螺旋型架構」的世界中去拿到上帝的「通行證」與「信用卡」，去面對這一全然自由與理想的創作世界的。見下面所列舉的圖解與範例：

「第三自然螺旋型架構」形成的圖解：

（1）圖──單面「圓形」

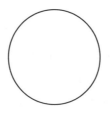

在「圓」的空間觀感中，給人雖有圓融、包容、和諧、安定與渾圓等正面感覺；但難免也給人有保守、知足、閉關，缺乏突破、攻勢、創新、與主動不斷求變的精神等負面感覺；加上又是單面（平面非立體）的圓，則難免失去創作世界中的深厚度。上面這些現象，尚可反映到文化層面，也可能產生下面的正負面現象：

1.「黃燈式文化」：雖緩衝相容，但往往不設或不看紅綠燈，形成是非不明、糾纏不清、沒有對錯、你搶我奪的劣根性現象。

2.「屏風式文化」：雖收斂、內省、謙讓、不露鋒芒，但往往以屏風當面具，假道、虛偽、鄉愿、內外不一致、黑箱作業……扼殺真實甚至真理。

3.「隔離式文化」：雖獨尊與維護住固有的，但排他性強，關上門，看過去；不接受新的挑戰，便不能快速的隨時代進步，形成落後現象。

4.「循環因襲式文化」：雖有因循性、慣常性的便易作業程式，但缺乏

科學進步思想與守法精神，造成不確實，效率性偏低；加上人際上的人情私情，影響純正的思考，便難免要偏離理想的前進航道，使文化產生出反應遲緩的癡呆症。

（2）圖──「三角形」（頂尖。銳角）

顯然，三角形的頂端與銳角，確具有尖銳的衝刺與突破性。藝術評論家畢哲利（Beazley）認為曲線與直線的長年之戰，到幾何時期，直線與銳角無論在形象與裝置裝飾上，都占上風。的確也是如此。像蒙特里安（P. Monorain）的「新造型世界」與越來越都市化的文明景觀，都是強有力的為直線與銳角這一優勢，予以證明與助威。

其實，像尼采超越精神的突破點、三島由紀夫悲劇精神的突破點、尖端科技向前推進的突破點……都是無形中站在三角形的頂點上，要求突破、進步、創新、不斷的存在與變化等堅持「絕對性的精神趨向」上，形成一股值得重視的生命動力，然而也因此難免帶來某些對抗性、失衡、否定、冷漠、緊張、焦慮甚至含有悲劇性的存在情景。

如此看來，具有穩定圓面的「圓形」與具有突破頂點的「三角形」，都一樣在作為創作精神與思想活動的造型世界時，出現盲點。

（3）圖——「三角形」吞沒「圓形」

　　由於人類在冷靜的知性與理性思考中，創造了人爲的第二自然——「都市」偏於幾何圓形的建築性的生存空間，三角形（方形、長方形）便不斷的占優勢，以確實明銳的直線與銳角，很冷漠的將溫潤與圓融的圓形吞沒（如上圖）。

　　結果形成感性被抑制，理性與知性大大昂揚的狀態。偏於西方科技與物質化的文明，逐漸呈強勢。偏向東方感悟與靈動的文化，便呈弱勢。物性強過心性，文明超前文化，人的心靈空間被物化空間占領，精神的「形而上」性，有不斷偏向「形而下」性的傾向，科技與物質文明以壓倒性的實力，從三角形尖銳的頂端突破猛進，但也同時帶來人內在的空虛、寂寞、冷漠、無奈，以及生存的機械感與莫名的焦慮。

　　如此，「三角形」較「圓形」雖占優勢，並圖吞沒「圓形」，成爲生命活動的基型時，但仍無法避免上面所指的那些盲點。

（4）圖——「圓形」包容且融化「三角形」及方形與長方形

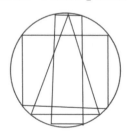

　　由於人類在現代物質文明高速發展已越來越趨向物化的生活中，已逐漸體驗出內心與精神的冷漠與空洞，於是較偏於提升心靈境界的東方文化思想，便自然而然地有復甦的徵候，開始反彈，使人本與人文思想抬頭，反過來站在物質與物理世界的上面，使心性較物性為重；文化較文明溫厚，同時也自然將冷然帶機械味的「三角形」、方形與長方形（△□▯）的生命造型符號，移變、融解入「圓」融與溫潤的「圓」形（○）之中，重現生命存在的律動感韻情與意境。

　　既然物理世界是客觀與中性的存在，科學只能證明客觀存在的真實，並非人類生命存在的全部與最後的真理，而人應是存在的「主體」，不斷感應與超越客體而存在。從「真實」到「非真實」到再現的「真實」，便臻至所謂的第二度超越，進入本文中所指認的無所不在的「第三自然」，方有可能體認到真實中的「真實」，與可望接近永恆的存在真理；同時也方有可能進入那不斷向前旋轉的「第三自然螺旋型架構」，去面對不斷變化的創作生命世界，去確實把握詩與藝術生生不息的創作生命，去洞見人類文化思想在穿越時空與突破傳統向前發展的具有關聯性的動向與脈動。

（5）圖──「螺旋形」

　　「螺旋形」便是由能融化「三角形」、「方形」、「長方形」的「圓形」，不斷向前旋轉衍生持續而成，同上文 B 程式──「螺旋型架構」所作的註釋與說明是相一致的。此處的「螺旋形」便也就是「螺旋型架構」，它具有向 360° 彈性發展的多圓面所疊架的穩固的圓底，也有向頂點突破的尖端，

於是已完全統合了「三角形」與「圓形」雙向活動的實力與機能；同時由於突破的「頂點」，到突破後重又向 N 度空間展現的新「圓」，再又向新的突破「頂點」集攏等連續收放動作，便使「螺旋型架構」的思想世界，無形中又掌握到「演釋」與「歸納」兩大邏輯思考系統，以及也兼有「微觀」與「宏觀」的思想形態。

　　從上述的思想造型符號的特性中，「螺旋型架構」被作為人類創造思想與文化思想向前推進與發展的理想基型，應是相當確實可靠的。因為它不但能使詩與藝術的創作思想不斷演化，推陳出新，從傳統與已存的世界中，突現新的傳統與新的創造世界，而且能使「文明」在「三角形」的尖端，不斷獲得突破與前進的升力，使文化在「圓形」的容涵中，獲得圓厚的實底與定力感，使具有精確銳角的理運空間與具有圓通的靈運空間相交合相互動，使物性與心性相交融相交流，同時更使時間在「螺旋型架構」中，是一「前進中的永恆」，有前後的連續性，有歷史感，不像目前的社會情況，它是被物質文明快速發展的齒輪切割下的碎片。此外「螺旋型架構」也無形中在思想活動的造型空間裡，以無限自由與開放的包容性，解構古、今、中、外的框架，納入貝多芬與尼采不斷超越與突破一切阻力的「介入」精神，也納入老莊與王維不斷轉化與昇華、進入純境的「脫出」思想；在最後，它更以「三角形」頂點的尖端，刺入世界無限的高度與深度；以圓形 360°展開的多圓面、收容世界無限的廣闊而使詩人與藝術家能因此成為一個具有思想深廣度的創作者，使文化也成為具有思想深廣度且不斷向前邁進的博大文化。

　　綜觀上述有序地發展下來的圖解，可見單面存在的「圓形」，雖富安定性與包容度，但保守缺乏突破與變化；而具有突破性的「三角形」尖端，卻難免帶來衝突對抗性、緊張、不安與冷酷性。至於「三角形」吞沒「圓形」，形成物質文明突進的強勢，人文精神發展的弱勢，有失衡現象，因而便不能不引起反彈，呈現出「圓形」反過來融解「三角形」的現象，並以溫厚的文化力源，流入進步的「文明面」，讓人文與人本精神成為生命存在

的主導力，使人性與物性、感性與知性、文明與文化，進入相交融相互動的中和情境，也使「三角形」與「圓形」終於在相抗拒中，趨向彼此間的融合，相輔相成的進入具有「三角形」尖端，也具有無數「圓」面的「螺旋型架構」的造型世界，這世界使固定的單圓面演化為多圓面的立體「圓形」，且有多圓面在旋升中所形成的「三角形」尖端，去不斷迫近存在的前衛地帶與突破點。如此，「螺旋型架構」的創作造型世界，便無形中掌握了存在與變化中無限地展開的創作世界及不斷向前突破與創新的實力，而這正是所有詩人與藝術家乃至任何創作者所特別強調與希求的。

## 三、談「第三自然螺旋型架構」的功能與貢獻

### （一）「第三自然螺旋型架構」解救詩與藝術創作中的一些關鍵性重大問題

1.譬如當柏拉圖認為詩人用詩去寫一座橋，倒不如去造一座橋，來得有意義與價值。於是，他便要把詩人趕出他的理想國。但如果詩人是寫存在於「內心第三自然」中的更具有存在內涵力的「橋」，像現代抽象表現主義畫家所共認的「我們雖畫不過太陽的本身，但我們可表現我們內心中所體認的更為不可思議的太陽」，則詩人便可理直氣壯的對柏拉圖說：「柏拉圖，你理想國的坪數太小了，既容不下陶淵明更廣闊的『南山』，詩人們便只好自己搬出去，搬到宇宙萬物生命更龐大的生存空間裡去，用不著你來趕了」。

2.唯有從外在有限的第一自然（田園）與第二自然（都市）超越而進入內心無限的第三自然螺旋型架構，方能確實認明「獨釣寒江魚」與「獨釣寒江雪」，是何等不同的生命境界，因而在超越的精神狀態中，看見一切生命活動於無限自由以及永恆與完美的基型中，獲得其本質的存在。

3.唯有進入內心無限自由與廣闊的「第三自然螺旋型架構」世界，詩人與藝術家才會了解「詩人與藝術家是上帝的代言人」與「詩人與藝術家是拿到上帝的通行證與信用卡的」這兩句話的真義；甚至認為世界上如果有天堂，則經由詩人的觀察、體認、感受、轉化與昇華等心靈活動所形成

的那個具有超越性與充滿了美感的更為真實與廣闊的「第三自然螺旋型架構」世界，便的確是造天堂最好的地段。

4.詩人與藝術家的創作心態，進入內心無限自由與遼闊的「第三自然螺旋型架構」世界，便是以開放與廣體的心靈來注視世界，他絕不會排拒存在於「古」、「今」、「中」、「外」裡凡是能構成他創作生命的美好的一切：他必定是以「不用鳥籠來抓鳥，而以天空來容納鳥」的廣闊的心境，來展開他多向性的創作境域，而不至於將自己局限在單項性的偏窄路線上，縮小了創作的層面與幅度，因此可任意運用各種全面開放的題材與方法，不受約束地從事創作：

（1）他既可以寫「國破山河在」、「朱門酒肉臭」等涉及現實與人間煙火的詩，他也可以寫「人閒桂花落」、「白鳥悠悠下」等超越現實的具有意境的詩，他甚至可表現純粹物態與抽象美的詩。

（2）他既可以寫一己故鄉的鄉土，也可以寫第一自然（田園）更廣闊的鄉土，也可以寫第二自然（都市）的「鄉土」（人有一天到太空，則造在地球上的「都市」，便也是另一塊使阿姆斯壯（Neil Armstrong）站在月球上懷念的故鄉之土）；他甚至可寫前一秒鐘剛剛過去不復返的時空「鄉土」——就陳子昂筆下的「前不見古人／後不見來者」的「鄉土」等各種層面的鄉土。

（3）他既可寫精美、單純、明朗的好詩，也可寫帶有某些晦澀感但繁富而幽美的好詩。

（4）他既可寫以「白描」手法表現的詩，也可寫以「超現實」、「抽象」、「象徵」、「投射」、「極限」與「新寫實」等手法表現的詩。只要在表現上能達到傑出與完美的效果應該是好的。

（5）他既可以寫偏向以現實社會群體生命活動的詩，有時也可以寫偏向於個人特殊情境的詩。只要寫得確實好，都一樣的會被重視。

的確，只有進入內心「第三自然螺旋型架構」的存在境界，方能確實與徹底了解詩人與藝術家存在的最終目的，以及他在從事這項永恆的精神

作業中，全面性與長久性的對象是什麼，而找到他們存在的真實的位置。
同時也使我們持有寬容與廣闊的視野，多向性地注視與容納凡是具有卓越
表現的各種形態的創作，而使詩與藝術在人類廣闊的精神世界中，成為不
只是賣「一種貨」而是賣「百種貨」的大「百貨公司」。的確，只有這樣，
方能使詩與藝術的創作，有更多的可能與方向，進入不同的「卓越性」與
「傑出性」，而不至於「小兒科」地將詩與藝術推入單向性的狹窄的甬道裡
去，發生「不向這裡走便無路可走」的嚴重錯誤。其實，在「第三自然螺
旋型架構」廣闊的世界裡，有太多預想不到的美妙走法。也就是說，只有
在「第三自然螺旋型架構」的情境中，詩人與藝術家方能確實擁有無限的
創作題材資源與技能，而且認明自己是創造方法並非被方法牽制的創作
者。

　　三十多年來，我看到許多詩人單向性地強調的種種，都無法通過全面
性與最後性的質詢。譬如有人強調限用這方法限用那方法來寫詩，或者限
定題材強調只寫「鄉土」與「工農兵」的詩，那麼請問不寫那方法的詩，
與寫「鄉土」與「工農兵」以外的詩，就非詩與非好詩嗎？我再三思索，
經從全面性與更廣遠的角度來看，並進行深入與徹底的透視，最後才敢強
調這一創作觀點：詩人與藝術家的確創造了人類存在的第三自然螺旋型架
構，它不斷誘導詩人與藝術家將外在的現實，提升為靈視所看見的內在的
更深一層與更豐富的「現實」；它因而確定了詩人與藝術家創作世界理想且
永恆的基業，即使詩人以新寫實的敘述手法，表現現實的生活層面，但也
無法完全躲避因內心「感應」與「感受」所形成的那段抽象距離，於無形
中，移動與調整讀者內心對現實投入不同的「感向」與「感受」。否則，詩
人與藝術家便該退下去，讓新聞攝影記者、報導文學與散文作者來執筆就
夠了。目前就因為平面直抒的敘事詩的流行，許多詩人未把對象帶進內心
「第三自然螺旋型架構」的世界，獲得觀照與提升，去引起靈視深一層的
看見，致使現代詩陷入新的危機：1.是詩質趨於單薄，2.是缺乏意境，3.是
語言蕪雜、鬆懈，過於散文化，不夠清純。由於這三種缺失的現象，使現

代詩繼承與進一步創造古詩一向所強調的詩質、詩境以及詩語言的精純感
與韻味等這一優良的傳統，距離是似乎更遠了。於此，實在有賴「第三自
然螺旋型架構」予以援救。

**（二）「第三自然螺旋型架構」不斷給傳統以創新的勢力**

　　由於「第三自然螺旋型架構」的（A）作業程式中的從「觀察」→
「體認」→「感受」→「轉化」→「昇華」的整個過程，所不斷順著螺旋
型向前推進，呈現出超越後的全新的存在，便無形中正是給創作者突破與
提升傳統向前發展的無限力量。

　　譬如當現代詩人被飛機帶到雲上三萬多呎高的上空，進入幾乎忘我忘
世的宇宙與大自然的渾然景觀中，心裡湧出下列的那些詩句：


　　千山萬水

　　何處去

　　千飛萬翔

　　翼在那

　　……

　　在沒有終點站的渾沌裡

　　問時間　春夏秋冬都在睡

　　問空間　東南西北都不在

　　太空船能運回多少天空

　　　　　　多少渺茫


　　在上述的詩行裡，不難體認與發現到詩中所展現的美感經驗與心靈空
間（境界），顯然是與古代詩人同中有異的。「同」是彼此均企圖由詩中進
入人與自然相渾和存在的靈悟狀態；「異」是古代詩人進去，是從不受現代
文明影響下的「第一自然（田園）」，直接進去的；而現代詩人是必須經由
「第一自然」穿越由科技製作的「第二自然（都市）」過後，再轉進去的，

這中間的心況與心境不大相同！古代詩人站在兩度平面空間的「地面」上觀看一切，仍有山有水，有花有鳥，以及有春、夏、秋、冬的時間觀念。所以柳宗元的「獨釣寒江雪」，乃是從「江」與「雪」轉化與昇華進入靈悟中的荒寒之境的，陶淵明的「悠然見南山」乃是由「採菊東籬下」有「菊」有「東籬」的地面實景，升越起來的；王維的「山色有無中」也是由「江流天地外」有「江」有「地」的實境超越出去進入無限的悟境的。而現代詩人被飛機送入超離地面的三萬多呎高空，在無山無水、無時間感以及等溫的空茫世界中，在古詩人所沒有的這種美感經驗與特殊的存在情境中，去企圖表現那真有「實際的立體空間感」，且有異於古詩人的靈悟的詩境。這也就是說，如果在「問時間／春夏秋冬都在睡／問空間／東南西北都不在……／太空船能運回多少天空／多少渺茫」等詩句中，詩人對宇宙萬物存在所產生的靈悟情境中也呈露有「圓渾」感，則這「圓渾」感中的「圓」形，是有西方科學性的「立體空間架構」包容在其中的；而王維詩中的「山色有無中」與陶淵明詩中的「悠然見南山」，其詩境所呈現圓渾感中的「圓」形，只是在純然中不斷「昇華」的圓，並沒有納入西方科學性的實際立體空間感，也沒有接受現代科技文明沖激的影跡。

　　這種相異性便說明現代詩人站在向前推進的「第三自然螺旋型架構」中，所表現的突破以及建立一己新的創作意念與境域，且對傳統進行著具有升越與拓展的工作。

## （三）「第三自然螺旋型架構」替現代都市詩人不斷護航

　　由於人類投入巨大的精力、人力與物力所創造的科技與物質文明，都大多往「都市」裡去：求生存與發展的大多數人，都多往「都市」裡跑；大多數詩人與藝術家都住在「都市」裡；「都市」的生活圈，又隨著密集的交通網，日漸把農村與田園都網進來……，像這樣，「都市」怎能不成為全人類生存具有優先性與吸力的生活領域？「都市詩」又怎能不成為各種詩型中，表現現代人生命、思想與精神活動形態，較具前衛性與劇變性的特殊舞臺？

誠然「都市詩」確是傳達這代人生活實況具有透視與剖解實力的特殊詩型。因為「都市詩」一直在追蹤且掌握都市文明所不斷展現的「新力」、「新象」與「新境」，這對現代人尤其是現代詩人產生「官能」與「心態」雙向活動的特殊美感經驗，在這方面，確有重整與創新的無限功能，而有助於詩創作不斷向前推展與突破，產生新的藝術表現手法，避免詩滯留在缺乏新意且含有惰性與疏離感的陳舊形態之中。

可是，「都市詩」又不能只在「存在與變化」中抓住物質化與表面化的「新象」，它尚須進一步探入內心「第三自然螺旋型架構」所旋開的內在 N 度空間，去抓住深一層的真實存在，而感知「前進中的永恆」，使詩不是短暫的新奇的流行物，而是永遠與人與心連在一起的豐富的生命資源。因而「第三自然螺旋型架構」便也無形中在為現代「都市詩」護航，直指出兩個相當可靠與理想的航向：

1.「都市詩」創作者應以「心輪」帶動「齒輪」；也就是說，都市與科技「文明」的力量，仍必須以「心」去操縱，並使之轉化進入目前人類正再度追求的「新人文精神」的佳境。因為離開「人」的一切，若不是尚未誕生，便是已經死亡。難怪有一位雕塑家，曾將自己以壓克力材質所完成的雕塑品頂端，用手劈斷，讓血流入作品裡去，滲入心性人性，才充分感到滿足、驚喜，以及覺得作品有「活性」與「溫暖感」。可見一切「美」的存在，呈現於詩與藝術，都永不能離開人的「心感世界」，尤其是那經過轉化昇華進入更高層次無限地包容的「第三自然螺旋型架構」的「心感世界」。

2.「都市詩」創作者追索科技文明軌道，以及透過智識與理論性的觀念所展開的想像空間，雖不容忽視，但注入真實人性的割切力，抓住「生命」與「血」的聲音，更值得重視。這是所有從事心靈與精神永恆作業的作家，均必須堅守的，否則，「物抒」與「心感」沒有切實的交融與掛勾，便難免呈現存在的冷漠性與疏離感，並失去作品對內心永久且絕對的襲擊力與誘動力，甚至引起人類內在生命產生第二度更為嚴重的鄉愁。這種鄉

愁便是人被關入冷然的「物性」與「理性」思考世界，而淡遠了溫潤的「人性」、「心性」，所引起的較之都市「電燈光」望著田園「菜油燈光」所引起的第一次鄉愁更可怕，因為那是人離開了「人」的原本生命的故鄉。由此可見，將科技的理運空間與人文的靈運空間送進內心「第三自然螺旋型架構」去融合成溫潤幽美的心象世界，確是「都市詩」必須深加省思與永遠堅持的創作導向。

### （四）「第三自然螺旋型架構」替可能偏航的後現代創作者乃至人提出防範與救援策略

當西方思想家提出「後現代」不同於「現代」的思考形態與架構等種種論調時，任何一個具有醒覺精神的人，尤其是內心特別銳敏的詩人與藝術家，都勢必從真實的生命活動環境與景象中去做印證與提出質疑，方能指認其論調的確實性與影響力。若如此，則我們會比較重視後現代思想大師德希達（Jacques Derrida）與詹明信（F. Jameson）等談到那些與詩人文學家與藝術家創作世界均有關的兩項關鍵性問題：

1.德希達在「後現代」思想層面上，對於「解構主義」論題中談及「零度創作（Zero Degree Creating）」的問題。

2.詹明信在後現代情況，對整個人類存在世界提出可慮的裁決：目前，人類已活在沒有深度、崇高點，以及對歷史遺忘的狀況下。

對於德希達談到的「零度創作」觀念，我將它置入我在「第三自然螺旋型架構」觀視人類生命真實活動過程的掃描鏡中，不能不客觀地指出它的實在性。的確，當人類在以往生活中，極力企求各式各樣的「權威性」、「絕對性」、「完美性」與精神存在的「頂峰」世界，都大多換來不同的苦痛以及不如意，而且生活得太費心，好像「自由」仍有限制、仍有框架，便乾脆將眼睛放低下來看，除去一切不變的規範與偶像所加的負荷力與約束力，讓生存空間一直清除與空到零度重新開始的位置，讓新起的一切，排除舊有且自由任意的進出，並建立新的空間秩序與存在情況。在這樣「前」與「後」、「新」與「舊」隨著文明的外來變力，進行快速捷便的交

接之間，無所謂「歷史感」、「永恆性」，連「心靈」也不必驚動，只是許多不帶根、來了便去的新異性的片段之裸裎。生命與世界，便像是電影鏡頭上一連串不斷出現與隱沒、不必我們深思的景象，放完為止。在「來」與「去」之間，永遠是一個零度的虛白（虛無）空間，等待著另一個「來」與「去」。像這樣，何止是以往「達達」的意念，在我看來已是一種「超達達」的徹底且具體的行為；像這樣的零度空間，連上帝都要問自己究竟在哪裡？如何讓傳統倫理道德、莊嚴、神聖、崇高等這些高層次的文化精神意念永遠留在那裡？如何讓杜甫、李白、貝多芬、米開朗基羅與莎士比亞等偉大的精神塑像永遠在時空中浮現？

　　如果德希達談的零度創作意念，是被誤看成朝上文說的方向發展，那則是替沒有真正精神思想實力與生命潛力之徒，從事浮面、流行、粗糙、品質低劣的大眾型文化與文學藝術，大開便門。我站在透過詩與藝術從現實中超越與轉化所形成那深具有人文與人本精神的「內心第三自然螺旋型架構」觀點上，是難能接受與贊同的。我雖同意前面「新」來的力量，能將後面「舊」的存在突破與解構重建，但並非全面的否定，而是必須確實具有超越舊有的實力，且能繼續變成「螺旋型」推進的爬升力。否則將失去累積性與連貫性的建設效益，而使人類所不斷努力創造的世界，像用了便丟的保麗龍瓶罐。我並不擔心將世界與生存的空間，推到零度虛空（虛無）的位置，因為世上許多大思想家也一直與「虛空（虛無）」在一起下「圍棋」。我是擔心從零度重新走出來，究竟是掙脫一切約束、自由自在、往來於「內心第三自然螺旋型架構」與永恆基型中的新的「老莊」，還是無知地否定一切走在都市文明熱鬧街頭的混混之徒？即使我們能以包容態度願意接近乃至接受零度創作的觀點，但我們仍不能不要求在創作中，建立真正的「新的實力」與「新的秩序」；我們不願看到在人類經由高度智慧所不斷創造的「文化城」裡，到處在炒流行、新潮、浮面的熱風，到處擠滿紊亂低水準的文化攤販，而看不見沿著「螺旋型」升展的高層次與大景觀的文化企業大樓。

　　至於詹明信認為，在後現代人已活在沒有深度、崇高點以及對歷史遺忘的世界中這一點，在我「內心第三自然螺旋型架構」對人類生命真實活動的掃描鏡中，那確是目前一個存在的事實；但我認為那絕不是存在的永久真理。

　　的確，人類逐漸被現代文明高度發展的「急速度」、「物質化」與「行動化」的生存處境打敗了；尤其是被「速度」打垮了。

　　在農業社會，牛車走的速度很慢，它在寧靜廣闊的大自然裡走，走一步，人與車可停下來，有時間靜觀生命與大自然是如何進入「山色有無中」的形而上精神境界。但後來有了蒸汽機、汽車、飛機，速度加快了，人從田園走進都市，建築物圍攏來，在街口，把天空與原野吃掉；一種存在的焦急感、緊張、動亂、與空間的壓迫感，使人內在產生潛意識的抑壓作用，加上人在第二次大戰中受到的傷害與苦難，再送到都市機械快速的齒輪上，又再絞痛一次；以及尼采慫恿人將自我存在的主權從上帝的手中拿回來；於是一種從內心激發出對人存在價值的探求與精神往深廣度提升，乃充分表現人對現實生存處境產生至為強烈的抗力。文學家與藝術家雖已開始對所謂永恆與崇高的內在世界提出質疑，但卻沒有放棄對內在精神世界進行嚴肅與更深入的探索與開拓，以建立人與自我的尊嚴。

　　這一「階段性」的不同於田園型的特殊生存空間與情況，或許就是大家所謂的「現代」情況。當較汽車、飛機更快的火箭、太空船與電腦等光電科技資訊不斷出現，將人類推入高速的生活環境，人便幾乎被越來越快的「速度」、越來越發達的「物質性」與越來越偏重的「行動化」，一層層的捆搏，甚至一層層的覆蓋與掩埋，直至內在完全失去省思、靜觀與轉化能力，以及空靈變為靈空為止。如此，人的內在便完全失去「現代」情況時期對「速度」、「物質化」、與「行動化」等重壓，所表現的質疑與反抗以及無力感，甚至被動地全面接受。這可從人們目前的生活層面上獲得證明。

　　當一群人急急衝過斑馬線，湧進餐廳飯館、服飾店、百貨公司、超級

市場、MTV、悠閒中心與酒吧，以及大街上千萬輛車追趕著速度，「世界」便擁擠在物堆裡、喘息在速度中，尤其是當掃描鏡照入卡拉 OK，一大群人用腳拚命的跳，用嘴拚命的叫，使身體拚命的擺動，這都揭露大多數人的確在「後現代」，已被「高速度」、「物質化」、「行動化」等全力擒住不放。

　　像這樣，那裡來的精神「深度」、心靈的「崇高點」？當這一秒鐘還未定下來，另一秒鐘已把另一些事情塞給你，你如何去回顧背後的「歷史」？在後現代，一切都將推給科技資訊，交給直接經驗，大多數人是去看 TV、看女人、看高品質的流行服飾，看大廈的室內裝潢、看鈔票，還是去看埋在文字堆裡連知識分子與所謂文化人都難找到、也不太想去找的豪華意象——精神境界？像這樣，便多麼有利於詹明信在「後現代」這階段性的時空位置上，將人類裁決為「沒有深度、崇高點以及對歷史遺忘」的人。這個冷酷的事實，在我「第三自然螺旋型架構」的掃描鏡內，也不能不承認它的存在，只是我不能承認它是人類存在永遠持信的導向與真理。而且我仍然相信把詹明信筆下所裁決的那個失去形而上升力的人，送到詩人與藝術家內心長年居住的故鄉「第三自然螺旋型架構」去療養，是可望恢復其精神形而上的升力的。

　　因為經由詩人「觀察」→「體認」→「感受」→「轉化」→「昇華」的創作思想運作過程，使「第一自然」與「第二自然」的現實生存空間，轉化為內心的「第三自然螺旋型架構」，便能產生形而上的升力；站在寒江邊，不但能看到柳宗元在釣魚，也可看到柳宗元在釣雪——在釣整個宇宙荒寒孤寂的感覺。如果人類真的一直被「高速度」、「物質化」與「行動化」封鎖在詹明信指控的沒有「深度」與「崇高點」以及「對歷史遺忘」的現實與冰冷的客觀世界中，而人類內在熱動與靈動以及充滿潤化力的暖式世界便將關閉，那麼通往「第三自然螺旋型架構」的世界之道，也將因而中斷，詩人與藝術家也無路回到自己的家——「第三自然螺旋型架構」世界，只好下放與流落在急變的現實中，被冷落成為客觀存在作「抄寫」

工作。因為都市外在的速度太快，詩人抬頭望明月，「低頭」便不是「思」藏在「第三自然螺旋型架構」世界心境中的「故鄉」，而是發生「車禍」。當通入內心世界的聯想線路不斷被齒輪的高速度切斷，「時間」與「生命」便也在都市文明龐大的櫥窗裡，成為無數陳列的碎片。在此刻，人類能不覺醒並且向「第三自然螺旋型架構」世界去請求「美」援嗎？在詩人與藝術家居住的「第三自然螺旋型架構」世界全然開放的 N 度空間裡潛藏有下面兩項重大的資源：

1.時間造型觀念的統化力。「第三自然螺旋型架構」世界雖也承認高速發展的現代文明所呈現的「存在與變化」進步情形，但它對現代文明所強調「存在與變化」所帶來相連性的冷漠的否定與切斷情形也有意見。它是將「現代」兩字的「時間感」視為「這一秒」同「上一秒」與「下一秒」相融合、整體存在成一「前進中的永恆」時刻；它不但含有「存在與變化」的進步狀態，而且流露出超越文明的「文化性」與「史性」，不像現代文明所掌握的「存在與變化」，多是進行不停的淘汰、淹沒與遺忘。這樣看來，「第三自然螺旋型架構」世界所呈現整體性的時間觀念造型，對於生命與時間被現代文明高速齒輪輾成碎片，最後是有重新融合的力量與功能的。

2.空間造型觀念的統化力。「第三自然螺旋型架構」世界緣自「觀察」→「體驗」→「感受」→「轉化」→「昇華」的思想運作過程，這之間，因「轉化」與「昇華」的潛在形態含有迴旋的變化「圓形」，也含有向頂端玄升的「直展形」，便在互動中融合成為一螺旋塔的空間造型世界。如上面已說的，它既有向前、向上突破的尖端，也有變化與衍生的穩實的圓底。這樣，世界便不會只單向跑在物質文明高速向前推進的緊張、僵冷與單調的直線上，也不會只重複地繞著一個安定不變的圓在轉；這樣，人類智慧的創造，便沿著螺旋形不斷的爬升：塞尚印象派以前的具象畫，經過現代抽象的表現過程，雖又一度回歸到具象的表現，但絕不是原來的具象表現，而是所謂新寫實與超寫實，於接受科技媒體與透視學的有利因素，便

把具象如蘋果的果肉、果汁與纖維都畫出來。雖都是畫實物，但新寫實已通過抽象的內在過程，同過去的寫實已拉開一段「進展」的距離，在不同層面的「螺旋型世界」裡，雖相對視，但已是站在不同的基點上。如果只是「直線」，則只能將原樣的具象畫畫得更好，不會有新寫實的創新畫；如果只是一個不變的單圓，那麼畫來畫去，便會畫成僵化的標本畫了，如許多畫山水的假文人畫。

我覺得「螺旋型架構」世界，不但是人類生命存在與智慧創造的一個理想與永恆的基型，而且因為它的空間造型，既含有建築性的層次構架，以及有三角形、方形、長方形等的幾何形蘊藏其中，又有靈動與韻律的曲線以及圓渾的圓形，在同整個存在空間相融合……像這樣的「螺旋型架構」造型世界，便顯然已納入人類生命活動的「靈運」與「理運」兩大空間。如此，它是否又可有助於整合近乎兩極化的東西文化，而成為全人類文化發展的理想基型？

我始終認為「第三自然」中的「螺旋型架構」世界既有旋上去的無限頂端，也有旋進去看不見底的深層，以及有連貫性發展的脈路與軌跡，它在面對詹明信指控人在「後現代」已活在沒有「深度」、「崇高點」以及「對歷史遺忘」等狀態時，應可獲得改善的可能與理想的答案。

事實上，誰會相信世界上只有隨著天氣變化東飄西盪的浪面，而沒有深沉（「深度」）海底的海？只有低高度的山腳與山腰而沒有山頂（「崇高點」）的山？只有「現在」而沒有連住「過去」與「未來」之間的「時空連線」之存在？

我站在「第三自然」的「螺旋型世界」裡，認為詩人與藝術家既是開拓人類內在更深廣的視聽世界，則應該反對「浮面」、「淺薄」與「流行性」的泛濫，並繼續在詩中探索與建立一個具有「美」的深度與不斷向頂端爬升的創作世界，這個世界，確具有「現實」與「永恆」的雙重實在性，並永遠存在於人與萬有生命的永恆架構中。

### （五）「第三自然螺旋型架構」重現「永恆」的形象

由於「第三自然螺旋型架構」，在 360°不斷旋轉超越而上的動勢上，已打破古、今、中、外的時空框架，並獲得無限演化的自由存在空間，使「過去」、「現在」與「未來」在相脈動中，獲得「通化」與「互動」的整體時間效應，因而能使「傳統」固守的「拉力」變為「推力」，加強「現代」同「未來」的引力相匯合的聲勢，於生生不息的向前邁進中，連結成一前進的「永恆」存在的形態。

的確，站在「第三自然螺旋型架構」上，以巨視的眼光來看，誰能否定「山色有無中」的境界，不是一直存在於「永恆」中，又有誰能否定被全世界各地紀念死了兩百年的莫札特的偉大音樂，是一直在「永恆」中回響？既使是在各說各話的「後現代」，誰又能將世界性與歷史性的偉大人物如杜甫、貝多芬、莎士比亞、米開朗基羅、克利、米羅、康利摩爾以及孫中山、林肯、愛因斯坦、亞里斯多德等人，請出「永恆」的回顧？其實「永恆」對我們而言，是一種永遠死不了的存在，而「第三自然螺旋型架構」便正是使人類站上去，不斷去觀看去探視那種不斷突破過去，現在與未來的永遠停不下來與死不了的超越的存在。

事實上，我們每天被一種莫名的生命力與希冀所引領，不斷向下一秒鐘進發，同一切事物在不同的遭遇中接觸，引發出內心對存在產生一種專注、信賴與嚮往，這都可說是無形中同廣義生存的「永恆」感有連線，不一定要像教徒在向上帝禱告時，方可能與「專利」的「永恆」來往。而且在現代，「永恆」已非上帝的私產；凡是靠你心靈最近且不斷在記憶中發出回聲與使你永遠忘不了的，都可能是與「永恆」扯上了關係。

由以上所說的，可見「第三自然螺旋型架構」在現代急速的「存在與變化」所造成不斷的遺棄中，以及在習慣信仰上帝「永恆」世界的固有模式中，它透過不斷超越與昇華的創作生命，確已發現與重認到另一種「永恆」存在的形態，它便是我所謂的「前進中的永恆」所形成在歲月與時空中，一種永遠不死的超越的存在，於存在與變化中，所不斷展現的永恆

感。像上面所提到的那許多不斷在歷史中重現的偉大人物的生命形象，他們偉大的創作精神已進入湯恩比所認爲的「助使人類尋找到宇宙之中、之後、之外的超越的真實」之具有永恆感的存在。當然，這同教徒心目中所始終信仰的不變的「永恆」雖相似，但不完全相同。我們站在「第三自然螺旋型架構」上，可以說：「詩人與藝術家創造了人類心靈的另一個令人嚮往的永恆的世界，同上帝永恆的天國，門當戶對」。

——選自羅門《羅門創作大系・卷八・羅門論文集》

臺北：文史哲出版社，1995 年 4 月

# 論羅門的詩歌理論

◎陳鵬翔*

　　羅門的詩歌和理論，在許多方面來說，都是一個銅幣的兩面，它們有相輔互成、相得益彰的效用，所以我相信，假使我們研究者能把兩套文本相互闡發、印證，收穫必然非常豐富。當然也有一些理念，例如他對感物悟物的心靈的重視、不斷提論，這當然無法在他的詩歌中找對襯和對應；又例如他對心靈的轉化力、想像力的討論，這當然也不太可能在詩歌中找到同樣的發揮，羅門在論文中談論美、談論現代人的悲劇性、甚至縱論第三自然，其實這些理念多少都可在他詩中找到對應或者具體化。我僅在此提及這些相輔對應，但它們的論證並非本文的重心。本文要討論的只是羅門詩論中的三個重心：心靈、現代人的悲劇精神和第三自然，這三個座標未必相互牽連，但是某種指涉仍然是有的。

　　羅門龐沛的心胸氣慨、健談甚至好爭論，在臺灣現代詩壇是甚為有名的，因為他開口心靈、閉口上帝，早有「心靈大學的校長」的暱稱。我在這種場合指出這麼一件趣事並不太適合，可是我的意思卻是非常的嚴肅。羅門寫有《心靈訪問記》（1969 年）一書[1]，強調「心靈內景的開放」[2]，更在 1977 至 1979 年間寫了四篇〈心靈訪問記〉續稿及 1971 至 1973 年間寫了上中下三篇〈追索的心靈〉（具見《時空的回聲》），這兩部分合起來即已超過 130 頁，篇幅不可謂不大，此外，羅門還在 1984 和 1985 年寫了兩篇

---

發表文章時為臺灣師範大學英語研究所教授，現為馬來西亞南方大學學院教授兼人文與社會學院院長與佛光大學外國語言與文化學系教授。
[1] 這本論文集雖然取名《訪問記》，實際上，真正採取對話形式的只有第一篇取名〈心靈訪問記〉的文章；即使在這篇文章裡，採訪他的並非什麼人而是他的「影子」。
[2] 「心靈內景的開放」是《心靈訪問記》書中第七篇文章的題目。

〈心靈訪問記〉續稿（具見《詩眼看世界》），可見「心靈」確是詩人羅門
縈繞於懷的一個命題。問題是：什麼叫做心靈？在英文裡，mind 是屬於比
較知性、比較抽象的一環，它與比較感性的 heart 構成對比，我聽羅門縱論
詩歌二十幾年，能不聽到他談「心靈」可還是天下間的奇事；現在加上我
仔細研究他的著作，我所能理解的是，他所謂的心靈並未超過一般我們對
「心靈」此詞的理解。他的「心靈」即是「內心」，即是非常富於感受性的
心智狀態，即是對於美好事物的細微感受。他在〈心靈訪問記〉初稿劈門
見山就說：

> 「美的心靈如果死亡，太陽與皇冠也只好拿來紮花圈了，詩與藝術在我
> 看來，它已成為一切完美事物的鏡子……將詩與藝術從人類生命的裡邊
> 放逐出去，那便等於將花朵殺害，然後來尋找春天的定義……。」這些
> 話，便是我從事詩創作與進入人類精神內在去探索，十多年來所確定下
> 來的觀感。同時我覺得詩已構成心靈同一切在交通時最佳且有效的交通
> 線──使完美的世界與心靈之間的距離，拉攏到沒有。
>
> 　　　　　　　　　　　　　　　──〈心靈訪問記〉，頁 2～3

羅門在這裡三度提到「心靈」一詞，抽繹之後，我們可以這麼說，只有美
的心靈才能賦藝術以生機和生命，心靈的運作即是詩歌創作的完成，由於
心靈的運作，詩人便能進入人類精神內在去探索。在此我們也必須指出，
羅門並未把心靈局限在對美的感受上，心靈的開放是創作的先決而且是必
要條件，因此，心靈當然也會知覺到醜、戰慄、人生的黑暗面等等。羅門
在上引這段文字之後不久即提到愛上詩歌創作所帶給他的「永恆性快樂」
的痛苦，然後他又說：

> 我的精神便是在這被驅使的神祕的傾向上，將那被「美」與「沉痛」追
> 擊的心靈，投入那全然開放的無限時空之中，去找出「自我」及一切存

在的真確位置。

————頁 4

心靈當然必須全方位向宇宙開放，但是任何對羅門詩歌有研究者都會感覺到他對「美」對「沉痛」特別敏感、鍾愛：美幾乎等於詩，悲痛幾乎成為他的精髓（這即是我在本文中段所要探討的現代人的悲劇精神）。

在〈追索的心靈（中）〉裡，有人問羅門「究竟對『心靈』做何樣的解釋呢？」他舉了貝多芬的交響樂無比征服力來說明：

> 這一偉大的感動力，便是來自心靈與歸向心靈，一個藝術或任何一個作家如果不去注視心靈的深入世界，我確信他的作品絕對會缺乏深度，也難於找到真正偉大感人的東西。

————頁 345

一個藝術家心靈不夠深厚，感受不夠深入，則他的作品必然缺乏深度，既然缺乏深度，那它當然無法感動人，像這樣的說法都是非常淺顯的，我想像這位發問者所要求的熱忱不僅僅於此。心靈究竟是鏡子還是燈？（借用阿伯拉罕姆語）外物會在心鏡上留下什麼樣的痕跡？我想這些問題都跟「深入挖發」一樣重要，卻很少見到更深入的探討。

羅門曾經用過一些比較具象的比喻來描述心靈，最早他用到「心靈的內景」[3]、在《現代人的悲劇精神與現代詩人》中提到心靈變成「一個萬感交集的思想之海」[4]、〈現代人的悲劇精神〉提到現代人逃離心靈的舊園，流落在物質文明的異域的種種窘相[5]，在其他地方他又用過「內在的聽

---

[3]羅門，《心靈訪問記》（臺北：純文學出版社，1969 年 11 月），頁 22。
[4]羅門，〈現代人的悲劇精神與現代詩人〉，《第九日的底流》（臺北：藍星詩社，1963 年 5 月），頁 100。
[5]羅門，〈現代人的悲劇精神〉，《現代人的悲劇精神與現代詩人》（臺北：藍星詩社，1964 年 6 月），頁 30。

境」、「內在世界」[6]和「心象世界」[7]，不過，最具象而具體地陳述心靈運作的程序莫如他於 1988 年應邀赴臺北市立美術館談藝術之後寫成的〈詩與藝術美的轉化與造型能力〉這一篇文章，在這篇論文中，他提到心靈感物應物的整個過程為「觀察」→「體認」→「感受」，然後達到「轉化」與「昇華」美感意象，呈現有心涵的「造型世界」來，我們雖然可能對他提到的「體認」與「感受」的順序感到懷疑，也可能無法非常精確地了解他所謂的「造型世界」為何，可對他能把整個過程視覺化成底下這麼一個圖感到興趣：

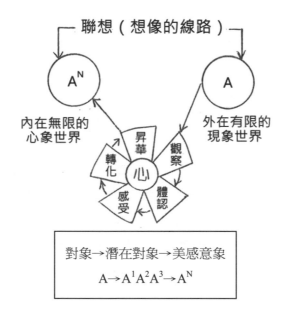

——頁 58

依據這張圖所展示以及詩人的論述，則心靈應是一盞燈泡能轉化折射變形，表現現象世界。

我在論文開頭即已提到，羅門詩歌理論中的一些概念可在他詩中找到

---

[6]羅門，〈追索的心靈（下）〉，《時空的回聲》（臺北：德華出版社，1981 年 11 月），頁 384。
[7]羅門，〈詩人之透視〉，《心靈訪問記》，頁 176。

對應表現，這樣一來，這些游離不定可用不同媒介／文類襯托出來的意念才是他創作的某一些真正正文。心靈太抽象了，也太複雜了，但是羅門的悲劇觀或概念種子可在他的某一些詩中找到體現。我們還是從他的第一本詩集《曙光》中來找，在這本處女詩集中，我們當然可以找到詩人對美，對藝術獻身的憧憬（例如〈曙光〉一詩即是），我們也可以找到詩人的浪漫、抒情等等這些屬於少年情懷的素質光彩，可我們也在〈啊！生命〉和〈啊！過去〉這兩首詠歎，甚至為邱翁渡生日所寫的〈加力布露斯〉中發覺，詩人對人生的變幻莫測，對時間給人類所帶來的巨壓感到戰慄、無奈而產生的悲感已非常顯著、強烈。例如，他的〈啊！過去〉第二段這樣寫道：

> 你！過去，我底往日的遊地呵！
> 你雖刻刻向我閃著戀人的美目，
> 使我如流放異邦，復又欣然憶及故國花開的時日，
> 而我畢竟是集結世上的財富也不足去訪你了。
> 年月橫在我們中間，你秒秒飛著逃遁，
> 誰也無力使你返轉，如能把天際的風雲駐留，
> 我知道在不同向的追路上，昨日是你，明天是我，
> 唯有時間的重量才能把我推倒後帶回你的領地，
> 而那時我是陷在長久無夢的沉睡之中，心是一無所感了。

——頁 12～13

羅門後來詩中往往冒出來的語調——蒼老、沉重——已全包含在這段詩中，而羅門這時只有 26 歲。美景、情愛只能成追憶，世上再多的財富都不足以把消逝的時光買回來，詩人的悲鬱、憂傷俱溢於言表。這個時間母題也在他給《曙光》寫的〈前言〉第一段給拋了出來：在時間的巨廳外，四周圍繞著「無邊的墳海，我們隨時都可能沉入其中，那些永逝的年華與

景象，在我心上經過，沉鬱中含有美的感動」（頁 2）。在寫出這些恐怖的
時間意象之後，詩人感到「時間茫茫，空間茫茫，人間也茫茫，生命！你
將往何處去停泊？」這裡感受，幾乎是〈古詩十九首〉中「生年不滿百，
常懷千歲憂」，以及一些魏晉南北朝時的詠懷詩的再版。羅門後來不斷強調
的現代人的悲劇精神應該在此處找到萌芽。

　　羅門詩裡的悲劇精神絕非亞里斯多德《詩學》中所論述的那一套，他
的觀念應是結合了尼采的觀念與存在主義的存在觀點。尼采在《悲劇的誕
生》裡說：「希臘人尖銳地意識到生存的恐怖；為了能生活下去，他們得把
奧林匹斯山頭眾神綺麗的幻想擺在眼前」（頁 29～30），他甚至冒然說：
「為了能生存下去，他們得創製出這些神祇來」（頁 30）。而且「眾神為了
給人類生活辯護就自己先生活一遍」（頁 30），神祇們扮演的種種腳本是人
類生存憧憬的外射。在另外一個場合尼采又非常肯定神話對一個民族文化
和想像力的重要性。在他的理論系統中，神話與悲劇相互依存──悲劇推
演的神話故事可是人類生活與想像的外爍與昇華。羅門的第一層悲劇觀大
體上是從這裡推展而來。[8]他在〈現代人的悲劇精神與現代詩人〉一文中劈
頭就說：「作為一個人確是不易與沉重的」，因為他所指稱的人必須「具備
靈性、自覺性與悲劇內容」。然後他又強調，「當上述這些內容失去，我筆
下的『人』便亦立即死去」（頁 89）。在這裡，我們可以發覺，羅門要探討
的可是本體性、形而上的問題。據他說來，任何有靈性、有自覺性的人天
生必然痛苦，悲劇內容根本就是天生地植根在人的精髓中。他所謂的「悲
劇內容」就是尼采所宣示的「生存的恐怖」，只要你張開眼睛注視人生的爭

---

[8]羅門應該讀過尼采的著作《悲劇的誕生》（*The birth of Tragedy*），因為他在〈現代人的悲劇精神與
現代詩人〉（1963 年）提到「尼采的不斷躍上」（頁 91）；在〈羅門訪問記〉（1975 年）裡提到，
從 1954～1958 年間，他「或多或少地含有尼采與貝多芬強調生命超越性的精神色彩」（頁 243）；
也在〈詩人對人類精神世界的塑造〉（1964 年）裡，他把尼采和沙特做了比較（頁 7～9）並且
說：尼采高超的精神確像一條奔進的河流，在阿波羅（Apollo）理性的默想與戴奧尼斯
（Dionysus）感性的律動之兩岸間通過，激起生命壯麗的浪花，人內在的田園因而得到良好的灌
溉（頁 6）。他這些隱喻式的說法正好都是《悲劇的誕生》中的一些內容。在〈談現代詩的特質與
藝術觀〉（1969 年）裡更提到「古希臘『由無到有』的悲劇精神」（頁 77），這即是《悲劇的誕
生》一再讚揚希臘人偉大之處。

鬥殘缺、思考生老病死的問題，尤其在正面面對時間的壓力時，你必然會感到驚慌。尼采在討論到哈姆雷特和戴奧尼斯式的人時說：「人一旦了解到真理後，他即處處意識到生存的恐怖荒謬狀況，了解到歐菲莉亞（Ophelia）的命運的象徵意義以及木精賽勒尼斯（Silenus）的智慧：反嘔侵襲了他」（頁 51～52）。羅門所認爲的現代人的悲劇是他「對生命一無所知」（〈現代人的悲劇精神與現代詩人〉，頁 90），因此，他的精神是空洞的。

　　羅門認爲現代人的悲劇是逐漸同理想、希望與神祇遠離，現代型的悲劇係由 20 世紀的物質文明與戰爭所造成的非常深沉的虛無感與幻滅感；他們什麼也抓不住、抓不穩，「他們對付『虛無』所使用的武器仍是『虛無』」（同前引，頁 91）。在我不斷引用的這篇論文中，詩人甚至給「現代的悲劇精神」作界定，說它：

> 便是現代人在虛無與死亡的追視下，逐漸對先驗的本質世界及未來的理想世界，失去信心，精神也因此從形而上的靈魂跌入形而下的物界，去抓住生命在最後唯一可把持的事物——那事物便是沙特所呼叫的「生存」，除了生存，其他的東西，皆可說是次要的點綴物。

——頁 92

在這篇文章的中段他還特地點出造成現代悲劇精神的另一個因素：不可抗拒的時空所形成的壓力（頁 104）。從羅門這裡所提到的兩個來源來看，其實，我們也很難說它們到底是受到尼采還是沙特或其他存在主義哲學家的影響更多一些。我們或者可以這麼說：羅門的存在悲劇係結合了尼采的某些觀念和存在主義對生存境況的探索。

　　羅門的人類悲劇理論跟尼采的理論有一個大分歧：尼采的悲劇觀結合了酒神戴奧尼斯的狂暴特質與太陽神阿波羅的清澄和知性特質，而羅門的觀念則是從尼采縱論人的生存孤絕境況處出發。我們在拜讀了像〈現代人

的悲劇精神與現代詩人〉（收入《第九日的底流》）以及〈現代作家與人類
精神面臨的困境〉（收入《心靈訪問記》）等這樣的文章之後發覺，羅門雖
然曾經討論過知性，可是他並不像尼采那樣，大力抨擊蘇格拉底式的知性
詭辯對悲劇此一文類的戕害。尼采強調華格納式的音樂對振興德國民族文
化魂的重要，羅門雖然也非常崇拜貝多芬的交響樂對其創作的影響，可卻
未像尼采那樣把音樂與悲劇結合在一起來討論，並且賦予它這麼龐大的力
量。尼采對以德（id）中的利必多（libido）諸多肯定，並對壓抑生命蓬勃
生機的倫理和基督宗教諸多抨擊（《悲劇的誕生》，頁 10～11），可是羅門
卻對現代社會的性欲橫流常痛加伐笞，從這個角度來看，他的道德意識似
乎比尼采強多了，而且他有相當強烈的宗教式禁欲傾向。他對人們崇拜物
質主義感到無奈，更對人們崇拜本能軀體、屈服於物欲感到驚恐，這些趨
勢也是他所指稱的悲劇──這應是悲劇性的另一個意義：比較形而下的意
義。

　　我們從以上對悲劇精神的探討可以得到一個結論：那就是，對生存的
恐怖境況的討論是比較接近尼采的精髓的，至於一般大大傾向物界、物欲
以及精神空洞等，這跟人類生存本體性的探討已不一樣。一個是本體性的
探討，一個是現象性的描述，悲劇性精神與可悲的現象應不太一樣。當
然，在論述過程中，羅門並未知覺到它們之間的差異，他豐沛的、綿延的
文字把精神與現實攪拌在一起，令我們讀者歎為觀止。如果還要說明他的
悲劇精神觀與對悲劇性現象的陳述的話，我們可以這麼說，悲劇性精神係
為貫穿他的論述正文、創作文本的主軸，對悲劇性／可悲的現象的描述可
為他許許多多首詩的軀體（他詩中所潛藏的壓抑和欲望可另文討論，茲不
涉及），譬如〈第九日的底流〉、〈都市之死〉甚至〈麥堅利堡〉等等。在做
了這樣的區分之後，我還要抽引一段他把人性跟悲劇精神牽扯在一起的文
學，加以分析說明，羅門雖然寫了不少有關創作美學的著作，但他畢竟還
不是一位嚴謹的哲學家。

　　在《第九日的底流》的〈後記〉裡，羅門曾給他早期的創作經驗作了

簡述，他的結論是：「一個成功與傑出的藝術作品（尤其是現代作品）往往便是由『智慧‧人性→美』三種力量所構成一個具有磁性、沉醉性與戰慄性的精神宇宙」（頁 120），他爲什麼不說成功的藝術品是「人生閱歷＋想像＋技巧」的結晶品，這裡姑且不論，我只想指出他重視「人性」此一事實。在〈現代人的悲劇精神與現代詩人〉快結尾處，他說：

「人性」的活動顯然已成為現代人悲劇精神活動的基本發動力，一個作品如果呼吸不到人性，使是等於摸不到悲劇精神的範圍，摸不到，作品雖不致全部落空，但作品對於人尤其是現代人內在所施的襲擊力，確為微弱了！顯然的，「人性」是存在人類生命內邊永遠不朽的河流，吸納與反應著生存界的一切景象，在藝術世界裡它是看不見的空氣，養活著在作品內活動的一切，詩人與藝術家便正是利用它來點亮「自我」之燈，去發現世界、征服世界與展開創作的。

——頁 115

人性是相當本能的物質性的東西，論者謂它可善可惡可爲中性等等，不一而足，描述這些跟現代人的悲劇精神有何關聯？倒是尼采所說的正視「生存的恐慌」才有可能產生悲劇精神吧！因爲這才包括了正視生命企圖了解自己、正視生命在時間的壓力下的積極作爲以昇華自己、正視生命自種種現象背後探尋生存的樂趣（尼采《悲劇的誕生》，頁 102）。羅門這篇探討現代人的悲劇精神的論文以及略爲修訂簡約了的〈現代人的悲劇精神〉俱都發表於 1960 年代初期，那時臺灣正籠罩在存在主義的氛圍底下，談存在主義情境一來能趕上西方學術界的「存在主義熱」的尾巴，二來也可宣洩政治窺伺下的鬱悶情緒。把羅門討論現代人的悲劇精神的論文納入歷史的視角下來看，我們發覺它們確也很能「反映」當時的情境的。

　　羅門的第三自然觀在觀念上顯然是自相矛盾的，這一點後頭會談到；他這理論跟早期的悲劇觀牽扯越來越弱，這表示他已逐漸從尼采和沙特等

存在主義者的陰影下走出來，搭接上當代文學理論的一些枝椏。上一段提
到成功的藝術品必定是「一個具有磁性、沉醉性與戰慄性的精神宇宙」這
一句話即隱約是他第三自然藝術殿堂的雛形，可是明眼人一看，他這時應
用的「沉醉性、戰慄性」這些詞彙，顯然都跟尼采所彰顯的戴奧尼斯藝術
特質密切相關。羅門的第三自然觀顯然受到我的一位老師施友忠教授的
「二度和諧」（"the Second Harmony"）的觀念的影響，老友張錯兄已在一
篇文章〈夢遣情〉裡提到（頁 53），我也在給拙編《從影響研究到中國文
學》寫的序文中指陳過（頁 Vi）。施老的〈二度和諧及其他〉原為國內第一
屆國際比較文學學術會議而寫，原題：「the Second Harmony，二度和諧」，
被安排於 1975 年 8 月 13 日早上九點半假淡江大學中正紀念堂舉行的全體
大會上發表，施老以很從容嫻適的風度發表後，記得加大的韋斯禮
（Donald Wesling）和臺大的胡耀恆等都對施老的論點和舉證提出詰難，這
原是可以理解的，因為施老談論的是禪宗所提的「依然見山是山，見水是
水」這種人在大徹大悟後所獲致的清澄的心智狀態，這種狀態大抵是感性
的、主觀的，這豈是一般西方人所能體會得到的？施老後來把這篇論文改
寫譯為中文版〈二度和諧及其他〉，發表在 1975 年 12 月號的《中外文學》
上。在時間順序上，施老這篇論文比羅門第一篇討論第三自然的論文〈詩
人與藝術家創造了存在的「第三自然」〉[9]（1974 年 7 月）晚發表了整整一
年多一些，可是羅門論文中的某些論點和例證，卻明明是取自施老（他們
原為舊識），而且，在多次跟我討論他的看法時，我曾建議他用第二自然
（manmade nature）來指稱他的藝術殿堂、藝術觀，他後來何以改用了「第
三自然」，那我可就不清楚了。

羅門在〈詩人與藝術家創造了存在的「第三自然」〉，他所謂「第一自
然」其實就是自然界、自然景物等田園詩的境界，「第二自然」就是人為建

---

[9]羅門這篇論文發表於《創世紀》第 37 期（1974 年 7 月）；後收入《羅門自選集》（1975 年 12
月），為〈代序〉，可見詩人對這篇論文之重視；然後又收入《時空的回聲》（1981 年），這次卻把
提到文章緣起（occasion）的最後第二段刪除了，並把最後一段由三行擴充為六行的字數。

構的都市社會，他只用了不超過三百字一段的文字來討論區分這兩種自然，然後說：「第一與第二自然的存在層面，是人類生存的兩大『現實性』的主要空間，任何人甚至內心活動超凡的詩人與藝術家，也不能超離它（們）」（頁 69）。其實，這兩者都是吾人的生存空間，硬性區分它們並沒有太大的實質意義（除非他能像康德那樣區別它們），因此，他所謂的詩與藝術為我們打開的那個無限展延的世界應是：「第二自然」（這一用詞已跟施友忠的「二度和諧」不一樣，何懼之有？），「第三自然」其實是觀念的自相矛盾。不管怎麼說，在往後的論列裡，我們將會發現，羅門這個自1970 年代中期提出來的「第三自然」可是一個不斷發展中相當豐富的隱喻。

　　有關第三自然的理念依序見於〈詩人與藝術家創造了存在的「第三自然」〉（1974 年）、〈代序：打開我創作世界的五扇門〉（1988 年）、〈我兩項最基本的創作觀：「第三自然」與「現代感」〉（1989 年）、〈從我的「第三自然螺旋型架構」看後現代情況〉（1989 年）和〈「第三自然螺旋架構」的創作理念〉（1992 年）這些論文中，概括而言，羅門的第三自然是比第一和第二自然「更為龐大與無限壯闊的自然」（1974 年：頁 70），是一個超越的「存在之境」、「上帝的視境」（1974 年，頁 70）、「內心的天國」、「那個無限地容納『美』的境界」（1974 年，頁 71)、「人類精神活動的佳境」（1974 年，頁 76），且又是一個永恆的靜止的且又不朽的骨灰罈、一種「無限地展開的內心境界」(1992 年，頁 182)。在這裡，我們發覺它既是主體的又是現象的，是內在的且又是超越的，是藝術的且又是本體的（上帝的、存在的），是藝術境界（poetic world）且又是藝術品本身，周偉民和唐玲玲教授說：「它是由作者心靈與客觀融化而創造的具有藝術力量的意境，是藝術和詩所建立的形象的王國」[10]（頁 182），這種只注意到羅門的藝術

---

[10]羅門詩歌理論中的第三自然觀與康德、公木二位的觀念之異同探討，請參考周偉民和唐玲玲，《日月的雙軌──羅門、蓉子創作世界評介》（臺北：文史哲出版社，1991 年），頁 181～185。必須指出的是，周教授並未提及羅門是否受到康德以及公木是否受到羅門的影響。

隱喻境界的說法還是不太完整的，因爲它忽略了羅門這個理論的進展以及裡面的糾葛，而這一點，我們在底下對比羅門的第三自然與施友忠的二度和諧時將會加以呈現、澄清。

　　施友忠主張的二度和諧是指一種人生磨練後所獲救的平和清澄的心境以及這一類詩人作品中的風格和特質，他的初度和諧指「嬰兒原始的天真」境界（頁 68），從初度和諧進展到二度和諧之間的經歷、鍛鍊與洗滌才是關鍵之所在。沒有經歷此一過程，當然不會有這種境界；但是，有此一經歷過程也未必能達到這種渾然無物我扞格、平和清澄的境界。施本人在提到初二度和諧的差別時就說過：

> 二度和諧很像初度和諧，但又超越了它。說它像，因為它也同初度和諧一樣，是素樸、真純、自然的。說它是超越的， 因為它已超入悟境，恬靜圓通，不再因人世的滄桑，有動於衷了。
>
> ——頁 75

　　施老在英文版論文中，一開頭就說到二度和諧這種心智狀態是超越的，可卻又是內存的（immanent），能表現這麼一種相當特殊的心智狀態的詩篇並不很多，要條分縷析論這一特質更非易事。施老在中英文論文中已舉了不少例子來論證它的存在，最後還得承認它並非一個放諸四海而皆準的圭臬。「它最適用的範圍，不出抒情詩，而且還要限於閑適妙悟一類的抒情詩。至於敘事說理等等，怕不大適用」（頁 103）。施教授所欲論證的這種二度和諧特質雖然有些不易捕捉，可他的說明論證卻是非常清晰流暢的。

　　相對於施老的理論，羅門的第三自然有許多地方是在占用（appropriate）前者的理論，譬如施提到「人須經過千錘百鍊，才能達到自然境界」（頁 85），羅門則說詩人與藝術家必須掙脫第一與第二自然的限制而探索「更爲龐大與無限壯闊的自然」（1974 年：頁 70）；又譬如施提到人

必須經歷鍛鍊與洗滌才能「達到最後了澈圓通、無掛無礙的境界。……超凡入聖，不再受一切知見的束縛」（頁 66），羅門則比擬他的第三自然爲超越與昇華了的一種「物我兩忘的化境」（1974 年，頁 70）。更重要的一點是，羅門把施老所彰顯的能臻至二度和諧的詩都收編納入他的永恆的無限開放的藝術殿堂中，僅就這一點而言，我們就可以發覺羅門做爲一位美學家的熔鑄力量。

羅門關於第三自然的理論，其重點其實大多在 1974 年發表的那篇〈詩人與藝術家創造了存在的「第三自然」〉即已點出，其後發表的論文論點大多爲此一文章的拼湊及發揮，但這並不表示他以後就一無進展，最大的進展應有兩點，那就是：第一，他把非常具象的螺旋架構跟第三自然觀結合起來；第二，結合後的「第三自然螺旋架構」理論談的已是創作過程，例如：

> 第三自然緣自「觀察」→「體驗」→「感受」→「轉化」→「昇華」的思想運作過程，這之間，因「轉化」與「昇華」的潛在型態，含有迴旋的變化「圓形」，也含有向頂端玄升的「直展形」，便在互動中溶合成爲一螺旋塔的空間造型世界。
>
> ——〈看後現代情況〉，頁 47

從第一篇論文裡不斷提到第三自然爲詩人與藝術家所創造的佳境世界，到本體的且又是超越的美妙內心天國（1974 年，頁 57，62 和 68），一直到晚近包含有創作過程的空間造型世界，這未嘗不能說羅門這個理論是在開放發展之中。

我在前頭說羅門的第三自然理論占用了施友忠所提倡的二度和諧，這並不表示羅門的理論就一無價值。理論是要旅行的、擴展的，占用和消化就表示某種進展。根據這樣的說法，我們發覺，羅門在最近發表的〈從我的「第三自然」螺旋型架構看後現代情況〉和〈「第三自然螺旋架構」的創

作理念〉這兩篇論文中,他就有意思以他的第三自然理念來批判巴特的零度空間書寫(zero-degree writing)和詹明信的後現代後資本主義理論。根據巴特的說法,零度書寫(écriture)是中性的、無色彩的;它是文學自殺後的極度匱乏(頁 5、76～78),而且可能是解決文學語言崩潰的一種辦法。在排除任何優雅和修飾後,它應該就是一種新聞新導性文字(頁76)。羅門在討論這種零度書寫時根本就未了解到巴特是在討論語言、風格與書寫這三種「形式」("form")的關聯,他是在爲霍格里耶(Alain Robbe-Grillet)、卡謬(Camus)、布朗秀(Blanchot)和卡羅(Cayrol)等所創立的,排除了所有隱喻的書寫做鼓吹,他當然更沒想到巴特的零度書寫概念並未在他往後的文學研究中扮演重要的角色(Sontag,頁 xyii)。相反的,他注意到的只是當今後結構/後現代主義時代的一些情況,例如,排除「主體」、「重心」與「內在本質性存在」的創作,又例如人們爲了快速便捷的交接而不顧「歷史感」、「永恆感」甚至也不驚動「心靈」。在針對後現代的情境時,他只注意到詹明信所提的各種媒介中的拼貼現象而不及於他另外所提到的一個非常重要的症狀:精神分裂症。在他非常感性的、直觀的理解下,他當然了無法認可這些情境爲「人類在永遠持信的導向與真理」(〈看後現代情況〉,頁 45),而且他相信,患了後現代膚淺幼稚病的人,只要送到他所建構的第三自然藝術殿堂/故鄉裡去診療,他們一定能恢復其精神的形而上的升力與活動(前引文,頁 45)。

羅門是一位熔鑄力相當強的人,其詩歌美學理論非常豐富,自從他於1958 年出版處女詩集《曙光》以來,他往後所推展出來的一些理念和主題——例如對悲劇精神的探討,對心靈世界的謳歌和對詩歌與音樂的密切關注等等——其實都可以在早期這本詩集中找到端倪。也就是說,羅門雖然出版了大約十本詩集和五本論文集,抽繹出來之後,我們當會發覺他所攻擊捕捉的正文並不致太多。即使是這麼樣,研究者要深入探討這些正文可還非常不易。我覺得他理論中還有一些主題如現代感、本體性、詩歌的特質、寫實與超現實主義的糾葛,甚至他詩歌中的浪漫質素,抒情傾向、

原型意象、解構傾向、欲望與壓抑等等，這些都是非常值得深入且仔細研究探討的。本文能在很有限的篇幅和時間範圍內探討了他詩歌美學中的三個大座標，我已感到心滿意足了。

## 引文書目：

‧周偉民、唐玲玲，《日月的雙軌——羅門、蓉子創作世界評介》，臺北：文史哲出版社，1991 年。

‧施友忠，《二度和諧及其他》，臺北：聯經出版公司，1976 年。

‧陳鵬翔，序《從影響研究到中國文學》，臺北：書林出版公司，1992 年，頁 i～viii。

‧張錯，〈夢遣情〉，《聯合文學》第 7 卷 12 期，1991 年，頁 52～61。

‧羅門，《曙光》，臺北：藍星詩社，1958 年 5 月。

——，〈前言〉，《曙光》，頁 1～5。

——，〈啊！過去〉，《曙光》，頁 12～13。

——，〈後記〉，《第九日的底流》，臺北：藍星詩社，1963 年，頁 119～120。

——，〈現代人的悲劇精神與現代詩人〉，《第九日的底流》，頁 89～118。

——，〈詩人對人類精神世界的塑造〉，《現代人的悲劇精神與現代詩人》，臺北：藍星詩社，1964 年，頁 3～15。

——，〈現代人的悲劇精神〉，《現代人的悲劇精神與現代詩人》，頁 16～34。

——，《心靈訪問記》，臺北：純文學出版社，1969 年。

——，《心靈訪問記》，頁 1～23。

——，〈談現代詩的特質與藝術觀〉，《心靈訪問記》，頁 74～88。

——，〈詩人與藝術家創造了存在的「第三自然」〉，《創世紀》第 37 期，1974 年，頁 69～77。

——，《羅門自選集》，臺北：黎明文化公司，1975 年。

——，《時空的回聲》，臺北：德華出版社，1981 年。

——，〈追索的心靈（中）〉，《時空的回聲》，頁 318～353。

——,〈追索的心靈（下）〉,《時空的回聲》,頁 354～392。

——,〈代序：打開我創作世界的五扇門〉,《整個世界停止呼吸在起跑線上》,臺北：光復書局,1988 年,頁 7～31。

——,《詩眼看世界》,臺北：師大書苑,1989 年。

——,〈我兩項最基本的創作觀——「第三自然」與「現代感」〉,《詩眼看世界》,頁 1～9。

——,〈從我的「第三自然螺旋型架構」看後現代情況〉,《詩眼看世界》,頁 37～50。

——,〈詩與藝術美的轉化與造型能力〉,《詩眼看世界》,頁 51～60。

——,〈心靈訪問記（續稿）〉,《詩眼看世界》,頁 174～185。

——,〈「第三自然螺旋型架構」的創作理念〉,《從影響研究到中國文學》,臺北：書林出版公司,1992 年,頁 181～214。

· Barthes, Roland. *writing Degree Zero*. Trans. Annette Lavers and ColinSmi Smith. New York: Noonday Press, 1968.

· Nietzsche , Friedrich. *The Birth of Tragedy and The Genealogy of Morals.* Trans. Francis Golffing. Rpt. Taipei: Caves, 1967.

· Shih, Vincent. "The Second Harmony." Tamkang Review 6.2-7-1 （October 1975～April 1976) p.31～42.

· Sontag, Susan. Preface to Writing Degree Zero. p.vii-xxi.

——選自周偉民、唐玲玲編《羅門·蓉子文學世界學術研討會論文集》

臺北：文史哲出版社,1994 年 4 月

# 羅門的悲劇意識

◎洛楓[*]

　　生命，是一趟悲劇的苦戀，戀愛的對象——命運——是善變的情人：飄忽的音容固然捉摸不定，玄幻的個性更是覓尋無跡，而他偏又以喜怒哀樂、悲歡離合來逗引，引得載滿欲念、理想的凡軀輾轉於生老病死的循環裡，直到油盡燈滅的時候，仍念念不忘許諾的盟書：要以超越時空的意志，求證今生今世存在的實感——透過生活，透過藝術，甚至是哲學的理念！然而，苦苦的癡纏裡，失敗了的便落得無聲無色地消失，提升了的卻遺給後人一道血印斑斑的光環，繞得永恆……。

　　生死兩極的拔河中，人類既不停地尋求歸向自我選擇的目標，卻又不斷意識這條繩索上的步步驚心，於是便產生了生命的悲劇感。西班牙哲者烏納穆諾（Miguel de Unamuno）認爲生命的悲劇意識（the tragic sense of life）包含著生命自身和宇宙的整幅概念，以及或多或少系統化的，或多或少有意識的整幅哲學，這一種意識不但是個體的人擁有它，它也可能爲整個民族所有[1]；換言之，生命的悲劇感是人類對內在自我以及外在世界的掙扎與苦難，透過觀察、體認、感受、轉化和昇華等認知過程，從而建立面對的態度和觀念。

　　相信文學做爲藝術的永恆性，便會明白藝術印證生命的超越性——詩人羅門，選擇了詩歌最精緻的語言，搖盪心靈美善和性情，謳唱沉厚的哀歌，向悲劇的生命世界提出反省與思量：反省人類悲劇命運的種種因果，

---

[*]本名陳少紅。發表文章時爲詩人、文化評論人，現爲香港中文大學文化及宗教研究系教師。
[1]烏納穆諾著；蔡英俊譯，《生命的悲劇意識》（臺北：遠景出版社，1982 年 3 月），頁 23。

思索通向永恆的路向……。

　　卡爾（ Karl Theodor Jaspers ）在〈悲劇的基本特性〉（ "Basic Characteristics of the Tragic"）中指出，生命最大的悲劇不是苦難與死亡的默想，而是當人類捲入由自己親手製造的禍害裡，無論性命、意志與潛力都全然毀滅的時候。[2]依我看來，戰爭最能表現這種悲劇特性，因爲它具備了種種矛盾的意義——人類既是它的創造者，又是它的受害者；人類利用它來保護自己的生命、民族與疆土，卻又用它來破壞別人的。這種潛伏正負兩面力量的作爲，往往容易產生悲劇的震撼性，羅門的〈麥堅利堡〉便是最好的證明，詩端的副題指出：「超過偉大的／是人類對偉大已感到茫然」，跟著又寫道：「戰爭坐在此哭誰／它的笑聲曾使七萬個靈魂陷落在比睡眠還深的地帶」，「血已把偉大的紀念沖洗了出來／戰爭都哭了偉大它爲什麼不笑」，「哭」與「笑」、「偉大」與「茫然」都是相對的情操表現，詩人巧意的安排，是爲了給全詩營造「反諷」（ "Irony"），這七萬座紀念第二次大戰美軍陣亡的大理石碑，既標誌著太平洋悲壯的戰況，也象徵了人類悲慘的命運，而在時間的沖洗下，卻又變成「死者的花園、活人的風景區」，在這充滿諷刺性的氣氛下，作者感到了死亡的重壓；此外，詩人還運用了時間意象——「靜止如取下擺心的錶面　看不清歲月的臉」，「在月光的夜裡　星滅的晚上／你們的盲睛分不清季節地睡著」，「空間與空間絕緣時間逃離鐘錶」——來展示戰爭悲劇的永恆性，如果歷史是前人遺留的經驗與教訓，那麼，對於麥堅利堡透過「痛苦」換來的「偉大」，站在「建設性」與「破壞性」的雙重意義上，我們該予以肯定還是否定價值？而詩人羅門，賦予的似乎是更多的同情與悲憫：

　　麥堅利堡是浪花已塑成碑林

　　　　的陸上太平洋

---

[2]Karl Jaspers, "Basic Characteristics of the Tragic", Robert W. Cornigin edited *Tragedy: A Critical Anthology*, U. S. A: Hang & Aon Mifflin Company, 1971, p.776～777.

一幅悲天泣地的大浮雕

掛入死亡最黑的背景

七萬個故事焚毀於白色不安的顫慄

史密斯　威廉斯

當落日燒紅滿野芒果林於昏暮

神都將急急離去　星也落盡

你們是那裡也不去了

太平洋陰森的海底是沒有門的

　　亞里斯多德（Aristotle）認為悲劇的力量在引發人類情緒中的「恐懼與同情」（"fear and pity"），羅門的〈麥堅利堡〉在這方面是成功的，詩中不但充滿了死亡的壓迫感，而且還隱含對生命嘲諷的意味，迫使人類反省戰爭的意義和價值，羅門曾說：「人類一隻手從戰爭中握住了『偉大』與『不朽』，另一隻手必須握住人的『血』……戰爭是一幕冷酷的悲劇，往往連上帝都無法導演和正視它，但人必須面對它，在兩排刺刀相對逼近之間，被推進去的是『人』，逃不出去的也是『人』；於是戰爭往往將人類從悲壯的情境，推入對苦難命運產生沉痛的默想之中，可是人類仍是逃不過它。」[3]對於不能自主的戰爭悲劇，有人徹底的投降了，拒絕思想，有人偏激地詛咒、否定和排斥，像海明威（Hemingway）。而羅門不獨沒有躲避，還以人道主義的精神反省戰爭雙重的個性，〈麥堅利堡〉中，他從歷史角度上肯定了戰爭的偉大與不朽，卻又從人道主義的精神上為那七萬條犧牲性命感到悲哀？或正如烏納穆諾所說，人為了保有自己，以及對於不朽的永恆渴望，而有悲劇性的掙扎[4]，或許，正因如此，生命才有矛盾，人類才對自己的「偉大」產生「茫然」！

　　羅門的另一篇詩作〈彈片‧TRON 的斷腿〉，更進一步利用生命原應具

[3]羅門，〈我選擇了詩〉，《中外文學》第 5 卷第 9 期（1977 年 2 月），頁 43。
[4]烏納穆諾著；蔡英俊譯，《生命的悲劇意識》，頁 17。

備的光明面對照戰爭死亡的陰暗，根據作者自注，TRON 是被越共彈片擊
斷一隻腿的越南女孩，對於一個只有 12 歲的小孩來說，生活該是「滑過湖
面的一面雲」，讓她的「臉滑出一種笑來」；也是從綠野飛來的一隻翅膀，
讓她「飛入鳥般的年齡」；可是活於戰火中的人，必得面對殘缺不全的命
運：

> 而當韆鞦升起時　一邊繩子斷了
> 整座藍天斜入太陽的背面
> 旋轉不成溜冰場與芭蕾舞臺的遠方
> 　便唱盤般磨在那枝斷針下

「韆鞦」、「藍天」、「溜冰場」、「芭蕾舞臺」原是生活所應備有的青春
與活力，然在炮火的洗禮下，這一切都給扭曲異化了，變成不完整的、缺
陷的生命。戰爭的破壞性在這首短詩中實在表現得很透徹，當人類基本的
生存權利都不能掌握的時候，思索的恐怕已不再是「偉大」與「不朽」的
問題了，而是「神父步紅氈／子彈跑直線」背後的價值取向，羅門在這裡
是肯定了戰爭對人類冷酷的摧殘。

「生年不滿百，常懷千歲憂」，伴隨戰爭而來的是「死亡」，它是人類
共同的命運，誰也逃避不過，而詩人羅門卻要「透過死對生命認知」，並且
說：「生命最大的迴聲，是碰上死亡才響的。站在『死亡之塔』上，我更看
清了生命」；我總相信，人類的勇氣在面對死亡的瞬刻會更具光華！

「未知生，焉知死」，死亡的形相究竟是怎樣確實沒有人能夠知曉，仍
舊呼吸於既定的時空裡的生命，對於死後的世界只能憑間接的經驗，如哲
學沉思、宗教信仰等來聯想那片虛無完全沒有暗示的天地；然而，死亡只
是一種形式，用以結束有限的軀體，開展另一種存在模式（mode of
existence）。羅門在〈死亡之塔〉中表現的便是他對死亡的觀照，詩的起端
利用了黑暗遮掩光明的意象，勾畫死亡的形象：

　　當落日將黑幕拉滿
　　　　　帆影全死在海裡
　　你的手便像斷槳
　　　　沉入眼睛盯不住的急流裡
　　抓不住火曜日
　　握不住陽光的方城
　　也划不動藍波的醉舟

在詩人眼中，死後的世界是握不住光明的，至於「誰也不知屬於那一季／
而天國只是一隻無港可靠的船」，更指出死後的無所歸向，這是詩人在初步
接觸死亡時的懷疑：「將視線收回來好苦啊」，是作者對「生命」的眷戀，
「地球也哭著回去」，是詩人對「死亡」的痛傷。可是，當他從死亡的燃燒
裡領受毀滅以外的訊息後，對生命便有了新的認知：

　　當焚屍爐較郵筒還穩妥
　　　一封信在火途上快遞
　　　　我便清楚地讀到　　主啊
　　　　你在用骨灰修補天國

假如「天國」是死後人類的歸所，而它又具備了「人間」的「屬性」，那
麼，透過死亡，將有更深廣的完成，這時候，「生」與「死」再不是兩種相
對的抗力，而是合一的完成：

　　主啊　　你如果就是那扇啟閉的百葉窗
　　　　在兩根繩來回的反拉裡
　　　　　便有一輪月從產房衝出
　　　　　　一黑夜釘入棺蓋

生死存亡原來也不過是「百葉窗」的一啓一閉，或白晝黑夜的輪替循環，
這一正一反的兩極，是個體存在的兩面；只是當人類正式步入死亡以後，
便脫離了時空的限制：

> 當永久的假期寫在碑石上
> 你是那隻跌碎的錶　被時間
> 　　永遠的解僱了
> 　　自由脫離它鐵絲網的媬母
> 　　強風找不到它森林的鏡子
> 　　退潮帶不走它抱過的岸
> 你便步出自己　逃離腳印
> 　　逃離路

羅門自覺意識裡，「死亡」不過是有限的軀殼在有限的時空裡的結束和消
失，並非全然的毀滅無存，死後的人依然具有「形相」，可以「步出自己逃
離腳印逃離路」。確實的，有限的時空無疑是對生命的威脅，沒有人能
「活」於時空以外，除了死亡，由於無法抓住光陰的流轉，於是更加深了
死亡的暗影：

> 追思日　亡友的臉不再是
> 　　一枚光亮的金幣
> 誰肯老待在冷風裡
> 　　苦苦去認出昨日的風
> 誰又能在燈滅後
> 　　仍一直抓牢那影子
> 當一年十二個月從壁上走下來
> 長短針跑在沒有刻字的鐘面上

生命只是一堆天色
　摺在那把黑傘裡
　　一堆浪聲　疊在風中

在歲月的擺動中，「生命」依存「死亡」而來，如「一堆天色摺在哪把黑傘裡」，「一堆浪聲疊在風中」，「死亡」是生命，時間剎那的凝結，當生命與時間互相脫離以後，無人能夠改變「死亡」的現實。由於「死亡」是無可轉逆的，使人容易對「生命」也產生難於掌握的茫然：

而我們總是握住掌心
　而不知手在那裡
總是想不出鳥飛出翅膀的時候

「握住掌心」就是把持「生存的意念」，「不知手在那裡」卻是指對整體生命——生老病死——在整體宇宙世界——時間和空間——的無可歸向；鳥飛出翅膀是超越「死亡」的意圖。將這種種的茫然結合，迫使詩人冷靜沉思「生死」的問題。表面看來，生與死是兩項互相排斥的力量，各不相容，然而，在個體存在的本質上，生與死是相輔相成的，透過生存使人了解死亡做為終結，藉著死亡便可認清了生存的局限，而人類就是寄身於這兩極之間的時空內，能夠超越者必能提升「死亡」，步入永恆：

而它是光　我們是被透過的玻璃
它是玻璃窗　我們是被納入的風景
它是造在風景上的塔
　我們是被觀望的天外

這裡的「它」是指「死亡」，異於詩的開端，作者已意識到死亡的本

質，以及死亡與生命的關係，所以他不再用陰沉的意象描劃死亡的形相，相反地他利用了一種「透明」的色彩來點染，一方面賦予死亡明亮的形相，一方面給予正面的肯定，還企圖以死亡來超越生命的時空——「它是光　我們是被透過的玻璃」，死亡的力量，能穿透我們既存的生命；「它是玻璃窗／我們是被納入的風景」，死亡的涵攝量，能包容整體的生命；「它是造在風景上的塔　我們是被觀望的天外」，死亡的提升，能將原是局限的時空生命推向永恆——在這個層層遞進的認知過程裡，詩人曉得透過死亡來認識生命藉著生命來肯定死亡，並將生與死的概念融化在一個永恆的觀念裡，從而提升生命，超越死亡，而步入恆久長存的時空內……。

　　每一個時代都有每一個時代沉重的包袱：上古的人類為著生存的基本問題已經傷透腦筋，而文明都市裡的現代人偏又要面對同樣的疑難，只是從前搏鬥的是自然，如今搏鬥的卻是物質與精神的種種衝突。現代人的空虛麻木、徬徨孤絕，所面對的靈肉與信仰、生命與生活、現實和理想等問題，已絕非一個時代一個地域裡一小撮人的痛苦，而是全球性人類共同的憂慮，可不是嗎？當艾略特（T. S. Eliot）悲吟於〈荒原〉（"the Waste Land"），狄更生（Emly Dickinson）苦誦於〈孤絕〉（"The Myistery of Pain"）的時候，早夭的王尚義呼喚「從異鄉人到失落的一代」和「現實的邊緣」，而詩人羅門卻選擇了中國現代的語言，為文明時代種種陸離的現象留下印證。

　　〈都市之死〉長達百多行，全詩共分五節，每節集中敘述都市某項腐敗的特點；詩的開端寫出了生活的機械化：

　　　　建築物的層次　托住人們的仰視
　　　　食物店的陳列　紋刻人們的胃壁
　　　　櫥窗閃著季節伶俐的眼色
　　　　人們用紙幣選購歲月的容貌
　　　　……（略）

> 人們抓住自己的影子急行
>
> 　　在來不及看的變動裡看
>
> 　　在來不及想的迴旋裡想
>
> 　　在來不及死的時刻死
>
> 速度控制著線路　神抓不到話筒
>
> 這是忙季　在按鈕與開關之間
>
> ……（略）

都市的節拍是急促的，不容停歇的步伐中人們已欠缺思想靈魂的時間，而變成機械化的行屍走肉，生活變成「按鈕與開關之間」的「忙季」，文明人的悲哀便是麻木與虛空，急旋造轉的時代裡，抓不住半點自我和喘息的機會，連「歲月」也是「用紙幣選購」的，而「腳步是不載運靈魂的」，因此，現代人在文明都市生活的催迫下，只餘下機械化活動的軀殼！然而，這個靈魂空虛的軀殼裡，卻並非一無所存，而是隱藏著熾熱的肉欲，詩的第二節，詩人的筆尖劃破機械的軀殼，直刺入人類腐化的靈魂深處，表現了都市文明人對性欲獸一般的渴求——伊甸園是從不設門的／在尼龍墊上榻榻米上　文明是那條脫下的花腰帶／美麗的獸便野成裸開的荒野／到了明天再回到衣服裡去／回到修飾的毛髮與嘴臉裡去」——都市的人利用華麗的裝飾掩藏了內心的污穢，他們的靈魂是不潔的，這種人類原始的欲念在道德瀕臨瓦解的年代表現得尤爲迫切和瘋狂，那時候，宗教已失卻其淨化靈魂的力量：「那神是不信神的那神較海還不安」，「十字架便只好用來閃爍那半露的胸脯」，所謂「文明」（"civilization"）在這段詩裡便充滿了嘲諷意味，「文明」所開發的恐怕只是人類原始的性欲吧！

　　既然人類機械的軀殼裡是一具充滿獸欲的靈魂，那麼他們的生命便是一片蒼白沉落了，詩中第三節披露的便是都市生命的沒有生氣：

去追春天　花季已過
去觀潮水　風浪俱息
生命是去年的雪
　　婦人鏡盒裡的落英

時針是仁慈且敏捷的絞架
刑期比打鼾的睡眠還寬容
張目的死等於是罩在玻璃裡的屍體


　　機械化的都市節奏，彙合無休止的欲念放縱，便形成了生命的了無生機，文明人變成了「活著的死人」（"living dead"），一具沒有思想感情的「屍體」，當這種都市悲劇不斷延續的時候，人類的生命只會越變得徬徨沒有出路，終至滅亡，這是詩歌第四及第五節所表現的旨意——「誰能在來回的踐踏中救出那條路／誰能在那種隱痛中走出自己撕裂的傷口／誰能在那急躁的河聲中不捲入那渦流」——這是帶點無助的宿命，都市生活與文明精神的墮落，在詩人眼中是一把「打不開的死鎖」，而死鎖背面的卻是一道沒有轉機的術術：「都市在終站的鐘鳴之前／你所有急轉的輪軸折斷，脫出車軌」，「都市在復活節　一切死得更快」。在羅門的筆下，都市文明對人性、靈魂的摧滅的終點是「死亡」，這裡的「死亡」不是肉體上功能的停止，而是精神、靈魂的腐化，「一具彫花的棺，裝滿了走動的死亡」，不但意含諷刺，也暗示了人類葬身物欲的悲劇。其實，「都市」與「戰爭」一樣，是人類憑藉智慧建立而成的，兩者都本存無限的潛力，可以築起更豐盛的生命，也可以破壞原有的自然秩序，人類既擁有無窮的力量創造和毀滅，生命的悲劇便由他們主動的導演和被動的主演。悲劇論者常以為悲劇的根源在於人類無法克服自我的脆弱（weakness），又無法抗拒環境主宰，於是便有悲劇性的掙扎，以至挫敗、毀滅。羅門筆下的都市相貌，是人類無法抗拒物質文明的沖洗，和宗教、道德等等淪亡以後的腐化的表現，所

不同者，他們缺少了自我意識的反省能力，無法洞察都市生活的五花八門外潛伏的危機，或許，這才是另一種更可悲的活劇！而做為詩人的羅門，卻主動地替都市文明人擔當反省的角色，透過觀察、體認、轉化和提升，浮現都市醜惡而真實的一面，對物質和文明保持批判的態度。雖然他沒有提出改變現實的方案，因為詩人不是政治家或社會改革者，而他透過沉思而反映出來的經驗世界，卻足以發人深省！

亨利（Henry Myers）論及現代悲劇時，曾以「向日葵」（"sunflower"）比喻「悲劇詩人」（"tragic poet man"），「向日葵」具有向陽的自然本質，卻遭受命運的安排，叫「她」的生命一半活在陽光，一半活於黑暗，換言之，人類的本性雖然是尋求快樂，但接受痛苦偏又是不可逃避的命運。[5]生命本來就不是單向性的運作，雖然它的終極免不了「死亡」，但在步向結束之前，人類必得在生命無數齒輪的滾動下，啃嚼悲歡離合糾纏不清的滋味，愈具有「意識」（"consciousness"）的人，愈能理清每個時刻身處的環境帶來的認知，愈能反省人類生命陰暗和光明兩面的特質；而羅門正是一個具有「悲劇感」的詩人，他不但以心靈透視自我，還觀照世界，還運用詩歌語言浮現他的所知所感，帶到讀者眼前，讓人們在觀覽宇宙生命的外象之餘，能夠深入理解事物背面的另一個形相。雖然他的語言未臻圓熟，但他敢於擔負時代、生命，以及對詩抱持的堅信，我還是深深欽佩的！

——選自蔡源煌等著《門羅天下——當代名家論羅門》

臺北：文史哲出版社，1991 年 12 月

---

[5]Henry Alonzo Myers *Tragedy: a view of life*, New York: Cornell University Press, 1956, p.156.

# 羅門的後現代論

◎陳俊榮*

## 一、前言

　　就崛起於 1950、1960 年代的詩人群而言,曾被視為「現代主義急先鋒」的羅門[1],他那獨樹一格、一以貫之的詩學理論,不僅令人側目,亦確占有一席之地。1980 年代後現代詩潮初興,與羅門同時代的詩人(評論家),絕大部分對之不屑一顧,甚至予以拒斥,願意正視它繼而與之展開對話的,可謂寥若晨星——羅門是這極少數中的一人,不僅對它再三發為議論,甚至可以稱得上是「唯一」願意敞開胸懷對它包容的人。

　　羅門向來即對於後現代思潮保持高度的關注。依其自述,早在 1970 年代,他就運用「後現代主義的解構、多元與組合的創作觀念」,將他和蓉子的家居創造成「燈屋」——一件具有後現代精神的「具體生活空間的造型藝術品」,戴維揚便指稱這座「燈屋」是一件「後現代多元共生的綜合藝術」[2]作品。[3]在羅青於 1985 年提出以解構「文字賦詩」為訴求的「錄影詩學」[4]之前,羅門亦早在 1971 年即為文提倡「以電影鏡頭寫詩」的觀念,顯示他極早便有「後現代解構、多元的創作理念與預想」。[5]不唯如此,在

---

*筆名孟樊。發表文章時為佛光人文社會學院文學所助理教授,現為臺北教育大學語文與創作學系副教授兼系主任。
[1]羅門,《羅門論文集》(臺北:文史哲出版社,1995 年),頁 165。
[2]羅門,《在詩中飛行——羅門詩選半世紀》(臺北:文史哲出版社,1999 年),頁 31。
[3]羅門據此乃謂:「由此可見,臺灣還沒有談論『後現代主義』解構多元的藝術創作理念之前的十幾年,我已在『燈屋』這件近乎是『視覺詩』的藝術作品中,實踐了『後現代主義』的藝術創作理念。」同前註,頁 32。
[4]羅青,《錄影詩學》(臺北:書林出版公司,1988 年),頁 263~276。
[5]同註 2,頁 32。

《在詩中飛行——羅門詩選半世紀》一書中，他更舉出自己早期的詩作諸如〈麥堅利堡〉（1961 年）、〈曠野〉（1979 年）、〈門的聯想〉（1988 年）等詩，已運用後現代「解構」與「拼湊」的手法，而近期 1990 年代所發表的包括：〈古典的悲情〉、〈長在後現代背後的一顆黑痣〉、〈世紀末病在都市裡〉、〈後現代 A 管道〉、〈卡拉 OK〉與〈觀念劇場〉，亦均是「含有後現代意識的詩」[6]，足見在後現代詩潮中，不論是在論述或創作領域，羅門都不缺席，而且更是戰後第一代詩人中最早具有「後現代意識」者。

或緣於此故，林燿德於 1993 年仲夏的「羅門、蓉子的文學世界」學術研討會中提出〈「羅門思想」與「後現代」〉論文，率先以「後現代」的角度，檢視了羅門詩美學中「有待爭議」的後現代觀。[7]之前的一年，羅門即在美國愛荷華大學主辦的「後現代主義與超越」（"Post-modernism and Beyond"）研討會上發表〈從我「第三自然螺旋型架構」世界對後現代的省思〉長文，有系統地闡釋他的後現代觀（該文後來成爲林燿德上文論述的主要依據）。羅門好發後現代議論非自該文始，亦非於該文絕，在他或長或短的評論文章中、正式或非正式的研討會場上，以至口沫橫飛的筆仗裡[8]，時不時就來一下「後現代的抒情」，要不然也咬一口「後現代」，已是詩壇眾人皆知的事。然而，除了林燿德上述論文對其後現代思想有較爲深入的評論外（筆仗的攻詰不談），多半的論者在檢視其詩論或詩美學時，都將焦點集中在他的現代思想部分，即陳鵬翔所說的三個重心：心靈、現代悲劇精神與第三自然[9]；誠如上述，不可否認，後現代詩觀在羅門詩美學中尤其

---

[6]同註 2，頁 32～34。

[7]「羅門、蓉子文學世界」學術研討會於 1993 年 8 月 6～11 日在海南島海口市海南大學舉行，與會的學者、作家、詩人有六十多位，來自臺灣提交論文發表的有張健、林綠、陳鵬翔、戴維揚、陳寧貴、林燿德、蕭蕭等人。林燿德於研討會中發表的該篇論文，後收入《世紀末現代詩論集》中，並易名爲〈羅門 VS.後現代〉，更能凸顯出羅門的後現代觀與其慣有的現代思想的牴牾。（林燿德，《世紀末現代詩論集》（臺北：羚傑出版社，1995 年），頁 103～112）。

[8]例如在《臺灣詩學季刊》第 18、21、22、23 期上，羅門即與向明關於他的兩首詩〈天地線與宇宙最後的一根弦〉及〈大峽谷奏鳴曲〉打過筆仗，兩人在文中也針對彼此的後現代觀點互相質疑，動了肝火的詞句難免傷和氣——不知這是否爲藍星晚期同仁的內鬨？

[9]陳鵬翔，〈論羅門的詩歌理論〉；周偉民、唐玲玲主編，《羅門·蓉子文學世界學術研討會論文集》（臺北：文史哲出版社，1994 年），頁 247。

是晚近的論述裡，亦占極爲重要的地位，不應予以忽視。本文即賡續林燿德上文，從不同角度進一步檢視羅門的後現代論述，同時也釐清其後現代思想中糾葛與含混的部分。

## 二、後現代的繪圖與誤讀

### （一）後現代的繪圖

　　從 1980 年代末談論後現代開始，在羅門的論述文字中，經常給「後現代」三字加上上下引號，引號當然不是隨便冠上去的，推羅門之意，想必「後現代」三字對他是另有所指。申言之，他所謂的「後現代」是以他個人的「詩眼」（也就是他的「第三自然螺旋型架構」理論）所描繪的一張認知地圖，儘管這張認知圖和真正的後現代地圖有所出入（此亦即其對後現代誤讀之所在）。他爲自己辯解，說後現代（主義）是一群聲音，並且各說各話，各有不同的代言者；既是如此，他亦「有權利來面對各說各話的『後現代』提出一己的觀感」[10]，表示自己的意見，而不必「去全面應對所有『後現代主義』各說各話的代言者他們的全部思想」，並且謙稱自己也非這些後現代思想家的專門研究者。[11]這個「宣示」，爲羅門自己樹立了「後現代言談」的前提，同時也合理化自己的論證基礎。

　　儘管如此，對於是否使用「後現代主義」這樣的字眼，羅門自己仍無太大把握，所以他一度提出「將『後現代主義』改成『後現代情況』來談」的主張，雖然這部分原因是他「一向不太贊成標上『主義』兩字的標籤」——蓋主義本身是有框架的，而詩人的創作精神是不受框架束縛的，他不僅不受制約，而且還要不斷超越，如他所言：「因一有『主義』的框架，便已如用『鳥籠』來抓鳥，而非以『天空』來容納鳥與給鳥自由無限地飛了。」[12]部分原因恐怕也緣由他自己對後現代主義仍不甚了了，所以才

---

[10]羅門，《羅門論文集》，頁 146。
[11]羅門，〈將同詩走完我的一生〉；周偉民、唐玲玲主編，《羅門、蓉子文學世界學術研討會論文集》（臺北：文史哲出版社，1994 年），頁 17。
[12]羅門，《羅門論文集》，頁 145～146。

強調他所稱的後現代是以自己獨特的「詩眼」所看的「後現代」,言下之意乃他和其他談論後現代(主義)的人一樣,都有「各說各話」的權利。

如上所述,羅門在他的長文〈從我「第三自然螺旋型架構」世界對後現代的省思〉(刊於《臺灣詩學季刊》第 6 期)中雖一度主張以「後現代情況」代「後現代主義」來談論他的「後現代」看法,事實上,他卻很少使用「後現代情況」這樣的字眼;反諷的是,該文是從第 16 期《藍星》的〈從我「第三自然螺旋型架構」世界看後現代情況〉一文「改頭換面」而來,前文對後文的內容稍做了更動,但是題目從「看後現代情況」被易為「對後現代的省思」,「後現代情況」字眼反而不見了。羅門大概認為,後現代情況的指涉層面較後現代主義寬廣,而後現代又比後現代情況來得更廣泛。廣泛的面向較易把握,也容易自圓其說;而指涉特定的東西,則難以含糊其詞,非射中靶心不可,否則易於自曝其短。有鑑於此,羅門的論述文字中,用得最多的字眼是「後現代」。

羅門是該振振有詞,不要說是國人,連洋人、洋學者對什麼是後現代(postmodern)、後現代主義(postmodernism)、後現代情況(postmodern condition),乃至於後現代性(postmodernity)、後現代理論(postmodern theory),也呈現出眾說紛紜、莫衷一是的情況。[13]華德(Glenn Ward)即言,這是因為後現代這個字眼本身嚴格而言並非一門學派的思想,也不是具有明確目標或觀點的統合性知識運動;它更沒有一個具支配地位的理論家或發言者。它雖被各個學科(discipline)所採納,但每一位使用者均以其自己的術語來界定它[14],往往「在某一學科中它所意味著的什麼,在另一個領域內未必就可以相容」。[15]易言之,其涵義可謂言人人殊。

---

[13]即以後現代主義與後現代性二詞為例,往往甲說的後現代主義,其意義可能就等同於乙說的後現代性,顯見二者容易被混淆。社會學者紀登斯(Anthony Giddens)認為它們之間有所不同(Giddens, Anthony, 1991. *The Consequences of Modernity*. Cambridge: Polity Press. p.45〜46),但另一學者庫馬(Krishan Kumar)卻以為這二個概念難以區分(Kumar, Krishan, 1995. *From Post-Industrial to Post-Modern Society: New Theories of the Contemporary World*. Oxford: Basil Blackwell. P.101〜102)。

[14]Ward, Glenn, 1997. *Postmodernism*. London: Hodder Headline Plc. p.3.

[15]孟樊,《後現代的認同政治》(臺北:揚智文化公司,2001 年),頁 12。

　　話雖如此，這些「大同小異」的術語，仍可以依其指涉的不同面向，而呈現出不同的涵義，華德即將之歸納爲下列四項：[16]

　　1.一種社會實際的事物狀況。

　　2.一組試圖界定或解釋此一事物狀況的理念（思想）。

　　3.一種藝術的風格，或一種事物做成（making of things）的取徑（approach）。

　　4.一個被用在很多不同的脈絡裡的字詞，用來涵蓋上述那三種不同的面向。

　　大體而言，上述第一項涵義指的是後現代性或後現代情況，第二項指的是後現代理論，第三項指的是後現代主義，而第四項則指泛稱性的後現代。依此看來，羅門所使用的後現代（不論他有無冠以引號）一詞，當指上述華德所說的第四項泛稱性的稱呼。

　　譬如他不只一次地提及他比較重視的兩位後現代思想大師巴特（Roland Barthes）與詹明信（Fredric Jameson）。[17]嚴格而論，巴特是後結構主義思想家，不是後現代理論家——只是他的理論常爲後現代主義者所挪用（appropriate）。羅門提及巴特，主要是強調他的「寫作的零度」（"writing degree zero"）的主張（1968 年），而談到詹明信，則針對他所看到的「沒有深度、崇高點，以及對歷史遺忘」的後現代情況——或用詹明信自己的話說，即跨國資本主義（multinational capitalism）或晚期資本主義（late capitalism）的社會情況。[18]巴特的說法，涉及的是創作（手段）的問

---

[16]Ward, Glenn, 1997. *Postmodernism*, p4。

[17]羅門原先提到主張「零度創作」（"zero-degree writing"）的後現代理論家爲德希達（Jacques Derrida），此一指鹿爲馬的誤認已被林燿德的上文所糾正，後來在《羅門論文集》中已經羅門訂正。類如把巴特誤認爲德希達的錯誤，當不只一端，在〈創作心靈的探索與透視〉一文中，羅門也錯將達達主義（Dadaism）大將杜象（Marcel Duchamp）誤認爲後期印象派大師塞尙（Pall C'ezanne），以爲是後者採取「達達」與「普普」（"Pop"）的反逆與顛覆的創作理念，將夜壺直接在展覽場展出（羅門，《創作心靈的探索與透視》（臺北：文史哲出版社，2002 年），頁118）。

[18]Jameson, Fredric, 1992. *Postmodernism, or, The Cultural Logic of Late Capitalism*. Durham: Duke University Press. P.3.

題（即對沙特所提出的「文學是什麼」問題的回答），而詹明信的理論涉及
的則是「一種社會實際的事物狀況」（他談的文化問題比文學創作多）。換
言之，前者所指的是「後現代主義」（此說有待商榷，下詳），而後者指謂
的乃是「後現代情況」或「後現代性」（雖然詹明信的扛鼎之作《後現代主
義或晚期資本主義的文化邏輯》中也用「後現代主義」一詞）；然而，羅門
在使用其「後現代」一詞時，則籠統地將上面兩位思想家的說法全予以含
括，亦即羅門的「後現代」，包括了後現代主義及後現代情況的義涵。

　　在「後現代」這張大傘之下，綜合他在多篇文章中的各種說法，羅門
為它所描繪的這一張認知地圖，包括底下這些概念：解構、顛覆、多元、
複製、拼湊、嘲諷、戲謔、遊戲、平面（或平塗）、去中心、缺乏嚴肅、自
由開放、作者死亡、脫歷史感、消費性格以及零度寫作等等，不一而足。
例如他提到之所以心儀詹明信的後現代理論時表示：

> 我曾經對詹明信這位後現代主義的顯著人物，他將目前世界的人類，裁
> 決為沒有深度、缺乏歷史感的存在，這一嚴重問題，……深有同感，便
> 引發我個人進一步對後現代人類存在的實況提出質疑，並對目前所謂後
> 現代偏向於沒有深度、沒有歷史感、流行、商業化、消費性格、浮面、
> 淺薄等劣質化的文藝走向提出警告、批判與防範。[19]

從上述這段話中顯示，羅門的後現代觀接受了詹明信的說法，詹明信在上
書中即提到後現代主義的新文本（text），融合了法蘭克福學派（the
Frankfurt School）所拒斥的那些文化工業的形式、範疇與內容，他說：

> 事實上，後現代主義非常著迷於整個垃圾和媚俗之作（schlock and
> kitsch）、電視連續劇與《讀者文摘》（Reader's Digest）文化、廣告與汽車

---

[19]同註 1，頁 169。

旅館、夜間表演節目和 B 級好萊塢電影，以及所謂的「代文學」
（"paraliterature"）——機場出售的平裝本哥德式小說與羅曼史、通俗傳
記、謀殺的神祕故事、科幻小說及奇幻小說的「墮落」景象。他們不再
只是「引用」這些題材，像喬伊斯（James Joyce）或馬勒（Gustav
Mahler）那樣，而是將這些題材納入他們的真正本質裡。[20]

　　詹明信認爲上述那些所謂「後現代的代文學」和現代主義第一個最明
顯的差異就是它的平板性或無深度性（flatness or depthlessness），也就是名
副其實的膚淺性（superficiality）。[21]這種後現代主義的膚淺性是羅門所引以
爲憂的（下詳）。除了引用詹明信上述的說法外，又如在他解讀林燿德的
〈人人都想向我索討食譜〉等詩時，也從他所了解的後現代角度著手立
論，底下這段論述即係來自他那張「後現代認知地圖」：

　　林燿德採取後現代「顛覆」、「解構」與「戲謔」意念與「拼湊」
　　（"collage"）手法，透過醜美學的觀點，將文類與文字媒體解構，滲入非
　　文字的其他符號；以及將雅與俗、腰上與腰下、神與鬼、田園與都市、
　　古與今、自然與外太空……等的不同存在思想、情景與時空狀態，都混
　　在一起，給與拼湊成詩的至爲新異、特異乃至有點怪異的詩思「大拼
　　盤」，這顯然是種兼具高度實驗性與創造性屬於後現代創作理念表現。[22]

事實上，羅門的這張「後現代地圖」，不僅可從其論述文字中讀出，還可以
自他幾首他所謂的具有「後現代意識」的詩作中看出，這包括〈古典的悲
情故事〉、〈長在後現代背後的一顆黑痣〉、〈世紀末病在都市裡〉、〈後現代
A 管道〉、〈卡拉 OK〉與〈觀念劇場〉等[23]，這些詩作並非後現代詩，而是

[20]同註 18，頁 2～3。
[21]同註 18，頁 9。
[22]同註 17，頁 136。
[23]同註 2，頁 34。

具有後設意味的「論後現代的詩」，譬如〈後現代 A 管道〉一詩，就指出羅門眼中所見的幾種後現代的特色：缺乏嚴肅（「後現代嬉皮笑臉」）、去中心（「方向該往那裡走／只要是路／方向該往那裡休息／那要看它累成什麼樣子」）、拼湊（「有人將咖啡倒進龍井／有人將檸檬擠進牛乳」），以及自由開放（「只要你高興／一切都由你／價值由你定／歲月由你選／世界任你挑」）等。

## （二）後現代的誤讀

羅門所描繪的這張「後現代地圖」，不論是以論述文字或詩作呈現，其中均不乏錯描或誤置之處，這當然是由於他對後現代或後現代主義的誤讀（misreading），雖然誤讀是理論的旅行（travel of theories）本身難以避免的。例如他舉自己的三首詩作〈麥堅利堡〉（1961 年）、〈曠野〉（1979年）、〈門的聯想〉（1988 年），認為它們即是運用了後現代的解構、拼湊與多元的「創作意念與手段」。[24]拼湊與多元固然是後現代的「創作意念與手段」，卻非後現代專屬，事實上，現代主義也玩這種手法；兩者的差異在：前者羚羊掛角，無跡可循，而後者則反是——也就是它有一個訴求的主題，來自多元的拼湊雖然看似各不相干，各說各話，背後卻在指向一個統一的思想，那麼這就是有「跡」可「尋」了，只是現代主義不太使用「拼湊」這個字眼，他們用的更多的是「並置」。並置其實也就是拼湊，但並置會爆出火花，拼湊則是胡亂地並置而已。羅門這三首詩均非胡亂的拼湊，而是有意的並置，而此一手法當然不該賴給後現代主義。

在《臺灣詩學季刊》第 22 及 23 期中，羅門和另一位同輩詩人向明曾就自己的〈大峽谷奏鳴曲〉一詩是否為後現代詩打過筆仗，爭議的焦點即在「解構」（"deconstruction"）問題上。羅門在該詩詩末的附言中說：「這首兩百多行的長詩，是我企圖跨時空、跨國界、跨文化與藝術流派框限，以世界觀與後現代解構理念所寫成的詩」[25]，就因為這一附言，引來向明高

---

[24]同註 2，頁 32～33。
[25]同註 2，頁 304。

分貝的質疑：這首八段結構的長詩「全都是保守的修辭性文本」；正因爲如此，在該詩中找不到「各種游離不定的差異」，看不出「有任何對既有文本破壞的企圖」，所以這根本不是用後現代解構理念寫的詩。向明認爲羅門只標榜一串聳動的口號，「卻沒有提示創作方法，譬如後現代詩是如何表現，解構理念的詩是如何表現，兩者疊加在一起的〈大峽谷奏鳴曲〉又是如何表現？」[26]

　　平心而論，向明的詰難不無道理。解構基本上是後結構主義的一種批評方法而非創作手段，依照學者布瑞斯勒（Charles E. Bressler）的說法，解構主義的解讀策略，有一套如下的進行次序：首先，他必須對文本（text）採取線性式（linear）的閱讀，也就是視文本具有清晰的開頭、中間與結尾的結構。其次，據此他必須進而：

　　　　1.去發現支配文本本身的一種二元性運作（the binary operations）；

　　　　2.並對這種二元運作背後的價值、概念及理念予以評價；

　　　　3.再翻轉這些被呈現出來的二元運作；

　　　　4.還要拆解先前所抱持的世界觀；

　　　　5.以至於接受植基於此種新的二元倒轉的文本所出現的有著各種不同層級的可能性：

　　　　6.最後要允許文本的意義具有未定性。[27]

　　首揭解構理論的德希達本人即特別強調上述那個翻轉原先二元對立（結構）的顛覆階段，在《立場》（Positions）一書中他更指出，這種解構策略不同於黑格爾式的辯證法。黑格爾的唯心主義「取消」（"aufheben"）古典唯心主義矛盾的二元對立（the binary oppositions），被取消之後的二元對立則再被歸結爲第三方，這第三方的出現，除了一面取消、拒斥之外，

[26]向明，〈鼓勵・鼓勵・加倍鼓勵・脫國王新衣──評析羅門「大峽谷奏鳴曲」及其他〉，《臺灣詩學季刊》第 22 期，1998 年，頁 35～47。

[27]Barthes, Charles E. 1994. *Literary Criticism: An Introduction to Theory and Practice*. Englewood Cliffs, New Jersey: Prentice-Hall. P.81～82.

也一面予以提升、理想化[28]——這可說是一種文學的現代主義；然而德希達的「取消」所出現的新的「概念」，「不再可能，也絕不會被涵括在原先的體制中」。[29]德希達稱此翻轉後之出現者為不可決定的「幻影的統一體」（"unities of simulacrum"），它並不構成第三端（a third term），例如就像Pharmakon（藥）這個字，它既非良藥亦非毒藥，既非善亦非惡，既非內用亦非外敷，既非言語亦非書寫。這「既非／亦非」（"neither／nor"）也就是說「同時」擁有兩個「或者」（"or"）[30]——這可說是文學下的後現代主義。羅門的〈大峽谷奏鳴曲〉大概只能找到黑格爾式「辯證性的和諧」（"dialectic harmony"），而找不出「既非／亦非」這種意義的未定性。

　　解構雖係一種解讀或批評策略（也是方法），然而羅門是否可以之做為寫詩的依據？向明冷嘲熱諷說「我們的羅門先生居然可以用後現代解構理念寫詩」[31]，這話又不無商榷餘地。解構雖非創作手段，唯若詩人事先心中存有「解構理念」，執筆賦詩時難免受其影響，讓「文本」顯出各種游移不定的差異，使看似清晰嚴謹的文字洩漏一些縫隙，甚至玩弄純粹的意符遊戲（signifier game），亦非絕不可能。或許我們可以這麼說，羅門自可以以解構理念賦詩，問題在——他玩得道不道地。如果玩得不道地，又自稱為係用「解構式」的玩法，自不免遭致誤解之譏。[32]

　　羅門難辭其咎的還可以從他對巴特「零度書寫」的誤用看出。羅門在他的論述力作〈「第三自然螺旋型」的創作理念〉及〈從我「第三自然螺旋

---

[28]Derrida, Jacques,. *Positions*. Trans. Alan Bass. Chicago: The University of Chicago Press. 1982. P.43.

[29]同前註，頁 42。

[30]同註 28，頁 43。

[31]同註 26，頁 40。

[32]羅門在反駁向明的質疑時自謙說，雖不敢像向明那樣說自己懂「解構」觀念，但也肯定地以自己廿多年前即用「燈屋」這件作品「具體說出後現代創作的『解構』觀念。至於〈大峽谷奏鳴曲〉此詩，羅門坦承，基本上只是「以世界觀開放的心境以及後現代藝術解構與拼湊的理念去寫一首打破時空、都市、田園、太空、國界、文化與藝術流派框限的屬於我個人創作風格的詩」，所以並不是一首後現代主義的詩，同時並以此反唇相譏向明說他指鹿為馬，只因該詩附言出現有「後現代解構」這五個字眼，便「到天空去亂抓『大峽谷奏鳴曲』這隻根本不是後現代主義的鳥，抓不到，還自言自語說自己懂後現代主義」（羅門，〈向明？向暗？向黑？〉，《臺灣詩學季刊》第 23 期，1998 年，頁 145～147）。其實，向明也沒說他懂後現代主義。

型架構」世界對後現代的省思〉二文中均一再提及巴特的「零度創作」觀念。[33]在該二文中（相關部分的文字都重複）[34]，羅門是這樣闡釋他的「零度創作」觀念：

> 的確當人類在以往生活中，極力企求各式各樣的「權威性」、「絕對性」、「完美性」與精神存在的「頂峰」世界，都大多換來不同的苦痛，常不如意，而且生活得太費心，乾脆將眼睛放低下來看，除去一切不變的規範與偶像所加的負荷力與約束力。讓生存空間一直清除與空到零度重新開始的位置。讓新起的一切、排除舊有的一切約束，且自由的進出，並建立新的生存空間秩序與狀態。[35]

就巴特所揭櫫的「寫作的零度」來看，羅門這段論述文字難免有偷龍轉鳳之嫌。巴特指的「寫作的零度」是一種中性寫作，而中性的寫作也就是一種純潔的寫作，其目的在袪除語言的社會性或神話性，換言之，就是要擺脫歷史與社會對文學語言的制約。文學不應被看做是一種具有特殊社會性的流通方式，它本身具有獨立的機制。古典文學的語言本身不具內涵，是言外之物的反射，所以是透明的。直至 18 世紀末，文學語言本身才獲有自己的「重量」，而文學的形式也才在作家的目光之前搖晃，成為被關注的對象。首先在夏多布里昂（F. Chateaubriand）時代，寫作開始成為作家目光注視之焦點，幾乎與其工具性功能分離，可說是一種自戀現象，其次，直至福樓拜（G. Flaubert），才明確地使文學（形式）成為「製作」的項目；最後馬拉美（S. Mallarme）針對語言的破壞，使文學語言在某種意義上成了殭屍，亦即其對寫作的謀殺（meurtre），完成了文學對象的構造。

---

[33]Kumar, Krishan,. *From Post-Industrial to Post-Modern Society: New Theories of the Contemporary World*. Oxford: Basil Blackwell. 1995.　P.135～137, 150～151.

[34]羅門在論述中，後文常常習慣「剪貼」或「複印」自己的前文，不僅觀點重複，連文字也重複，如下引有關「零度創作」之說，這二篇文章的文字就幾乎是一整段重複。羅門的這種行文習慣，識者已不以為怪。

[35]同註 1，頁 150。

36零度的寫作即是一種「擺脫特殊語言秩序中一切束縛的寫作」，也就是使語言呈現「一種中性的和惰性的形式狀態」，例如卡繆（A. Camus）的《異鄉人》，即顯現一種「不在」的風格，就像馬拉美的印刷失寫症企圖在稀薄的字詞周圍創造一片空白地區，不再發聲；「不在」即沉默，以非祈願式或非命令式的直陳性語言寫作。37

　　然而，羅門所說的「零度寫作」指謂的卻是詩人的存在狀態，尤其將它和他詩論中慣有的三個重心之一的「心靈」相互連絡起來立論38，亦即詩人應「除去一切不變的規範與偶像所加的負荷力與約束力」，讓心靈狀態掏空降到零度，排除舊有的一切束縛，自由開放進出，以「建立新的生存空間秩序與狀態」。嚴格而言，這實在與巴特所說的寫作的零度風馬牛不相及，所以陳鵬翔才說：「羅門在討論這種零度書寫時根本就未了解到巴特是在討論語言、風格與書寫這三種『形式』（"form"）的關聯……，他當然更沒想到巴特的零度書寫概念並未在他往後的文學研究中扮演重要的角色。」39的確，「零度的寫作」此一主張，是巴特早期結構主義的文論，羅門若要援引巴特的理論，理應注意其中晚期轉向後結構主義的作品才是。

## 三、後現代的肯定與否定

### （一）後現代的肯定

　　如前言所說，在戰後第一個世代的詩人群中，羅門稱得上是願意對後現代（或後現代主義）予以包括以至於接納的前輩詩人。在〈從我「第三自然螺旋型架構」世界對後現代的省思〉一文中，他即表明「肯定後現代主義階段性的必然性與其突破現代主義，所呈現的某些正面價值」40；而他

---

36Barthes, Roland, *Writing Degree Zero*. Trans. Annette Lavers and Colin Smith. New York: Noonday Press. 1968. P.1～3.
37同註 36，頁 74～76。
38依陳鵬翔的研究，在〈論羅門的詩歌理論〉一文中指出，羅門的詩論有三個重心，即心靈、現代人的精神悲劇，以及所謂的「第三自然」（同註 9，頁 247）。
39同註 9，頁 259。
40同註 1，頁 148。

之所以願意肯定後現代主義「某些正面的價值」，係源於他向來所主張的多向性（NDB）詩觀[41]，畢竟詩人是在「自由遼闊的天空」而不是在「鳥籠」內創作的，在詩的表現技巧及內涵世界上，同時都要講究它的多向性。基於這樣的觀點，「多向性」勢必要將新起的後現代納入，無論在詩的內容或形式上，都應該正視其存在，而且也能為詩人所用。詩是語言的藝術，做為一名現代詩人則應不斷探索詩語言新的性能：

> 由於人類不斷生存在發展的過程中，官感與心感的活動，不能不順著這一秒的「現代感」，往下一秒的「現代感」移動，而有新的變化。這便自然地調度詩語言的感應性能到其適當的工作位置，呈現新態。否則，便難免產生陳舊感與疏離感。[42]

　　的確，誠如羅門所說，一個現代詩人若能不斷注意與探索詩語言新的性能與其活動的新的空間環境，他便能不斷地持有創造性的意念，而這一意念「將使所有停留在舊語態中工作的『比』、『象徵』與超現實等技巧，必須有所改變與呈示新的工作能力」。[43]現代詩人既要不斷探索新的語言，以調度其語言的感應性，則他當勇於嘗試後現代主義對於詩語言所帶來的革新。

　　出於這樣的觀點，羅門在為蕭蕭《凝神》詩集所寫的序文中，便從後現代的角度立論，認為蕭蕭的詩雖如其他詩人一樣離不開賦比興手法的運用，但他的詩作亦「明顯已涉及所謂『後現代』帶有解構顛覆性、遊戲色

---

[41]NDB 是 None Direction Beacon 的縮寫，專業名稱叫「多向歸航臺」，是一種飛機的導航儀器，讓飛機可在看得見及看不見的狀況下，從各種方向準確地飛向機場。羅門認為這種 NDB「頗似詩人藝術家的廣體的心靈與各種媒體，將世界從各種方向，導入存在的真位與核心」，而此讓他在無形之中形成其創作上「多向性」的詩觀（羅門，《羅門詩選》（臺北：洪範書店，1984 年），頁 9）。羅門少時曾任空軍飛行官校飛行員。

[42]同前註，頁 5。

[43]同註 41，頁 7。

彩、拼湊，以及反常態與複製的詩風」。[44]例如以〈應無所住而生其心〉這首被羅門大加推崇的詩而言，這是該「詩集中題材與思想面的廣闊度與用量都較大的一首詩」，詩人創作的企圖心與膽識很大：

> 運用的表現技巧也具有多樣性與變化，包括現代詩一貫用的意符、象徵、超現實、立體觀念、內延化的形而上性，以及後現代著重的指符、平塗、解構、多元混合拼湊、複製、圖象、設計……等，可說是全面動用所有能用的創作技巧與手段，因而這首詩，應是一首具大容涵與大工程建構的詩，也是蕭蕭帶有後現代詩風的一首具有思想性與表現的重大作品，值得大家重視。[45]

　　在肯定「蕭蕭是有思想性、語言功力、想像豐富，以及有藝術策略與運用多樣性技巧表現的優秀詩人」之後，羅門認為這本詩集「是隨帶著『現代詩』具有內在深度的思想資源，進入『後現代詩』新的工業區，去創建與經營確有實力的『後現代詩』的新廠房，出產新穎的詩產品，是有創意與前景的」[46]，可以看出，羅門的結論是站在「肯定後現代」的立場，從蕭蕭詩作中的後現代味，讚揚他有經營新語言與技巧的能力。

　　同樣的情況，在羅門評論羅青、杜十三及林燿德的詩作中，亦可看到他不只一次地從後現代的角度肯定這三位詩人。就羅青來說，他之所以被認為是「第一流的詩創作者」，是因為他具有「第一流想像力」[47]，所以他

---

[44]同註 22，頁 168～169。
[45]同註 22，頁 170。
[46]同註 22，頁 175。
[47]羅門的論述文字，除了擅用形象式的比喻，例如「『詩』是神之目，『上帝』的筆名」、「詩是打開智慧世界金庫的一把金鑰匙，上帝住的地方也用得上」，在評論詩人作品並給予肯定之餘，往往亦不吝用誇張的形容詞加以讚揚一番，如此處所用的「第一流」字眼；又如形容杜十三的詩集《石頭悲傷而成為玉》「像一顆亮麗的詩的人造衛星」（同註 22，頁 163）；再如稱林燿德為「臺灣奇才」（同註 22，頁 313），以至於是一位「才情、才思、才智高人一等具有創作前景的天才作家」（同註 22，頁 314）。喜用誇張的形容詞予人以肯定之讚語，讓羅門的論述文字帶有他個人強烈的色彩，形成他個人獨特的評論風格。

才能用此一「第一流的想像」玩出「西瓜十六種吃法」[48]；而從他的「玩法」中可以發現：

> 他不像余光中是採取新古典美學精神引發的「常態正規」能動性去運作；而是運作在後現代顛覆、解構多元、拼合與重建的新思維境域，溢放出詩新穎的異類意趣與複疊的思緒，更值得從新的藝術角度與表現形式來觀賞與予以重視。[49]

另就杜十三來說，羅門在爲他的詩集《石頭悲傷而成爲玉》所寫的序文中，除了肯定杜十三「面對世界，採取多向度的觀察，內視力也較一般詩人銳敏與深入，又有一己獨特的切入點」之餘，特別盛讚他的「後現代能力」：

> 他有審判能力，能確實善用「後現代」解構觀念，打破所有的框限，自由的進出古、今、中、外以及田園、都市與宇宙太空的生存時空環境，自由的使用地球上所有的物體材料以及各種藝術流行主義的功能，以致擁有創作世界豐富與大包容度的資源，這便首先使他這部書的書寫內容與藝術表現，出奇的繁複，多變化與多樣性，而滿足讀者。[50]

至於論及林燿德的部分，除了上引（前節）評論林燿德的獲獎詩作〈人人都想向我索討食譜〉的文字外，更進一步指出他的「這首詩確是大力抓住『後現代』創作的左右心房。那就是在『內容』與『形式』做雙向的全面的『解構』與『突破』，在不可能中創造可能，開拓他思維空間廣闊

---

[48]羅青〈吃西瓜的六種方法〉組詩（計五首），收在詩集《吃西瓜的方法》（羅青，《吃西瓜的方法》（臺北：幼獅文化公司，1972 年），頁 161～166）中；羅門說羅青「吃西瓜的方法」有 16 種（多了 10 種），可能是筆誤。
[49]同註 22，頁 171。
[50]同註 22，頁 161。

與藝術表現理念新穎的詩創作世界」，使他這首詩「幾乎像是在後現代新的創作園區展示各種技巧的特殊發表會」[51]（儘管這首典型的現代詩可否從後現代主義的角度來解讀恐值得商榷）。

　　如上所述，羅門之所以能正視後現代「某些正面的價值」，係出於他所持的「NDB 詩觀」，而這「NDB 詩觀」實係根源於他自成體系的「第三螺旋型架構」理論。依照「第三自然螺旋型架構」的說法[52]，詩人內心秉持此一架構，無形之中即為其自己形塑一個具有「無限自由與開放的包容性」的精神世界，它可以 360 °圓形不斷向前（上）突破與前進，而旋轉衍生為一種螺旋形運動，形成一「前進的永恆」，將各種古今中外的思維含納，包括老莊、陶潛和王維，也包括米開朗基羅、莎士比亞與貝多芬，更包括巴特及詹明信。此一螺旋形「永恆的前進」所旋開的是「內在 N 度空間」，在此一空間內，何止是傳統寫實或現代，連後現代乃至後後現代都可以存在，而且其創作手法亦能為詩人所用，進而冶於一爐。有鑑於此，在「第三自然螺旋型架構」之下，後現代或後現代主義自不必為羅門所排斥，而這也是羅門之所以願意正視它以至於肯定它的道理。

## （二）後現代的否定

　　依羅門所信，後現代主義之出現乃至「解構」現代主義，係因後者向上旋轉到它的「頂峰世界」時，背後出現了盲點，亦即現代主義發展至極致所顯現的盲點乃由繼起的後現代主義來加以克服。現代主義會出現盲點，後現代主義當亦不能例外，所以他說：「同樣，後現代主義在『第三自然』所旋開的『前進中的永恆』的無限地展現的 N 度透明螺旋型世界裡，背後所呈現的盲點，也就接著有待後後現代來克服調整改善與重建。」[53]所以本節開頭所舉的〈從〉文中，羅門雖一面聲明他肯定後現代主義突破現代主義的正面價值，也一面澄清要「同時看出它背後所可能甚至已出現的

---

[51]同註 22，頁 135。
[52]同註 1，頁 13～143。
[53]同註 1，頁 148。

某些盲點」。[54]

　　基於這樣的立場，在上文中，羅門即表示他要採取超越這種主義發展階段性的態度，在以「全面性的通觀與審視」來探索後現代主義所可能出現的盲點時，「難免有些批判」[55]——這就是羅門對後現代主義有所保留的地方。正因爲他「有所保留」的態度，所以他對後現代是有所取、有所不取，絕非「來貨照收」[56]，有著他自己個人的後現代工廠。[57]從他對後現代有所選擇的批判可以看出，他所拒收的是後現代出現的負面現象[58]，而這也就是羅門對後現代加以否定的一面。

　　羅門對後現代的否定，首先係直指詹明信所說的「無深度感」，也就是後現代的淺薄性。依羅門的了解，詹明信對後現代情況的分析，是在「指控人在『後現代』已活在沒有『深度』、『崇高點』以及『對歷史遺忘』等狀態」；而羅門站在他「第三自然的螺旋型世界」裡，「認爲詩人與藝術既是開拓人類內在更深廣的視聽世界，則應該反對『浮面』、『淺薄』與『流行性』的泛濫，並繼續在詩中探索與建立一個具有『美』的深度與不斷向頂端爬升的高層創作世界」。[59]在這樣的創作世界裡，詩人有信心懷抱「永恆」與「真理」，理由是：

> 因為大家已看到在世紀末，人類活在後現代的泛價值觀中，好像越來越沒有價值標準，只要合乎我意的，就有價值；活在後現代泛方向感中，所有的方向好像都是方向，只要我高興的方向，我就去，結果是各走各的，走在沒有方向的方向裡……，也沒有所謂的絕對真理以及對與錯，結果形成目前勢利、暴力、政客屬性、冷漠、性的泛濫、毒品、愛滋病

---

[54]同前註。
[55]同註 52。
[56]同註 1，頁 171。
[57]同註 1，頁 168。
[58]同註 2，頁 34。
[59]同註 1，頁 157。

流行，甚至無情、無義、無信的劣質化社會現象。[60]

　　羅門上述這樣的「控訴」，雖不無道理，但要把他指陳的那些「劣質化社會現象」全一股腦推給後現代情境，令人不由得興「替罪羔羊」之歎。這些所謂後現代式的「浮面」、「流行」、「粗糙」的文化現象，究竟是後現代的因抑是後現代的果？恐須進一步辨明。至少法蘭克福學派便指出，這種膚淺的大眾文化係現代文化工業有以致之。

　　對羅門來說，無深度感（或曰淺薄性、平面化）既是後現代的文化現象，也是後現代詩所顯現出來的一種弊害。此乃立基於羅門對於詩所秉持的理念。羅門向來認為，意象是詩之所以為詩的「基本元素」，如果將意象排除，等於是不要詩出來，蓋詩根本上是以意象來「表現不可見的更為真實奧祕與無限的世界」；若只是指陳表面可見的世界，那是散文、小說與報導文學的事。例如陶潛的「採菊東籬下，悠然見南山」詩句，如果沒有後句「南山」意象的出現，只有前句外在的「視象」，那不過是散文而不是詩。換言之，詩須有意象始能見其深度，這才是詩的意指（signified），否則只存意符（signifier），那是散文，詩是不會在這種平面的創作領域裡出現的。然而，目前不少後現代詩則是要將意象放逐，以拼湊或連環套的手法產生缺乏深度的平面圖景，「畢竟仍顯有偏失與可見的盲點」。[61]羅門的「意象說」令他對後現代難免不懷好感：

　　　若有人在後現代，圖完全排除詩的意象，那顯然是不智與不加深思的，因為詩如果沒有「意象」，詩會餓死，或者「窮」得只好交給散文領養，甚至使中國生五千年來以詩意境高超為榮的文化心機受到傷害。事實上詩高超的「意境」世界是由高超的「意象」來領航與達成的。[62]

---

[60]同註1，頁158。
[61]同註2，頁7～9。
[62]同註2，頁8。

　　後現代詩的弊端當不只喪失意指（即意象被放逐）而已，在羅門看來，它所強調的解構與多元化傾向，如前所述，雖然有其正面意義與價值，也就是它將「一」解構變成更多的「一」，多線道地展現出生命與一切事物存在的多采多姿與富麗的世界與景觀——這便有如將「太陽」解構，使解構後的每一部分都仍閃著陽光，這應當予以肯定[63]；然而，肯定解構的同時也不能忽視它可能產生的負面與盲點。羅門進一步憂心忡忡地說：

　　　　將「太陽」擊碎（解構），使所有的「碎片」，都變成個別的「太陽」，這當然是美好的構想。但如果「太陽」被解構了，所有「碎片」都不是「太陽」，只是零星的煙火，像目前世界日趨「流行」、「浮面」、「薄片」，甚至劣質化缺乏「理想」的文藝現象，那是我站在「第三自然螺旋型世界」所無法苟同的。[64]

　　羅門上述這個「太陽」與「碎片」形象式的譬喻，並不難理解，只是解構一詞並非如他所說將「一」，打碎變成「多」，這樣的說法恐怕是引喻失義。羅門如何誤植解構另當別論，但是從他上述在高度讚揚後現代的「解構」之餘仍不忘提醒讀者與詩人同好它可能產生的負面與盲點，足證他對後現代的有所取與有所捨。他所取的，也就是他對後現代（主義）肯定的部分；他所捨的，也就是他對後現代（主義）否定的部分。而不管肯定或是否定，就羅門自己所提出的「第三自然螺旋型架構」而言，他是不會感到有任何的衝突的。

## 四、結語

　　羅門之所以對後現代有褒有貶，並在這褒貶互異的立場中不會感到

---

[63]同註 2，頁 29。
[64]同註 1，頁 160。

「自亂陣腳」，實係出於他潛意識裡（不自覺地）想要綰合現代主義與後現代主義的意圖。一來他認爲現代與後現代二者並非「一刀兩斷分開存在的孤立體」，它們甚至是「錯綜複雜糾纏在一起」，況且創作者也大多有兩邊跨界的現象[65]；二來他始終秉持的是一種「自由開放的創作心靈」，自然不願也不會爲包括現代主義和後現代主義的「框框」所限制[66]，畢竟有「框」才會劃地自限，也才會彼此產生衝突。

羅門這一綰合現代主義與後現代主義的論證，可以如下概括：「現代思想＋後現代詩風（拼湊、顚覆、複製……）＝傑出詩作」。以他對於林燿德與蕭蕭（部分）詩作的分析與讚揚爲例，即可看出他背後結合現代與後現代的意圖。對於林燿德的詩作，羅門之所以認爲傑出，是因爲其雖「披上後現代詩風」，採取顚覆、逆返與革新的創作手段，但是卻也「不會放棄『現代』乃至過去任何有利他創作需要的東西」[67]，羅門肯定地認爲：「林燿德確是帶著『現代』足夠的思想財源不是『空頭支票』，進入『後現代』向前邁進的實力派的傑出的詩人」。[68]對於蕭蕭的詩作（主要是《凝神》），羅門認爲，在他的若干「具有後現代創作風貌的詩中，仍堅持詩思的內在性義涵與深度，乃至『意象——意符（即符指，signified）』所意指的某些含有哲思的形而上性」。蕭蕭這本《凝神》詩集，在羅門看來，誠如上述，「是隨帶著『現代詩』具有內在深度的思想資源，進入『後現代詩』新的工業區，去創建與經營確有實力的『後現代詩』的新廠房，出產新穎的詩產品，是有創意與前景的」。[69]

上述那樣的論證不無商榷的餘地。就純粹後現代主義者而言，恐怕無

[65]同註1，頁149。
[66]雖然羅門再三強調他不太贊成把「主義」兩字標在任何文藝尤其是詩身上——因爲「主義」是有框架的，而詩人的創作精神是不斷超越與不受制約的，是要打破框架的（參見羅門，《羅門論文集》，頁16及羅門，〈向明？向暗？向黑？〉，《臺灣詩學季刊》第23期（1998年），頁151；然而，在多數的遣詞用句中，後現代「主義」一詞還是常常上口。
[67]同註22，頁121。
[68]同註22，頁128。
[69]同註22，頁173、175。

法接受「骨子裡是現代主義卻戴著後現代主義的外殼」這樣的論調；當初後現代理論之崛起，就是在瓦解現代思想，而後現代主義之中如果還寓有現代（啓蒙）思想，那也非後現代主義了。反之，若具現代的人文精神義涵，也就難以成為一首後現代詩作，向明批評羅門的一句略帶笑謔的話：「只要把作品中任意三行拿來看，如果三行文意之間有邏輯性思考的即是僞作」[70]——也就是非後現代詩，倒也言之成理。林燿德在〈「羅門思想」與「後現代」〉論文中曾指出，在羅門的詩論思想中，存在著「三組對抗的課題」，即：「進化的文學史觀」對「不連續史觀」；「形上學體系」對「反形上學（反二元理言中心主義）」；「純文學的超越性」對「讀者論」[71]——這三組對抗課題，其實可以化約為：「現代主義」對「後現代主義」，而這一組對立思想並不容易調和與化解。

羅門曾引述林燿德上文的一段話：「後現代主義者譏笑現代主義是『刺蝟』，眼睛只能看到一個方向，他們又自比為『狐狸』，可同時注意不同的方位。不過眼觀八方的狐狸，常因咬不著刺蝟而餓死」[72]，認為「這段話正說明，變化多端的後現代主義，若同現代思想斷絕，會空肚子餓死」[73]。事實上羅門哪裡知道，眼觀八方的狐狸根本不會想去咬刺蝟，他只會譏笑刺蝟是個現代主義者。狐狸可能會也應該會翹辮子，但絕不是餓死或咬死。

——選自彰化師範大學國文學系編《臺灣前行代詩家論——第六屆現代詩學研討會論文集》臺北：萬卷樓圖書公司，2003 年 11 月

---

[70]同註 26，頁 40。
[71]同註 7，頁 164。
[72]同註 7，頁 165。
[73]同註 22，頁 114。

# 從顯型到原始基型
## 論羅門的詩

◎蔡源煌[*]

　　「顯型」與「原始基型」涉及兩個完全不同的範疇：前者係遺傳學上的 phenotype，指生命體在生存環境中所表現的可見的外在特徵；後者（archetype）係容格所創，應用在文學上——套用傳來的界說——是指「一個典型的或重複出現的意象……是將一首詩與另一首詩連繫，進而整合統一吾人之文學經驗的一種象徵」。[1]這裡所謂現代生命的顯型，是指都市生活而言。都市生活的世界是一個拘囿於局部時空的有限世界。眾所周知的，美的要素包括時代性、永恆性兩個層面。詩人之為藝術家，為美的締造者，關鍵在於他能夠從這個有限世界中，去找到無限、永恆、絕對之象徵。職是之故，詩人乃必須訴諸想像之原始基型，而以眼前的都市生活意象做為溝通現象界與理念界、現實與永恆的媒介。本人試從這個觀點來探討羅門詩中之精神探尋方向。

　　羅門在接受高歌訪問時，曾對「現代」一詞作了這樣的定義：

　　「現代」是一種特殊的時空觀念，它肇始於科學力量所帶來的極度物質文明，以及因此所引起的人類生存環境的悲劇……。「現代」兩字，其實就是大多數人類精神所已共通面臨的這一特別狀況的時空——它正以一

---

發表文章時為《中外文學》月刊主編，現為臺灣大學外國語文學系退休教授。

[1]Northrop Frye, *Anatomy of Criticism*, Princeton University Press,1957 , p.79.原文是：" ……a typical or recurring image……a symbol which connects one poem with another and thereby helps to unify and integrate our literary esperience."

種日漸都市化的壓倒性的生存力量，逐漸地向世界每一個角落延伸。[2]

詩人的強烈「現代」觀念與他的自我意識不無關係。有感於自身所扮演的傳統角色，詩人冀圖藉現代感給予他的啟示，來探索人類的精神出路。就如羅門在同一篇訪問錄中所說的：

> 因為「現代感」對於個人或全人類的生存世界，永遠是具有強烈的變異性與超越性，能為人類存在不斷帶來新的經驗與體驗，去提供出昔日未有的貢獻。[3]

現代詩錄用都市意象，並非我國詩人所肇設。（不少人以為現代感於我國讀者不易引發共鳴，因為國內似乎尚未體會到西方那麼厚重的科技撞擊。）歐美詩人起用都市意象者，首推波特萊爾。波氏為《惡之華》再版（二版）寫的序詩有兩行寫道：

> 我從每一件事物當中擷取其精華；
> 都市啊，你給了我妳的泥沼，我將之變為黃金。[4]

將城市的陰霾、紊亂化為黃金，意味著詩人藉卓越的想像而臻至某種超越。然而，就如波氏《巴黎的憂鬱》一書的結尾詩所揭示的，儘管詩人想以唯美的超然觀點去欣賞巴黎，觸目所及卻是一片陰森醜陋。該詩全文堪值引述：

> 心滿意足地，我爬上了那座山

---

[2]羅門，《羅門自選集》（臺北：黎明文化公司，1975 年 12 月），頁 246。
[3]羅門，《羅門自選集》，頁 247。
[4]Charles Baudelaire, *Oeuvres posthumes*, Paris, 1908., p.20.

從那兒，你能凝視全城：

醫院、妓院、煉獄、地獄、監牢，

在那兒，一切愚笨的事物綻放如一朵花。

你知道，啊！撒旦！我的痛苦的護衛神，

我不是去那兒啜泣，

而是像一個老情婦的老登徒子，

我欲沉醉於那巨大的蕩婦，

她極惡的魅力令我年輕，不休不止地。

不論你依然在凌晨的床單中昏睡，

氣悶的，幽暗的，感冒了的，

或是妳在傲然而行，在飾以黃金的夜幕中，

我愛妳！啊！污穢的首都！娼婦們

和匪徒們，你們常常奉獻那種逸樂，

庸俗的門外漢所不能瞭解的。[5]

　　本詩第三行指出鳥瞰巴黎所見的一些殘敗墮落之象徵：醫院、妓女戶、監獄；然而，最後一段，詩人卻說愛上了這一座「污穢的首都」——包括它的娼婦和匪徒。詩人甚至離經叛道地尊奉魔鬼撒旦為痛苦的護衛神。這種乖戾的體驗，若與波氏所說從道德的泥沼中擷取菁華相提並論，就不難看出現代都市潛在的墮落與詩人之喪蕩遊魂了！

　　羅門的詩，以都市生活為題材的，比例甚大：〈都市之死〉、〈都市的落幕式〉、〈都市的五角亭〉，甚至〈咖啡廳〉……等等都是。舉個最簡單的例子〈都市的落幕式〉：紅燈一亮時，交通阻塞，都市頓時成了一具殘敗的軀殼，循環、消化、排泄等功能都停了下來。事實上，這就是現代人生活的

[5]譯文見胡品清譯《巴黎的憂鬱》（臺北：志文出版社，1975年），頁161～162。

空間，它所發生的一切事態、現象，幾乎是每個人天天要面臨的。都市生活所以成為羅門詩中現代生命的顯型，其理由也是不言而喻的：

> 煞車咬住輪軸
> 街道是急性腸炎
> 紅燈是腦出血胃出血
> 十字街口是割去一半的心臟
> 只有那盞綠燈是插到呼吸裡去的
> 　　　　　　　　通氣管

這裡的綠燈，須臾就從交通號誌淪入另一種意義層次：

> 那陰處便對準你發洩
> 夜夜　綠燈戶是你的北極星

都市之死，與其說是肉體之死，不如說是精神的枯竭。在那裡，人們徒以楚楚衣冠來掩飾心靈之污染；試看這首〈都市之死〉：

> 櫥窗閃著季節伶俐的眼色
> 人們用紙幣選購歲月的容貌
> 在這裡　腳步是不載運靈魂的
> 在這裡　神父以聖經遮目睡去
> 　　　　凡是禁地都成為市集
> 　　　　凡是眼睛都成為藍空裡的鷹目
> 如行車抓住馬路急馳
> 人們抓住自己的影子急行
> 　　　在來不及看的變動裡看

> 　在來不及想的迴旋裡想
> 　在來不及死的時刻裡死

上引最後三行，連續三個「來不及」，把人心的恓恓惶惶以及時間對生命的無情壓力寫得淋漓盡致。生命急促的漩渦，變化莫測；困囿於生命的深淵，時時刻刻都戰戰兢兢，可是一旦風起雲變，卻猶如一個被捲入渦流的人，倉促得什麼都來不及想，來不及看。神父無人問津，閒得以聖經當屏目障，昏昏入睡──禁地的醜陋是可能驚動他的寧靜的一場噩夢。「鷹目」一詞，顧名思義，是貪婪的象徵，將人們性飢渴的眼光醜化得令人怵驚。

　　這首詩裡，羅門雖曾提到巴黎、艾菲爾鐵塔，但是它與波特萊爾的巴黎、歐立德的倫敦一樣，已踰越了時空界限，而成為墮落城市的典型。前面已經指出，都市生活只是現代生命顯型之一。綜觀羅門詩作，讀者可以發現，環繞著現代生命的難題不外乎戰爭、死亡、性、寂寞。

　　〈麥堅利堡〉一詩，概括了前兩個主題。〈麥〉詩係 1950 年間羅門赴菲律賓遊該堡而作；全詩之連貫楔引，簡單地說，是「一將功成萬骨枯」這個老生常談：詩人因憐憫戰鬥者於沙場上的茫然心態而唾棄戰爭。此詩一開始，就將戰爭與死亡相提並論：

> 　戰爭坐在此哭誰
> 　它的笑聲　曾使七萬個靈魂陷落在比睡眠還深的地帶

戰爭被比喻為一個喜怒不定的虐待狂；人們的廝殺是它的消遣。矛盾的是，沙場捐軀的士卒，並不知道他們被戰爭所調戲所愚弄；所以詩人為他們哀禱說：「你們的名字運回故鄉，比入冬的海水還冷」。接著詩人又把死亡、戰爭推溯到一個失去的神話──童年：

> 　……在死亡紊亂的鏡面上　我只想知道

　　　那裡是你們童幼時眼睛常去玩的地方
　　　那地方藏有春日的錄音帶與彩色的幻燈片

羅門並不諱言死亡。死亡就如歐立德在〈荒原〉組詩裡所表現的，是一種
必然性。唯有透過死亡，新的精神生命方期肇始。同樣地，羅門亟欲表現
的是一種永恆超越的嘗試：藉死亡而將穿梭急馳的時光隧道凍結起來，不
也是一種永恆？

　　　……你們是不來也不去了
　　　靜止如取下擺心的錶面　看不清歲月的臉
　　　在日光的夜裡　星滅的晚上
　　　你們的盲睛不分季節的睡著
　　　睡醒了一個死不透的世界
　　　睡熟了麥堅利堡綠得格外憂鬱的草場

就這首詩的推演過程來看，羅門似乎在從事類似波特萊爾的努力。企圖從
泥沼中擷取出珍貴的一面。死亡變成了一個似非而是的矛盾語詞。全詩的
語調從哀禱歎惜，一轉而為勝利的慰藉，因為死亡使「時間逃離鐘錶」。不
幸的是，死亡的最後陰影仍然籠罩過來：

　　　當落日燒紅滿野芒果林於昏暗
　　　神都將急急離去　星也落盡
　　　你們是那裡也不去了
　　　太平洋陰森的海底是沒有門的

儘管如此，我們至少已看出羅門努力的方向。這便是為什麼他在〈死亡之
塔〉的題詞中指出「透過死亡對生命認知」的道理了。他說：「生命最大的

迴聲，是碰上死亡才響的。站在『死亡之塔』上，我更看清了生命。」

　　關於「性」方面，羅門也做過同樣的努力。性的意象，在羅門詩中，多半是與紊亂緊密連結的。例如：

天一黑
某些東西不是找他按摩
便是接受她的電療
在那一擊便著火的空氣裡
她是一隻 RONSON 牌打火機

　　　　　　　　　　　　　　　　——〈都市的五角亭・歌女〉

一排乳房
　　排好一排浪
夜　便　波　動　起　來　了

　　　　　　　　　　　　　　　　　　　　——〈咖啡廳〉

迷你裙短得像一朵火花
一閃　整條街便燒了起來
　　行人發呆成風中的樹

　　　　　　　　　　　　　　　　　　　——〈禮拜堂內外〉

但是〈都市之死〉裡羅門卻說：

而腰下世界總是自靜夜升起的一輪月
　　　　一光潔的象牙櫃臺
　　　　唯有幻滅能兌換希望

原先詩人所坦露的「美麗的獸」，「美麗的荒野」，現在提升為一輪月，一具

象牙櫃臺；於是詩人油然生起一種象徵性的「死願」（"death wish"），圖以幻滅來兌換希望。這個主題，如果拿〈海〉一詩中所用的譬喻來說明，更容易理會。

> 想起種星
>
> 　　種月
>
> 　　　種雲
>
> 　　　種鳥
>
> 　　　種風
>
> 　　　種浪
>
> 竟種出那麼多的乳房
>
> 難怪太陽用力一吻
>
> 　　　便吻成那片藍色的墳園
>
> 當黃昏踩著落帆走來
>
> 你便在最後的一張網中離去

不可諱言的，乳房是生命繁殖力的象徵，星月雲鳥風浪這些與浪漫想像息息相關的意象，和乳房相提並論，意味著想像的昇華。「太陽用力一吻」這個做愛的意象，卻導致生命的沒落終結，使天空海洋成為一座藍色的墳園。性愛與死亡的並列，正說明了所謂的「幻滅」；而當人離開了生命最後一張羅網，擺脫了最後一具「人性枷鎖」時，「另一個世界」的希望也就端倪可見。

　　羅門第一次寫的〈夏威夷〉一詩，也表現了這個主題，夏威夷海灘的景致，閃爍在一連串具有明顯「性」象徵的火紅意象裡：「威士忌與櫻唇是兩種燃燒的玫瑰／紅在花園島的夜晚」，在「火把暴露的園景」。在這個前提下，踏著夏威夷海灘的花與浪——一如 Andrew Marvell 的〈花園〉（"The Garden"）——才能迎接天堂：「誰站在那裡，誰都會長出天使的翅膀」。

　　追究現代生命的癥結所在，羅門發現，人的另一個困擾是寂寞。人活在現代時空當中，「總是握住掌心而不知手在那裡／總是想不出鳥飛出翅膀的時候」（見《羅門自選集》，頁 91），一無斬獲。寂寞是張無形的羅網，牢牢罩著人心深處；人際接觸疏索，而飄泊的心靈卻竭力掩飾自我，成了無根的種子：

> 人們藏住自己如藏住口袋裡的票根
> 再也長不出昨日的枝葉響不起逝去的風聲
> 一棵樹便飄落到土地之外去
>
> ——〈都市之死〉

　　「流浪人」坐在咖啡檯旁邊，形影相弔，「用燈栓自己的影子」——影子是「他隨身帶的一條動物」。

　　羅門詩中運用了兩個古老的典故——上帝的退隱與童年的消逝——來強調人的無助。〈死亡之塔〉有一節這樣寫道：

> 主啊　連你自己都失業與斷糧了
> 叫我們如何從奉獻箱裡要回你的借款
> 如何在一個破洋娃挂裡挖出嬰兒時的哭聲
> 如何在林蔭道上拾回孩童時滾鐵環的輪響
> 如何伏在鐵軌上收回那些逃奔的日程

個人生命的歷程中，純樸無邪的童年是黃金時代，面臨成年人的現實世界壓力，人心裡上往往有股潛傾，想退縮到那個永遠有人看顧呵護的時代。就整個人類命運來看，人類的黃金時代乃是未墮落以前的伊甸園時代。樂園既已失於一旦，人們乃只有指望於上帝的天國，可是上帝已然遠離茫茫眾生，遙不可及。然而，神的力量之消失，人們也難逃其咎。在羅門詩中

作者隱約地指出人們並未全心全意去擁抱上帝：

> 教堂的尖頂　吸進滿天寧靜的藍
> 　　　　　　卻注射不入你玫瑰色的血管
> 十字架便只好用來閃爍那半露的胸脯
> 那半露的胸脯　裸如月光散步的方場
> 　聳立著埃爾佛的鐵塔
> 　守著巴黎的夜色　守著霧　守著用腰祈禱的天國

所以，儘管「亞門像電鈴呼叫在萬物紊亂的門號上」，又能怎樣？況且上帝又不是「那扇啓閉的百葉窗／在兩根繩來回的反拉裡」唾手可得。

童年的黃金時光，在時間頻頻壓榨之下，已淪爲一片虛無痛苦：

> 一種刀尖也達不到的劇痛常起自不見血的損傷
> 當日子流失如孩子們眼中的斷箏
> 　一個病患者的雙手分別去抓住藥物與棺木
> 　一個囚犯目送另一個囚犯釋放出去
> 那些默喊　便厚重如整個童年的憶念
> 　被一個陷入漩渦中的手是托住
> 而「最後」它總是序幕般徐徐落下

「不見血的損傷」，亦即精神上、性靈上的戕害，遠較肉體的損傷厲害。童年厚重的憶念，托在一個即將溺斃的人手上，須臾即逝之夭夭。精神上的兩個歸宿——上帝與童年——既已告敗，生命之凄楚無依自不在話下。難怪乎詩人一再「理性化」死亡凍結時光移轉的作用，仍無法擺脫死亡「最後」的陰影！

羅門試圖超越現代生命現象的壓抑，其動機至此已極爲明顯。羅門於 65

年 11 月號《中外文學》發表了重寫過的〈夏威夷〉；該詩結尾附了一個註
腳：覺得前一次寫夏威夷時，未能將它那種由「自然性」與「人性」所匯流的
強烈與特殊的美感力充分表現出來，故再度來表現它。質言之，羅門所要表現
的，也就是他所謂的「第三自然」。[6]第三自然的塑造，是以萬法唯心為出發
點；包括了超脫、永恆的追求，乃至原始基型的緣用等。

　　〈超脫〉一詩中，「生命」已被置之度外：

　　這種流動
　　是與河無關的
　　管它有岸或無岸
　　　　　　岸上會有什麼山色
　　這種流動　　是不帶身體的
　　有了身體　　一流動
　　便須去想起搖籃
　　想起那塊石碑
　　　是無人操作的帆

　　這種流動
　　是不須去想的
　　一去想　　誰也想不通整個天空
　　　　　　會交給那朵雲

　　本詩所揭櫫的「超脫」便是一種永恆的追求；本身是一種手段，同時
也是目的。達到這種境界，才不會去思慮人之謎：搖籃與墓碑所標示出來
的生命之始終。最後一行的「整個天空交給一朵雲」，乃是視野的緊縮，自
遼闊而至一個焦點上的靈視，指出了追求永恆的努力可資循就的一個方

---

[6]羅門，《羅門自選集》，頁 5～21。

向——就像面對著恆河而坐的悉達多[7]，將生死萬態注入客觀之中，宇宙萬象與個人生命方得結合，而臻至心靈永恆之地。

又如〈孤煙〉中的這一段：

天空漲成一隻大乳房
那是唯一站起來流的河流
流天空成一棵棄體而飛的樹
鳥翅是飛行的葉子
空闊也是棄體而飛的
…………
你虛脫成浮升之峰
一聳立便得軸
一迴旋便見心

「棄體而飛」便是超脫（或「虛脫」）。「虛脫成浮升之峰」一行，已將感知過程的絕對超越勾勒出來，與最後兩行所用的轉輪意象配合。唯有把握輪軸——轉輪的中心點，才能見到迴旋的心；而這個軸心本身雖不停地轉動，卻停留於一個固定點，是永恆之境最恰當的譬喻。

類似這樣的努力，在〈隱形的椅子〉第六段寫得猶爲玄測：

森林以千萬種意象
　　架構著藍天
寂靜是一面鏡
只要鳥聲劃空而過
便有一把鑽石刀

---

[7]指赫塞（Hermann Hesse），*Siddhartha* 一書的主人翁。

　　　　對著它劃過去
　　　　　劃開許多門許多窗

這正是所謂靜觀自得最好的寫照；全神貫注，投靈機於森林之靜謐中，一聲鳥叫清澈地掠過心底，劃開無數的心靈之扉。

　　大致說來，羅門最常用來表現這種永恆的意象是窗、螺旋、燈屋以及某些意示原始生命力的象徵。[8]

　　〈窗〉寫於 61 年，卻列爲《羅門自選集》的第一首，羅門似乎有意以它爲序詩。


　　猛力一推　雙手如流
　　　　總是千山萬水
　　　　總是回不來的眼睛


　　雙手猛力推出，其動作卻如流水一般順暢，暗示內在的迫切欲望與千山萬水的外在誘惑力；千山萬水盡納入眼簾，故而收不回靈魂之窗的眼睛。緊接著，在眼睛「遙望裡」，觀者與千山萬水的自然景致，已達到渾然交融之地步，所以：


　　遙望裡
　　你被望成千翼之鳥
　　棄天空而去　你已不在翅膀上
　　聆聽裡
　　你被聽成千孔之笛
　　音道深如望向往昔的凝目

　　本節第二行的「你」是個問題的「你」，姑不論它究竟何所指，一個至
爲明顯的蛻變過程展現在讀者眼前。遙望裡，觀者遊思千山萬水之間，脫
羈而出，化成千翼鳥在天空「棄體而飛」地翶翔，又化爲音質深邃感人的
千孔笛——音道像眷戀往昔而入神的眼睛一般深邃。自肉體實質而至千翼
鳥、千孔笛的蛻變，耐人尋思。

> 猛力一推　　竟被反鎖在走不出去
> 　　　　　　　的透明裡

　　「走不出去的透明裡」本身是個矛盾語，走不出去意指其界限，而透
明卻是「無限空間」（"emptyreal ad infinitum"）的相關影射。乍看之下，
「反鎖」的「反」字似乎是多餘的；不過，它的語氣與拉金（Philip
Larkin）〈上教堂〉（"The Church-Going"）一詩的前兩行是不謀而合的，充
滿張力：

> Once I am sure there's nothing going on
> I step inside, letting the door thud shut

反鎖在走不出去的透明裡，說明了 ad infinitum 的莫大吸引力。
　　羅門在〈螺旋形之戀〉的題詞中，刻意將唱片旋轉的螺旋形立體化
說：「唱盤旋出螺旋形的年輪；樂音旋成螺旋形的心靈世界。螺旋形，深且
看不到底；進去，也不易出來。所以螺絲釘便是屬於那種堅定與釘了而不
易拔出來的東西。」螺旋代表永恆的意義至爲明顯。開始，羅門說：

> 門窗緊閉成堅然的拒絕
> 簾幕垂放成幽美的孤立

兩個截然迥異的實在：外面的現實世界成了風，任其吹嘯而去，而屋子裡，音樂中的大自然（例如貝多芬的「田園交響曲」）「像波流涉及岸」一般展現在詩人的想像靈視中。陶醉在音樂「再塑造」的大自然田園中，　將現實拋諸九霄雲外，那種感覺——也只有借用電學的隱喻才能表達——就像：

　　　全然絕緣的觸及
　　　是驟然在空氣中誕生的鐘之聲　　電之光


　　經由這種超脫的感覺，詩人便「在心壁上繪一幅畫」：「在那無邊無底地迴旋的空間裡／養一林鳴聲，著滿天雲彩」。於是，詩人也愛上了這個螺旋：

　　　我便愛人般專情　　順著旋律的螺旋梯
　　　　跌入那把握不住的迴旋的傾向裡
　　　直到心抓穩了那種死


那種死猶如佛家所說的一種圓寂、涅槃似的境界。其福祉也是一種 ad infinitum：

　　　怎樣也流不盡葡萄裡的甜蜜
　　　怎樣也看不停噴水池裡的繽紛
　　　怎樣也拾不完睡嬰醒時眼中的純朗


羅門還特地指出：這個「宴會」上帝與凱撒都缺席。因為上帝已然遠去，而凱撒一生戎馬倥傯，想窺探這種境地都不得其門而入。心靈隨著音符的引導而步入自然之中，永恆的美感凍結起來，永不凋朽；那一瞬間，時間

對生命也莫奈之何而停擺了。最後，詩人說，這種意境是：

　　　一種醒中的全睡　睡中的全醒
　　一種等於上帝又甚於上帝的存在

因爲詩人是這「另一個世界」的造物主，他的存在乃至於「甚於上帝」。

　　燈屋的意象，在羅門詩中，大半是指詩人的自宅而言，但是，進而言之也指燈塔。燈塔是航海人的航路標誌，其位置形勢足以使它成爲世外桃源的象徵。看守燈塔的人，經年累月看管著鯨油的燃燒，爲海上航行的船隻亮一盞紅燈。燈塔的世界因而也是遠離塵囂的超脫世界。

　　羅門的〈燈屋〉一詩，開始即重複〈螺旋形之戀〉的意境說：

　　光的噴泉　無聲地交織
　　音樂流入音樂　色彩溶入色彩
　　綠窗向海　以寧靜的默呼相望
　　晚霞在守塔人的臉上圍成玫瑰園

第二行的「流入」、「溶入」二詞使〈螺旋形之戀〉的意境又延伸到另一層面；「流」、「溶」兩字意示了屋內洋溢的「超脫」。第三行的綠窗又與晚霞、玫瑰園形成顏色的鮮豔對照。〈螺〉詩訴諸聽覺的美感，而這首〈燈屋〉則訴諸視覺的美感。

　　瞬息間的永恆　坐在守塔人的眼上
　　守塔人的世界　精巧如目之焦點
　　遮以軟軟的明暗　映著萬象

反之，塔外世界卻是一個醜陋的塵世——「一個垃圾箱／虹不會由那

裡升天」。

　　原始基型與詩人的文學想像是密切不可分的。按傅萊氏的界說，上述三個意象廣義地說也是文學想像的原始基型。除了這三個意象之外，「海、山、河」組曲所運用的原始生命力之象徵，是道地的原始基型。「海、山、河」三首詩開始兩行一貫用條件祈使句的語氣呼出。河被喻為「一條原始的歌／唱高了山／唱深了林／唱遠了鳥的翅膀」；海是「那透明的空闊」，它的靜謐深沉「用整座天空去碰也碰不出聲來」；山開出「那朵高昂」──高昂一如超脫、虛脫、透明等字眼，是 ad infinitum 所綻放的花朵。海山河等自然實體，透過詩人的想像，而提升為生生不息，生命力取之不竭用之不盡的源泉。茲以〈海〉的第三段來說明：

　　整個寂靜在那一握裡
　　伸開來　　江河便沿掌紋而流
　　　　　滿目都是水聲
　　山連著山走來　　走來你的形體
　　翅膀疊著翅膀飛去　　飛成你的遙遠
　　在遠方　　那顆種子已走成樹林的秩序
　　那滴水　　不也是種子
　　　　　　已走成你
　　　　　　走成你的波動
　　　　　　　你的翅的層次

掌心握住江河之流這個意象，喻指用所有的官能感知去擁抱大自然，去理會大自然的秩序的意圖。海的遼闊，用山脈的綿亙和翅膀飛去的遙遠來表現。在〈孤煙〉一詩中，我們已經看到所謂「棄體而飛」所代表的意境；然而，這裡重疊的山峰與翅膀則更進一步給人一種「連續」的感覺。所以詩人很容易就牽引出從種子到樹林，自滴水而成滄海的孳繽，最後「翅的

層次」一詞，刻意複述海所代表的無限感——不休止的原始生命力。

本文所稱從顯型到原始基型的過程，並不是指依寫作時間順序而成形的演變，而是指詩人心靈中潛存的一種超越嘗試。在主題精神上，羅門的顯型與原始基型是自成因果的進展。不容諱言的，羅門詩中之次要意象，艱深晦澀者諸多——至少不像史蒂文斯（Wallace Stevens）或意象派詩人的意象那麼順暢——因而多少影響讀的了解。本文旨在試探一個精神的方向，願能拋磚引玉，為羅門詩作的主題了解提供一點線索。

——選自《中外文學》第 5 卷第 9 期，1977 年 2 月

# 歷史的悖論‧悲劇的超升
## 《麥堅利堡》論

◎俞兆平[*]

人類歷史的行進，在「麥堅利堡」留下了一個深深的印跡：

> 麥堅利堡（Fort Mckinly）是紀念第二次世界大戰期間七萬美軍在太平洋
> 地區戰亡；美國人在馬尼拉城郊，以七萬座大理石十字架，分別刻著死
> 者的出生地與名字，非常壯觀也非常淒慘地排列在空曠的綠坡上，展覽
> 著太平洋悲壯的戰況，以及人類悲慘的命運。
>
> ——羅門〈麥堅利堡‧註〉

面對著七萬座十字架，面對著七萬名的亡靈，詩人的整個身心爲之震懾，
爲之顫慄：

> 七萬朵十字花　圍成園　排成林　繞成百合的村。

　　這裡，詩的核心意象由隱而顯。「百合」，這一浸染著濃郁的悲劇意味
之花，這一積澱著亙久的悲劇內涵的原型意象，一旦在詩人的筆下浮現，
便以它聖潔而淒寂的情調彌漫於全詩，構成詩作的基調。
　　它是「冷」的，是一種透進骨髓的冷意：

[*]發表文章時爲廈門大學中國語言文學系教授，現已退休。

　　太陽已冷　星月已冷　太平洋的浪被炮火煮開也冷了　史密斯　威廉斯
　　煙花節　光榮伸不出手來接你們回家　你們的名字運回故鄉　比入冬的
　　海水還冷

　　太平洋戰爭的炮火停息了，勝利的煙花升上雲空，但是，死亡卻給此
地帶來了永恆的冷寂。不僅是夜空的星月透著冰涼，連火熱的太陽也變得
陰冷。七萬個像史密斯、威廉斯一樣的強健、旺盛的青春生命，沉入「太
平洋陰森的海底」，死亡使他們的名字「比入冬的海水還冷」。詩中透出的
那一股陰森的冰涼透骨的冷意，會使你每一根神經都因之顫慄不已。
　　它是「靜」的，是一種連鬼神都噤聲不語的淒寂：

　　麥堅利堡　鳥都不叫了　樹葉也怕動
　　凡是聲音都會使這裡的靜默受擊出血

在死亡陰影的籠罩之下，一切是「永恆無聲」的靜默，四周是使人悚然驚
魂的沉寂。「七萬個靈魂陷落在比睡眠還深的地帶」，不能，不能有任何一
點聲響驚動他們。讓他們安息吧！這裡連一聲鳥的啼鳴也會撞擊得人心出
血。

　　麥堅利堡是浪花已塑成碑林的陸上太平洋
　　一幅悲天泣地的大浮雕　掛入死亡最黑的背景

　　洞悉立體藝術奧祕的詩人，以他浩大的氣魄、驚人的手筆，為世人刻
出了一幅驚天地、泣鬼神的詩的「死亡大浮雕」，一座「碑林的陸上太平
洋」。無怪乎，美國著名女詩人凱仙蒂‧希兒讚歎道：「羅門的詩有將太平
洋凝成一滴淚的那種力量。」這一滴淚是羅門對戰爭帶來了死亡的控訴，
凝聚著詩人以人道主義的立場對戰爭批判的偉力。

　　百合花般的麥堅利堡披覆著死亡的陰冷淒寂的氛圍，但它又閃射出聖潔的光準：

　　美麗的無音房　死者的花園　活人的風景區
　　神來過　敬仰來過　汽車與都市也都來過

　　死神將聖品擠滿在嘶喊的大理石上
　　給升滿的星條旗看　給不朽看　給雲看

七萬名亡靈又是不朽的，因為他們是為和平而戰，是為人類整體向自由境域邁進而戰的；他們是神聖的，因為他們進行的是一場反侵略的戰爭，是為正義的重鑄而光榮地獻身。由此，神為七萬名亡靈祈禱，生者也向七萬座十字架虔誠地獻上了「敬仰」。

　　對此，是歌頌、讚美，還是批判、否定？這逆反而又統合一體的兩極，使羅門陷入了歷史悖論的困境。迄今為止的人類歷史的發展都是在矛盾的型態中進行的，正如當代生產力的飛躍是以人的物化、人的個體自由喪失而取得的一樣，歷史的進步往往是以人類付出沉重、巨大的犧牲做為代價的。正義的戰爭推動了歷史的進步，但戰爭也同時帶來了非人道的痛苦與犧牲，文明的每一步前進都要付出相應的倫理道德的代價。以「現代精神掌旗人」而傲立的詩人不能不為之深思：「也許對正在進行中的偉大戰爭，為加強鬥志，我們不得不去歌頌；但站在淒涼的墳地上，做為一個詩人，該如何去對已過去的戰爭只管歌頌呢？的確，當戰爭進行中，無論是穿軍服的，穿聖袍的，穿童裝的，都難免一齊死於炸彈的半徑裡，而我們仍不能不去歌頌那偉大的戰爭；可是為何戰爭一過去，我們竟不忍心去殺死一個俘虜呢？透過人性與人道精神活動的深境，我敢相信就是當年殺死七萬美軍的日本軍閥，此刻站在麥堅利堡墳地，面對那無限孤寂與淒涼的

情景，也會反悔往日之惡行而黯然神傷的。」[1]詩人以人性與人道精神獨照戰爭，審視戰爭，這場戰爭便從歷史的現象層面上升到歷史哲學的高度。

詩人曾把「戰爭」和「愛欲」、「回歸純我」、「死亡」並列爲人類存在的四大困境。詩人認爲：爲了自由、真理、正義與生存，人類不能不勇敢的接受戰爭。但當我們看到在戰爭中失去父母的孤兒，看到被戰爭弄成殘廢的人，我們又不能不產生同情，在人類心靈深處，具有上帝施給的仁慈、博愛與人道。人類爲了生存，不能不將槍口去校對敵人的胸口，同時也讓敵人的槍口來校對自己，這種難於避免的互殺的悲劇，的確是使上帝也不知道該用哪一種眼神來注視了。[2]詩人的自白道出了自我精神深處的困惑，這也就是該詩「題引」部分的潛在內涵：

> 超過偉大的
> 是人類對偉大已感到茫然

詩人因在戰爭中，「人類往往必須以一隻手去握住『偉大』與『神聖』，以另一隻手去握住滿掌的血」，而徬徨失衡，陷入迷惘與恍惚之中。戰爭，它時而是推動歷史巨輪前進的蒼神，時而又是披著黑色長袍的死神，對著它那變幻不定的影象，誰能不感到「茫然」？而這種對理想主義範疇內的「神聖」的目的與「偉大」的情狀產生「茫然」的精神反應，正是詩作的悲劇魅力的凝聚點。

悲劇性的產生，在黑格爾的美學體系中是這樣表述的：做爲超然的普遍的倫理力量，在歷史發展的某一階段的某一事件中，外化、分裂成互相對立、互相排斥的矛盾著的雙方。而衝突對立中的任何一方，就其自身來說，都有著合理的、正當的一面，但它在追尋實現的過程，卻又都有片面性與過錯。這樣，雙方在衝突中，顯示差異，否定對方，乃至各自隨之而

---

[1] 羅門，《時空的回聲》（臺北：德華出版社，1981 年 11 月），頁 241。
[2] 同前註，頁 17。

被摧毀，鑄造了悲劇；但同時在相互否定的揚棄中又呈示新質。如果我們假定宇宙、人世的本原果真存在著黑格爾的「理念」，那麼由它外化、演進而生的戰爭與人道的對立、歷史主義與倫理主義的分峙，亦如羅門所作的形象描述：「血」與「偉大」的對視，其雙方便都有合理的一面，又有片面的過錯。以《西方的沒落》一書轟動歐美的斯賓格勒曾說過：「19 世紀是自然科學的世紀；而 20 世紀則屬於心理學的世紀。我們不再相信理性的能力高於生命，反之，我們覺得生命統治著理性。對人的認識遠較一些抽象和普遍的理想爲重要。」從這種極端的人本主義的歷史觀著眼，當然無論何種性質的戰爭均需否定，因爲它對生命都是一場摧殘與消滅。像海明威這樣的硬漢子，在《戰地春夢》裡也以抨擊的語調寫道：「神聖、光榮、犧牲等等字眼，一直使我覺得非常窘迫……然而我卻從未見過任何神聖的東西……所謂犧牲也只好像是芝加哥的屠宰場。」從戰爭的慘痛，死亡的恐怖，個體生存的毀滅，乃至人類可能遭遇的滅頂之災（如核彈的威脅）的角度來看，你不能說海明威對戰爭、對理想主義的否定是不合理的，因爲它符合人道的精神。但是，它又是片面的，因爲人類如果對非正義的，帶有侵略、奴役性質的戰爭也無動於衷、漠然視之的話，那麼人類社會勢必倒退，退到獨裁與暴政的血腥統治，人類將陷入另一種過錯。所以羅門認爲：「自海明威悲劇世界所發的過激論調，他雖較某些空泛的歌頌接近人類真實性靈的活動面，但他對偉大不朽與神聖進行過分的否定，我在〈麥堅利堡〉詩中，雖不敢說是糾正了他偏激的觀點，至少態度較其客觀與公平，我是將人類從慘重的犧牲與恐怖的死亡中，接過來的贈品——『偉大與不朽』，仍不被否定地留在那裡，然後叫人類站在悲劇命運的總結局上去注視它。」[3]既寫出戰爭的慘痛、恐怖的罪過的一面，又不否定它「偉大與不朽」的意義，這便是〈麥堅利堡〉一詩悲劇力量產生的動因。

羅門對詩有著一種宗教崇拜的狂熱，他的詩歌觀念也是「超然」的：

---

[3]羅門，《第九日的底流》（臺北：藍星詩社，1963 年 5 月），頁 71。

「詩是使一切屬於精神性的『美』，在其活動中凝聚且超升成為一種純然的本質之存在，……使人類的內心達到那完美存在的『頂點』」。[4]那純然、完美的美之存在的頂點，那上帝賜予的精神樂園，是羅門所心馳神往的。因此，他從未像斯賓格勒一類極端人本主義者那樣，放棄了對理想之美的終極目的的追尋；但他又與教條、僵滯的古典主義信徒不同，他不像他們一樣，有意地迴避、背對人類生存的陰暗、慘痛的一面。他主張人們堅定地活著，勇敢地正視人生負面，「傾聽它究竟向人類生命傾訴了一些真實的什麼；使我們透過存在的悲劇性而接觸到那更為莊嚴的生之根源」。這種直面慘澹人生的美學態度，是自魯迅以來既經受過現代人本哲學洗禮、又未喪失對人類理想前景追尋的一類中國知識分子所共有的，他們的作品展示了中國文學中最為精深宏遠、剛毅韌健的一個層面。可以說，羅門以他的〈麥堅利堡〉一詩的遞交，也加入了這個行列。

　　不迴避價值判斷的歷史性與倫理性兩者之間的衝突，並把由之產生的悲劇性痛感，導引、昇華至某種超越性的精神層次，是這類文學作品獨特的審美意旨。對此，羅門的領悟很值得重視：「我相信沒有人不厭惡那些對著人類生命投擲過來的灰暗與虛空的東西，而我們當中之所以有人偉大與不凡，就是因為他能在醒覺中面對它、不逃避它、且能對付甚至轉化它帶來的痛苦，成為生命的另一種新的光輝與另一種新的富足，正像孕婦生產前感到的痛苦是為了另一個新的生命之誕生一樣。」[5]這和以往的悲劇美感理論有所不同。傳統的悲劇美感模式是以亞里斯多德解說為規範的，那悲劇是喚起悲憫與悟懼之情，再使這類感情得到淨化，也就是，悲劇美感是由哀痛淨化為平靜、舒暢的感受。古典悲劇理論強調痛苦體驗與緊張情緒的緩解，並把這種正性的心理進程絕對化；但它忽略了負性情感直接激發生命機體的積極功效，因為機體也能把痛苦的緊張做為積極體驗加以接受，而不必通過緩解的過程。奧地利著名心理學家弗蘭克爾指出：擔當苦

[4]同註1，頁70。
[5]同註1，頁153。

難，會使我們的人格更加深邃精微。趨樂避苦當然是理所應當的，但厄運、災難、逆境無法避免時，人就應勇敢地承受它。厄運會使人更深地認識到自己的本質。很明顯，羅門的悲劇美觀念是和他相似的。死亡的痛感帶來了不安、困惑、悲憤，但痛感也激發了生命體的反思、奮起與追求，激發了生命體對自身價值實現的能動性。

　　那麼，〈麥堅利堡〉一詩反思、追尋的是什麼呢？羅門希冀的「新的光輝」、「新的富足」又是什麼呢？這在詩中語詞的概念平面是很難找到的，因為詩中既有著肯定性價值判斷的趨向，但歌頌與讚美尚未明晰地顯示，又一下沉溺於哀憫之中。所以，該詩的美學意旨不在於語詞概念的表層，而是超然於語詞之上的一種意境。它是詩的一種新質，即是西方格式塔心理學派所揭示的「格式塔質」。它如同音樂的曲調，絕非各個音符相加所得，而是飄浮於諸音符之上的一種新的獨立的質，〈麥堅利堡〉一詩的詩質，羅門在一次關於該詩的論爭中解答說明了它，「詩中仍埋著一個更為感人的『去向』，那便是由『戰爭的偉大感』，與『死亡痛苦的悲劇性』兩種衝突的力量，所迫視出來的感人的『茫然之境』。……『茫然，本身也是一個堅實強大的價值之體，它能自然引領人心在覺醒中去抓住生命之根源，去面向永恆的人性與人道，而且對人類遭受的苦難，產生無限同情與博愛的精神。即使是在為自由與正義而戰之中，也必須以這種深遠的人道精神作基礎。」[6]這是一種以特定的時空中超越，以具體的歷史事件中昇華，並帶有基督那樣對人類悲憫的偉大同情心的永恆的人道精神！人類不能沒有審視現實與歷史的價值準則，否則它所建立起來的一切都行將崩潰。這種價值準則的選擇，也是人對自我的選擇，即對人類本性的自我探索，人將隨著對他自己的認識的加深，變得更加偉大。而藝術和歷史哲學便是人對自身探索與認識的最好的途徑。當羅門把歷史的哲學思考與永恆的人道精神匯融於詩的深層，把哲理的凝重與情感的醇鬱化溶於詩的內質，詩便發

---

[6]同註 1，頁 242。

出了閃電的藝術光亮，因而在更高的層次燭照人類本性，炫示了當代人心靈的覺醒，也透露出人類走向終極自由時那種尊貴的精神自覺的曙光。

該回到「本文的自覺」上來了。〈麥堅利堡〉在詩藝創造上最大的特色是：有如交響樂中的第一主題與第二主題的對比、交替、鬥爭和旋律的應和，而產生一種「詩情的復調」。例如，詩的首段為「戰爭坐在此哭誰／它的笑聲曾使七萬個靈魂陷落在比睡眠還深的地帶」，詩人以移情的感應、擬人的手法，使「戰爭」這一抽象的概念「人化」了。戰爭在當年勝利的笑，在今天悲痛的哭，兩者強烈的對比，使讀者的心弦在矛盾狀態中為之一陣陣地抽緊。又如「血已把偉大的紀念沖洗了出來／戰爭都哭了　偉大它為什麼不笑」，「戰爭的哭」與「偉大的笑」形成了對峙著的情感效應。類似的還有：蒼白如百合花的墓園和史密斯、威廉斯童幼時玩的「春日的錄音帶」、「彩色的幻燈片」的對比，「睡醒了一個死不透的世界」與「睡熟了麥堅利堡綠得格外憂鬱的草場」的對比，「七萬個故事焚毀於白色不安的顫慄」與「落日燒紅滿野芒果林於黃昏」的對比……一組組對立的意象，形成了詩中強烈的情感性的衝突，就像羅門所作的形象描述那樣：用「人類內在性靈沉痛的嘶喊」這把尖銳的鋼鋸壓在「偉大與不朽」的石柱上，不斷地拉動，濺起精神巨痛的火花。矛盾的對抗、感情的撞擊，萌生出一種複雜、豐繁的詩意的張力，它在雙方的交織應和中，帶著顫慄的音調，不斷地迴旋、湧動，構成了一股厚重、深邃而又相互抗衡的詩律的復調，使詩的悲劇氣氛不斷增強，不斷向極點擴展，逐漸占領了廣闊深遠的悲劇世界的空間。

特色之二是：詩情哲理的感覺化。中國著名的科學家錢學森曾說過：「在藝術裡最高層次是哲理性的藝術作品。」可以這麼說，羅門的〈麥堅利堡〉在中國文學史上（假定將來兩岸會有那麼一部統一的《中國當代文學史》）是一首不可多得的哲理詩。這首詩的哲理光焰穿透歷史時空，燭照人類性靈，已不必贅言。但詩中藝術哲理的成功不在於概念的直白，它應含蘊於感性具象的內理，應成為一種形象、情感、理性熔鑄一體的審美解

悟，才能取得美學意義上的存在。〈麥堅利堡〉在這點追求上是成功的，像
「血已把偉大的紀念沖洗了出來」句，富有哲理的抽象詞「偉大」與感性
的具象詞「血」嵌合在同一語境之中──麥堅利堡像一張由「血」當顯
影、定影溶液沖洗出來的偉大的紀念性的照片。這樣，一方面傳示哲理的
抽象詞（偉大）為具象詞（血）所修飾，獲得感性、形象的外觀，迎合了
審美判斷力的特殊需求；另一方面，直觀感受的具象詞（血）也為抽象詞
（偉大）所規範，延伸了自身的內涵。羅門曾在〈〈麥堅利堡〉詩寫後感〉
一文中談到了「詩情哲理感覺化」的問題，他指出：現代詩人要注重追尋
一種顫慄性的「心感」活動，它是詩人內在「心感」的全面展望，純粹精
神往來的佳境，它極端自由，不受觀念與理念世界的束縛，也不受學問與
知識的拖累，更不受主知或主情等無關緊要的問題干擾。「〈麥堅利堡〉詩
便是在心理與意識都來不及設防的情況下、觀念還未張目之前，便去將這
個『戰慄的性靈世界』，擒住不放的作品。這個『戰慄的性靈世界』，原來
便是躲在麥堅利堡那『偉大』，與『不朽』的紀念裡邊，被死亡、空漠、冷
寂的力量控制住，被我們習慣上的歌頌遮蓋住，最後終也被我內心的透視
力，將它奧祕中的真境全部揭露出來。」在臺灣詩人中，羅門是最能詳盡
地披露自己詩的創作過程與內容涵義的（這有利也有弊），他的這段話，道
出了〈麥堅利堡〉一詩誕生的實況：當詩人迎向籠罩著死亡、空漠、冷寂
的麥堅利堡時，在物我交相往復之際，首先湧起的是「顫慄性的心感活
動」，而後才透視出「偉大」、「不朽」的內在奧祕。也只有這樣，帶有哲理
的詩才能進入「詩情哲理感覺化」的「化境」，即錢鍾書所說的：「理之在
詩，如水中鹽，蜜中花，體匿性存，無痕有味，現相無相，立說無說。所
謂冥合圓顯著也。」[7]

　　特色之三是：時空交感的渾茫與超升。〈麥利堅利堡〉是一首透視人類
歷史與精神價值的詩篇，而整部歷史就是時間與空間纏合運行的進程。時

----

[7]錢鍾書，《談藝錄》（臺北：中華書局，1984 年），頁 230。

間因空間的限圍而凝定、顯現於某一刹那，而空間則隨著時間的運行呈示、透露出意義與價值，因而創造這類詩篇的詩人必須有著博大的心懷和把握時空的非凡魄力。麥堅利堡——這一使人悚然驚魂的時空文匯點便使羅門的詩的才力得到酣暢的發揮。首節的「戰爭在哭」與「戰爭曾經笑過」便以時間的隔離所形成的截然對立的感應，製造了一種世事輪迴、茫然無定的迷亂困惑的氛圍。而「太陽已冷、星月已冷」，如百合花般的麥堅利堡「在風中不動在雨裡也不動」等，則以時空間物的觸感與動感的接受，暗示了隨著時間的流逝，戰爭已使這裡的一切陷入了陰冷、死寂。當然，更爲驚心動魄的是時空交感的匯聚點。「靜止如取下擺心的錶面　看不清歲月的臉／在日光的夜裡　星滅的晚上／你們的盲眼不分季節地睡著」，應該像春日一樣喧鬧的靜寂了，應該像星月寒暑般運轉的止息了。在死亡陰影的籠罩之中，過去、現在、將來這「歲月的臉」模糊了；在悲劇氣氛的重壓之下，偉大、正義、永恆，「陷在沉痛的昏迷中」。無聲世界的寂寥，靜止世界的空漠，使人們的神情在這悲慘痛切、孤寂渾茫的時空交感中，由茫然而顫慄，由顫慄而反思，由反思而超升，向著終極自由的極地趨近。

　　　　　　　　　　　　　　　1991 年 10 月於　廈門大學北村


　　　　　　　　——選自蔡源煌等著《門羅天下——當代名家論羅門》
　　　　　　　　臺北：文史哲出版社，1991 年 12 月

# 人與神之間的交談
## 論羅門的戰爭詮釋

◎林燿德*

## 一、前言：羅門對於戰爭的詮釋框架

　　當我們面對人類的存在的現實，也面臨著人類存在的危險。在所有人為的存在危險中，戰爭是橫跨地域、縱貫歷史、最強大而恐怖的威脅；戰爭推動文明的巨輪，刺激科技的發展和種族的進化，它更能毀滅文明，在人類生存的第一現場展示死亡的心臟，永恆地在種族的遺傳基因上鏤刻下無法去除的扭曲符號。戰爭的引誘，是地球生命史上貫時的課題。羅門將戰爭引起的困境列為人類存在的四大困境之一，在 1973 年完成的一篇論文中，他寫道：

> 戰爭是人類生命與文化數千年來所面對的一個含有偉大悲劇性的主題。
> 在戰爭中，人類往往必須以一隻手去握住「偉大」與「神聖」，以另一隻
> 手去握住滿掌的血，這確是使上帝既無法編導也不忍心去看的一幕悲
> 劇。可是為了自由、真理、正義與生存，人類又往往不能不去勇敢的接
> 受戰爭。當戰爭來時，在炸彈爆炸的半徑裡，管你是穿軍服的也好，穿
> 神父聖袍的也好，穿孔雀行童裝的也好，都必須同樣的成為炸彈發怒的
> 對象；可是戰事過後，當我們抓住敵人的俘虜，我們卻又不忍心殺他；
> 當我們看到那許許多多在戰爭中失去父母的孤兒，那許許多多被戰爭弄

*林燿德（1962～1996），詩人、散文家、小說家、評論家。福建廈門人。本名林耀德。發表文章時為《草根詩刊》執行編輯。

成殘廢而仍活著的人，我們確是有所感動與同情的，可見人類在心靈深
處，是具有上帝施給的仁慈博愛與人道的心腸的。可是人類往往為了生
存，又不能不將槍口去校對敵人的胸口，同時也讓敵人的槍口來校對自
己的，這種難於避免的互殺的悲劇，的確是使上帝也不知道該用那一種
眼神來注視了。透過人類高度的智慧與深入的良知，我們確實感知到戰
爭已是構成人類生存困境中，較重大的一個困境，因為它處在「血」與
「偉大」的對視中，它的副產品是冷漠且恐怖的「死亡」。

————《時空的回聲》，頁 16～17

　　詩的視野若求其偉大，必須綜合了對於器物世界的目視，對於邏輯世
界的腦視以及精神世界的靈視；如果詩人擁有了對於這些世界的透視力，
那麼他才足以成為「一個勇敢的靈魂，像一隻兀鷹，在風暴之前端預言性
地飛翔，為將到的諸神開路」（語見海德格〈賀德齡與詩之本質〉）。詩人站
在神與人之間，他的語言就是神與人之間的交談。羅門在詩中建構的戰爭
主題，便明確地提示了在毀滅的「形上焦慮」下，神與人之間的呼喚與回
應。

　　早期的新詩人，如陳夢家、陳紀瀅、孫陵、鍾鼎文、張萬熙、吳若、
艾青、臧克家、金軍、覃子豪……等都嘗試過戰爭主題的寫作，他們的作
品中確有若干傑出的作品，或對戰爭景觀作細膩的描寫（如覃子豪的〈沒
有人認識的屍體〉、〈飛屍〉、〈棺材〉，鍾雷的〈戰場速寫〉）；或對生離死別
作抒情式的鋪陳（如蘇金傘的〈離家〉）；或對英雄人物作傳奇性的記敘
（如孫陵的〈紅巾·白馬〉，拾名的〈石鼓口〉，王藍的〈聖女·戰馬·
鎗〉）；或對被侵略者不折撓的意志作歷史性的見證（如覃子豪的〈永安是
炸不毀的〉、劉心皇的〈勝利之夜〉）；或對於民心士氣作口號式的鼓舞（如
臧克家的〈兵車向前方開〉、金軍的〈旗〉）。這些詩人成長在民初以降軍閥
割據混戰的局面，又在青、壯之際逢遇抗戰，因此在民族苦難接踵而至的
歲月裡，他們多半趨近感性的語言為基調，紛紛寫下心中的悲慟與吶喊。

　　羅門生於 1928 年，當抗戰時期前述作家正以沉痛的心情致力於戰爭文學之時，他不過是一個十餘歲的少年，但是整個中國的苦難一樣不可磨滅地壓縮在他的意識裡。戰爭的現象以及本質，成爲他不斷企圖在銳利的靈視下，利用語言思索的重要主題之一，也應該和他早年的抗戰經驗有密切關聯。從 1961 年他完成〈麥堅利堡〉起，即未停輟於戰爭主題的創作，〈彈片・TRON 的斷腿〉（1965 年）、〈遙望故鄉〉（1975 年）、〈茶意〉（1975 年）、〈板門店・三十八度線〉（1976 年）、〈火車牌手錶的幻影〉（1977 年）、〈賣花盆的老人〉（1981 年）、〈月思〉（1981 年）、〈遙指大陸〉（1983 年）、〈時空奏鳴曲〉（1984 年，本詩吸收了前三首詩的主題），這一系列的作品透過戰爭所造成的苦難，對於人的存在和尊嚴予以肯定，對於戰爭的價值與弔詭性質也作了多面的剖析。相較於早期的口號詩，羅門的戰爭主題不拘於民族本位，他的觸角不但探索著中國現代史的蝤蛑，更伸及太平洋上的墳塚、北緯 38 度線兩側的傷口以及中南半島上的彈片和斷腿，因爲他所欲掌握的，已不僅僅局限於個人或者個別民族對於戰爭的回應（response），他所欲掌握的回應來自植根人類普遍性的良心總體；他不但使用趨近宗教情懷的感性敘述，更進行知性觀念的照明活動，在戰爭壯烈、兇殘的景觀中，去掘取埋藏於現像底層的本質。

　　筆者在詳細研讀羅門一系列的戰爭詩後，發現基本上羅門從事戰爭詩的創作時，他的心靈活動便會浮現一個由三支主軸組合而成的戰爭評價座標，這三支主軸分別是：

　　1.從人道思想出發的悲憫心境

　　2.自歷史解釋著眼的肯定立場

　　3.由內在空間衍生的昇華作用

　　1、2 兩點基本上是有所衝突的，採取 1 的心境時，詩人對於戰爭本身以及戰爭發動者殘害人類的事實感到哀傷，甚至向神提出控訴；如果採取 2 之立場，一場反侵略、反極權的戰爭又絕對有其神聖、光榮的意義。這兩個角度不同，評價各異的觀點，便需要透過 3 的作用將人類存在的價值

自戰爭的弔詭、歧義中提煉出來。羅門曾經寫道：

> 海明威在《戰地春夢》裡以抨擊的語調描寫著：「神聖、光榮、犧牲等等
> 字眼，一直使我覺得非常窘迫……然而我卻從未見過任何神聖的東
> 西……所謂犧牲也只好像是芝加哥的屠宰場……」自海明威悲劇世界所
> 發的過激論調，它雖較某些空乏的歌頌接近人類真實性靈的活動面，但
> 他對偉大不朽與神聖進行過分的否定，我在〈麥堅利堡〉詩中，雖不敢
> 說是糾正了他偏激的觀點，至少態度較其接近客觀與公平，我是將人類
> 從慘重的犧牲與恐怖的死亡中，接過來的贈品──「偉大與不朽」仍不
> 被否定地留在那裡，然後叫人類站在悲劇命運的總結局上去注視它，去
> 盯住那些沉痛與不幸的情景，所產生精神不安的戰慄，究竟是如何逐漸
> 地超越與籠罩了「偉大與不朽」的光彩。所以我在〈麥堅利堡〉詩中，
> 不斷使用「人類內在性靈沉痛的嘶喊」當作一把尖銳鋼鋸壓在「偉大與
> 不朽」的石柱上，在用力一拉之際，火花起處，人們便可看清「偉大與
> 不朽」在慘重死亡的恐怖裡確實是受傷了……上帝造人，本來是要人和
> 平相處，可是人在一起，常避免不了紛爭，被命運與處境推到死亡邊緣
> 去拼命，這些事上帝是既阻止不了，也是不可奈何的，當然，為正義與
> 自由而戰，總是必須的，也是絕對的，但在事件悲劇的總結局裡，人也
> 難免陷在極度的痛苦中，對一切事物感到茫然了！
>
> ──《第九日的底流》，頁71～72

由人道思想出發而顯現的「人類內在性靈沉痛的嘶喊」，以及自歷史解釋著
眼而肯定的「偉大與不朽」，共同被置放在羅門的內在空間，讓兩者火花交
迸，昇華出超越戰爭困境的「神人對話」。

## 二、試析羅門四首詩中的「戰爭」

### （1）〈麥堅利堡〉

　　〈麥堅利堡〉是羅門 1967 年獲菲總統金牌獎的作品。副題：「超過偉大的／是人類對偉大已感到茫然」，已經點出了全詩的「意旨」。

　　這首詩誠如張健在〈評三首麥堅利堡〉（《聯合副刊》，1962 年）所指出：「……它正像『一幅悲天泣地的大浮雕』！作者在處理這首詩時，他的赤子之誠，他的對於歷史時空的偉大感、寂寥感，都一一的注入那空前悲壯的對象中。」

　　全詩僅 35 行，從語意的掌握、情節結構的採樣到敘述結構的建立，一氣呵成：

　　　　戰爭坐在此哭誰

　　　　它的笑聲　曾使七萬個靈魂陷落在比睡眠還深的地帶

　　　　太陽已冷　星月已冷　太平洋的浪被炮火煮開也冷了

　　　　史密斯　威廉斯　煙花節光榮伸不出手來接你們回家

　　　　你們的名字運回故鄉比入冬的海水還冷

　　　　在死亡的喧噪裡　你們的無救　上帝又能說什麼

　　　　血已把偉大的紀念沖洗了出來

　　　　戰爭都哭了　偉大它為什麼不笑

　　　　七萬朵十字花　圍成園　排成林　繞成百合的村

　　　　在風中不動　在雨裡也不動

　　　　沉默給馬尼拉海灣看　蒼白給遊客們的照相機看

　　　　史密斯　威廉斯　在死亡紊亂的鏡面上　我只想知道

　　　　　　　　那裡是你們童幼時眼睛常去玩的地方

　　　　　　　　　　那地方藏有春日的錄音帶與彩色的幻燈片

　　　　麥堅利堡　鳥都不叫了　樹葉也怕動

凡是聲音都會使這裡的靜默受擊出血

空間與空間絕緣　時間逃離鐘錶

這裡比灰暗的天地線還少說話　永恆無聲

美麗的無音房　死者的花園　活人的風景區

神來過　敬仰來過　汽車與都市也都來過

而史密斯　威廉斯　你們是不來也不去了

靜止如取下擺心的錶面　看不清歲月的臉

在日光的夜裡　星滅的晚上

你們的盲睛不分季節地睡著

睡醒了一個死不透的世界

睡熱了麥堅利堡綠得格外憂鬱的草場

死神將聖品擠滿在嘶喊的大理石上

給升滿的星條旗看　給不朽看　給雲看

麥堅利堡是浪花已塑成碑林的陸上太平洋

一幅悲天泣地的大浮雕　掛入死亡最黑的背景

七萬個故事焚毀於白色不安的顫慄

史密斯　威廉斯　當落日燒紅滿野芒果林於昏暮

神都將急急離去　星也落盡

你們是那裡也不去了

太平洋陰森的海底是沒有門的

　　首段擬人化的「戰爭」出場，藉現場的「哭」與當年殘害生靈的「笑」在時序上的對比，使得短短兩行詩產生「時間化」（"temporalization"）的綿延效果：「七萬個靈魂陷落在比睡眠還深的地帶」進一步為麥堅利堡（Fort Mckinly）的七萬座大理石十字架做出超越形象的本質詮釋。

　　以下的部分，羅門連續地提出詰問：「在死亡的喧噪裡／你們的無救／

上帝又能說什麼（收入 1984 年洪範版《羅門詩選》的版本，末句改爲「上帝的手呢」）、「偉大它爲什麼不笑」、「那裡是你們童幼時眼睛常去玩的地方」——由理智和情感交融的「詰問行動」（"act of questioning"）在羅門的戰爭詮釋中經常出現；依海德格的觀點，人一定要通過詰問而成爲一個歷史存在，才能建立自己；同樣地，羅門透過這些詰問，試圖在戰爭中找尋人類（不論是沉淪在泥土下的「史密斯、威廉斯」、或是站立在麥堅利堡前的自我）的存在與定位。

全詩的主要人格是「戰爭與死亡二而一的擬人化」與代表著七萬死者的史密斯和威廉斯，還有潛伏在語言背後的「上帝」（也就是被詰問的客體），透過作者的調度，提示他們之間微妙而無奈的聯結。而麥堅利堡的「七萬朵十字花」、馬尼拉灣外「太平洋陰森的海底」、冰冷的太陽與月亮，共同締造了融合時空的外在景觀，令人想起麥凱（J. Ma Crae）的〈在梵蘭特戰場上〉：

在梵蘭特戰場上，罌粟花開

在十字架之間，一排又一排，

標誌著我們的墓位；在天上

　雲雀群仍勇敢地高唱，飛翔

依稀幾難聞達砲響的下界。

我們是死者。幾天前的剛才

我們還活著，感朝暾，看夕靄，

　　愛人，也被愛；如今我們長躺

　　　　在梵蘭特戰場上。

請承繼我們與敵人決勝敗：

我們漸弱的手向你們投來

　這火炬；願你們擎起高揚。

　　你們如違我們死者的信仰，

> 我們將難安眠，雖罌粟花開
>
> 在梵蘭特戰場上。

但是〈在梵蘭特戰場上〉一詩並未深入戰爭的本質，「這火炬；願你們擎起高揚。／你們如違我們死者的信仰，我們將難安眠」，麥凱將其感情孤注於死者對於勝利的信仰上，未能如羅門在〈麥堅利堡〉中為戰爭價值反覆地進行著人與神之間二元對立的辯證。

另舉覃子豪〈棺材〉一詩為例：

> 大的棺材
>
> 小的棺材
>
> 白色的棺材
>
> 黑色的棺材
>
> 裡面裝著受難者不全的屍首
>
> 擔架隊，紅十字隊呀
>
> 你們從火葬場中出來
>
> 把無辜的死者抬到那兒去呢？
>
> 是抬到廣大的墳場去
>
> 或是抬到法庭去控告呢？
>
> 假如人類有正義的裁判
>
> 請你不要忘記揭開死者的棺木

覃子豪以棺材的意象解剖戰爭的冷酷，也觸及到存在的呼喚和回應，但是結尾二句的命題顯得過分直接，失去隱喻耐思的趣味。〈麥堅利堡〉的末段，則能夠在雄渾的氣勢下給予戰爭一個多歧義的問號，這個問號其實正是人類存在的答案所在。

## 2. 〈彈片・TRON 的斷腿〉

其次要討論羅門的另一首詩是〈彈片・TRON 的斷腿〉的最後定稿：

一張飛來的明信片
叫十二歲的 TRON 沿著高入雲的石級走
而神父步紅氈
　　子彈跑直線

如果那是滑過湖面的一片雲
　　也會把 TRON 的臉滑出一種笑來
如果那是從綠野飛來的一隻翅膀
　　也正好飛入 TRON 鳥般的年齡

而當鞦韆升起時　　一邊繩子斷了
整座藍天斜入太陽的背面
旋轉不成溜冰場與芭蕾舞臺的遠方
　　便唱盤般磨在那枝斷針下

　　這首詩的引發，據《死亡之塔》版本原詩附註，是得自 1965 年 12 月
《生活週刊》上一幅新聞照片，上面記錄了一位被越共彈片擊斷一隻腿的
越南女童「Tron」。羅門在此詩中以一個受戰爭迫害的無辜小孩來看戰爭的
荒謬，短短的 12 行裡充滿了唯美柔和的象徵名詞，如「明信片」、「高入雲
的石級」、「神父」、「紅氈」、「雲」、「綠野」、「翅膀」、「鳥般的年齡」、「鞦
韆」、「藍天」、「太陽」、「溜冰場與芭蕾舞臺」、「唱盤」；但是在第四行「子
彈」出現，第九行鞦韆的「繩子斷了」，第 10 行藍天「斜入」太陽的「背
面」，第 12 行全句「便唱盤般磨在那枝斷針下」，這些冷酷的意象正和前述
柔和的意象形成強烈的比照。其實這張無內容、無記名的「明信片」就是

彈片的略喻（題目已點明了「彈片」），羅門以「明信片」這種名詞用來比喻彈片，猶如把一條毛巾拉長而後豎立在指間的魔術一般，是現代詩難得的巧喻佳例之一。

　　全詩在形式方面值得注意的還有動詞的扦插，「飛來（的明信片）」、「（沿著……）走」、「步」、「跑」、「滑過」、「滑出（一種笑來）」、「（綠野）飛來」「飛入（TRON 鳥般的年齡）」、「升起」、「斷」、「斜入」、「旋轉」、「磨」（收入 1969 年藍星版《死亡之塔》中的〈彈片‧TRON 的斷腿〉原採用「停」字，「磨」字為洪範版所見）等動詞均布在 12 行詩句中，我們可以發現這些動詞不僅調整了外在形式的節奏，也在內涵面的節奏流程上產生重大功能。這首詩在巧妙的修辭下，呈現一種緩和旋律，恐怖的真相經由幻美的意象烘托出綿亙不絕的傷痛。

　　覃子豪有若干作品也針對戰爭造成的傷亡而提出反戰的控訴，如〈沒有人認識的屍體〉：

　　　一具殘缺的屍首
　　　躺在破屋旁邊很久很久
　　　他呀，是沒有父母
　　　沒有兄弟、沒有朋友
　　　他躺在那兒
　　　血肉模糊的
　　　沒有了頭顱，認不清
　　　他究竟是什麼人

　　　他躺在那兒
　　　只有一隻狗來到他的身邊
　　　是為了他的血腥
　　　還是為了與他作伴？

又如〈飛屍〉的前五行：

> 一個生命被炸彈的碎片
> 送上破碎的屋頂
> 成了赤裸的殘缺的屍首
> 高懸在那兒
> 像昭告生者

覃子豪的這類作品都使用極為淺顯的散文句法，將戰爭對個人的禍害原本地記錄下來，如同戰地記者攝下的一張張黑白的新聞照片，而且隨著語言風格的落伍，畢竟成為具有歷史意義的泛黃構圖了。而羅門的〈彈片・TRON 的斷腿〉，儘管只有短短的 12 行，卻宛如一段彩色的現代主義電影，以永不褪色的技法，向每一個讀者放映著一個永恆存在的故事。

## 3. 〈板門店・三十八度線〉

〈麥堅利堡〉以巨視的觀眼去看被戰爭摧毀的生靈；〈彈片・TRON 的斷腿〉以特寫的鏡頭播放出個人在戰爭中與死亡和恐懼比鄰而居的生命；羅門在 1976 年完成的〈板門店・三十八度線〉則強調戰爭的荒謬：

> 難道那張小小的會議桌
> 會有兩個半球那麼重
> 坐著兩排戰車
> 　　兩排炮
> 　　兩排槍
> 　　兩排刺刀
> 　　兩排血
> 　　兩排淚
> 　　兩排望不在一起的眼睛

　　　　　兩排握不在一起的手

　　　　　兩排幫忙工作的雪茄

　　　　　它究竟是飄然過橋的雲

　　　　還是炮管冒出的煙

　　　　　　　　　——〈板門店・三十八度線〉第四節，8～20行

會議桌上的那條線

既不是小孩子跳過來跳過去的那根繩子

便是堵住傷口的一把刀

拔掉　　血往外面流

不拔掉　　血在裡面流

誰會去想那條在受刑的生命

　　推在火中　　垂下頭

　　潑在水中　　仍垂下頭

誰會去想鐵絲網是血管編的

　　編與拆都要拉斷血管

誰會去想在炸彈開花的花園裡

　　嬰孩是飛翔的蝴蝶

　　修女是開得最白的百合

　　上帝就一直抓不住那雙採摘與捕捉的手

誰會去想在一條越走越遠的路上

　　一個棄槍的警長與一個棄刀的暴徒

　　　被一個沒有鑰匙的手銬

　　　扣在一起走

　　　　　　　　　　　　　　　　　——第五節

在資本主義世界和共產集團意識形態的對立下，「那張小小的會議桌／會有

兩個半球那麼重」，在兩句詩中，羅門就把整個板門店與三十八度線的國際政治背景清楚地映現出來，八個「兩排」，鏡頭自「戰車」推移到「幫忙工作的雪茄」，而這雪茄所冒出來的煙，已分不清楚應用來象徵「過橋的雲」、還是「炮管冒出的煙」，甚至可以說三者根本混融在一起了。其實談判桌上的過程本來就是另外一種形態的戰爭，羅門利用戰爭場景和談判桌的現場互相詮釋，確實呈現出卓越的趣味。「受刑的生命」形容處於戰爭宿命下的朝鮮民族；「炸彈開花的花園」指被帝國主義踩躪的朝鮮半島；而三十八度上的路障和鐵絲網，都是民族的「血管編的」。在談判這條「越走越遠的路上」，談判雙方被「一個沒有鑰匙的手銬，扣在一起走」，讀者的心緒也被羅門的詩句緊緊地「扣在一起走」。

　　〈板門店・三十八度線〉是羅門戰爭主題中除〈時空奏鳴曲〉（1984年）之外規模較大的執行，全詩分六節一百餘行，嚴肅地攫取住戰爭以及談判桌上無奈、無助與荒謬等母題，在最後的六行，羅門又再度向上帝提出質詢：

　　　在用不著開槍的幾公尺裡
　　　幾個沒頭沒腦的北韓士兵
　　　　　　不知為什麼傻笑了過來
　　　上帝祢猜猜看
　　　　　它是從深夜裡擲過來的一枚照明彈
　　　　　還是閃過停屍間的一線光

上帝的答案，就在羅門的詩裡。

## 4. 〈時空奏鳴曲〉

　　「〈時空奏鳴曲〉是自由中國詩壇在民國 73 年（1984 年）歲末的一聲巨響。比較起前此羅門對時空思考的詩，這一首更顯得悲壯，更能夠把詩人羅門三十多年來的動狀呈現出來。」爾雅版《七十三年詩選》的編者給

予〈時空奏鳴曲〉極高的評價。筆者不但贊成本詩確是當年度「歲末的一聲巨響」，其至認爲稱之 1980 年代初葉的重量級代表作亦不爲過；至於本詩是否在營造氣氛的成績、以及呈現詩人生命軌跡各方面，均超越他「前此」對時空思考的詩，筆者認爲不無商榷餘地，且留待他文探討。

首章「只能跳兩跳的三級跳」是全詩序曲，一開局，三行 13 個字，用語平實，卻呈現出氣勢龐大的遠鏡：

整個世界
停止呼吸
　　在起跑線上

整個磅礡的場景並非客觀描寫下的鋪陳，而係透過詩人知感合一、精密運作的心靈投射出來的蒼茫境界。停止呼吸的整個世界，危立在沒有寬度只有位置的起跑線上，寓動於靜的構圖，充滿緊張、不安、失衡的容態。處於不穩定平衡中的整個世界，彷彿正欲迸跳出我們思考的網羅。

在首段三句成功地達成「藥引」功能後，羅門簡潔地勾勒出自己在時空中的座標，並且將無限的悲愴渲染其間：

車還沒有來
眼睛已先跑
跳過第一第二座山
到了第三座
懸空不下來
往前　茫茫雲天
回頭　九龍已坐車
　　　竄入邊境
將我望回臺北市

　　泰順街的窗口

　　李白〈山中與幽人對酌〉:「一杯一杯復一杯」,以報導性的敘述來說明
兩人連續而急遽的對酌,看似平凡,但是在整首詩中發揮了巨大的效用,
使讀者感受到時間的遞嬗和對酌者狂疏的性格;在「車還沒有來」以下的
五行中,「我」的眼睛等不及車來,已經脫離眼眶,隨著心眼的趨勢向前跑
去,連續躍過兩座山,到達第三座山的上空時,遽然停頓──「懸空不下
來」。這時,整個時代的悲劇,所有個人的徬徨感傷,全部凝聚在這對特寫
的巨眼之中;受到阻滯的巨眼不僅爲本段的焦點,更成爲人類良知的象
徵。

　　詩人對於鄉愁這種難以捉摸的感覺,並不以露骨甚至肉麻的手法處
理──譬如直接以「鄉愁」這個高度抽象的概念名詞入詩,做一種膚淺的
填插,此類低層次的表現方式已被羅門放棄──他能夠以銳利準確的動
作,劃破時空的迷惘,切入懷鄉情結的核心。

　　接著,羅門把焦距暫時拉回現實──「往前／茫茫雲天」,但是下面幾
句:「回頭　九龍已坐車／竄入邊境／將我望回臺北市／泰順街的窗口」,
在此,自我與景觀的主客易位,以及時空的轉換調度上,均出現大開闊的
蒙太奇手法。元好問〈穎亭詩〉:「春風碧水雙鷗靜;落日春山萬馬來。」
寫落日時天地色澤變易,青山猶如萬馬馳向眼前,用超現實的觀點將落日
景色處理得如此鮮活潑辣;羅門自己被「已坐車／竄入邊境」的九龍望回
泰順街燈屋的窗口,手法奇正互濟,與元句異曲同工。

　　第二章「望了三十多年」,是另一首詩〈賣花盆的老人〉(1981 年)的
移置。起手羅門寫道:

　　那個賣花盆的老人
　　仍在街口望著老家的
　　　　　花與土

日片《繁華街的候鳥》有個著名的鏡頭連接法，在觀眾未及思考的瞬間，一個滿面紅光的怒漢臉部特寫一變爲陋巷的夜景，不遠一家診所簷下的紅色門燈緊接著顯現。羅門在連結「只能跳兩跳的三級跳」和「望了三十多年」兩部分時，即採用這種鏡頭重疊法，平滑地移換場景。

讓我們進一步檢驗這三行詩句。賣花盆的老人肉眼所見，就經驗法則而言，絕對只能見到本省的花與土，但是羅門卻告訴讀者，老人仍在街口望著「老家的」花與土，因此我們可以發現，羅門不僅在調度場景時運用重疊技巧，他更善用了詩語言本身歧義的重疊技巧，「老家」和「本地」兩種花土的疊合，淋漓盡致地表現出被時空凝凍的哀傷。「望了三十多年」這是另一種──較羅門的鄉愁更無助、更凄涼的「類型化鄉愁」，一種「跳」不起來的鄉愁。

接下來的四段 99 行，除了最後一段作者站出來向大眾作個結論以外，其餘的部分，羅門主要藉助賣花盆老人的一生，傳達自己對時代的體驗和批判。陳寧貴〈把鄉愁運回來〉（1985 年 3 月 25 日《臺灣新聞報‧西子灣副刊》）一文對於此處有描述性的詮釋，他指出：「羅門將老人內心的感情世界，與這個外在的新世界相對照，新世界並未爲他帶來什麼，反而加深了他對往昔的懷念……時空的壓力，逐年逐月在老人脊背上加重。他猶若背負著生命的十字架，沉默地向世紀的末日走去……」。

本章最後一段，是羅門基於人道立場所發出的讖語，句句點出亂世的悲哀，在此，羅門已經超越一己、基至民族的立場，以靈視洞悉人類整體歷史的荒誕：

睡到有一天醒不來
太陽仍會起來
鐘錶停了
路自己也會走
至於槍聲還會不會響

安全理事會還要不要開
到時候報紙會說
只要地球還在
鐵絲網還在
白晝與黑夜還在
白色的乳粉與黑色的彈藥
　　　　　都會在

　　是的，上帝與撒旦、愛與恨、文明與戰亂、「白晝與黑夜」、「白色的乳粉與黑色的彈藥」都無法割離地並存於人類的歷史與未來。這種心靈的大鴻濛，猶如杜甫句「火焚乾坤獵」一般，氣吞寰宇。
　　第三章「穿過上帝瞳孔的一條線」是〈時空奏鳴曲〉的最後樂章，這條「線」貫穿全篇，更貫穿民族分裂的淒涼、委屈、夢想以及不折撓的意志：

只要眼睛
碰它一下
天空都要回家
這條線望入水平線時
連上帝也會想家

是誰丟這條線
　　　在地上
沿著它
母親　妳握縫衣針的手呢
還有我斷落在風箏裡的童年

在社會主義和資本主義體制傾軋、僵持下的「這條線」，現實上「比腳與泥土近」，精神上卻「較雲去的地方遠」；羅門竭力誇大地告訴讀者：「只要眼睛／碰它一下／天空都要回家……／連上帝也會想家」他提出詰問——到底是誰將這條線丟在地上？而沿著它的走向，「母親／妳握縫衣針的手呢／還有我斷落在風箏裡的童年」緊接著提出三個環環相扣的問句，句句掌握人心，直指問題的要害，正如同本詩「後記」中所提及的隱痛及憂慮：

> ……遙望廣九鐵路，感慨頗多，想起在「炮聲」與「鄉愁」中度過的年代；想起全人類共同面對戰爭的苦難；想起子彈與刺刀，一直要穿過人體去探索與證實生命存在的意義……這種悲劇已形成的事實，神與上帝也只能用祂禮拜堂中的「禱告」，來治療人類的傷口了。當子彈播種在土地與人的臉上，隨便用那一隻手去收割勝利，另一隻手就必須去握住人的血；可是為了自由、人道與生存，人又無法不去面對戰爭。在鐵絲網的兩邊，有著誓不兩立的恨，也有純粹是「乳房」與「嘴」緊緊相連的母子之愛……這種一直被「卡」在難境中的苦情，使我們看到上一代踩著彈片從炮火與苦憶中伸出來的臉，……由於鐵絲網、槍彈與列寧裝，使一切都與理想有了一段痛苦的距離……任誰都會在內心深處，感知到這種潛在的隱痛與憂慮。

第一個問句「是誰丟這條線／在地上」是因警策而詰；第二句「母親／妳握縫衣針的手呢」與第三句「還有我斷落在風箏裡的童年（呢）」則係因自傷感懷而詰。在此，羅門的詰問具備著高曠的氣質，烘托出大悲的胸襟。

以下羅門順著「線」的線索，一瀉千里，峰迴路轉，直到他望回廣九鐵路，看著開入邊境的火車將一車箱一車箱的鄉愁運回來：

　　母親　如果這條線

　　已縫好土地的傷口

　　我早坐上剛開出的那班車

　　　沿著妳額上痛苦的紋路

　　　　回到沒有槍聲的日子

　　　　　　　　去看妳

　　如果這條線

　　　是一筆描

　　動便長江萬里

　　靜便萬里長城


　　那些凍結在記憶與冰箱裡的

　　　　　　　　冰山冰水

　　都流回大山大水

　　　把鐵絲網與彈片全沖掉


於此連續的段落中，羅門開始伸展他充滿童稚天真的一面，以無限欽仰的
心情遨遊這傷口癒合的綿邈大地，「湧著江南的陽光來／滑著北地的雪原
去」──祖國終於成為地球上最大的一張安樂椅……，詩人赤裸裸地將內
心的憧憬坦呈出來，他的憧憬正是一切具備良知的華人所共有的心事。然
而「到不了／只好往心裡望」，一直到望回無比殘酷的現實，所有的夢想和
欣悅都跌碎一地，所有的哀傷與悲慟也都浮出天空。

　　全詩的最末一段，羅門展露了一手無瑕的「剎車技術」，以短勁有力的
結尾支撐住整首詩龐大繁複的架構：


　　車走後

　　連土地都忘了

　在那裡上下車
　整條鐵軌
　鞭過天空
　聲聲迴響
　　陣陣痛

末四句描述作爲主詞的鐵軌,整條飛離大地、鞭過蒼穹,在詩人四次元的
心靈空間中擊出聲聲回響、陣陣痛,意象詭奇,直迫稼軒。羅門寫下這四
句詩的手,已經把握住意象詩學的精魄。

## 三、結語:戰爭詩學的省思

　　在本文中概括性地檢討了羅門對於戰爭主題的詮釋架構,並簡析其四
首代表性的戰爭詩。筆者認爲羅門在戰爭文學的傳統上繼承抗戰以降中國
詩人反戰/頌戰的兩極徘徊,在藝術內涵以及表現手法上則有青出於藍的
成就。戰爭是文學的重要主題之一,如日本戰後有廣島文學、德國戰後有
還鄉文學,中國的戰爭文學亦應有持續發展的空間。

　　在文學史上最成功的戰爭文學通常在隔代之後完成。當一個中國文學
家試圖成爲民族反省意識的運作者時,他必然發現戰爭不僅僅是一種眼前
的威脅,更是不堪回首也要回首的鮮明記憶;這記憶,同時證明了人與神
的存在。

——選自羅門《羅門創作大系・卷一・戰爭詩》

臺北:文史哲出版社,1995 年 4 月

# 在文明的塔尖造塔

羅門都市主題初探

◎林燿德[*]

## 一、前言:「厭倦都市就是厭倦生命」

　　現代都市的定義是什麼?它的範疇應該依據行政區域的法定界線,還是它所統治的人口分配來決定?流動的城郊區域與內在於都市中的「邊際社區」,到底是現代都市集合體的一部分,還是外於現代都市定義的概念模糊地帶?或者,都市一詞的指涉實為無端的虛無之鄉?對於成為都市詩主題的現代都市,其定義也許必須超越歷史學、社會學與公共行政學的都市概念,成為一種雜揉了個人心理機轉、人類集體潛意識、建築造型、時空結構、排比交錯的網狀組織、疊合交纏的次文化系統……等等的綜合體。

　　在人類早期的歷史中,都市便是思想家與行動家的發軔地。固然在中世紀之後,商業文明全面地滲透了都市,抱持樂觀主義自然法論的聖湯馬斯‧亞奎那斯(St. Thomas Aquinas)這樣說:「一個良好的社會,必須謙遜地使用商人。」但是在人類開始邁入後期工業社會的全球性都市化紀元的關口,都市,這被莫理斯(Desmond Morris)喻為「人類動物園」("The Human Zoo")的超級部落,更必須依仰詩人的訊息來支撐與修補集體靈魂的龐大建築,在器物文明的塔尖起造精神之塔;同樣地,詩人的個體也被都市的一切所浸漬、滲透,在往返的互涉關聯中,集體靈魂通過了詩人方寸間的內在轉化機能,而以語言的面貌顯現,掌握語言的詩人同時在創作

---

[*]林燿德(1962～1996),詩人、散文家、小說家、評論家。福建廈門人。本名林燿德。發表文章時為海軍總司令部參謀。

的過程裡躍為都市文化的一條槓桿、人類精神發展史的一枚齒輪。羅曼（Jules Romain）對於文學發展將在集團心理的層面得到能源的預示，已在都市文學的茁壯下得以實證。

羅門是中國現代詩人中經營都市意象迄今歷時最久、成就最豐碩的一位，自 1957 年的〈都市的人〉到 1985 年的〈麥當勞午餐時間〉、〈夏的連鎖店〉，近 30 年的時間中，一直持續著對於現代都市的探索與挖掘，他已不僅止於陳煌所指的「都市詩國的發言人」（見《明日世界》第 120 期，1984 年 12 月出版），更是一個不斷在文明塔尖造塔的思想家。羅門的創作一向有其形上的憑依，他認為都市詩是人為第二自然——都市型生存空間的產物，關於此點，羅門在〈對都市詩的一些基本認知〉一文中提出了下列命題：

（1）都市化的生活環境，不斷激發感官與心態活動呈現新的美感經驗，也不斷調度與更新創作者對事物環境觀察與審美的角度。

（2）現代都市文明高度的發展與進步，帶來尖銳與急劇的變化，導致一切進入緊張衝刺的行動化運作情況。創作者逼近前衛性與創新性去不斷進行突破，是必然的。

（3）承認現代都市文明已構成心象活動重要的機能與動力。

就此吾人可以理會，羅門已經完全把握著都市時空的變異性、創作者向前衛領域不斷逼近的必然性以及都市文明的淫威正君臨一切藝術的天空等時代課題，在他諸多同時蘊含著批判與禮讚的雙重立案中，羅門似乎絲毫不曾減低對於都市的強烈興趣。在這個時代，「厭倦都市就是厭倦生命」，確實是一句箴言吧。

## 二、人是都市流動的紋身

羅門從事現代詩的創作，不只因為文學能賦予一切存在種種詮釋與證

明，更為重要的是在照明「人」，尤其是詩人自己也同時內在於人的族群、根性與形式裡。他曾經寫道：

> 當一個現代詩人面向著這極端不安與動亂的現代暴風浪時，他詩中所顯示的精神形貌：若不是堅定信心設法通過它，便是毫不抵抗地順服它，或者是見而避之，或者是與之相背而馳，無論是屬於上述的那一種，都終歸不能逃脫「人」。上面已一再說過，任何藝術，尤其是詩，發展到了現代，它若是與「現代人」的精神缺少聯繫，我們雖不敢全然否定它在現代的地位，但在生存比一切都預先存在的現代意識中，在 20 世紀高喊「生存」甚於一切的急潮中，我們敢說，凡是與現代人「性靈」缺少摩擦力的作品，或任何與人脫節的形而上的工作，都將顯得脆弱與缺乏吸引力。所以史班德說：「詩不是摩爾凡爾的鹿，吃蓮花過活的」。我想詩在現代應該是連續追擊「人」的一種最厲害的東西！
>
> ——《時空的回聲》，頁 44

　　詩在現代既然是連續追擊「人」的一種利器，那麼處身在現代都市環境中，各自具備種種身分證件的人們，到底是用什麼樣的姿態存在著？在當代人口急遽流動的都市系統中，人就是都市流動的紋身，進出一道道的門、通過一條條的路，人與人之間的聚合無常，居住與工作場所更無恆定，在這種完全異於農業時代聚落的人工地域，人性的「邊波穩定」確實是一個至今仍屬全新的心理學領域。羅門和當代的行為科學與文化人類學家有著接近的看法：

> 鋼鐵的都市，它以圍攏過來的高樓大廈，把遼闊的天空與原野吃掉，人類的視覺聽覺與感覺在跟著都市文明的外在世界在急速地變動與反應，現實的利害又死死抓住人們的欲望與思考不放，人便似鳥掉進那形如鳥籠的狹窄的市井裡，詩的聯想之翼也自然地收下，日漸退化，飛不起

來，且逐漸忘去內心中那片壯闊的天空，於是詩與心靈便一同在人生存
於日漸物化的都市環境中被放逐，人的內在生命遂趨於萎縮與荒蕪了。
所以我堅持詩的偉大的聯想力，是打開這隻鐵籠使一切存在重獲最大自
由的力量。

——《時空的回聲》，頁 199

　　由都市中所蘊育出來的罪惡來看，都市猶如水泥與鋼鐵所包圍的叢
林；而由人性在都市環境下造成的扭曲與異化這個層面觀之，都市便是一
座「人類動物園」。都市人被圈圍在建築與組織的牢籠中，荒蕪的心靈，且
待「詩的偉大的聯想力」來開啓一道通向真正自由的大門。

　　羅門刻畫都市人生，如鑄鼎象物，無論三教九流，在他筆下都畢現尺
幅。〈都市的五角亭〉（1969 年）透過五種不同職業的描寫，支撐起器物文
明的薨宇；副題「他死拉住都市不放／都市也死拉住他不放」，即點破了人
與都市糾纏不清的宿命，五種職業的抽樣研究，其實已涵蓋了絕大部分的
都市人生。〈送早報者〉一節：

「昨日」沒有被斃掉
「昨日」坐印刷機偷渡回來了

那是在牛乳瓶的聲響之前
安娜還未游出臂灣之前
他的兩輪車衝在太陽的獨輪車之前
「昨日」像花園被他搬了回來

人們的眼睛擦亮成瓶子
等著插各色各樣的花
文明開的花　炸彈開的花
上帝愛看或不愛看的花

　　一、二句極為生動，「昨日」的歷史在紙面上再度映現，「偷渡回來」的當然不是完全的「真實」，而是經過採訪蒐集、彙總增刪、校對編輯，再透過印刷機複製出來的「昨日」，在每一個過程中，「真實」都遭受剪裁整修，一直到了「送早報者」的車籃上，報紙登錄的「昨日」已經和真實的昨日有了若干的出入；新聞本來就無法和原始事件完全貼合，至多只能做到一種「向真實無限制趨近」的努力，因此羅門將「昨日」加上引號，實有極深刻的寓意。三至六句描寫「送早報者」的行動，家家戶戶的瓶裝牛奶沒有送到，女子尚未在夫君的懷中醒起，「太陽的獨輪車」也未自都市參差嶙峋的天空線上出現，此刻「送早報者」正將像一座花園似的「昨日」搬回了沒睡醒的都市。晨起的人們，他們的眼睛被喻為擦亮的「瓶子」，習慣性地等待「昨日」的資訊，種種資訊都是「花」，好花與壞花，不論「上帝愛看或不愛看」，都一股腦兒插入眼睛的花瓶裡。這節詩，不僅明晰地交待「送早報者」的工作態樣與新聞紙的性質，也進一步滲入都市人一天開始的生活，把現代人盲目接受資訊的情境作一價值中立的敘述，而把嘲諷隱匿在文字的背後，頗堪玩味。

　　「擦鞋匠」、「餐館侍者」、「歌女」、「拾荒者」四節，都觸及「存在的迷惘」，四種人具備不同的職業身分，卻並軌行駛在一條謬悠的路途上，呈現出現代人在都市中「集體失蹤」的心靈悲劇：

在風沙裡
他的手是拉不斷的繩索
　將一隻一隻運陽光的船
拉上路時
他已分不出自己的手
是帆
還是仙人掌

——摘自〈擦鞋匠〉

在白蘭地與笑聲湧起的風浪裡

遊艇與浪花留一些美麗的泡沫給他

對著滿廳紊亂的食盤

他摸摸那隻飛不進花園的黑蝴蝶

　　摸摸胸前那排與彩券無關的號碼

　　摸摸自己

他整張臉被請到燈的背面

　　　　　　　　　　　　　　　　——摘自〈餐館侍者〉


聲喉一伸

便伸成市民常去散步的那條路

那條路往前走　是第五街

　　再往前走　是她的花園

　　再往前走　是她花園裡的噴水池

　　再往前走　是那死在霧裡的廢墟

　　　　荒涼如次晨她那張

　　　　被脂粉遺棄的臉

　　　　　　　　　　　　　　　　——摘自〈歌女〉


為嗅到亮處的一小片藍空

他的鼻孔是兩條地下排水道

在那種地方　還有那一種分析學

較他的手更能分析他的明天

背起拉屎的城

背起開花的墳地

他在沒有天空的荒野上

　　走出另一些雲彩來

在死的鐘面上

　呼醒另一部分歲月

　　　　　　　　——〈拾荒者〉全節

　「擦鞋匠」在機械化的擦鞋動作中「分不出自己的手」；「餐館侍者」的臉，竟是被自己「請到燈的背面」的一紙虛無；「歌女」的「路」，從「市民常去散步的那條路」一直走到「死在霧裡的廢墟」，這「廢墟」的荒涼一如「次晨她那張／被脂粉遺棄的臉」；「拾荒者」用他的手「分析明天」，用他的腳走出虛幻的「另一些雲彩」。這些人都被他們的職業所吞噬，也許，上過脂粉的臉才是「歌女」真正的面孔、擦鞋的手才是「擦鞋匠」唯一的手，他們得自自然的面孔與手掌，俱已捲入文明的黑洞消匿無跡，他們身為「自然人」的本質，也隨著「集體失蹤」的隊伍開赴四次元的夾縫裡了。

　〈五角亭〉之外，提 007 皮箱的編號紳士是都市人中另一普遍的典型：

007 是歲月的密碼

　只打開明天

007 是高速公路上

　最帥的速度

　　不往後看

提著 007

整座城跟著跑

跑到「下午三點半」

在銀行放下的鐵柵前

他不是提著一座天堂

　　便是提著一座墳

——〈提 007 的年輕人〉，1981 年

　　首段寫商人的英姿勃發，007 內盛裝的文件「只打開明天」、「不往後看」。007 本身的象徵意義，不但是「歲月的密碼」，更是「高速公路上／最帥的速度」。商業是現代都市的神聖宗教，鈔票、股票、支票、本票、匯票、提單、保險單、產權證明、委託書……這些 007 裡的文件共同締造了一座「紙的迷城」，在這座城內，所有的遊戲規則，均建立在紙面的指示上，這是一個多麼驚人而殘酷無比的事實。有權進入「紙的迷城」的編號紳士們，仍然要受到「下午三點半」的審判，軋款也好、提錢也好，分秒必較的商場上，這些提 007 的年輕人並不如我們想像中的體面和雍容，「在銀行放下的鐵柵前」，他的 007 不是實現了「天堂」，就是化為一座自己的「墳」。在 11 行詩中，羅門簡扼的文字狠狠刺穿了「紙的迷城」，現代詩人對於商業文明的鏡射與思省，可謂無出羅門之右者。

## 三、性以及視覺的暴力

　　性在都市，一直是文化人類學家與性心理學者注意的焦點。都市矗立的巨廈與高塔，在在暗示著父系社會的男性權威結構，在男人視覺的暴力下，女人的身姿於都市系統中遂成為一種獨特的族類。羅門有關都市女性的詩作，已超越了對於都市女性的摹寫素描，其真實的內涵乃是「視覺暴力」的開闔反正。試讀 1976 年完成的〈露背裝〉與〈瘦美人〉二詩：

　　眼睛圍在那裡

　　大驚小怪的說

　　那是沒有欄干的天井

　　　　　　近不得

　　警笛由遠而近

　　由近而遠
原來那是廿世紀新開的天窗
眼睛遂都亮成星子
　把那片天空照得
　　閃閃發光

——〈露背裝〉

她站著
一根直軸
把眼球與地球一起轉
　　　　直到她走動
她走動
一縷飄煙
把曠野幽美的臥姿
　遠方溫婉的睡態
都先描了出來
等著她臥下
她臥下
一條水平線　游在海上
擺盪成曲線　是江
起伏成弧線　是月
伸展成直線　便月湧大江流

——〈瘦美人〉

羅門以普遍性的男子眼光去摸索都市女郎或靜或動的身材、裝扮與行止，
詩句的流程猶如一連串追蹤鏡頭的剪輯，女性的局部特寫和長鏡頭的全身
拍攝一一開顯，觀眼的視覺侵略也在文字背後同步進行。〈都市·摩登女

郎〉（1981 年）一詩也採取相類的表現手法：

> 她走在街上
> 整座城跟著她扭動
> 沒有不被扭開的
> 所有的
> 眼睛為她開
> 服飾店為她開
> 花店為她開
> 套房為她開
> 酒為她開
> 支票為她開
> 她只開開口
> 她口不開
> 都市這條主題歌
> 　　誰來唱呢

起手，走在街上的「摩登女郎」便撼動了她所及之處，整個都市都在窺視
她，羅門採用卡通（動畫）式的活潑筆調，讓「整座城」跟著女郎的雙股
扭動起來，一個鏡頭接著一個，男人的「眼睛」亮開了、「服飾店」、「花
店」、「套房」的門扉一一被推開了、「酒」的瓶蓋都打開了、「支票」上空
白的金額欄也為她開下，這一切只需她「開開口」，都市是少不了「摩登女
郎」的，更明白的說，是少不了她「性的提供」。「都市這條主題歌」要
「摩登女郎」的性魅力來「唱」，而不是要她的智慧與才能來「唱」，這是
男女平等理念的絕對反證，也是現代都市赤裸裸的實況之一。在〈摩登女
郎〉詩中塑造出的微醺的輕快氣氛下，所諷刺的何止是迷失的「摩登女
郎」，更包含了那些唯性是圖、買櫝還珠的編號紳士。

## 四、腔腸文化叢考

　　羅門的都市主題中，有許多篇目與都市人的飲食有直接的關係，並藉之深入心理及文化的剖面。如〈餐廳〉（1976 年）、〈咖啡廳〉（1976 年）、〈咖啡情〉（1976 年）、〈都市與粽子〉（1982 年）、〈摩卡的世界〉（1983 年）、〈麥當勞午餐時間〉（1985 年）等皆爲著例，吾人不妨將之視爲都市的「腔腸文化叢考」，當然，這些「叢考」的幅面與向度實際上涵蓋了整個都市精神結構，遠遠跨越了腔腸與餐桌的狹隘範疇，而落實在心靈空間的分析上。

　　〈餐廳〉一詩看似專寫食欲，其實包裝紙下是對文明的批判：

滿廳的頭
飄空成節日的氣球
眼睛圍著看
　　一幅一幅悅目的畫
直至把畫廊快擠破了
　　才發覺那是個腸胃


一刀下去　　若是一條閃亮的河
　　　　　　必有魚在
一叉上來　　若是魚
　　必有歲月游過來
如果雙筷是猛奔的腿
　　　　必有饑渴的嗥叫
　　　　在荒野上
要是田園已圓滿在盤裡
　　　　必有兩排牙在痛咬著

　　大地的乳房

第一段以超現實的手法處理，至於餐桌上，被圍觀的「畫」，原來是一套象徵性的「腸胃」。第二段仍然賡續前段的風格，大自然的意象：「閃亮的河」、「魚」、「荒野上」、「田園」、「大地的乳房」，配合進餐的行動一一浮現，造成極度的誇飾效果。人在餐桌上無饜的享用，猶如都市竭澤的吸取自然資源，自然不也是「圓滿」在地球的周沿，任都市的兩排牙大口地痛咬？

　　「咖啡廳」爲羅門都市詩中最佳的構想之一，機械化的詩句排列，因爲語彙的巧妙安插而獲得向無限擴展的張力，單純規律的音節和形式都不只限於詩的技術構造，而成爲詩質中不可分割的部分：


　　一排燈
　　　排好一排眼睛
　　一排杯子
　　　排好一排嘴
　　一排椅子
　　　排好一排肩膀
　　一排裙子
　　　排好一排腿
　　一排胸罩
　　　排好一排乳房

　　一排眼睛
　　　排好一排月色
　　一排嘴
　　排好一排泉音

　　　一排肩膀

　　　排好一排斷橋

　　　一排腿

　　　排好一排急流

　　　一排乳房

　　　排好一排浪

　　　　　　夜

　　　　　便動起來

　　「一排Ｘ／排好一排Ｙ」的公式，整整重複了十次。第一組五個「一排Ｘ／排好一排Ｙ」，探取寫實手法，「Ｘ」填入的依次是「燈」、「杯子」、「椅子」、「裙子」和「胸罩」，對應的「Ｙ」則填入「眼睛」、「嘴」、「肩膀」、「腿」及「乳房」，在視覺的轉遞中，「一排裙子／排好一排腿」與「一排胸罩／排好一排乳房」似乎是倒錯了次序，若將次序易爲「燈」、「杯子」、「椅子」、「胸罩」、「裙子」，以及「眼睛」、「嘴」、「肩膀」、「乳房」、「腿」，那麼恰好由高至低，完全符合一套有系統的分鐘流程，但是羅門於此刻意將「一排胸罩／排好一排乳房」一句調至最後必有其理由。一方面因爲「胸罩」與「乳房」在語意上的刺激度較「裙子」與「腿」爲高，置於段落之末有昂揚情緒的功能，另一方面也達到凸顯「性」的效果；更重要的是，這兩句詩如同一把扣鎖，將兩段詩如同兩截車箱般扣聯一道。在第二組五個公式中，第一組裡的「Ｙ」升上「Ｘ」的位置，留下來的空格安排了一系列的風景：「月色」、「泉音」、「斷橋」、「急流」、「浪」，完成超現實風格的對比構圖。第一組詩句純粹是普普式的客觀呈現，這時的夜是寂靜的，咖啡廳是僵悶的雕塑陳列館；第二組詩句加入的風景意象，指涉著咖啡廳中人們的心理動向，集體意識的圖案式揭露，終於使得「夜／便動起來」。在這首詩中，我們可以看到羅門在結構中的靈巧調度，也嗅及「咖啡廳」的奧妙氛圍。

〈咖啡情〉寫都市人的苦悶，由盛滿咖啡的咖啡杯上空俯瞰，人所面
對的是一個咖啡色的鏡頭：

> 那個咖啡色鏡頭
> 　　　　屢對準他
> 好像要拍些什麼
> 他卻向鏡頭的方向逃
> 　　　直喊自己是一張漏光的底片

心緒向「咖啡色鏡頭的方向逃」，肉體卻端坐在咖啡桌前，忍受著規律
而缺乏變異的世界：

> 那多數是在下午
> 同一號碼的巴士
> 　　在窗外過了又過
> 同一個名字的他
> 在窗內坐了又坐

「同一號碼的巴士」、「同一名字的他」，一種單調、循環的僵局，硬生生地
哽在人生的喉頭，「咖啡色的鏡頭」裡又拍攝到什麼樣的負片呢，即然「自
己是一張漏光的底片」，「咖啡色鏡頭」也不過是一隻盲睛：

> 原來那個咖啡色鏡頭
> 　　　只是一隻盲睛
> 　　　除了燈色閃閃
> 　　眼色迷迷
> 　　姿色盈盈

　　　夜色漾漾
　　　都不看

　　〈咖啡情〉的主角顯然是一個失敗者，屈折在都市的魔障下，就是
「摩卡的世界」也救贖不了他。「摩卡的世界」是「都市伸腰鬆腿的地
方」：

　　　叫一聲摩卡
　　　每條街都回答
　　　　　　摩卡
　　　摩卡躲在窗內
　　　把窗外的世界
　　　製作成無聲的
　　　　　　卡通
　　　任千萬種煞車
　　　　　在窗外
　　　　　罵著街
　　　千萬條腿
　　　　在街上
　　　　搶著路
　　　再吵再亂
　　　只要咖啡匙
　　　輕輕一調
　　　便都解了

都市也不免有可喜可愛之處，然而「摩卡的世界」再有趣，也只有詩人的
胸襟，才能把一切的噪音和紛擾都調解在咖啡匙的攪動裡吧。

〈麥當勞午餐時間〉是羅門 1985 年的力作，在本詩的後記中，他沉痛地表示：

> 寫完此詩，覺得文明的確像是不回頭的前進的齒輪，冷酷無情；而文化則對生存的時空流溢著無限的感懷與鄉愁。……

〈麥當勞午餐時間〉共分三節，在三節中分別描寫出現在同一時空的三組中國人，其一是年輕的一代：

> 一群年輕人
> 　　帶著風
> 　　衝進來
> 被最亮的位置
> 　　　拉過去
> 　　同整座城
> 　　坐在一起
> 窗內一盤餐飲
> 窗外一盤街景
> 手裡的刀叉
> 較來往的車
> 還快速地穿過
> 迷妳而帥勁的
> 　　　中午

「麥當勞」是美式速食文化的尖兵，成長在都市中的年輕人，被「麥當勞」所吸引，猶如「被最亮的位置／拉過去」一般，他們的生命踩在現代的時尚，「同整座城／坐在一起」；他們吸收舶來文化的速度，較來往的車

輛還要快速。第二節詩人的眼睛望向中年的一代：

　　三兩個中年人
　　坐在疲累裡
　　手裡的刀叉
　　慢慢張開成筷子的雙腳
　　　走回三十年前鎮上的小館
　　六隻眼睛望來
　　六隻大頭蒼蠅
　　　　　在出神
　　整張桌面忽然暗成
　　　　　一幅記憶
　　那瓶紅露酒
　　　又不知酒言酒語
　　把中午說到
　　　那裡去了


　　當一陣陣年輕人
　　　來去的強風
　　　從自動門裡
　　　　吹進吹出
　　你可聽見寒林裡
　　　飄零的葉音


中年人的心境，已感受到新文化的苛性，「三十年前鎮上的小館」是一雙舒
適的舊布鞋，而「麥當勞」連鎖店卻是一雙磨得腳跟起泡，甚至出血的新
皮鞋。逝去的世代在現代的速食店裡浮出，那畢竟是一個無法挽回的「黃

金時代」；看到了年輕人風馳電掣地進出自動門，在記憶中不可自拔的中年
人，也聽見了「寒林裡／飄零的葉音」。末節寫老年人的淒涼：

> 一個老年人
> 坐在角落裡
> 穿著不太合身的
> 　　　成衣西裝
> 吃完不太合胃的
> 　　　　漢堡
> 怎麼想　也想不到
> 　漢朝的城堡那裡去
> 玻璃大廈該不是
> 　那片發光的水田
> 枯坐成一棵
> 　室內裝潢的老松
> 不說話還好
> 一自言自語
> 必又是同震耳的炮聲
> 　　　在說話了
> 說著說著
> 眼前的晌午
> 已是眼裡的昏暮

老年人是真正承傳文化的一代，他的生命甚至可以遠溯及「漢朝的城堡」，
在精神的向度上，他仍然生存於古典的禮制與習俗，這個對老年人而言既
「不太合身」也「不太合胃」的時代，他的存在竟萎縮成『一棵室內裝潢
的老松」。成長在敬老的農業社會，卻在自己跟不上腳步的新紀元裡自言自

語地凝望生命的「昏暮」，這無異是都市加諸老年人心靈的火刑。

　　「麥當勞午餐時間」一刀切開了都市人類的年輪構造，呈現在我們眼前的三處生命現象的斷層，這告示了我們，都市文明迫切需要一種「新人文精神」的輸注，來融化各種次文化的隔膜，而匯流出一貫通時空力場，具備完整血統的民族屬性，誠如羅門在這詩後記中所道：

　　……不能不呈示出「新的人文精神」；否則，存在於宇宙與永恆時空中的「人」，將任由機械文明去進行冷酷的切片。

至於「新人文精神」到底具備著什麼樣的特質，可自羅門的另一段論述窺其思想之端倪：

　　……當西方精神被海明威、卡繆、法蘭茲卡夫卡等人沉痛的聲音，喊入了困境，東方古老的中國，此刻確也被聲音驚動了，確也被工業的混亂社會，推入變動的存在面，這種被侵襲與破壞的精神的痛楚，迫使中國現代詩人對於空漠與苦悶年代的體認，同時在未來的日子裡，在心靈的深處，也將更自然地懷念著一種屬於東方精神的安定感——也就是永遠忘不了去找回那屬於大自然的永恆與穩定的潛力——也就是去找回我們在現代物質文明的虛空世界裡、被放逐得逐漸困累的精神、所焦望的那張安靜的「靠椅」——它就是寧靜的東方，但不是以往的原封不動的古老的東方，……它是通過那被現代苦悶抑制下所引起的衝突、憤怒、反抗，與爆裂式的精神世界之後（這世界顯然是受西方精神影響的）而轉進入那新的穩定、潛凝、完整與富足的精神境界，它不僅是東方人往前生存的希望，同時更可協助耶穌去支持住那個在物質文明幻滅感中連續崩潰下來的西方精神。

　　　　　　　　　　　　　　　　　　——《時空的回聲》，頁 168～169

「新人文精神」將回到「寧靜的東方」，這理想的實現，會使得歷史不僅僅
美在傳說中，器物文明也會移開它鋼鐵的天幕，於此，詩人淑世的懷抱可
見一斑。

## 五、被幾何造形吞噬的視野

在電腦的高解析度繪圖上，都市猶如無數體態各異的銀色積木所堆疊
出來的造形集合，隨著時間的經過，新舊建築輪番更替，就長期觀點來
看，都是變動的外貌，正是銀色積木集團操演的結果。羅門的都市主題系
列詩作亦涉及都市造形的問題。以〈都市・方形的存在〉（1983 年）一詩
爲例：

天空溺死在方形的市井裡
山水枯死在方形的鋁窗外
眼睛該怎麼辦呢
眼睛從車裡
　方形的窗
　　看出去
立即被高樓一排排
　　　方形的窗
　　　　看回來
眼睛從屋裡
　方形的窗
　　看出去
立又被公寓一排排
　　　方形的窗
　　　　看回來
眼睛看不出去

窗又一個個瞎在
　　方形的牆上
便只好在餐桌上
　　在麻將桌上
　　找方形的窗
找來找去　最後
　全都從電視機
　方形的窗裡
　　　　逃走

在方形無所不在的都市裡，人類的眼睛已無所遁逃，電視與繪畫可以提供
非方形的景觀，但是這些景觀還是牢牢鎖在方形的規範中，「看出去」、「看
回來」，吞噬我們視覺的幾何造形又何止冷冷的方形而已，但是羅門的例舉
已足令吾人怵目驚心了。

　　試圖突破都市造形與空間的約束，一直是都市人的共同理想，在〈廿
世紀生存空間的調整〉（1983 年）一詩第二段，羅門提出了如許看法：

往後的日子
只要高速公路
　　一直在通車
使有人帶著田園進城
　有人駕著都市入鄉
泥土與地毯既已走進
　　　　同一雙鞋
風景與街景既已美入
　　　　同一雙眼睛
大家又天天擠在電視機上

彼此不認識

也會越來越面熟

「高速公路」的通車，使得田園和都市的聯結更爲密切，從另一個角度來
看，這也使得陸地的一切領域皆劃入都市系統的版圖。「田園進城」、「都市
進鄉」，20 世紀因爲交通與資訊的進一步發展，使得幾何造形重複單調的
壓迫感得以減輕，都市的上班族也可利用短暫的假期趕赴郊區，一解對於
自然的枵渴；在電視的普及下，居住鄉野的人們，和都市族類共同觀賞著
螢光幕上的彩色顆粒組合，電視是文明的一扇窗口：

> 要笑開來　有開心果
>
> 要哭下去　有滴滴酸
>
> 要親　有蜜絲佛陀的彩色唇
>
> 要愛　有愛蓮那樣的芳心
>
> 要跳　讓迪斯可去跳
>
> 要飛　叫鳳飛飛去飛
>
> 要靈魂燦爛　把銀河星光都點亮

——摘自〈電視機〉，1980 年

居住鄉野的人們一樣能夠沉醉在光電的幻象中，他們的精神容態逐漸趨近
都市的心靈，生存在兩種生命場中的人類，即使「彼此不認識／也會越來
越面熟」。

　　羅門在〈廿世紀生存空間的調整〉中，透露了較爲樂觀的展望；不過
這首詩中仍埋伏著詭雷：實際上都市的天空線並沒有改變，銀色積木集團
依舊以壓迫性的造形包圍著都市人類；新興的都市將在鄉野間一一抽芽，
自然也在交通發達下日益萎縮，「自然保護區」不過是大型的都市公園，
「彼此不認識／也會越來越面熟」是種兼具喜悅與悲涼的雙重立案吧。

## 六、惡夢的設計者

「新人文精神」的提出、「廿世紀生存空間調整」的起步，它們具體的成效，尚須通過種種變數的考驗，而放置在明日的行李寄存處；現實的都市仍然是文明必要的惡──人類惡夢的設計者。

「摩托車」是文明變異速度的有力象徵：

　　從二十世紀手中
　　　揮過來的一根皮鞭
　　　　狠狠的鞭在都市
　　　　　撒野的腿上
　　一條條鞭痕
　　　是田園死去的樹根
　　　　乾掉的河

　　　　　　　　　　　　　　──〈摩托車〉，1980 年

在緊張的生活節奏中，人類五官所觸及的都是人為的不安、失調、動盪與破碎，心靈上的自然屬性被文明之鞭狠狠地抽打，這種惡夢反覆地盤踞在我們的睡眠裡。有關現代器物文明對於人類內在空間的斲傷而形成的夢魘，〈都市之死〉（1961 年）一詩的表現極為生動。全詩計五節 75 行，布滿糾結的象徵與幻想，抽象主義畫派的知性與超現實主義畫派的感性，編織成一條粗大的纜線。羅門自道：

　　……我的〈都市之死〉這首長詩，在創作時除了注意藝術表現的如何完成外，同時更注意那種特殊精神在詩中活動的趨勢。顯然這首詩是觸及美學上的「質感」世界過後，所產生的一連串有核心的聯想之作；於透過抽象中的具體世界，追捕人類在「物質文明猛進但上帝已逐漸離去」

的現代世界中相連失落的性靈，使整首詩看來，酷似一座現代人精神的
浮雕。

——《時空的回聲》，頁 222

「都市之死」也就是上帝之死：

在這裡　腳步是不載運靈魂的
　在這裡　神父以聖經遮目睡去
　　凡是禁地都成為市集

——第 1 節 5～7 行

都市　掛在你頸間終日喧叫的十字街
那神是不信神的　那神較海還不安

——第 1 節 12～13 行

當肺葉不再將聲息傳入聽診器
當所有的血管成了斷電的線路
天堂便暗成一個投影
神在仰視中垮下來

——第 5 節 8～11 行

而取代宗教和道德教示的是金錢與肉欲：

建築物的層次　托住人們的仰視
食物店的陳列　紋刻人們的胃壁
櫥窗閃著季節伶俐的眼色
人們用紙幣選購歲月的容貌

——第 1 節 1～4 行

　　而腰下世界　總是自靜夜升起的一輪月

　　　　　一光潔的象牙櫃臺

　　　　　唯有幻滅能兌換希望

　　　　　　　　　　　　　　　——第1節9～11行


「歲月的容貌」用「紙幣選購」，已暴露拜金主義的橫行；「而腰下世界……」以下三句形容情欲，「月」與「象牙櫃臺」的意象透明而肯綮，失落愛情的肉欲，只有用一次接著一次的挫折與「幻滅」來「兌換希望」。人類本為「聯配的生物」，都市的性混亂，使得欲望之火導向徹底的空虛與孤獨。同樣的，自我的存在也成為擺動中的幻影：


　　搖晃的影子是抓不住天空的雲

　　急著將鏡擊碎　也取不出對象

　　都市　在你左右不定的擺動裡

　　　　所有的拉環都是斷的

　　　　所有的手都垂成風中的斷枝

　　有一種聲音總是在破玻璃的裂縫裡逃亡

　　人們慌忙用影子播種　在天花板上收回自己

　　去追春天　花季已過

　　去觀潮水　風浪俱急

　　生命是去年的雪　婦人鏡盒裡的落英

　　死亡站在老太陽的座車上

　　　　　　　　　　　　　　　——第3節2～12行


「所有的拉環都是斷的／所有的手都垂成風中的斷枝」，都市的網狀組織，不但在本身建立起四通八達的網路，也和世界上其他的都市串連成龐大聯盟，但是都市人類在文明的切片下，心靈與環境之間的拉環都是斷的，成

爲一艘失去動力的船舶，飄移在黑色的洋面。羅門終於宣告了擬人化都市
的死亡：

　　　都市　在終站的鐘鳴之前
　　　你所有急轉的輪軸折斷　脫出車軌
　　　死亡也不會發出驚呼　出示燈號
　　　你是等於死的張目的死

　　　　　　　　　　　　　　　　　　　　——第 5 節 1～4 行

　　　都市　在復活節一切死得更快
　　　而你卻是剛從花轎裡步出的新娘
　　　　　是掛燈籠的初步　菓露釀造的蜜月
　　　一隻裸獸　在最空無的原始
　　　一扇屛風　遮住墳的陰影
　　　一具雕花的棺　裝滿了走動的死亡

　　　　　　　　　　　　　　　　　　　　——第 5 節 12～17 行


文明頂峰的都市，它的死亡內在於人性「最空無的原始」，「一具雕花的棺
／裝滿了走動的死亡」，令人顫慄的黑色情境，彷彿是一場無終始的夢魘，
覆蓋在我們都市蔚藍的天空上。〈都市之死〉的完成，是羅門都市主題真正
的發軔，雖然這首詩竣稿的日期較〈都市的人〉晚了四年。他思路裡對於
都市的剖視，以及語言的運作掌握，都在〈都市之死〉中邁入成熟境界，
有關於本文（二）至（五）所討論的幾個母題，也都在本詩顯露了端倪。
〈都市之死〉可視爲羅門都市主題的一個「序曲」，或者「總論」，是現代
詩史中一個重要的里程碑。至於 1972 年寫就的〈都市的落幕式〉，性質上
和〈都市之死〉相類，同樣對都市做擬人化的描寫，並揭櫫其衰敗的面
貌，可算是「都市之死」的補篇。

## 七、結論：都市詩學的確立

詩在現代人類生命中所呈示的力量是受到羅門肯定的，他認為：

> 它是在上帝仁慈的眼睛中工作的，將一切向完美與永恆的真理推進；並
> 且在人類「衣、吃、住、行」打好的肉體基礎上，建造起精神與心靈豪
> 華的大廈與宮殿，澈底解決人類（尤其是處在目前世界中的人類）內心
> 與精神世界的貧窮。它的此項偉大不凡的奉獻，是自由平等全面地開放
> 給全世界所有活著的人。它在人的肉體被「玻璃大廈」與「價值六十萬
> 的馬桶」包裝的同時，它更給予人的內在生命，以最華貴的包裝。
> 它將人類卓越的智慧、思想與情感交溶轉化成為生命卓越不朽的光輝，
> 它不但是促進文化成長，提高人類生命品質的最佳與最主要的動力；而
> 且更被視為人類精神創作世界的金字塔，時空的核心，神與上帝的耳
> 目，宇宙萬物生命存在最美的回音。如果沒有它，世界雖不致瘂盲，也
> 將失去最美的聽見與看見。[1]

在這個都市化的紀元裡，以文明題材為經、以都市精神為緯的都市詩，將
是最能夠穿刺文明造形與現代人心靈空間的利器，因為，都市系統確實無
所不在地掌握住人的動向，影響著我們生命的流程。都市詩是詩中之詩，
塔上之塔，面對著在文明塔尖起造精神之塔的羅門，我們可以理會，都市
詩學的確立已是一樁不可動撼的事實。

——選自《羅門創作大系・卷二・都市詩》

臺北：文史哲出版社，1995 年 4 月

---

[1]錄自〈詩眼看人的存在〉，《藍星詩刊》第 5 號，1985 年 10 月。

# 分析羅門的一首都市詩

◎張漢良[*]

以民國 38 年政府遷臺爲分水嶺的中國現代詩，前後兩期可勾勒出某些相異之處，包括語言的運用與題材的選擇兩方面。後者的具體表現之一，是詩與現實世界的摹擬（mimetic）關係。現代化造成的社會結構與生活形態的改變，往往衝擊著敏感的詩人。反映這種社會現象的都市詩（urban poetry）乃應運而生，最具代表性的詩人便是羅門。

在西方，都市詩濫觴於象徵詩人波特萊爾（Baudelaire）的〈惡之華〉（*Les fleurs du mal*）；19 世紀後半葉與寫實主義小說並駕齊驅；經過頹廢詩人與「世紀末」（"Fin de siècle"）詩人的宏揚，如湯普森（James Thomson）的《惡夜之城》（*The City of Dreadful Night*）。布卡南（Robert Williams Buchanan）的《倫敦詩鈔》（*London Poems*）；到 20 世紀初，由艾略特（T. S. Eliot）的《荒原》（*The Waste Land*）總結。這個傳統在中國並不明顯，羅門可算是獨樹一幟者。

羅門是臺灣少數具有靈視的詩人之一，他的靈視與象徵系統，基於個人的三元（或二元）世界觀。第一自然是「日月星辰、江河大海、森林曠野、風雨雲霧、花樹鳥獸以及春夏秋冬等交錯成的田園與山水型的大自然景象」[1]；亦即浪漫主義者所嚮往的自然。第二自然是與大自然抗衡的人爲世界，「現實生活環境與社會型態」[2]；亦即古典主義者用以肯定人定勝天價值觀的世界，其具體象徵便是城市。第一和第二自然構成了人類生存的

---

[*]發表文章時爲臺灣大學外國語文學系副教授，現爲臺灣大學外國語文學系暨研究所名譽教授。
[1]羅門，《羅門自選集》（臺北：黎明文化公司，1975 年），頁 5。
[2]同前註，頁 6。

「兩大『現實性』的主要空間」。[3]但對詩人與藝術家而言，這個空間只是起點；創作的心靈，「追隨著詩與藝術的力量，進入那無限展現的『第三自然』」。[4]我們可以說，第一自然與第二自然爲詩的素材；而做爲摹擬藝術的詩，所呈現的便是第三自然。如果把羅門的一、二自然歸納爲現象界；那麼詩所營構的世界，便是超越此現象界的本體界。這正是「超越象徵主義」（"Transcendental Symbolism"）的藝術觀，葉慈（W. B. Yeats）的〈航向拜占廷〉（"Sailing to Byzantium"）便是一例。

　　作爲批判現代生活的都市詩人，羅門經常表現的主題之一，是第一自然與第二自然的衝突，或前者被後者的挫敗與戕害，如〈鳥〉中所示：

　　　要不是鳥籠
　　　使原野瘦了
　　　翅膀怎會想自己
　　　　是天空的兩扇門
　　　眼睛也不會望成
　　　　　窗外的風景


另一常見的主題，是詩人運用類似自然主義的手法，如外科醫生以手術刀把現實人生或社會切開，呈現血淋淋的「人生切片」（"tranche de vie"）。這種「切片」分別有理論的基礎與實踐的特色。第一、由於人被視爲一種自然生物，他服膺於自然的決定論，即受遺傳與環境的影響。第二、詩人取材不受限制。以往認爲不雅的、不入詩的，現在皆可入詩。但有時詩人矯枉過正，鏡裡反映的社會與人生反倒是黑暗的、病態的。如〈都市的落幕式〉所示：

---

[3]同註2。
[4]同註2。

煞車咬住輪軸

街道是急性腸炎

紅燈是腦出血　胃出血

十字街口是割去了一半的心臟

只有那盞綠燈　是插到呼吸裡去的

　　　　　　　　　　　通氣管

都市你一身都是病

氣喘在克補與克勞酸裡

癱瘓在電梯上

痙攣在電療院裡

於癲狂症發作的週末


在這兩節詩中，都市被擬人化：街道是腸；紅綠燈是控制輸送的樞紐；都
市的病也是人的病。治療這些疾病的藥物與方法：克補、克勞酸與電療
院，一方面經營著都市與人的暗喻關係；另一方面也相當濃縮與逼真地刻
畫出現代人的病態生活。這正是最典型的都市詩。

　　羅門喜愛表現的第三個主題，是人扮演著第一自然與第二自然之間的
介中因子。以下筆者援用結構主義的批評方法，分析〈咖啡廳〉一詩，以
為例證。


一排燈

　排好一排眼睛

一排杯子

　排好一排嘴

一排椅子

　排好一排肩膀

一排裙子

　　　排好一排腿
　一排胸罩
　　　排好一排乳房

　一排眼睛
　　　排好一排月色
　一排嘴
　　　排好一排泉音
　一排肩膀
　　　排好一排斷橋
　一排腿
　　　排好一排急流
　一排乳房
　　　排好一排浪
夜便波動起來

　　　　　　　　　　　　　　　　　　　　　——〈咖啡廳〉


　　〈咖啡廳〉這種使用串連句法的詩,由於貌似自動寫作(L'écriture automatique),往往為人詬病。受潛意識操縱的自動寫作,與語言衍生現象以及成品的關係如何,此處不論。但有兩點需要說明。第一、自動寫作的問題不在句構(syntax),它的句構與普通句構並無不同。第二、問題在語意(semantic)。自動寫作的局部語意可能成立,但從整個文義格局(semantic context)——如果文義格局一詞能夠成立的話——看來,亦即從作品的目的論(teleology)看來,可能會發生問題。[5]本詩——或任何詩——是否自動寫作,需要詳細論辯,此處不論。事實上,本詩的結構異

---

[5]參見 Michael Riffaterre.,"Semantic Incompabilities in Automatic Writing," in Mary Ann Caws ed, *About French Poetry: from Dada to "Tel Quel"* (Detroit: Wayne State Univ. Press, 1974), pp.223〜241.

常嚴謹，此處所謂之結構，包括意象與節奏兩方面，而後者並不指狹義之押韻與格律。此爲現代詩俗成體制，無庸辭費。

　　結構主義批評家雅克慎（Roman Jakobson）指出人類語言結構的兩大原則：換喻（metonymy）與暗喻（metaphor）。前者是連貫性、時間性的，形成語言的直線型句構，亦即索緒爾（Ferdinand de Saussure）所謂的 syntagmata；後者是置換性的、空間性的，往往形成語言的非直線型意構，其關係亦即索緒爾所謂的 paradigmata。一般說來，散文的結構是換喻式的，是邏輯的（logical）；詩的結構是暗喻式的，是類比的（analogical）。詩的功能，套用雅克慎的名言，便是「把相同原理從選擇軸上投射到連貫軸上。」（"The poetic function projects the principle of equivalence from the axis of selection into the axis of combination."）。[6]這語言的兩大原則與夢的結構原則完全相同，已由結構主義心理分析學家如拉岡（Jacques Lacan）等人指出，適爲自動寫作之辯護，此爲餘話。

　　羅門的〈咖啡廳〉是說明上述語言結構的最佳例子，試分析如下。首段單數行（一、三、五、七、九行）的意象，如「燈」、「杯子」、「椅子」、「裙子」、「胸罩」，皆屬「第一自然」（此處爲人體）以外的物件；更確切地說，它們屬於人爲的「第二自然」（咖啡廳）。這些物件的關係是鄰近的（contiguous）、銜接的（consecutive），燈→杯子→椅子→裙子→胸罩。這種銜接關係，無疑呈現一個時間性的行動過程，我們很容易以一散文的句構表示：「〔進入咖啡廳的〕燈〔下〕；〔端上咖啡〕杯子；〔坐在〕椅子〔上〕；〔撩起〕裙子，〔露出〕胸罩。」方括弧裡的字，是散文意述（paraphrase）或文法正常化（normalization）時所加上去的字。此處閒話一句。新批評者反對意述，布魯克斯（Cleanth Brooks）認爲它是「異端」（"heresy"），殊不知他們忽略了文學作品作爲傳播行爲，需要涉及接受狀

---

[6]參見 Roman Jakobson, "Linguistics and Poetics," in Thomas A. Sebeok ed., *Style in Language* （Cambridge: MIT Press, 1960），pp.350～377. 換喻與暗喻的討論，參見 Roman Jakobson and Morris Halle, *Fundamentals of Langauge* （The Hague: Mouton, 1956），Ch.5.

況。接受詩時，讀者很自然地會把文學的體制性語言（conventional language），意述爲自然語言。「正常化」之所以被稱爲「自然化」（"naturalization"）[7]，正是這個原因。新批評最大漏洞，即忽略了作者的意圖（intentionality）與讀者的接受情況（reception），卻強辭奪理爲專注訊息（message），甚至提出似是而非的「意圖謬誤」（"Intentional fallacy"）與「效應謬誤」（"Affective fallacy"）。這現象在國內尤其嚴重，此處暫且不談。要之，我們發現，本詩第一段單數行的意象關係，透過散文意述，是換喻式的。

類似的結構亦見諸偶數行（二、四、六、八、十行）的意象關係。眼睛、嘴、肩膀、腿、乳房同屬人體的部分，暫且稱之爲「第一自然」的部分，它們彼此的關係亦爲鄰近的、連續的換喻關係，因此可產生與單數行平行的行動過程或句構。

然而，單數行與偶數行意象之間的關係，則是暗喻的。例如一行的視覺意象「燈」被置換爲二行的視覺意象「眼睛」；三行的「杯子」被功能性地置換爲四行的「嘴」。依此類推，「椅子」與「肩膀」；「裙子」與「腿」；「胸罩」與「乳房」的置換，皆基於類似的功能性。

第二段單數行的意象，完全是第一段偶數行意象的重複。不同處在於此地的「眼睛」、「嘴」、「肩膀」、「腿」、「乳房」（原屬「第一自然」的人體），由於在第一段與「第二自然」發生功能的聯繫，已轉變爲人爲的「第二自然」的屬物。和它們對位的是偶數行的「月色」、「泉音」、「斷橋」、「急流」、「浪」等屬於「第一自然」的意象。而同爲視覺意象的「眼睛」與「月色」又互爲暗喻關係；「嘴」與「泉音」復爲功能性的暗喻置換。底下依此類推，最明顯的便是「乳」「浪」這個俗成的暗喻所建立的意象關係。

如果我們以符號代替一、二兩段的意象，A（燈）、B（杯子）……代

---

7 「正常化」爲結構主義批評極重要觀念。參見 Jonathan Culler, *Structuralist Poetics*（Ithaca, New York: Cornell Univ. Press, 1975）,Ch.7.

表「第二自然」；A″（月色）、B″（泉音）……代表「第一自然」；那麼
A´（眼睛）、B´（嘴）……便是這兩層自然之間的介中因子，調和了兩
者的對立。圖示如下：

一段
$$A \rightarrow B \rightarrow C \rightarrow D \rightarrow E$$
$$\downarrow \quad \downarrow \quad \downarrow \quad \downarrow \quad \downarrow$$
$$A' \rightarrow B' \rightarrow C' \rightarrow D' \rightarrow E'$$

二段
$$A' \rightarrow B' \rightarrow C' \rightarrow D' \rightarrow E'$$
$$\downarrow \quad \downarrow \quad \downarrow \quad \downarrow \quad \downarrow$$
$$A'' \rightarrow B'' \rightarrow C'' \rightarrow D'' \rightarrow E''$$

A（燈）……與 A″（月色）……兩組意象群之間，顯然是暗喻關係，如對
角線箭頭所示。介於「第二自然」與「第一自然」之間的，便是 A´（眼
睛）……這個分屬兩重自然的介中因子。「人」指出這兩層自然彼此的離
異；或者溝通它們。事實上，構成本詩行動句構（syntagm）——或套用藍
遜（John Crowe Ransom）的名詞「邏輯結構」的，便是一連串相連的、互
爲換喻的人體器官，如水平箭頭所示。人介於兩層波動的「浪」之間，便
是這個意思，因此本詩末段爲水平排列。

　　總結一句：本詩一、二段的兩組意象群，「燈……」與「月色……」分
屬第二與第一兩層自然；它們的關係是暗喻式的，認同卻又牴觸。它們與
人體器官的意象群，又分別爲暗喻關係。結合前兩組意象群的，便是兩段
皆出現的、連貫的、一系列的人體器官換喻。本詩說明了詩是語言的暗喻
結構（選擇軸）投射到換喻結構（連貫軸）。

　　透過本詩結構的分析，我們看出羅門的觀念：人如何介中於「第一自
然」與「第二自然」之間，指出它們的離異，或調和它們；或如何能夠藉

詩的活動，創造出一個超越這兩層自然的新秩序，這新秩序就是他所謂的
「第三自然」。

——選自鄭明娳等編《門羅天下——當代名家論羅門》

臺北：文史哲出版社，1991 年 12 月

# 輯五◎
# 研究評論資料目錄

# 作家、作品評論專書與學位論文

## 專書

1. **林燿德　　羅門論　臺北　師大書苑　1991 年 1 月　161 頁**

   本書主要在討論羅門的詩與詩觀，揭示羅門詩中的氣度與充滿磅礡的悲劇性格和龐碩的研上體系。全書共 3 部分：1.三六〇度層疊空間——論羅門的意識造形；2.人與神之間的交談——論羅門的戰爭詮釋；3.在文明的塔尖造塔——論羅門的都市主題。正文後附錄〈向她索取形象——論蓉子的詩〉、〈羅門繫年〉、〈羅門著作出版書目〉、〈相關評論要目〉。

2. **周偉民，唐玲玲　　日月的雙軌：羅門、蓉子創作世界評介　臺北　文史哲出版社　1991 年 2 月　471 頁**

   本書分為日、月 2 部，論述羅門和蓉子的經歷，及其詩作與創作觀。全書共 4 章：1.海內存知己，天涯若彼鄰；2.燈屋之光；3.現代詩的守護神——羅門；4.永遠飛翔的青鳥——蓉子。正文後附錄〈詩人、詩論家眼中的羅門〉及〈詩人、詩論家眼中的蓉子〉、〈羅門著作及作品被選被譯入選集部分〉、〈蓉子著作及作品被選被譯入選集部分〉。

3. **周偉民，唐玲玲　　日月的雙軌：羅門、蓉子創作世界評介　北京　中國社會科學出版社　1995 年 4 月　394 頁**

   本書為簡體字版。內容新增周偉民，唐玲玲〈修訂版後記〉、周偉民，唐玲玲〈詩路跋涉——「羅門、蓉子文學創作系列」策劃後記〉、何恆雄〈我心目中的羅門與蓉子〉。

4. **張漢良等　　門羅天下——當代名家論羅門　臺北　文史哲出版社　1991 年 12 月　537 頁**

   本書探討羅門的藝術理念，以及其對於詩的追求的文章。全書共收錄 57 篇：蔡源煌〈捕捉光的行蹤——《門羅天下——當代名家論羅門》代序〉、蔡源煌〈從顯型到原始基型——論羅門的詩〉、張漢良〈分析羅門的一首都市詩〉、鄭明娳〈比日月走得更遠〉、林燿德〈火焚乾坤獵——讀羅門的時空奏鳴曲〉、林燿德〈世界的心靈彰顯——羅門的時空與主題初探〉、蕭蕭〈論羅門的意象世界〉、陳瑞山〈意象層次剖析法——試解羅門的超現實詩之謎〉、張健〈評羅門的「都市之死」〉、張健〈評三首「麥堅利堡」〉、羅青羅門的「流浪人」〉、季紅〈詩人羅門——他的詩

觀，表現觀與他的語言〉、陳寧貴〈月湧大江流——評介「羅門詩選」〉、陳寧貴
〈「曠野」中的羅門〉、陳寧貴〈羅門如何「觀海」〉陳寧貴〈爬這座大山——讀
羅門的「週末旅途事件」〉、陳寧貴〈現代詩的新視野——羅門「麥當勞午餐時
間」〉、陳寧貴〈讀羅門的「窗」與「傘」〉、陳寧貴〈評余光中與羅門的「漂水
花」〉、陳煌〈城市詩國的發言人——讀「羅門詩選」〉、陳煌〈戰爭之路——談
羅門詩中的戰爭表現〉、陳慧樺〈談羅門三首詩〉、劉龍勳〈羅門詩兩首賞析〉、
賀少陽〈羅門詩的哲思〉、林興華〈向現代仁內心世界探險的詩人——羅門〉、周
伯乃〈詩‧並非盆景——試論羅門的精神面貌及其創作動向〉、周伯乃〈論詩的境
界〉、呂錦堂〈詩的三重奏——評介羅門的詩〉、張默〈羅門及其「都市之死」、
苦苓〈羅門的「彈片‧TRON 的斷腿」〉、葉立誠〈以美學建築藝術殿堂的詩人〉、
方明〈超越時空的呼喚——讀羅門的詩集「曠野」有感〉、林文義〈文字的藝術
家〉、李弦〈評介「曠野」〉、陳煌〈「曠野」的演出〉、李瑞騰〈「曠野」的精
神〉、蕭蕭〈尋找「人」的位置〉、陳寧貴〈向精神困境突圍〉、林野〈回顧茫茫
的「曠野」〉、張雪映〈透過美感——談羅門的悲劇感〉、洛楓〈羅門的悲劇意
識〉、古繼堂〈靜聽那心底的旋律〉、和權〈迷人的光輝〉、和權〈是論羅門的
「週末旅途事件」〉、翁光宇〈羅門的流浪人〉、潘亞暾〈向心靈世界掘進〉、王
振科〈超越與回歸：從心靈到現實——對羅門都市詩再認識〉、王春煜〈美的求索
者〉、汪智〈飛成一幅幅風景——羅門詩歌生命主題論析〉、古遠清〈都市人深重
孤寂感的生動展示——羅門三首詩賞析〉、古清遠〈刻劃都市人生的聖手羅門詩作
賞析〉、周粲〈詩人競技〉、鹿翎〈二十世紀末的東方騎士〉、紀少雄〈山海浪與
風雲鳥的童話〉、俞兆平〈歷史的悖論悲劇的趨升——「麥堅利堡」論〉、丁平
〈細聽羅門的「歲月的琴聲」〉。正文後附錄〈羅門簡介〉、〈羅門著作及作品被
選被譯入選部分〉。

**5. 朱　徽　　羅門詩一百首賞析　臺北　文史哲出版社　1994 年 1 月　270 頁**

本書主在綜觀羅門的詩作與藝術精神，以作為介紹、探討羅門的詩藝的嘗試，在每
一首詩後面附上一篇簡析，內容包括評論者對詩的思想內容、藝術形式、技巧和語
言等特色所做的分析和評論，以及介寫作的背景。全書共 9 篇：1.鄉愁篇；2.愛情
篇；3.藝術篇；4.戰爭篇；5.都市篇；6.世相篇；7.閒情篇；8.哲思篇；9.異域篇。正
文後附錄〈羅門簡介〉。

**6. 朱　徽　　羅門詩精選百首賞析　成都　四川文藝出版社　1994 年 4 月　252
頁**

本書為《羅門詩一百首賞析》的簡體字版，摘要、目次同前。

**7. 周偉民，唐玲玲主編　　羅門蓉子文學世界學術研討會論文集　臺北　文史哲出版社　1994年4月　477頁**

本書為海南大學、海南日報社於1993年9月在海口聯合主辦之「羅門、蓉子文學世界」學術研討會。全書共5部分：1.大會主席主題發言：周偉民〈羅門、蓉子的文學世界對世界文學的啓示〉；2.羅門蓉子發表自己的詩觀：羅門〈將同詩走完我的一生〉、蓉子〈詩和詩人〉；3.海內外學者作家論文發表33篇：丁善雄〈女性意識與女性自覺——論蓉子的詩〉、王一桃〈從蓉子詩看其詩觀〉、王一姚〈論羅門的詩〉、王振科，姜龍飛〈漂泊者的歌哭——試論蓉子詩的鄉愁意識〉、王業隆〈羅門詩中的鄉情〉、公劉〈詩國日月潭〉、古遠清〈具有前衛性與創新性的現代精神意識——評羅門的詩論〉、古繼堂〈自然和靈魂的堅強衛士——論羅門、蓉子的詩〉、朱徽〈羅門詩歌藝術簡論〉、杜麗秋，陳賢茂〈蓉子羅門詩歌之比較〉、林燿德〈「羅門思想」與「後現代」〉、胡時珍〈生命的禮讚，進取的人生——讀蓉子小詩精品有感〉、徐學〈羅門詩論的主體性〉、陝曉明〈永遠的青鳥——談蓉子的詩〉、陝曉明〈「戰爭詩的巨擘」與「城市詩國的發言人」——羅門的戰爭詩與都市詩〉、張健〈論羅門詩的兩大特色〉、陳素琰〈從青鳥到弓背的貓〉、陳寧貴〈追蹤內心的無邊視野——讀介蓉子的詩〉、陳鵬翔〈論羅門的詩歌理論〉、唐玲玲〈蓉子詩歌的藝術風格〉、馮麟煌〈冷卻了悲痛——讀羅門〈麥堅利堡〉〉、馮瑞龍〈愛情、情聖與愛情象徵——蓉子的愛情詩分析〉、黃孟文〈談蓉子的《童話城》〉、黃偉宗〈穿越「傳統」與「現代」的文化與藝術——讀羅門、蓉子詩精選《太陽與月亮》〉、喻大翔〈華文詩壇：請聽這一枚沉甸的聲音——評周偉民、唐玲玲合著《日月的雙軌》〉、熊開發〈論羅門的靈視世界〉、潘亞暾〈羅門蓉子伉儷詩〉、謝冕〈羅門的天空〉、魯樞元〈詩人與都市——我讀羅門〉、劉登翰〈日月的行蹤——羅門、蓉子論札〉、劉揚烈〈卓越的詩才與自覺的選擇——羅門詩片論〉、戴維揚〈嘖向永恆思維的螺旋——析論羅門三篇詩作的「空間運作」〉、蕭蕭〈論羅門的人文關懷〉；4.研討會總結：劉夢溪〈感言〉；5.大會隨筆3篇：陳祖芬〈像爸爸的孩子和像媽媽的孩子〉、唐玲玲〈羅門、蓉子的文學世界學術研討會紀實〉、王一姚〈我們在詩中相會〉。正文後附錄〈後記〉、〈發表論文學者簡介〉、〈文藝界、學術界與社會人士參加人員〉、〈大會剪影〉。

**8. 王彤編〔王業隆〕　　羅門詩鑑賞　香港　中華出版社　1995年4月　232頁**

本書探討羅門詩作，全書共6部分：1.序；2.羅門詩論；3.羅門詩鑑賞；4.羅門詩綜論；5.附錄；6.編後記。

**9. 蔡源煌等著　　羅門論　北京　中國社會科學出版社　1995 年 4 月　430 頁**

本書評論羅門詩作的文章，全書共 36 篇：蔡源煌〈從顯型到原始基型——論羅門的詩〉、林綠〈都市與性——論羅門都市詩〉、張漢良〈分析羅門的一首都市詩〉、林燿德〈羅門論〉、張健〈評介羅門的詩〉、蕭蕭〈論羅門的意象世界〉、蕭蕭〈論羅門的人文關懷〉、羅青〈羅門的〈流浪人〉〉、賀少陽〈羅門詩的哲思〉、季紅〈詩人羅門——他的詩觀、表現觀和他的語言〉、陳煌〈城市詩國的發言人——讀《羅門詩選》〉、陳瑞山〈意象層次剖析法——試辨羅門的超現實詩之謎〉、劉慧樺〈談羅門的三首詩〉、劉龍勛〈羅門詩兩首賞析〉、李弦〈評介《曠野》〉、陳煌〈《曠野》的演出〉、李瑞騰〈《曠野》的精神〉、蕭蕭〈尋找人的位置〉、陳寧貴〈向精神困境突圍〉、林野〈四顧茫茫的《曠野》〉、張雪映〈透過美感藝術——談羅門的悲劇感〉、戴維揚〈噴向永恆思維的螺旋——析論羅門三篇詩作的空間運作〉、謝冕〈羅門的天空〉、陳仲義〈羅門詩的藝術〉、徐學〈羅門詩的主體性〉、魯樞元〈詩人與都市——我讀羅門〉、王一桃〈論羅門的城市詩〉、古繼堂〈靜聽那心底的旋律〉、潘亞暾〈向心靈世界掘進——羅門詩歌淺析〉、朱徽〈羅門詩歌藝術簡論〉、劉揚烈〈卓越的詩才與自覺的選擇——羅門詩片論〉、俞兆平〈歷史的悖論，悲劇的超升——《麥堅利堡》論〉、洛楓〈羅門的悲劇意識〉、汪智〈飛成一幅幅風景——羅門詩歌生命主題論析〉、陝曉明〈戰爭詩的巨擎與城市詩國的發言人——羅門的戰爭詩與都市詩〉、熊開發〈論羅門的靈視世界〉。

**10. 文史哲出版社編輯室編輯　　從詩中走過來：論羅門蓉子　臺北　文史哲出版社　1997 年 10 月　462 頁**

本書收錄評論羅門蓉子的文章，及其相關訪談報導。全書共 5 個部分：1.我們的話；2.羅門論 20 篇：潘麗珠〈羅門都市詩美學探究〉、王岳川〈後現代氛圍中的詩人與詩〉、林燿德〈山河天眼裡‧世界法身中——羅門詩中的「自然」〉、杜十三〈羅門論——羅門暨其詩作的價值〉、邵燕祥〈羅門猜想〉、沈奇〈與天同游——羅門詩歌精神散論〉、陳仲義〈羅門詩的藝術〉、侯洪〈詩的 N 度空間——看臺灣詩人羅門詩歌的雙重吸收〉、崔寶衡〈「窗」——羅門獨特的審美方式〉、姜濤〈宣諭與靈視——羅門詩歌藝術片論〉、高秀芹〈羅門：反諷框架下的生存意識〉、張曉平〈論羅門的風景詩〉、杜麗秋，許燕〈意象組合蒙太奇——論羅門詩歌意象組合的藝術〉、金聲，麗玲〈詩特質的深切體認——羅門詩論的啟示〉、劉秋得〈喚醒美的一切——談羅門的詩藝觀〉、黎浙芹〈羅門：患有嚴重心病的時代之童話詩人〉、張艾弓〈悲劇與救拯〉、楊雨河〈羅門的短詩十二個字讀後——〈天地線是宇宙最後的一根弦〉〉；3.蓉子論 10 篇：潘麗珠〈蓉子自然詩美學探

究〉、鄭敏〈讀蓉子詩所想到的〉、沈奇〈青蓮之美——詩人蓉子散論〉、侯洪〈蓉子詩歌的文本互涉——關於一組「傘詩」的解讀、高秀芹〈蓉子：在飛翔與降落之間〉、譚五昌〈論蓉子詩歌中的生命哲思〉、李漢榮〈詩是女生的——讀蓉子詩隨感〉、許燕〈大自然的三種原色——論蓉子風景詩的色彩運用〉、張國治〈年代的婉約‧山水抒情的高音——蓉子早期山水詩初探〉、林祁〈淺論蓉子詩中的意象〉；4.合評 6 篇：張炯〈羅門、蓉子與中國詩壇〉、楊匡漢〈多向歸航臺——談羅門蓉子的創作世界〉、易丹〈拯救的力量‧詩化的人格〉、潘亞暾〈論羅門、蓉子伉儷詩〉、金聲，麗玲〈與日月同輝——評羅門、蓉子文學創作系列叢書〉、潘麗珠〈燈屋裡的詩國伉儷——羅門與蓉子〉；5.有關重要言談 12 篇：謝冕〈「羅門蓉子文學創作系列」發表會開幕辭〉、謝冕〈詩人的職業〉、王俊義〈出版羅門蓉子文學創作系列感言〉、任洪淵〈位完繩的羅門論思考〉、古繼堂〈我的一些感想〉、劉湛秋〈詩與藝術的結合〉、陳旭光〈羅門對大陸詩談的啟示性意義〉、譚五昌，陳旭光〈羅門、蓉子創作世界學術研討會在京舉行〉、唐玲玲〈羅門、蓉子文學創作座談會——在北京大學隆重舉行〉、周偉民〈綆短汲深〉、周偉民〈與羅門、蓉子的筆墨友誼——周偉民答海峽之聲電台記者訪問〉、唐玲玲〈相會在未名湖畔〉。正文後附錄〈有關資料與影像〉、〈編後記〉。

11. 張肇祺　　從詩想走過來：論羅門蓉子　臺北　文史哲出版社　1997 年 10 月　　138 頁

本書為北京大學中國語言研究所、清華大學中文系、海南大學、中國藝術研究院中國文化研究所、中國社會科學出版社、《詩探索》編輯部與海南日報社共同籌辦之「羅門、蓉子系列著作研討會」。全書收錄 4 篇論文：〈海峽兩岸舉行——羅門、蓉子系列著作研討會〉、〈海內外「文學、藝術、哲學、科學」中人物看：羅門蓉子的詩〉、〈我看羅門蓉子的詩〉、〈一束深深的「心語」——走著的：詩〉。

12. 陳大為　　存在的斷層掃瞄：羅門都市詩論　臺北　文史哲出版社　1998 年 6 月　　170 頁

本書為學位論文《羅門都市詩研究》修訂出版；作者以羅門本身的兩項美學標準，來檢驗其都市詩對時代現象與社會文化變遷方面的掌握能力，以及詩歌語言和修辭技巧的躍進與停滯，從各種論證對羅門都市詩的整體成就作出評價。全書共 6 章：1.緒論；2.存在思想與境況；3.都市的空間結構及其內涵；4.聲色的速讀與縮寫；5.詩與時代的脈動；6.結論。

13. 張艾弓　　羅門論　臺北　文史哲出版社　1998 年 11 月　　146 頁

本書從羅門生平、理論、創作、技巧四個角度楔入，對其詩作進行綜合的考察。全

書共 5 章：1.生平和著述；2.詩思流程；3.詩心追蹤；4.詩藝評介；5.結論。正文後附錄〈悲劇與救拯〉、〈第九日的底流〉。

**14. 謝　冕編　　燕園詩旅——羅門·蓉子詩歌藝術論　武漢　長江文藝出版社 2000 年 4 月　398 頁**

本書收錄評論羅門蓉子的文章，及相關訪談報導，全書共 4 個部分：1.羅門論：潘麗珠〈羅門都市詩美學探究〉、杜十三〈羅門論——羅門暨其詩作價值〉、王潤華〈都市失學——從羅門到林燿德〉、邵燕祥〈羅門猜想〉、沈奇〈與天同游——羅門詩歌精神散論〉、陳仲義〈羅門詩的藝術〉、王岳川〈後現代氛圍中的詩人與詩〉、林燿德〈山河天眼裡，世界法身中——羅門詩作中的自然〉、黎湘萍〈羅門：患有嚴重心病的時代之童話詩人〉、張艾弓〈悲劇與拯救——評〈第九日的底流〉〉、侯洪〈詩的 N 度空間——看臺灣詩人羅門詩歌的雙重吸收〉、崔寶衡〈〈窗〉——羅門獨特的審美方式〉、姜濤〈宣諭與靈視——羅門詩歌藝術片論〉、高秀芹〈羅門：反諷框架下的生存意識〉、張曉平〈論羅門的風景詩〉、杜麗秋，許燕〈意象組合蒙太奇——論羅門詩歌意象組合的藝術〉、金聲，麗玲〈詩特質的初探體認——羅門詩論的啟示〉、劉得秋〈喚醒美的一切——談羅門的詩藝觀〉、黃昌華〈血的遙感，情的超越——讀羅門的〈一把鑰匙〉〉、陳大為〈黏滯的方形——羅門都市詩中的生存空間〉；2.蓉子論：鄭敏〈讀蓉子詩所想到的〉、沈奇〈青蓮之美——詩人蓉子散論〉、侯洪〈蓉子詩歌的文本互涉——關於一組傘詩的解讀〉、高秀芹〈蓉子：在飛翔與降落之間〉、潘麗珠〈蓉子自然詩美學探究〉、譚五昌〈論蓉子詩歌中的生命哲思〉、李漢蓉〈詩是女性的——論蓉子詩隨感〉、許燕〈大自然的三原色——論蓉子風景詩的色彩運用〉、張國治〈年代的婉約，山水抒情的高音——蓉子早期山水詩初探〉、林祁〈淺論蓉子詩中樹的意象〉；3.合論：張炯〈羅門蓉子與中國詩壇〉、楊匡漢〈多向歸航臺——談羅門蓉子的創作世界〉、易丹〈拯救的力量，詩化的人格〉、潘亞暾〈論羅門蓉子伉儷詩〉、金聲，麗玲〈與日月同輝——評羅門、蓉子文學創作系列叢書〉、潘麗珠〈燈屋裡的詩國伉儷——羅門與蓉子〉；4.有關重要言談：謝冕〈羅門蓉子文學創作系列發表會——開幕辭〉、〈詩人的職業——在北京大學羅門蓉子文學創作座談會上的言談〉、王俊義〈出版《羅門蓉子文學創作系列》感言〉、任洪淵〈未完成的羅門論思考〉、古繼堂〈我的一些感想〉、劉湛秋〈詩與藝術的結合〉、陳旭光〈羅門對大陸師談的啟示性意義〉、譚五昌，陳旭光〈羅門、蓉子創作世界研討會在京召開〉、唐玲玲〈羅門、蓉子文學創作座談會——在北京大學隆重舉行〉、周偉民〈綆短汲深——在羅門、蓉子文學創作座談會暨《羅門、蓉子文學創作系列》推介禮上答客問〉、周耿寧〈與羅門、蓉子的筆墨友誼——周偉民答海峽之聲電臺

記者周耿寧訪問〉、唐玲玲〈相會在未名湖畔——1995 年 12 月 6 日在北京大學舉行的羅門蓉子創作座談會暨《羅門蓉子創作系列》推介禮部分論點題要〉。正文後附錄〈《羅門蓉子論》書目〉。

**15. 龍彼德等　　心靈世界的回響：羅門詩作評論集　臺北　文史哲出版社　2000年 10 月　301 頁**

本書分析羅門的詩作，並且探討其精神思想與創作心路歷程。正文前有〈序言〉，全書共 2 部分：1.專論 8 篇，張健〈羅門及其文學業績〉、龍彼德〈追索「前進中的永恆」——論羅門的詩歌藝術〉、區仲桃〈論羅門建構的永恆空間〉、陳大為〈羅門都市文本中的「雄渾」氣象〉、曾方榮〈論羅門詩歌的審美特徵〉、洪淑苓〈羅門詩賞析〉、郭玉文〈名作選介〉、丁平〈從高空俯瞰大地的詩人—論羅門與他的詩風〉；2.隨筆、短評及訪談 29 篇，覃子豪〈羅門的「理想主義」及「曙光」〉、張健〈羅門蓉子詩比較〉、林亨泰〈健步的語言意象〉、蕭蕭〈詩人與詩風〉、辛鬱〈羅門的窗〉、陳寧貴〈讀詩筆記〉、謝馨〈「人格」「詩格」交相互映〉、謝馨〈讀羅門詩「窗」〉、和權〈麥堅利堡與羅門〉、李少儒〈大潑墨大寫意〉、馮晟乾〈釋羅門的「窗」〉、郭玉文〈將生命活成一首詩〉、張肇祺〈藍星卅年來的詩路歷程——給羅門〉、蓉子〈新詩欣賞〈傘〉〉、周偉民〈隔海說羅門〉、唐玲玲〈心靈的弦——羅門詩選讀後〉、陳祖芬〈欣跟著愛轉〉、施建偉〈在精神的螺旋塔裡〉、古遠清〈試評臺灣詩人羅門的詩論〉、王一桃〈短評兩篇——透過都市文明追蹤人的生命〉、王一桃〈短評兩篇——太陽與月亮——羅門蓉子〉、欣原〈擁抱最美的生命〉、張愛華〈曠野的演出〉、俞兆平〈羅門的〈流浪人〉〉、侯亨能〈羅門——我的直觀印象〉、朵拉〈文章顯赫不愛浮名〉、柳易冰〈空酒瓶旁坐著的木然靈魂——〈流浪人〉賞析〉、林麗如〈詩眼看世界——專訪詩人羅門〉、盧丙堯〈詩人的心靈世界——蕭蕭 vs 羅門〉。正文後附錄〈羅門研究檔案〉。

**16. 尤純純　　重塑現代詩——羅門詩的時空觀　臺北　文史哲出版社　2003 年 6月　254 頁**

本書為碩士論文《羅門詩的時空觀》修訂出版，以羅門詩時空觀的綜合「第三自然螺旋型的時空架構」為中心，再以此考察時空觀對羅門詩境開拓的重大作用，追蹤羅門詩時空象徵意象的源頭及運用的技巧。全書共 6 章：1.緒論；2.時空的觀念；3.羅門詩時空觀的形成；4.時空觀對羅門詩境的開拓；5.羅門詩的時空象徵意象；6.結論。正文前有李正治〈《重塑現代詩：羅門詩的時空觀》序〉。

**17. 羅　門　　我的詩國　臺北　文史哲出版社　2010 年 6 月　269 頁**

本書爲羅門相關資料總輯，含括羅門創作理論、他人評論以及研究資料。本書爲羅門相關資料總輯，含括羅門創作理論、他人評論以及研究資料。正文前有〈羅門簡介〉及詩作〈詩國藝術世界絕世的愛〉。全書分爲 11 部分：1.「我的詩國」，收錄〈「我的詩國」〉、〈「詩國」訪談錄〉、〈「詩國」創作構想與觀念〉、陳貴寧〈附：一篇帶有激勵的回應詩文〉共 4 篇；2.「第三自然螺旋型架構世界」，收錄〈第三自然螺旋型架構世界〉、〈對「第三自然」世界的有關評語〉、陳冠甫〈門羅詩國——羅門〉、陳滿銘〈羅門詩國的真、善、美——以〈麥堅利堡〉一詩的篇章意象爲例作探討〉、李正治〈《重塑現代詩：羅門詩的時空觀》序〉、陳大爲〈臺灣都市詩理論的建構與演化〉、侯亨能〈生命的提昇——羅門的「第三自然螺旋型架構」詩觀〉、王常新〈詩與自然——兩岸海峽詩學交流學術研討會（摘錄）〉、〈詩人與藝術家創造了「第三自然」〉、〈從我「第三自然螺旋型架構」世界對後現代的省思〉、〈內心深層的探索——「第三自然」超越存在的解讀〉、〈談我的「第三世界」與公木的「第三世界」〉、〈心靈訪問記（續稿）——談「第三世界」有關話題〉共 13 篇；3.「詩國的中心指標與宣言」，收錄〈「詩國」的中心指標與宣言——詩在人類世界中的永恆價值〉、〈羅門三度赴華盛頓開國際文學會議（一九九七年四月·六月與十一月間）〉共 2 篇；4.「詩國詩話語錄」，收錄〈內在世界的燈柱——我的詩話語錄〉、「詩國語錄手稿」共 2 篇；5.「詩國訪問記」，收錄〈「詩國」訪問記〉、〈詩國「訪問記」忽然引發的特別續稿〉2 篇；6.「羅門贈給詩國恩人的詩作」，收錄〈給蓉子 15 首詩〉、〈第九日的底流〉、張艾弓〈悲劇與拯救——評〈第九日的底流〉〉、〈附有關〈第九日的底流〉詩的一些話〉共 4 篇；7.「國內外詩友藝友文友贈給詩國『燈屋』與羅門蓉子的詩作」；8.「羅門研究檔案」，收錄〈羅門研究檔案〉、譚五昌〈臺灣詩壇三巨頭〉、〈羅門從詩中走來獲得的「最」〉、〈羅門蓉子創作鑑賞會·研討會與展示會〉、〈羅門精要評語專輯〉、〈羅門演講經歷〉；9.「後記」收錄〈後記〉1 篇。

18. 羅　門　　我的詩國（上、下）　臺北　文史哲出版社　2011 年 12 月　936 頁

本書於 2010 年 6 月出版之《我的詩國》增訂版。正文前有〈羅門簡介〉及詩作〈詩國藝術世界絕世的愛〉。全書分爲 12 部分：1.「我的詩國」，收錄〈「我的詩國」〉、〈「詩國」訪談錄〉、〈「詩國」創作構想與觀念〉、陳貴寧〈附：一篇帶有激勵的回應詩文〉共 4 篇；2.「詩國的基地與瞭望塔——第三自然螺旋型架構世界」，收錄〈第三自然螺旋型架構世界——藝術創作美學理念〉、〈第三自然螺旋型架構世界——藝術創作美學理念的論談〉、〈學者、評論家、詩人、作家—

一對「第三自然」世界的有關評語〉、陳滿銘〈羅門詩國的真、善、美——以〈麥堅利堡〉一詩的篇章意象爲例作探討〉、陳滿銘〈論羅門詩國之第三自然螺旋結構觀〉、陳冠甫〈門羅詩國——羅門〉、李正治〈《重塑現代詩：羅門詩的時空觀》序〉、陳大爲〈臺灣都市詩理論的建構與演化〉、侯亨能〈生命的提昇——羅門的「第三自然螺旋型架構」詩觀〉、王常新〈詩與自然——兩岸海峽詩學交流學術研討會（摘錄）〉、〈詩人與藝術家創造了「第三自然」〉、〈從我「第三自然螺旋型架構」世界對後現代的省思〉、〈內心深層的探索——「第三自然」超越存在的解讀〉、〈談我的「第三世界」與公木的「第三世界」〉、〈心靈訪問記（續稿）——談「第三世界」有關話題〉共 15 篇；3.「詩國的中心指標與宣言」，收錄〈「詩國」的中心指標與宣言——詩在人類世界中的永恆價值〉、〈羅門三度赴華盛頓開國際文學會議（一九九七年四月・六月與十一月間）〉共 2 篇；4.「詩國詩話語錄」，收錄〈內在世界的燈柱——我的詩話語錄〉、〈詩國手稿〉共 2 篇；5.「詩國訪問記」，收錄〈「詩國」訪問記〉1 篇；6.「詩國訪問記特別續稿」，收錄〈詩國「訪問記」忽然引發的特別續稿〉1 篇；7.「羅門贈給詩國恩人的詩作」，收錄〈給蓉子 15 首詩〉、〈第九日的底流〉、張艾弓〈悲劇與拯救——評〈第九日的底流〉〉、〈附有關〈第九日的底流〉詩的一些話〉共 4 篇；8.「國內外詩友藝友文友贈詩國『燈屋』與羅門蓉子的詩作」，收錄〈贈給詩國 PART1「燈屋」的詩〉、范揚松〈寫二十七年前夜訪詩人羅門、蓉子燈屋——懷舊詩情寫真〉、〈贈給詩國 PART2 羅門蓉子的詩〉共 3 篇；9.「圖像」，收錄〈詩國——詩的「燈屋」導言與史料〉、〈附：詩國——燈屋組詩〉、〈臺北「燈屋」影像〉、〈海南「圖像燈屋」影像〉、〈燈屋兩次特展〉、〈燈屋接受各型雜誌 32種訪問報導〉、〈造訪燈屋的各界人士〉、〈詩與藝術一體〉、〈附錄：藝術活動較重要的資料文件〉共 8 篇；10.「羅門蓉子藝文資料館」；11.「蓉子羅門研究檔案」，收錄〈蓉子研究檔案〉、〈羅門研究檔案〉、譚五昌〈臺灣詩壇三巨柱〉、〈羅門從詩中走來獲得的「最」〉、〈羅門蓉子創作鑑賞會・研討會與展示會〉、〈羅門精要評語專輯〉、〈羅門演講經歷〉、〈應南亞科技大學校長王春源當面邀請演講〉、〈超出想像的機遇〉共 9 篇；12.「後記」收錄〈後記〉1 篇。

## 學位論文

19. 陳瑞芳　　臺灣現代詩的文學社會學考察：洛夫、羅門作品中的美學意識形態初探（1954—1972）　東吳大學社會學研究所　碩士論文　何金蘭教授指導　1991 年 7 月　135 頁

本論文主要研究對象爲洛夫、羅門的作品，從美學意識形態切入，對作品進行總體

觀照並配合意識形態理論、語言的理論進行深度詮釋，最後通過實例討論相關的理論。全文共 5 章：1.問題與方法；2.詩的定位；3.創作主體、主體與外在世界的對立；4.主、客體對立之踰越；5.結論。

20. 陳大爲　　羅門都市詩研究　東吳大學中文研究所　碩士論文　陳鵬翔教授指導　1997 年 4 月　147 頁

本論文以羅門本身的兩項美學標準，來檢驗他的都市詩對時代現象與社會文化變遷方面的掌握能力，以及詩歌語言和修辭技巧的躍進與停滯，從各種論證對羅門都市詩的整體成就作出評價。全文共 6 章：1.緒論；2.存在思想與境況；3.都市本文的空間結構及其內涵；4 聲色的速讀雨縮寫；5.詩與時代的脈動；6.結論。

21. 湯玉琪　　"SELF" IN POETIC NARRATIVES: A STUDY OF CONTEMPORARY CHINESE LONG POEMS IN TAIWAN AS EXEMPLIFIED BY LUO FU, LUO MEN, CHEN KE HUA, AND FENG QING　加拿大阿伯答大學　博士論文　2000 年　238 頁

本論文主要以洛夫、羅門、陳克華、馮青四位詩人詩作爲研究對象。

22. 尤純純　　羅門詩的時空觀　南華大學文學研究所　碩士論文　李正治教授　2002 年 6 月　230 頁

本論文以羅門詩時空觀的綜合「第三自然螺旋型的時空架構」爲中心，再以此考察時空觀對羅門詩境開拓的重大作用，追蹤羅門詩時空象徵意象的源頭及運用的技巧。全文共 6 章：1.緒論；2.時空觀念；3.羅門詩時空觀形成；4.時空觀對羅門詩境的開拓；5.羅門詩的時空象徵意象；6.結論。正文後附錄〈羅門年表〉。

23. 區仲桃　　Shifting Ground: modernist Aesthetics in Taiwanese Poetry Since the 1950s　香港大學比較文學系　博士論文　2003 年 1 月　302 頁

本論文內容主要在分別論說羅門、蓉子、余光中、洛夫、鄭愁予 5 位詩人。

24. 劉　蓉　　哲學思維和智性詩人——羅門詩學及創作論　山東大學中國現當代文學研究所　碩士論文　孫基林教授指導　2008 年 4 月　62 頁

本論文從羅門詩歌理論及來源、詩歌創作題材和詩歌藝術技巧等角度入手，初步探究羅門詩歌的美麗世界。全文共 3 章：1.具有哲學家氣質的詩人；2.自覺的寬廣與深刻——從題材到思想內質；3.羅門詩歌的意象美學和修辭藝術。

25. 呂淑端　　羅門與蓉子懷鄉詩研究　臺北市立教育大學中國語文學系　碩士論

文　江惜美教授指導　2008 年 6 月　270 頁

本論文旨在探討羅門與蓉子懷鄉詩之內涵與形式特色。首先探究二人的生平事蹟、時代背景與懷鄉詩創作之間的關聯性，藉以釐清時代背景對其懷鄉詩作的影響；其次剖析、分類二人懷鄉詩作的內涵，了解二人的鄉愁意識以及情牽骨肉之意，以爬梳其中所傳達的思鄉戀土之情懷；最後從二人懷鄉詩作之內容及形式特色進行分析，以了解二者懷鄉詩的藝術風貌。全文共 6 章：1.緒論；2.羅門與蓉子其人及其作品；3.羅門懷鄉詩分類；4.蓉子懷鄉詩分類；5.羅門與蓉子懷鄉詩特色；6.結論。正文後附錄〈羅門與蓉子對照年表〉。

26. 詹林益　羅門詩觀及其都市詩與自然詩研究──以「第三自然螺旋型架構」為中心　淡江大學中國文學系在職專班　碩士論文　張雙英教授指導　2008 年 12 月　305 頁

本論文以羅門的「都市詩」和「自然詩」作為研究議題，並以「第三自然螺旋型架構」為中心，來探討羅門在現代詩歌的表現情形。全文共 5 章：1.緒論；2.羅門詩觀與「第三自然螺旋型架構」之探討；3.羅門「都市詩」與「自然詩」之分析探討；4.詩「和諧」；5.結論。

## 作家生平資料篇目

### 自述

27. 羅　門　前言　曙光　臺北　藍星詩社　1958 年 5 月　頁 1—5

28. 羅　門　後語　曙光　臺北　藍星詩社　1958 年 5 月　頁 67—74

29. 羅　門　後記　第九日的底流　臺北　藍星詩社　1963 年 5 月　頁 119—120

30. 羅　門　對詩的全面性認知及我的創作世界　死亡之塔　臺北　藍星詩社　1969 年 6 月　頁 1—23

31. 羅　門　對詩的全面認知及我的創作世界之解剖　長期受著審判的人　臺北　環宇出版社　1974 年 2 月　頁 25—46

32. 羅　門　前言　心靈訪問記　臺北　純文學出版社　1969 年 11 月　頁 1—3

33. 羅　門　心靈訪問記　現代詩人書簡集　臺中　普天出版社　1969 年 12 月　頁 28—43

34. 羅　門　關於我的〈麥堅利堡〉[1]　青年戰士報　1970 年 1 月 10 日　8 版

35. 羅　門　〈麥堅利堡〉詩寫後感　羅門創作大系‧《麥堅利堡》特輯　臺北　文史哲出版社　1995 年 4 月　頁 164—173

36. 羅　門　從批評過程中看讀者、批評者與讀者　藍星年刊　1971 年　1971 年　頁 92—120

37. 羅　門　羅門手札　從深淵出發　臺中　普天出版社　1972 年 1 月　頁 53 —69

38. 羅　門　一個作者自我世界的開放——與顏元叔談我的三首死亡詩　中外文學　第 1 卷第 7 期　1972 年 12 月　頁 32—47

39. 羅　門　一個作者自我世界的開放——與顏元叔教授談我的三首死亡詩　長期受著審判的人　臺北　環宇出版社　1974 年 2 月　頁 165—182

40. 羅　門　作者內在世界的開放與顏元叔教授談我的三首死亡詩　時空的回聲　臺北　德華出版社　1981 年 11 月　頁 229—250

41. 羅　門　一個作者自我世界的開放——與顏元叔教授談我的三首死亡詩　長期受著審判的人　臺北　環宇出版社　1998 年 12 月　頁 165—182

42. 羅　門　內在世界的燈柱——我的詩話　長期受著審判的人　臺北　環宇出版社　1974 年 2 月　頁 19—24

43. 羅　門　內在世界的燈柱——我的詩話　時空的回聲　臺北　德華出版社　1981 年 11 月　頁 1—7

44. 羅　門　內在世界的燈柱——我的詩話　詩眼看世界‧臺北　師大書苑　1989 年 6 月　頁 13—24

45. 羅　門　內在世界的燈柱——我的詩話　羅門創作大系‧羅門論文集　臺北　文史哲出版社　1995 年 4 月　頁 235—244

46. 羅　門　內在世界的燈柱——我的詩話　存在終極價值的追索　臺北　文史哲出版社　2000 年 1 月　頁 17—33

47. 羅　門　作為廿世紀物質文明世界中的詩人角色　藍星季刊　復刊第 5 期

---

[1]本文後改篇名為〈〈麥堅利堡〉詩寫後感〉。

1975 年 12 月　頁 87—91

48. 羅　門　詩打開兩隻籠子——活著便是對詩的偉大的聯想力之讚頌　藍星季
刊　復刊第 6 期　1976 年 6 月　頁 83—87

49. 羅　門　羅門詩觀　八十年代詩選　臺北　濂美出版社　1976 年 6 月　頁
424

50. 羅　門　我選擇了詩　中外文學　第 5 卷第 9 期　1977 年 2 月　頁 39—46

51. 羅　門　心靈的驛站　青澀歲月　臺北　爾雅出版社　1980 年 7 月　頁 265
—270

52. 羅　門　心靈的疊景（代序）　曠野　臺北　時報文化出版公司　1980 年
11 月　頁 1—17

53. 羅　門　我的詩觀——兼談〈曠野〉詩創作之意圖與感想　陽光小集　第 6
期　1981 年 7 月　頁 10—14

54. 羅　門　我的詩觀（兼談〈曠野〉詩創作之意圖與感想）　時空的回聲　臺
北　德華出版社　1981 年 11 月　頁 416—444

55. 羅　門　我的詩觀——兼談〈曠野〉詩創作之意圖與感想　大地文學　第 2
期　1982 年 3 月　頁 128—245

56. 羅　門　序——我的詩觀　太陽與月亮　廣州　花城出版社　1992 年 3 月
頁 3—11

57. 羅　門　時空的回聲（「羅門論文集」序文）　時空的回聲　臺北　德華出
版社　1981 年 11 月　頁 1—3

58. 羅　門　心靈訪問記——續稿 1—4　時空的回聲　臺北　德華出版社　1981
年 11 月　頁 97—135

59. 羅　門　心靈訪問記（續稿）　藍星季刊　復刊第 15 期　1983 年 1 月　頁
125—136

60. 羅　門　心靈訪問記——續稿　詩眼看世界　臺北　師大書苑　1989 年 6 月
頁 174—193

61. 羅　門　心靈訪問記——續稿 1—3　創作心靈的探索與透視　臺北　文史哲

出版社　2002 年 4 月　頁 305—338

62. 羅　門　自我創作世界的解剖　時空的回聲　臺北　德華出版社　1981 年
　　　　　　11 月　頁 201—228

63. 羅　門　礦工——光之牧者　藍星季刊　復刊第 14 期　1982 年 6 月　頁 4
　　　　　　—7

64. 羅　門　詩的語言世界——兼談我的語言旅程與感想　中外文學　第 11 卷
　　　　　　第 10 期　1983 年 3 月　頁 60—82

65. 羅　門　羅門的詩觀——兼談我的創作歷程　心臟詩刊　第 7 期　1985 年 1
　　　　　　月　頁 60—72

66. 羅　門　我的詩觀——兼談我的創作歷程（代序）　羅門詩選　臺北　洪範
　　　　　　書店　1991 年 9 月　頁 1—21

67. 羅　門　我的詩觀——兼談我的創作歷程　羅門詩選　北京　中國友誼出版
　　　　　　公司　1993 年 7 月　頁 153—168

68. 羅　門　架構詩世界的一些石柱——談詩創作的一些看法與經驗　現代詩入
　　　　　　門　臺北　故鄉出版社　1985 年 2 月　頁 195—202

69. 羅　門　詩的早晨　人生船　臺北　爾雅出版社　1985 年 7 月　頁 236—
　　　　　　237

70. 羅　門　編後記　星空無線藍　臺北　九歌出版社　1986 年 6 月　頁 487—
　　　　　　490

71. 羅　門　我對詩與藝術的信念　人間短歌　臺北　希代書版公司　1987 年 1
　　　　　　月　頁 138—139

72. 羅　門　詩的追蹤　國文天地　第 28 期　1987 年 9 月　頁 62—66

73. 羅　門　打開我創作世界的五扇門——代序　整個世界停止呼吸在起跑線上
　　　　　　臺北　光復書局　1988 年 4 月　頁 7—31

74. 羅　門　打開我創作世界的五扇門　羅門詩選　北京　中國友誼出版公司
　　　　　　1993 年 7 月　頁 169—189

75. 羅　門　打開我創作世界的五扇門　羅門創作大系・羅門論文集　臺北　文

　　　　　　　　　史哲出版社　1995 年 4 月　頁 3—32

76. 羅　　門　　前言　羅門・蓉子短詩精選　臺北　殿堂出版社　1988 年　頁 34
　　　　　　　　　—35

77. 羅　　門　　我兩項最基本的創作觀——「第三自然」與「現代感」——代序
　　　　　　　　　詩眼看世界　臺北　師大書苑　1989 年 6 月　頁 1—9

78. 羅　　門　　第一篇作品的追思　詩眼看世界　臺北　師大書苑　1989 年 6 月
　　　　　　　　　頁 238—245

79. 羅　　門　　第一篇作品的追思　人生五題——事業　臺北　正中書局　1990 年
　　　　　　　　　8 月　頁 20—26

80. 羅　　門　　第一篇作品的追思　羅門散文精選　臺北　文史哲出版社　1993 年
　　　　　　　　　12 月　頁 53—58

81. 羅　　門　　自序　有一條永遠的路　臺北　尚書文化出版社　1990 年 4 月　頁
　　　　　　　　　5—9

82. 羅　　門　　談我的「第三自然」與公木的「第三自然界」——兼回答讀者問題
　　　　　　　　　藍星詩刊　第 24 期　1990 年 7 月　頁 46—51

83. 羅　　門　　談我的「第三自然」與公木的「第三自然界」　存在終極價值的追
　　　　　　　　　索　臺北　文史哲出版社　2000 年 1 月　頁 47—53

84. 羅　　門　　談我的「第三自然」與公木的「第三自然界」　我的詩國　臺北
　　　　　　　　　文史哲出版社　2010 年 6 月　頁 88—90

85. 羅　　門　　談我的「第三自然」與公木的「第三自然界」　我的詩國（上）
　　　　　　　　　臺北　文史哲出版社　2011 年 12 月　頁 116—118

86. 羅　　門　　羅門簡介　門羅天下——當代名家論羅門　臺北　文史哲出版社
　　　　　　　　　1991 年 12 月　頁 525—528

87. 羅　　門　　我對《現代文學》的觀感——它已成爲開展中國現代文學的主力線
　　　　　　　　　現文因緣　臺北　現文出版社　1991 年 12 月　頁 139—143

88. 羅　　門　　我對《現代文學》的觀感——它已成爲開展中國現代文學的主力線
　　　　　　　　　白先勇外集・現文因緣　臺北　天下遠見出版公司　2008 年 9 月

頁 175—179

89. 羅　門　「第三自然螺旋型架構」的創作理念　從影響研究到中國文學　臺北　書林出版公司　1992 年 1 月　頁 181—214

90. 羅　門　「第三自然螺旋型架構」的創作理念　羅門創作大系・羅門論文集　臺北　文史哲出版社　1995 年 4 月　頁 113—144

91. 羅　門　「第三自然螺旋型架構」的創作理念　在詩中飛行：羅門詩選半世紀　臺北　文史哲出版社　1999 年 12 月　頁 364—397

92. 羅　門　羅門書簡　臺灣詩學季刊　第 1 期　1992 年 12 月　頁 99

93. 羅　門　詩的文學之旅——同蓉子赴美參加國際作家寫作計畫（IWP）　幼獅文藝　第 475 期　1993 年 7 月　頁 34—40

94. 羅　門　序　誰能買下這條天地線　臺北　文史哲出版社　1993 年 12 月　頁 1—5

95. 羅　門　詩之外的創作空間——寫在第一本散文集出版——序　羅門散文精選　臺北　文史哲出版社　1993 年 12 月　頁 1—3

96. 羅　門　同文藝走完我的一生　羅門散文精選　臺北　文史哲出版社　1993 年 12 月　頁 69—72

97. 羅　門　把所有的門都羅過來——我的筆名「羅門」　羅門散文精選　臺北　文史哲出版社　1993 年 12 月　頁 229—231

98. 羅　門　羅門簡介　羅門散文精選　臺北　文史哲出版社　1993 年 12 月　頁 233—239

99. 羅　門　詩觀　中國海洋詩選　高雄　大海洋文藝雜誌社　1994 年 3 月　頁 100—102

100. 羅　門　從我「第三自然螺旋型架構」世界對後現代的省思　臺灣詩學季刊　第 6 期　1994 年 3 月　頁 128—139

101. 羅　門　從我「第三自然螺旋型架構」世界對後現代的省思　我的詩國　臺北　文史哲出版社　2010 年 6 月　頁 76—83

102. 羅　門　從我「第三自然螺旋型架構」世界對後現代的省思　我的詩國

（上）　臺北　文史哲出版社　2011 年 12 月　頁 104—111

103. 羅　門　將同詩走完我的一生　羅門蓉子文學世界學術研討會論文集　臺北　文史哲出版社　1994 年 4 月　頁 9—21

104. 羅　門　我的詩觀與創作歷程（代序）　羅門論文集　北京　中國社會科學出版社　1995 年 4 月　頁 1—21

105. 羅　門　總序：我的詩觀與創作歷程　羅門創作大系〔全 10 卷〕　臺北　文史哲出版社　1995 年 4 月　頁 1—38

106. 羅　門　序——我的詩觀與創作歷程　羅門精品　北京　人民文學出版社　2001 年 3 月　頁 1—32

107. 羅　門　序　羅門創作大系・《麥堅利堡》特輯　臺北　文史哲出版社　1995 年 4 月　頁 1—3

108. 羅　門　答辯〈麥堅利堡〉詩合的廿項問題　羅門創作大系・《麥堅利堡》特輯　臺北　文史哲出版社　1995 年 4 月　頁 147—163

109. 羅　門　對九年前寫〈麥堅利堡〉這首詩的感想　羅門創作大系・《麥堅利堡》特輯　臺北　文史哲出版社　1995 年 4 月　頁 174—181

110. 羅　門　前言　羅門創作大系・自我・時空・死亡詩　臺北　文史哲出版社　1995 年 4 月　頁 39—40

111. 羅　門　前言　羅門創作大系・自然詩　臺北　文史哲出版社　1995 年 4 月　頁 39—43

112. 羅　門　前言　羅門創作大系・素描與抒情詩　臺北　文史哲出版社　1995 年 4 月　頁 39—40

113. 羅　門　前言　羅門創作大系・戰爭詩　臺北　文史哲出版社　1995 年 4 月　頁 39

114. 羅　門　前言　羅門創作大系・題外詩　臺北　文史哲出版社　1995 年 4 月　頁 39

115. 羅　門　〈曠野〉詩創作的意圖與感想　羅門論文集　北京　中國社會科學出版社　1995 年 4 月　頁 78—91

116. 羅　門　羅門詩創作觀　中華新詩選　臺北　文史哲出版社　1996 年 3 月　頁 23

117. 羅　門　我最短的一首詩——「天地線是宇宙最後的一根弦」　中華日報　1996 年 11 月 23 日　14 版

118. 羅　門　我最短的一首詩——「天地線是宇宙最後的一根弦」　長期受著審判的人　臺北　環宇出版社　1998 年 12 月　頁 187—192

119. 羅　門　我最短的一首詩——「天地線是宇宙最後的一根弦」　在詩中飛行：羅門詩選半世紀　臺北　文史哲出版社　1999 年 12 月　頁 357—363

120. 羅　門　我最短的一首詩——「天地線是宇宙最後的一根弦」　存在終極價值的追索　臺北　文史哲出版社　2000 年 1 月　頁 128—135

121. 羅　門　我最短的一首詩——「天地線是宇宙最後的一根弦」　羅門精品　北京　人民文學出版社　2001 年 3 月　頁 196—200

122. 羅　門　孤寂中的回響：一條向內的引爆線　中華日報　1998 年 2 月 27 日　16 版

123. 羅　門　孤寂中的回響——一條向內的引爆線　存在終極價值的追索　臺北　文史哲出版社　2000 年 1 月　頁 105—108

124. 羅　門　前言——《長期受著審判的人》再版感言　長期受著審判的人　臺北　環宇出版社　1998 年 12 月　〔3〕頁

125. 羅　門　追索的心靈　長期受著審判的人　臺北　環宇出版社　1998 年 12 月　頁 123—164

126. 羅　門　詩與我——代序　在詩中飛行：羅門詩選半世紀　臺北　文史哲出版社　1999 年 12 月　頁 1—54

127. 羅　門　詩與我——創作半世紀的內心告白　藍星詩學　第 5 期　2000 年 3 月　頁 7—33

128. 羅　門　前言　存在終極價值的追索　臺北　文史哲出版社　2000 年 1 月　頁 3—4

129. 羅　門　羅門資歷　存在終極價值的追索　臺北　文史哲出版社　2000 年
　　　　　　　1 月　頁 5—6

130. 羅　門　內心深層世界的探索——「第三自然」超越存在的解讀² 存在終
　　　　　　　極價值的追索　臺北　文史哲出版社　2000 年 1 月　頁 39—46

131. 羅　門　內在深層世界的連鎖引爆線（上、下）　臺灣新聞報　2000 年 6
　　　　　　　月 4—5 日　B10 版

132. 羅　門　內心深層世界的連鎖引爆線——除了死亡，世界上最具威脅性的
　　　　　　　是「美」　創作心靈的探索與透視　臺北　文史哲出版社　2002
　　　　　　　年 4 月　頁 265—272

133. 羅　門　內心深層的探索——「第三自然」超越存在的解讀　我的詩國
　　　　　　　臺北　文史哲出版社　2010 年 6 月　頁 84—87

134. 羅　門　內心深層的探索——「第三自然」超越存在的解讀　我的詩國
　　　　　　　（上）　臺北　文史哲出版社　2011 年 12 月　頁 112—115

135. 羅　門　在詩的沉思默想中探視「前進中的永恆」世界　存在終極價值的
　　　　　　　追索　臺北　文史哲出版社　2000 年 1 月　頁 101—104

136. 羅　門　詩人近況　八十九年詩選　臺北　臺灣詩學季刊雜誌社　2001 年
　　　　　　　4 月　頁 258

137. 羅　門　詩路上·音樂行　旅途中的音樂　臺北　生智文化公司　2001 年
　　　　　　　12 月　頁 23—27

138. 羅　門　前言　創作心靈的探索與透視　臺北　文史哲出版社　2002 年 4
　　　　　　　月　頁 1—2

139. 羅　門　前言　全人類都在流浪　臺北　文史哲出版社　2002 年 4 月　頁
　　　　　　　1—3

140. 羅　門　以電影鏡頭寫〈寂〉這首詩　全人類都在流浪　臺北　文史哲出
　　　　　　　版社　2002 年 4 月　頁 22—23

---

² 本文後改篇名為〈內在深層世界的連鎖引爆線〉、〈內心深層世界的連鎖引爆線——除了死亡，世
界上最具威脅性的是「美」〉。

141. 羅　門　詩人近況　九十年詩選　臺北　臺灣詩學季刊雜誌社　2002 年 5
月　頁 264

142. 羅　門　我寫〈觀海〉　臺灣現代文學教程：新詩讀本　臺北　二魚文化
公司　2002 年 8 月　頁 162—163

143. 羅　門　歲月倒鏡中的影像光景　文訊雜誌　第 223 期　2004 年 5 月　頁
49

144. 羅　門　寫詩半世紀　藍星詩學　第 23 期　2006 年 9 月　頁 200—202

145. 羅　門　快鏡頭下的精要掃描——參加藍星詩社四十多年的一些印象與感
想　藍星詩學　第 24 期　2007 年 12 月　頁 46—50

146. 羅　門　羅門簡介　我的詩國　臺北　文史哲出版社　2010 年 6 月　〔1〕
頁

147. 羅　門　羅門簡介　我的詩國（上）　臺北　文史哲出版社　2011 年 12 月
〔1〕頁

148. 羅　門　「我的詩國」　我的詩國　臺北　文史哲出版社　2010 年 6 月
頁 3—5

149. 羅　門　「我的詩國」　我的詩國（上）　臺北　文史哲出版社　2011 年
12 月　頁 4—6

150. 羅　門　「詩國」訪談錄　我的詩國　臺北　文史哲出版社　2010 年 6 月
頁 6—13

151. 羅　門　「詩國」訪談錄　我的詩國（上）　臺北　文史哲出版社　2011
年 12 月　頁 5—14

152. 羅　門　「詩國」創作構想與觀念　我的詩國　臺北　文史哲出版社
2010 年 6 月　頁 14—15

153. 羅　門　「詩國」創作構想與觀念　我的詩國（上）　臺北　文史哲出版
社　2011 年 12 月　頁 15—16

154. 羅　門　第三自然螺旋型架構世界——藝術創作美學理念　我的詩國　臺
北　文史哲出版社　2010 年 6 月　頁 23—24

155. 羅　門　第三自然螺旋型架構世界——藝術創作美學理念　我的詩國
　　　（上）　臺北　文史哲出版社　2011 年 12 月　頁 25—26

156. 羅　門　第三自然螺旋型架構世界——藝術創作美學理念的論談　我的詩
　　　國　臺北　文史哲出版社　2010 年 6 月　頁 25—28

157. 羅　門　第三自然螺旋型架構世界——藝術創作美學理念的論談　我的詩
　　　國（上）　臺北　文史哲出版社　2011 年 12 月　頁 27—30

158. 羅　門　詩人與藝術家創造了「第三自然」　我的詩國　臺北　文史哲出
　　　版社　2010 年 6 月　頁 57—64

159. 羅　門　詩人與藝術家創造了「第三自然」　我的詩國（上）　臺北　文
　　　史哲出版社　2011 年 12 月　頁 84—91

160. 羅　門　心靈訪問記（續稿）——談「第三自然」有關話題　我的詩國
　　　臺北　文史哲出版社　2010 年 6 月　頁 91—94

161. 羅　門　心靈訪問記（續稿）——談「第三自然」有關話題　我的詩國
　　　（上）　臺北　文史哲出版社　2011 年 12 月　頁 119—122

162. 羅　門　「詩國」的中心指標與宣言——詩在人類世界中的永恆價值　我
　　　的詩國　臺北　文史哲出版社　2010 年 6 月　頁 97—107

163. 羅　門　「詩國」的中心指標與宣言——詩在人類世界中的永恆價值　我
　　　的詩國（上）　臺北　文史哲出版社　2011 年 12 月　頁 125—
　　　135

164. 羅　門　內在世界的燈柱——我的詩話語錄　我的詩國　臺北　文史哲出
　　　版社　2010 年 6 月　頁 113—124

165. 羅　門　內在世界的燈柱——我的詩話語錄　我的詩國（上）　臺北　文
　　　史哲出版社　2011 年 12 月　頁 141—152

166. 羅　門　「詩國」訪問記　我的詩國　臺北　文史哲出版社　2010 年 6 月
　　　頁 149—182

167. 羅　門　「詩國」訪問記　我的詩國（上）　臺北　文史哲出版社　2011
　　　年 12 月　頁 177—210

168. 羅　門　　詩國「訪問記」忽然引發的特別續稿　我的詩國　臺北　文史哲出版社　2010 年 6 月　〔16〕頁

169. 羅　門　　詩國「訪問記」忽然引發的特別續稿　我的詩國（上）　臺北　文史哲出版社　2011 年 12 月　頁 214—228

170. 羅　門　　後記　我的詩國　臺北　文史哲出版社　2010 年 6 月　頁 268—269

171. 羅　門　　後記　我的詩國（下）　臺北　文史哲出版社　2011 年 12 月　頁 935—936

172. 羅　門　　「詩眼」（poetic eyes）看國家——由詩思拼湊專題言談的藍圖　臺灣詩學吹鼓吹詩論壇　第 12 期　2011 年 3 月　頁 45—49

173. 羅　門　　我的「第三自然螺旋型架構」世界與「詩國 POETREPUBLIC」　國文天地　第 335 期　2013 年 4 月　頁 76—82

174. 羅　門　　開往「前進中的永恆」世界的生命列車——國立臺南大學博物館舉辦翠玉婚詩展有感　國文天地　第 336 期　2013 年 5 月　頁 90—94

175. 羅門，蓉子講；陳恬逸整理　　詩路蹤跡　文訊雜誌　第 327 期　2013 年 1 月　頁 80—84

## 他述

176. 彭邦楨，墨人　　羅門簡介　中國詩選　高雄　大業書店　1957 年 1 月　頁 113

177. 帆　影　　探向人類內在精神世界的羅門　自由青年　第 37 卷第 6 期　1967 年 3 月 1 日　頁 23

178. 〔張默，洛夫，瘂弦主編〕　　羅門小評：一顆在心靈奧境中爆炸的太陽　七十年代詩選　高雄　大業書店　1967 年 9 月　頁 186—187

179. 范大龍　　羅門和蓉子——國際重視的我國詩侶　中華日報　1973 年 1 月 26 日　2 版

180. 李文邦　　羅門與蓉子——詩壇夫婦　自立晚報　1973 年 12 月 1 日　7 版

181. 張　默　　羅門小傳　中國當代十大詩人選集　臺北　源成文化圖書供應社
　　　 1977 年 7 月　頁 324－326

182. 姚曉天　　人性文學——特寫彭歌・吳東權・羅門・蓉子等四家　中華文藝
　　　 第 84 期　1978 年 2 月　頁 132—135

183.〔愛書人〕　　羅門巧奪天工，燈屋美崙美奐　愛書人　第 131 期　1980 年
　　　 1 月　4 版

184. 蓉　子　　好的另一半　一脈相傳　臺北　號角出版社　1980 年 4 月　頁
　　　 103—107

185.〔蕭蕭，楊子澗編〕　　心靈的追索者——羅門　中學白話詩選　臺北　故
　　　 鄉出版社　1980 年 4 月　頁 148—149

186.〔張雪映〕　　羅門與蓉子的詩情世界　陽光小集　第 6 期　1981 年 7 月
　　　 頁 5—7

187. 蕭　蕭　　羅門　現代詩入門　臺北　故鄉出版社　1982 年 2 月　頁 87—88

188. 林海音　　詩的婚禮，詩的歲月　聯合報　1983 年 8 月 19 日　8 版

189. 林海音　　詩的婚禮，詩的歲月　剪影話文壇　臺北　純文學出版社　1984
　　　 年 8 月　頁 120—121

190. 林海音　　詩的婚禮，詩的歲月　林海音作品集・剪影話文壇　臺北　遊目
　　　 族文化公司　2000 年 5 月　頁 120—123

191.〔文訊雜誌〕　　文苑短波——羅門致力詩的推廣　文訊雜誌　第 2 期
　　　 1983 年 8 月　頁 10

192. 王晉民，鄺白曼　　羅門　臺灣與海外華人作家小傳　福州　福建人民出版
　　　 社　1983 年 9 月　頁 175—177

193.〔文訊雜誌〕　　文苑短波——羅門入中國當代詩人資料專案　文訊雜誌
　　　 第 11 期　1984 年 5 月　頁 307

194.〔文訊雜誌〕　　文苑短波——〈香江之旅〉記羅門香港行　文訊雜誌　第
　　　 11 期　1984 年 5 月　頁 308

195. 流沙河　　隔海隨筆——羅門　現代作家　1984 年第 8 期　1984 年 8 月　頁

81

196. 沈花末　羅門簡介　1985 臺灣詩選　臺北　前衛出版社　1986 年 3 月　頁 129—130

197. 劉龍勳　羅門　中國新詩賞析（三）　臺北　長安出版社　1987 年 2 月　頁 143—144

198. 黃錦珠　羅門的燈屋藝術　文訊雜誌　第 33 期　1987 年 12 月　〔1〕頁

199. 江　兒　容貌別緻的家庭風景——羅門與蓉子　文訊雜誌　第 35 期　1988 年 4 月　頁 83—84

200. 江　兒　容貌別緻的家庭風景　比翼雙飛——二十三對文學夫妻　臺北　文訊雜誌社　1988 年 7 月　頁 80—87

201. 〔九歌雜誌〕　書緣・書香〔羅門部分〕　九歌雜誌　第 90 期　1988 年 8 月　4 版

202. 〔陳寧貴編〕　羅門簡介　羅門・蓉子短詩精選　臺北　殿堂出版社　1988 年　頁 172—181

203. 素　之　一個贈禮——為羅門、蓉子夫婦結婚卅三週年至誠的祝福　心臟詩刊　第 13 期　1988 年 12 月　頁 34—35

204. 〔心臟詩刊〕　詩人的歷程——羅門簡介　心臟詩刊　第 13 期　1988 年 12 月　頁 56—60

205. 蓉　子　詩人的偏鋒　中央日報　1991 年 6 月 17 日　16 版

206. 謝　馨　「人格」「詩格」交相輝映　心靈世界的回響：羅門詩作評論集　臺北　文史哲出版社　1991 年 10 月　頁 170—171

207. 鹿翎，熊景春　二十世紀末的東方騎士　門羅天下——當代名家論羅門　臺北　文史哲出版社　1991 年 12 月　頁 499—502

208. 封德屏　門羅天下，詩探宇宙[3]　文訊雜誌　第 76 期　1992 年 2 月　封面裡

209. 封德屏　羅門的豐收年　美麗的負荷　臺北　三民書局　1994 年 4 月　頁

[3]本文後改篇名為〈羅門的豐收年〉。

106—107

210. 劉　菲　　詩之外的羅門　葡萄園　第 113 期　1992 年 2 月　頁 4—5

211. 劉　菲　　詩之外的羅門　評詩論藝　臺北　詩藝文出版社　1999 年 3 月
　　　　　　　頁 241—244

212. 張新穎　　詩人何為？　文學自由談　1993 年第 4 期　1993 年　頁 139—140

213. 陳祖芬　　像爸爸的孩子和像媽媽的孩子　羅門蓉子文學世界學術研討會論
　　　　　　　文集　臺北　文史哲出版社　1994 年 4 月　頁 437—440

214. 王一桃　　我們在詩中相會——羅門、蓉子的文學事件研討會絮語　羅門蓉
　　　　　　　子文學世界學術研討會論文集　臺北　文史哲出版社　1994 年 4
　　　　　　　月　頁 451—456

215. 李宗慈　　燈屋三十年——羅門與蓉子　紙筆人間　臺北　臺北縣立文化中
　　　　　　　心　1994 年 6 月　頁 312—321

216. 何恆雄　　我心目中的羅門與蓉子　日月的雙軌：羅門、蓉子創作世界評介
　　　　　　　北京　中國社會科學出版社　1995 年 4 月　頁 394

217. 麥　穗　　再接再厲——《當代名詩人選》3〔羅門部分〕　當代名詩人選 2
　　　　　　　臺北　絲路出版社　1997 年 9 月　頁 5

218. 謝　冕　　詩人的職業　從詩中走過來：論羅門蓉子　臺北　文史哲出版社
　　　　　　　1997 年 10 月　頁 369—371

219. 王俊義　　出版《羅門蓉子文學創作系列》感言　從詩中走過來：論羅門蓉
　　　　　　　子　臺北　文史哲出版社　1997 年 10 月　頁 372—374

220. 周偉民，周耿寧　　與羅門、蓉子的筆墨友誼——周偉民答海峽之聲電臺記
　　　　　　　者周耿寧訪問　從詩中走過來：論羅門蓉子　臺北　文史哲出版
　　　　　　　社　1997 年 10 月　頁 394—401

221. 周偉民，周耿寧　　與羅門、蓉子的筆墨友誼——周偉民答海峽之聲電臺記
　　　　　　　者周耿寧訪問　燕園詩旅——羅門・蓉子詩歌藝術論　武漢　長
　　　　　　　江文藝出版社　2000 年 4 月　頁 365—372

222. 林耀堂　　遇見詩人四帖：我在這兒——寫羅門，蓉子　聯合報　1998 年 8

月 27 日　37 版

223. 〔姜耕玉選編〕　羅門　20 世紀漢語詩選（三）　上海　上海教育出版社　1999 年 12 月　頁 428

224. 龍君兒，吉米　詩人羅門與蓉子的家　打造理想家　臺北　時報文化出版公司　2000 年 3 月　頁 128—133

225. 陳祖芬　心跟著愛轉　心靈世界的回響：羅門詩作評論集　臺北　文史哲出版社　2000 年 10 月　頁 206—208

226. 施建偉　在精神的螺旋塔裡——羅門和我的「緣分」　心靈世界的回響：羅門詩作評論集　臺北　文史哲出版社　2000 年 10 月　頁 209—214

227. 欣原　擁抱最美的生命　心靈世界的回響：羅門詩作評論集　臺北　文史哲出版社　2000 年 10 月　頁 232—237

228. 侯亨能　羅門：我的直觀印象——永恆的詩人羅門是現實碑林裡的一朵奇葩　心靈世界的回響：羅門詩作評論集　臺北　文史哲出版社　2000 年 10 月　頁 244—247

229. 朵拉　文章顯赫不愛浮名　心靈世界的回響：羅門詩作評論集　臺北　文史哲出版社　2000 年 10 月　頁 248—251

230. 譚五昌　臺灣詩壇三巨柱——羅門、洛夫、余光中　藍星詩學　第 10 期　2001 年 6 月　頁 147—148

231. 譚五昌　臺灣詩壇三巨柱〔羅門部分〕　我的詩國　臺北　文史哲出版社　2010 年 6 月　頁 252

232. 譚五昌　臺灣詩壇三巨柱〔羅門部分〕　我的詩國（下）　臺北　文史哲出版社　2011 年 12 月　頁 912

233. 〔蕭蕭，白靈編〕　羅門簡介　臺灣現代文學教程：新詩讀本　臺北　二魚文化公司　2002 年 8 月　頁 164—165

234. 向明　向暗黑處捅開真相　窺詩手記　臺北　禹臨圖書公司　2002 年 12 月　頁 151—155

235. 王景山　　羅門　臺港澳暨海外華文作家辭典　北京　人民文學出版社
　　　2003 年 7 月　頁 398—400

236. 郭可慈，郭謙　　臺灣詩壇的傑出文學伉儷——羅門、蓉子　現代作家親緣
　　　錄——震撼百年文壇的夫婦作家　潞西　德宏民族出版社　2004
　　　年 3 月　頁 164—168

237.〔蕭　蕭主編〕　詩人簡介　優游意象世界　臺北　聯合文學出版社
　　　2006 年 6 月　頁 48

238.〔編輯部〕　　Lomen's Vitae　The Collected Pomes of LOMEN：A Bilingual
　　　Edition　臺北　文史哲出版社　2006 年 11 月　頁 412—413

239.〔編輯部〕　　羅門簡歷　The Collected Pomes of LOMEN：A Bilingual
　　　Edition　臺北　文史哲出版社　2006 年 11 月　頁 415

240.〔封德屏主編〕　　羅門　2007 臺灣作家作品目錄　臺南　國立臺灣文學館
　　　2008 年 7 月　頁 1425

241.〔林佛兒〕　　前輩作家寫真簿——羅門　鹽分地帶文學　第 23 期　2009 年
　　　8 月　頁 18—19

242. 陳貴寧　　附：一篇帶有激勵的回應詩文　我的詩國　臺北　文史哲出版社
　　　2010 年 6 月　頁 21

243. 陳貴寧　　附：一篇帶有激勵的回應詩文　我的詩國（上）　臺北　文史哲
　　　出版社　2011 年 12 月　頁 21

244.〔羅　門〕　　羅門三度赴華盛頓開國際文學會議（一九九七年四月・六月
　　　與十一月間）　我的詩國　臺北　文史哲出版社　2010 年 6 月
　　　頁 108—108

245.〔羅　門〕　　羅門三度赴華盛頓開國際文學會議（一九九七年四月・六月
　　　與十一月間）　我的詩國（上）　臺北　文史哲出版社　2011 年
　　　12 月　頁 136—137

246. 朱雙一　　蓉子作品研討會和羅門新著發布會　文訊雜誌　第 310 期　2011
　　　年 8 月　頁 146—147

247. 〔創世紀〕　　「翠玉詩展」，羅門、蓉子結婚58週年　創世紀　第175期
　　　2013年6月　頁187

248. 李宗慈　　羅門、蓉子捐書畫送溫暖　文訊雜誌　第334期　2013年8月
　　　頁200—201

**訪談、對談**

249. 高　歌　　追索的心靈[4]　長期受著審判的人　臺北　環宇出版社　1974年2
　　　月　頁123—164

250. 高　歌　　羅門訪問記　羅門自選集　臺北　黎明文化公司　1975年12月
　　　頁239—257

251. 高　歌　　追索的心靈　時空的回聲　臺北　德華出版社　1981年11月　頁
　　　299—317

252. 劉　菲　　內心世界的交響　大地文學　第8期　1974年3月　頁37—45

253. 宋毓英　　訪詩人蓉子、羅門　婦女世界　第39期　1975年5月　頁22—
　　　23

254. 羅　門等[5]　　八方風雲會中州——現代詩座談會　中華文藝　第80期　1977
　　　年10月　頁123—133

255. 楊亭，陳義芝　　羅門訪問記——探向心靈深處的長梯　中華文藝　第81期
　　　1977年11月　頁97—109

256. 陳義芝　　探向心靈深處的長梯——羅門訪問記　作家的成長　臺北　華欣
　　　文化事業中心　1978年7月　頁190—205

257. 羅　門等[6]　　中國詩人的道路　現代名詩品賞集　臺北　聯亞出版社　1979
　　　年5月　頁3—26

258. 羅　門等[7]　　中國現代詩談話會　文訊雜誌　第12期　1984年6月　頁96

---

[4]本文後改篇名為〈羅門訪問記〉。
[5]主持人：李仙生；與會者：洪醒夫、丁零、趙天儀、周伯乃、陳義芝、張默、管管、楊昌年、洛夫、羅門、蔡源煌、林煥彰、李魁賢；紀錄：楊亭。
[6]主持人：羊令野；與會者：商禽、向明、張默、蓉子、高大鵬、蘇紹連、桓夫、管管、吳望堯、羅行、羅門、辛鬱、岩上、碧果、陳家帶、梅新、向陽、彭邦楨；紀錄：蕭蕭。
[7]與會者：羅門、白萩、上官予、胡品清、張默、林亨泰、瘂弦、張健、張法鶴、邱燮友。

—139　259. 辛西亞　展望未來詩壇——訪詩人羅門　明日世界　第 120 期　1984 年 12 月　頁 52—55

260. 江靜芳　詩人與燈屋：訪羅門　自由青年　第 75 卷第 1 期　1986 年 1 月　頁 22—25

261. 羅　門等[8]　新詩經驗的對話　幼獅文藝　第 390 期　1986 年 6 月　頁 144—165

262. 陳慧樺　羅門訪問專輯[9]　整個世界停止呼吸在起跑線上　臺北　光復書局　1988 年 4 月　頁 159—177

263. 陳慧樺　時空的回聲——專訪名詩人談「詩與藝術」　詩眼看世界　臺北　師大書苑　1989 年 6 月　頁 145—173

264. 陳慧樺　心靈訪問記——專訪著名詩人羅門談「詩與藝術」　羅門論文集　北京　中國社會科學出版社　1995 年 4 月　頁 280—296

265. 林燿德　第三自然中的螺旋型世界——訪羅門[10]　臺北評論　第 5 期　1988 年 5 月　頁 18—27

266. 林燿德　詩智的螺旋梯：羅門的「第三自然」觀　自由青年　第 80 卷第 5 期　1988 年 11 月 10 日　頁 68—72

267. 林燿德　無深度無崇高點的「後現代」——與羅門對話　觀念對話——當代詩言談錄　臺北　漢光文化公司　1989 年 8 月　頁 193—215

268. 林燿德　觀念對話——林燿德訪問羅門　長期受著審判的人　臺北　環宇出版社　1998 年 12 月　頁 249—260

269. 林燿德　觀念對話——林燿德訪問羅門　存在終極價值的追索　臺北　文史哲出版社　2000 年 1 月　頁 144—157

270. 郭玉文　將生命活成一首詩　自立晚報　1990 年 3 月 5 日　14 版

271. 郭玉文　將生命活成一首詩　心靈世界的回響：羅門詩作評論集　臺北

[8]主持人：林明德；與會者：向陽、羅門；紀錄：林鼎盛。
[9]本文後改篇名為〈時空的回聲——專訪名詩人談「詩與藝術」〉、〈心靈訪問記——專訪著名詩人羅門談「詩與藝術」〉。
[10]本文後改篇名為〈詩智的螺旋梯：羅門的「第三自然」觀〉、〈無深度無崇高點的「後現代」——與羅門對話〉、〈觀念對話——林燿德訪問羅門〉。

文史哲出版社　2000 年 10 月　頁 187—188

272. 羅　門等[11]　　詩人節談詩　藍星詩刊　第 28 期　1991 年 7 月　頁 137—150

273. 王春煜　　美的求索者　門羅天下——當代名家論羅門　臺北　文史哲出版
社　1991 年 12 月　頁 451—460

274. 王春煜　　美的求索者——訪臺灣著名詩人羅門　文學世界（香港）　第 5
期　1989 年 4 月　頁 147—152

275. 唐玲玲　　「國際詩人伉儷」——羅門和蓉子　訪臺掠影　北京　光明日報
出版社　1993 年 7 月　頁 11—13

276. 潘麗珠，黃思維　　新詩的守護神和永遠的青鳥——訪燈屋裡的羅門與蓉子
國文天地　第 99 期　1993 年 8 月　頁 118—127

277. 盧丙堯　　詩人的心靈世界——蕭蕭 V・S 羅門　臺灣詩學季刊　第 10 期
1995 年 3 月　頁 36—54

278. 盧丙堯　　詩人的心靈世界——蕭蕭 V・S 羅門　心靈世界的回響：羅門詩作
評論集　臺北　文史哲出版社　2000 年 10 月　頁 264—289

279. 林燿德　　與詩人羅門談「現代精神」　中央日報　1996 年 1 月 11 日　18
版

280. 〔天　窗〕　　心靈訪問記——天窗訪問羅門　長期受著審判的人　臺北
環宇出版社　1998 年 12 月　頁 243—248

281. 〔天　窗〕　　心靈訪問記——天窗訪問羅門　存在終極價值的追索　臺北
文史哲出版社　2000 年 1 月　頁 137—143

282. 陳旭光　　傳統、現代與後現代訪談錄——陳旭光訪問羅門　長期受著審判
的人　臺北　環宇出版社　1998 年 12 月　頁 261—274

283. 陳旭光　　傳統、現代與後現代訪談錄——北京陳旭光訪問羅門　存在終極
價值的追索　臺北　文史哲出版社　2000 年 1 月　頁 158—174

284. 林麗如　　詩眼看世界——專訪詩人羅門[12]　文訊雜誌　第 164 期　1999 年 6

---

[11]與會者：余光中、王士祥、羅門、李瑞騰、簡政珍、翁文嫻、白靈、蕭蕭、鍾玲、向明。
[12]本文後改篇名爲〈打造燈屋——詩眼看世界的羅門〉。

月　頁 85—89

285. 林麗如　詩眼看世界——專訪詩人羅門　心靈世界的回響：羅門詩作評論
集　臺北　文史哲出版社　2000 年 10 月　頁 254—263

286. 林麗如　打造燈屋——詩眼看世界的羅門　走訪文學僧：資深作家訪問錄
臺北　文訊雜誌社　2004 年 10 月　頁 105—112

287. 林峻楓　旋轉的永恆之塔——側訪詩人羅門　青年日報　2000 年 7 月 31 日
13 版

288. 紫　鵑　燈屋裡的掌門人——訪第三自然的開拓者——羅門　乾坤詩刊
第 43 期　2007 年 7 月　頁 6—17

289. 林麗如　一起走遍千山萬水——資深作家談書寫與閱讀——羅門：不放棄
追求美感境界　文訊雜誌　第 264 期　2007 年 10 月　頁 88

290. 李淑敏　羅門訪談錄　現代語文（文學研究）　2010 年第 11 期　2010 年
頁 38—39

## 年表

291. 羅　門　年表　羅門自選集　臺北　黎明文化公司　1975 年 12 月　頁 1—
4

292. 羅　門　羅門創作年表　時空的回聲　臺北　德華出版社　1981 年 11 月
頁 445—450

293. 〔心臟詩刊〕　羅門創作年表（1954—1984）　心臟詩刊　第 7 期　1985
年 1 月　頁 97—105

294. 羅　門　羅門創作年表　整個世界停止呼吸在起跑線上　臺北　光復書局
1988 年 4 月　頁 179—200

295. 羅　門　羅門簡介、著作、創作年表　詩眼看世界　臺北　師大書苑
1989 年 6 月　頁 357—390

296. 羅　門　羅門詩創作歷程　有一條永遠的路　臺北　尚書文化出版社
1990 年 4 月　頁 217—223

297. 〔謝　晃編〕　羅門小傳及創作年表　羅門詩選　北京　中國友誼出版公

司　1993 年 7 月　頁 190—195

298. 羅　門　　羅門年表　誰能買下這條天地線　臺北　文史哲出版社　1993 年
12 月　頁 139—167

299. 羅　門　　附：羅門研究檔案　心靈世界的回響：羅門詩作評論集　臺北
文史哲出版社　2000 年 10 月　頁 291—301

300. 羅　門　　羅門簡歷　羅門精品　北京　人民文學出版社　2001 年 3 月　頁
201—207

301. 羅　門　　羅門研究檔案　創作心靈的探索與透視　臺北　文史哲出版社
2002 年 4 月　頁 355—366

302. 羅　門　　羅門研究檔案　全人類都在流浪　臺北　文史哲出版社　2002 年
4 月　頁 139—144

303. 羅　門　　羅門從詩中走來獲得的「最」　創作心靈的探索與透視　臺北
文史哲出版社　2002 年 4 月　頁 367—371

304. 羅　門　　羅門從詩中走來獲得的「最」　全人類都在流浪　臺北　文史哲
出版社　2002 年 4 月　頁 151—155

305. 羅　門　　羅門從詩中走來獲得的「最」　我的詩國　臺北　文史哲出版社
2010 年 6 月　頁 253—255

306. 羅　門　　羅門從詩中走來獲得的「最」　我的詩國（下）　臺北　文史哲
出版社　2011 年 12 月　頁 913—917

307. 尤純純　　羅門年表　羅門詩的時空觀　南華大學文學研究所　碩士論文
李正治教授　2002 年 6 月　頁 178—220

308. 呂淑端　　羅門與蓉子對照年表　羅門與蓉子懷鄉詩研究　臺北市立教育大
學中國語文學系　碩士論文　江惜美教授指導　2008 年 6 月　頁
237—270

## 其他

309. 唐玲玲　　羅門、蓉子的文學世界學術研討會紀實　羅門蓉子文學世界學術
研討會論文集　臺北　文史哲出版社　1994 年 4 月　頁 441—449

## 作品評論篇目

### 綜論

月　頁 409—443

322. 蕭　蕭　論羅門的意象世界　中華現代文學大系（臺灣 1970—1989）評論卷（貳）　臺北　九歌出版社　1989 年 5 月　頁 845—877

323. 蕭　蕭　論羅門的意象世界　門羅天下——當代名家論羅門　臺北　文史哲出版社　1991 年 12 月　頁 69—98

324. 蕭　蕭　論羅門的意象世界　羅門論　北京　中國社會科學出版社　1995 年 4 月　頁 124—147

325. 蕭　蕭　論羅門的意象世界　中華現代文學大系（貳）‧臺灣一九八九——二○○三評論卷（二）　臺北　九歌出版社　2003 年 10 月　頁 845—877

326. 陳慧樺　談羅門詩的技巧　臺大青年　1971 年第 2 期　1971 年 6 月　頁 73—76

327. 陳慧樺　論羅門的技巧　藍星年刊　1971 年　1971 年　頁 24—32

328. 陳慧樺　論羅門詩的技巧　板歌　臺北　蘭臺書局　1973 年 1 月　頁 108—125

329. 陳慧樺　論羅門的技巧　中國現代作家論　臺北　聯經出版公司　1979 年 7 月　頁 243—258

330. 趙天儀　裸體的國王　笠　第 44 期　1971 年 8 月　頁 66—76

331. 周伯乃　詩、並非盆景——試論羅門的精神面貌及其創作動向　自由青年　第 47 卷第 5 期　1972 年 5 月 10 日　頁 128—145

332. 周伯乃　詩、並非盆景——試論羅門的精神面貌及其創作動向　門羅天下——當代名家論羅門　臺北　文史哲出版社　1991 年 12 月　頁 289—306

333. 蔡源煌　從顯型到原始基型——論羅門的詩　中外文學　第 5 卷第 9 期　1977 年 2 月　頁 4—24

334. 蔡源煌　從顯型到原始基型——評《羅門自選集》　寂寞的結　臺北　聯經出版公司　1978 年 8 月　頁 221—250

335. 蔡源煌　　從顯型到原始基型——論羅門的詩　現代詩導讀・批評篇　臺北　故鄉出版社　1979 年 11 月　頁 245—271

336. 蔡源煌　　從顯型到原始基型——論羅門的詩　門羅天下——當代名家論羅門　臺北　文史哲出版社　1991 年 12 月　頁 1—22

337. 蔡源煌　　從顯型到原始基型——論羅門的詩　羅門論　北京　中國社會科學出版社　1995 年 4 月　頁 3—20

338. 呂錦堂　　詩的三重奏——評介羅門的詩　山水詩刊　第 16 期　1978 年 6 月　頁 36—39

339. 呂錦堂　　詩的三重奏——評介羅門的詩　門羅天下——當代名家論羅門　臺北　文史哲出版社　1991 年 12 月　頁 321—338

340. 呂錦堂　　詩的三重奏——評介羅門的詩　羅門創作大系・自我・時空・死亡詩　臺北　文史哲出版社　1995 年 4 月　頁 147—164

341. 魏子雲　　本屆金筆獎之理論（上、下）〔羅門部分〕　中華日報　1978 年 7 月 4—5 日　11 版

342. 楊昌年　　羅門　新詩品賞　臺北　牧童出版社　1978 年 9 月　頁 363—372

343. 張雪映　　透過美感藝術——談羅門的悲劇感　陽光小集　第 6 期　1981 年 7 月　頁 25

344. 張雪映　　透過美感藝術——談羅門的悲劇感　門羅天下——當代名家論羅門　臺北　文史哲出版社　1991 年 12 月　頁 375—376

345. 張雪映　　透過美感藝術——談羅門的悲劇感　羅門論　北京　中國社會科學出版社　1995 年 4 月　頁 239—240

346. 季　紅　　詩人羅門——他的詩觀・表現觀和他的語言　中外文學　第 10 卷第 4 期　1981 年 9 月　頁 114—134

347. 季　紅　　詩人羅門——他的詩觀、表現觀和他的語言　門羅天下——當代名家論羅門　臺北　文史哲出版社　1991 年 12 月　頁 133—158

348. 季　紅　　詩人羅門——他的詩觀、表現觀和他的語言　羅門論　北京　中國社會科學出版社　1995 年 4 月　頁 171—190

349. 蕭　蕭　　詩人與詩風——羅門　臺灣日報　1982 年 6 月 24—25 日　8 版

350. 蕭　蕭　　詩人與詩風　心靈世界的回響：羅門詩作評論集　臺北　文史哲
　　　　　　　出版社　2000 年 10 月　頁 161—162

351. 李瑞騰　　曠野精神　詩的詮釋　臺北　時報文化出版公司　1982 年 6 月
　　　　　　　頁 311—312

352. 林興華　　向現代人內心世界探險的詩人——羅門　藍星季刊　復刊第 14 期
　　　　　　　1982 年 6 月　頁 70—86

353. 林興華　　向現代人內心世界探險的詩人——羅門　明日世界　第 85 期
　　　　　　　1982 年 7 月　頁 46—49

354. 林興華　　向現代人內心世界探險的詩人——羅門　門羅天下——當代名家
　　　　　　　論羅門　臺北　文史哲出版社　1991 年 12 月　頁 275—288

355. 李瑞騰　　說鏡——現代詩中一個原型意象的試探〔羅門部分〕　詩的詮釋
　　　　　　　臺北　時報文化出版公司　1982 年 6 月　頁 157—165

356. 李瑞騰　　說鏡——現代詩中一個原型意象的試探〔羅門部分〕　中華現代
　　　　　　　文學大系（臺灣 1970—1989）評論卷（壹）　臺北　九歌出版社
　　　　　　　1989 年 5 月　頁 1059—1066

357. 李瑞騰　　說鏡——現代詩中一個原型意象的試探〔羅門部分〕　新詩學
　　　　　　　臺北　駱駝出版社　1997 年 3 月　頁 92—95

358. 〔陽光小集〕　誰是大詩人——青年詩人心目中的十大詩人[13]　陽光小集
　　　　　　　第 10 期　1982 年 10 月　頁 79—91

359. 〔心臟詩刊〕　詩論家眼中的羅門　心臟詩刊　第 7 期　1985 年 1 月　頁
　　　　　　　93—96

360. 陳　煌　　連上帝也想家——談羅門詩中的戰爭表現　臺灣新聞報　1985 年
　　　　　　　4 月 3 日　8 版

361. 陳　煌　　戰爭之路——談羅門詩中的戰爭表現（上、中、下）　臺灣新聞

---

[13]本文為「陽光小集」所舉辦「青年詩人心目中的十大詩人」的票選活動紀錄，十位詩人分別為：
　余光中、白萩、楊牧、鄭愁予、洛夫、瘂弦、周夢蝶、商禽、羅門、羊令野，並略述十人作品風
　格及技巧。

報　1985 年 8 月 10—12 日　8 版

362. 陳　煌　戰爭之路——談羅門詩中的戰爭表現　門羅天下——當代名家論羅門　臺北　文史哲出版社　1991 年 12 月　頁 233—248

363. 陳　煌　戰爭之路——談羅門詩中的戰爭表現　羅門創作大系・戰爭詩　臺北　文史哲出版社　1995 年 4 月　頁 149—164

364. 林燿德　人與神之間的交談：論羅門的戰爭主題　藍星詩刊　第 5 期　1985 年 10 月　頁 78—93

365. 林燿德　人與神之間的交談：論羅門的戰爭詮釋　羅門論　臺北　師大書苑　1991 年 1 月　頁 25—62

366. 林燿德　人與神之間的交談——論羅門的戰爭詮釋　羅門創作大系・戰爭詩　臺北　文史哲出版社　1995 年 4 月　頁 121—148

367. 林燿德　在文明的塔尖造塔——羅門都市主題初探　藍星詩刊　第 6 期　1986 年 1 月　頁 78—107

368. 林燿德　在文明的塔尖上造塔——羅門都市主題初探　有一條永遠的路　臺北　尚書文化出版社　1990 年 4 月　頁 155—206

369. 林燿德　在文明的塔尖上造塔——羅門都市主題初探　羅門論　臺北　師大書苑　1991 年 1 月　頁 63—114

370. 林燿德　在文明的塔尖造塔：羅門都市主題初探　羅門創作大系・都市詩　臺北　文史哲出版社　1995 年 4 月　頁 179—215

371. 鄭明娳　中國新詩一甲子〔羅門部分〕　自立晚報　1986 年 6 月 14 日　10 版

372. 旅　人　中國新詩論史（十一）——高準及羅門　笠　第 134 期　1986 年 8 月　頁 95—97

373. 旅　人　新詩論第三期——蛻變說延續期——高準及羅門　中國新詩論史　臺中　臺中縣立文化中心　1991 年 11 月　頁 195—199

374. 苦　苓　誰是大詩人？青年詩人心目中的十大詩人〔羅門部分〕　書中書　臺北　希代書版公司　1986 年 9 月　頁 213

375. 林燿德　三百六十度的層疊空間——論羅門詩中的「圓」與「塔」[14]　香港文學月刊　第 23 期　1986 年 11 月　頁 34—37

376. 林燿德　三六〇度層疊空間——論羅門的意識造型　羅門論　臺北　師大師苑　1991 年 1 月　頁 1—24

377. 林燿德　世界的心靈彰顯——羅門的時空與死亡主題初探　藍星詩刊　第 10 期　1987 年 1 月　頁 80—92

378. 林燿德　世界的心靈彰顯——羅門的時空與死亡主題初探　門羅天下——當代名家論羅門　臺北　文史哲出版社　1991 年 12 月　頁 55—68

379. 〔張　錯編〕　羅門詩選——羅門（1928—）　千曲之島　臺北　爾雅出版社　1987 年 7 月　頁 149—150

380. 洛　楓　羅門的悲劇意識　藍星詩刊　第 12 期　1987 年 7 月　頁 106—117

381. 洛　楓　羅門的悲劇意識　門羅天下——當代名家論羅門　臺北　文史哲出版社　1991 年 12 月　頁 377—390

382. 洛　楓　羅門的悲劇意識　羅門論　北京　中國社會科學出版社　1995 年 4 月　頁 383—393

383. 馬德俊　羅門的詩　現代臺灣文學史　瀋陽　遼寧大學出版社　1987 年 12 月　頁 549—555

384. 陳瑞山　意象層次剖析法——並試解羅門的超現實詩之謎[15]　文訊雜誌　第 33 期　1987 年 12 月　頁 125—135

385. 陳瑞山　意象層次剖析法——並試解羅門的超現實詩之謎　美育　1989 年 第 5 期　1989 年 12 月　頁 32—36

386. 陳瑞山　意象層次剖析法——並試解羅門的超現實詩之謎　門羅天下——

---

[14]本文後改篇名爲〈三六〇度層疊空間——論羅門的意識造型〉。
[15]本文認爲羅門放棄描述對象屬性之間的相似、相近點追尋，而努力追求事物之間屬性特徵的遠距差異，進而在詩中作出「不合法的配偶與離異」。全文共 6 小節：1.想像長度；2.想像密度；3.想像跨越；4.感的想像化；5.感覺的想像化；6.理念的想像化。

當代名家論羅門　臺北　文史哲出版社　1991 年 12 月　頁 99—118

387. 陳瑞山　意象層次剖析法──試辨羅門的超現實詩之謎　羅門論　北京　中國社會科學出版社　1995 年 4 月　頁 202—216

388. 鄭明娳　中國新詩概說〔羅門部分〕　當代文學氣象　臺北　光復書局　1988 年 4 月　頁 173—174

389. 王志健　羅門　文學四論（上）　臺北　文史哲出版社　1988 年 7 月　頁 272—277

390. 王志健　摘星的與提燈的──羅門　中國新詩淵藪（中）　臺北　正中書局　1993 年 7 月　頁 1789—1819

391. 古繼堂　靜聽那心底的旋律──論現代派詩人羅門的詩　靜聽那心底的旋律──臺灣文學論　北京　國際文化出版公司　1989 年 1 月　頁 135—147

392. 古繼堂　靜聽那心底的旋律　門羅天下──當代名家論羅門　臺北　文史哲出版社　1991 年 12 月　頁 391—404

393. 古繼堂　靜聽那心底的旋律　羅門論　北京　中國社會科學出版社　1995 年 4 月　頁 334—344

394. 潘亞暾　向心靈世界掘進──羅門詩歌淺析　國文天地　第 45 期　1989 年 2 月　頁 86—89

395. 潘亞暾　向心靈世界掘進──羅門詩歌淺析　海峽　1989 年第 4 期　1989 年 8 月　頁 169—172

396. 潘亞暾　向心靈世界掘進──羅門詩歌淺析　門羅天下──當代名家論羅門　臺北　文史哲出版社　1991 年 12 月　頁 429—438

397. 潘亞暾　向心靈世界掘進──羅門詩歌淺析　羅門論　北京　中國社會科學出版社　1995 年 4 月　頁 345—352

398. 古繼堂　藍星詩社和它的詩人群──羅門　臺灣新詩發展史　臺北　文史哲出版社　1989 年 7 月　頁 205—220

399. 古繼堂　　臺灣的藍星詩社——羅門　簡明臺灣文學史　北京　時事出版社　2002 年 6 月　頁 302—305

400. 公仲，汪義生　　五十年代後期及六十年代臺灣文學〔羅門部分〕　臺灣新文學史初編　南昌　江西人民出版社　1989 年 8 月　頁 133—135

401. 葉立誠　　以美學建築藝術殿堂的詩人　藍星詩刊　第 21 期　1989 年 10 月　頁 90—92

402. 葉立誠　　以美學建築藝術殿堂的詩人　門羅天下——當代名家論羅門　臺北　文史哲出版社　1991 年 12 月　頁 349—352

403. 王振科　　超越與回歸：從心靈到現實——對羅門都市詩的再認識　華文文學　1990 年第 1 期　1990 年 1 月　頁 50—53

404. 王振科　　超越與回歸：從心靈到現實——對羅門都市詩的再認識　藍星詩刊　第 22 期　1990 年 1 月　頁 68—77

405. 王振科　　超越與回歸：從心靈到現實——對羅門都市詩的再認識　門羅天下——當代名家論羅門　臺北　文史哲出版社　1991 年 12 月　頁 439—450

406. 王幼嘉　　詩論家眼中的羅門　有一條永遠的路　臺北　尚書文化出版社　1990 年 4 月　頁 207—216

407. 古遠清　　刻劃都市人生的聖手——臺灣羅門詩作賞析　寫作　1990 年第 8 期　1990 年 8 月　頁 26—27

408. 古遠清　　刻劃都市人生的聖手——臺灣羅門詩作賞析　新詩學報　第 4 期　1991 年 2 月　頁 10—13

409. 古遠清　　刻劃都市人生的聖手——羅門詩作賞析　門羅天下——當代名家論羅門　臺北　文史哲出版社　1991 年 12 月　頁 481—490

410. 張　健　　羅門及其文學業績　青年日報　1990 年 9 月 30 日　14 版

411. 張　健　　羅門及其文學業績　古典到現代　臺北　三民書局　1996 年 4 月　頁 199—202

412. 張　健　　羅門及其文學業績　心靈世界的回響：羅門詩作評論集　臺北

文史哲出版社　2000 年 10 月　頁 7—9

413. 林燿德　　八〇年代臺灣都市文學〔羅門部分〕　世紀末偏航——八〇年代　臺灣文學論　臺北　時報文化出版公司　1990 年 12 月　頁 369—373

414. 翁光宇　　論《藍星》及其主要詩人〔羅門部分〕　暨南學報　第 1 期　1991 年 1 月　頁 90—96

415. 周偉民，唐玲玲　　詩人‧詩論家眼中的羅門　日月的雙軌：羅門、蓉子創作世界評介　臺北　文史哲出版社　1991 年 2 月　頁 435—447

416. 周偉民，唐玲玲　　詩人‧詩論家眼中的羅門　日月的雙軌：羅門、蓉子創作世界評介　北京　中國社會科學出版社　1995 年 4 月　頁 358—370

417. 朱雙一　　現代主義詩歌運動的第一次高潮〔羅門部分〕　臺灣新文學概觀（下）　廈門　鷺江出版社　1991 年 6 月　頁 119—121

418. 汪　智　　飛成一幅幅風景——羅門詩歌生命主體論析　藍星詩刊　第 28 期　1991 年 7 月　頁 129—136

419. 汪　智　　飛成一幅幅風景——羅門詩歌生命主體論析　門羅天下——當代名家論羅門　臺北　文史哲出版社　1991 年 12 月　頁 461—472

420. 汪　智　　飛成一幅幅風景——羅門詩歌生命主體論析　羅門論　北京　中國社會科學出版社　1995 年 4 月　頁 394—402

421. 葉石濤　　五〇年代的臺灣文學——理想主義的挫折和頹廢——作家與作品〔羅門部分〕　臺灣文學史綱　高雄　文學界雜誌社　1991 年 9 月　頁 105

422. 葉石濤　　五〇年代的臺灣文學——理想主義的挫折和頹廢——作家與作品〔羅門部分〕　葉石濤全集‧評論卷五　臺南，高雄　國立臺灣文學館，高雄市文化局　2008 年 3 月　頁 115

423. 賀少陽　　羅門詩的哲思　藍星詩刊　第 29 期　1991 年 10 月　頁 59—63

424. 賀少陽　　羅門詩的哲思　門羅天下——當代名家論羅門　臺北　文史哲出

版社　1991 年 12 月　頁 267—274

425. 賀少陽　羅門詩的哲思　羅門創作大系・自我・時空・死亡詩　臺北　文
史哲出版社　1995 年 4 月　頁 135—141

426. 賀少陽　羅門詩的哲思　羅門論　北京　中國社會科學出版社　1995 年 4
月　頁 165—170

427. 蔡源煌　捕捉光的行蹤——《門羅天下——當代名家論羅門》代序　門羅
天下——當代名家論羅門　臺北　文史哲出版社　1991 年 12 月
頁 1—8

428. 鄧榮坤　天空與山也蹲下來——談余光中、羅門、向明的〈漂水花〉　藍
星詩刊　第 30 期　1992 年 1 月　頁 112—115

429. 張新穎　靈視之域——羅門詩主題論述　當代作家評論　1992 年第 1 期
1992 年 1 月　頁 119—123

430. 張新穎　靈視之域——羅門的詩和詩論　文學的現代記憶　臺北　三民書
局　2003 年 6 月　頁 85—107

431. 周偉民　羅門詩世界的藝術經驗　海南師院學報　1992 年第 1 期　1992 年
3 月　頁 43—47

432. 古遠清　具有前衛性與創新性的現代精神意識——評羅門的詩論[16]　海峽兩
岸詩論新潮　廣州　花城出版社　1992 年 2 月　頁 20—28

433. 古遠清　前衛性與創新性的現代精神意識——評羅門的詩論　藍星詩刊
第 31 期　1992 年 4 月　頁 150—155

434. 古遠清　具有前衛性與創新性的現代精神意識——評羅門的詩論　羅門蓉
子文學世界學術研討會論文集　臺北　黎明文化公司　1994 年 4
月　頁 117—124

435. 古遠清　具有前衛性與創新性的羅門詩論　臺灣當代文學理論批評史　武
漢　武漢出版社　1994 年 8 月　頁 755—762

436. 古遠清　試評臺灣詩人羅門的詩論　新東方　第 9 期　1992 年 9 月　頁 42

---

[16]本文後改篇名為〈前衛性與創新性的現代精神意識——評羅門的詩論〉。

　　　　　　　—45

437. 古遠清　　試評臺灣詩人羅門的詩論　心靈世界的回響：羅門詩作評論集
　　　　　　　臺北　文史哲出版社　2000 年 10 月　頁 215—222

438. 劉登翰　　現代主義詩歌運動及其詩人創作——覃子豪、余光中與「藍星」
　　　　　　　詩人群〔羅門部分〕　臺灣文學史（下）　福州　海峽文藝出版
　　　　　　　社　1993 年 1 月　頁 160—165

439. 徐　學　　文學批評（下）——葉維廉等的詩學理論〔羅門部分〕　臺灣文
　　　　　　　學史（下）　福州　海峽文藝出版社　1993 年 1 月　頁 883—884

440. 謝　冕　　羅門的天空——序《羅門詩選》　羅門詩選　北京　中國友誼出
　　　　　　　版公司　1993 年 7 月　頁 1—10

441. 謝　冕　　羅門的天空　羅門蓉子文學世界學術研討會論文集　臺北　文史
　　　　　　　哲出版社　1994 年 4 月　頁 339—347

442. 謝　冕　　羅門的天空　羅門論　北京　中國社會科學出版社　1995 年 4 月
　　　　　　　頁 265—273

443. 蕭　蕭　　論羅門的人文關懷　臺灣詩學季刊　第 5 期　1993 年 12 月　頁
　　　　　　　113—122

444. 蕭　蕭　　論羅門的人文關懷　羅門蓉子文學世界學術研討會論文集　臺北
　　　　　　　文史哲出版社　1994 年 4 月　頁 419—430

445. 蕭　蕭　　論羅門的人文關懷　羅門論　北京　中國社會科學出版社　1995
　　　　　　　年 4 月　頁 148—159

446. 蕭　蕭　　論羅門的人文關懷　雲端之美人間之真　臺北　駱駝出版社
　　　　　　　1997 年 3 月　頁 71—89

447. 周偉民　　羅門、蓉子的文學世界對世界文學的啟示　海南大學學報　第 4
　　　　　　　期　1993 年 12 月　頁 41—44

448. 周偉民　　羅門、蓉子的文學世界對世界文學的啟示——在「羅門蓉子的文
　　　　　　　學世界」學術研討會上的主題發言　羅門蓉子文學世界學術研討
　　　　　　　會論文集　臺北　文史哲出版社　1994 年 4 月　頁 1—8

449. 張　健　　論羅門詩的二大特色　海南師院學報　1993 年第 4 期　1993 年 12
　　　　　　　　月　頁 1—5，14

450. 張　健　　論羅門詩的二大特色　羅門蓉子文學世界學術研討會論文集　臺
　　　　　　　　北　文史哲出版社　1994 年 4 月　頁 209—224

451. 張　健　　論羅門詩的二大特色　明道文藝　第 271 期　1998 年 10 月　頁
　　　　　　　　29—41

452. 張　健　　論羅門詩的二大特色　情與韻：兩岸線代詩集錦　臺北　秀威資
　　　　　　　　訊科技公司　2011 年 9 月　頁 183—206

453. 王一桃　　論羅門的城市詩　海南師院學報　1993 年第 4 期　1993 年 12 月
　　　　　　　　頁 6—11，49

454. 王一桃　　論羅門的城市詩　羅門蓉子文學世界學術研討會論文集　臺北
　　　　　　　　文史哲出版社　1994 年 4 月　頁 59—85

455. 王一桃　　論羅門的城市詩　走向新世紀：第六屆世界文學國際研討會論文
　　　　　　　　集　北京　人民文學出版社　1994 年 11 月　頁 302—315

456. 王一桃　　論羅門的城市詩　羅門創作大系·都市詩　臺北　文史哲出版社
　　　　　　　　1995 年 4 月　頁 235—264

457. 王一桃　　論羅門的城市詩　羅門論　北京　中國社會科學出版社　1995 年
　　　　　　　　4 月　頁 311—333

458. 王一桃　　論羅門的城市詩　王一桃文論選　香港　奔馬出版社　1998 年 3
　　　　　　　　月　頁 286—308

459. 杜麗秋　　羅門與蓉子詩歌之比較　海南師院學報　1993 年第 4 期　1993 年
　　　　　　　　12 月　頁 15—18

460. 杜麗秋，陳賢茂　　羅門蓉子詩歌之比較　羅門蓉子文學世界學術研討會論
　　　　　　　　文集　臺北　文史哲出版社　1994 年 4 月　頁 145—155

461. 徐　學　　羅門詩論的主體性　海南師院學報　1993 年第 4 期　1993 年 12
　　　　　　　　月　頁 19—21

462. 徐　學　　羅門詩論的主體性　羅門蓉子文學世界學術研討會論文集　臺北

文史哲出版社　1994 年 4 月　頁 175—182

463. 徐　學　　羅門詩論的主體性　羅門論　北京　中國社會科學出版社　1995
年 4 月　頁 294—301

464. 徐　學　　羅門詩論的主體性　藍星詩學　第 3 期　1999 年 9 月　頁 189—
198

465. 劉揚烈　　羅門詩中卓越的詩才與自覺的選擇——羅門詩片論[17]　國文天地
第 103 期　1993 年 12 月　頁 82—87

466. 劉揚烈　　卓越的詩才與自覺的選擇——羅門詩片論　羅門蓉子文學世界學
術研討會論文集　臺北　文史哲出版社　1994 年 4 月　頁 373—
384

467. 劉揚烈　　卓越的詩才與自覺的選擇——羅門詩片論　西南師範大學學報
1994 年第 3 期　1994 年 5 月　頁 103—107

468. 劉揚烈　　卓越的詩才與自覺的選擇——羅門詩片論　羅門論　北京　中國
社會科學出版社　1995 年 4 月　頁 361—372

469. 王晉民　　羅門的詩　臺灣當代文學史　南寧　廣西人民教育出版社　1994
年 2 月　頁 553—577

470. 王業隆　　羅門詩中的鄉情　羅門蓉子文學世界學術研討會論文集　臺北
文史哲出版社　1994 年 4 月　頁 97—108

471. 古繼堂　　自然和靈魂的堅強衛士——論羅門、蓉子的詩　羅門蓉子文學世
界學術研討會論文集　臺北　文史哲出版社　1994 年 4 月　頁
125—135

472. 朱　徽　　羅門詩歌藝術簡論　羅門蓉子文學世界學術研討會論文集　臺北
文史哲出版社　1994 年 4 月　頁 137—144

473. 朱　徽　　羅門詩歌藝術　中外詩歌藝術　第 1 期　1995 年 1 月　頁 21—24

474. 朱　徽　　羅門詩歌藝術簡論　羅門論　北京　中國社會科學出版社　1995
年 4 月　頁 353—360

---

[17]本文後改篇名爲〈卓越的詩才與自覺的選擇——羅門詩片論〉。

475. 林燿德　「羅門思想」與「後現代」　羅門蓉子文學世界學術研討會論文集　臺北　文史哲出版社　1994 年 4 月　頁 157—166

476. 陝曉明　「戰爭詩的巨擘」與「城市詩國的發言人」——羅門的戰爭詩與都市詩　羅門蓉子文學世界學術研討會論文集　臺北　文史哲出版社　1994 年 4 月　頁 191—207

477. 陝曉明　「戰爭詩的巨擘」與「城市詩國的發言人」——羅門的戰爭詩與都市詩　羅門論　北京　中國社會科學出版社　1995 年 4 月　頁 403—418

478. 陝曉明　「戰爭詩的巨擘」　羅門創作大系・戰爭詩　臺北　文史哲出版社　1995 年 4 月　頁 172—183

479. 陳鵬翔　論羅門的詩歌理論　羅門蓉子文學世界學術研討會論文集　臺北　文史哲出版社　1994 年 4 月　頁 247—264

480. 陳鵬翔　論羅門的詩歌理論　中外文學　第 23 卷第 3 期　1994 年 8 月　頁 105—118

481. 熊開發　論羅門的「靈視世界」　羅門蓉子文學世界學術研討會論文集　臺北　文史哲出版社　1994 年 4 月　頁 315—326

482. 熊開發　論羅門的〈靈視世界〉　羅門論　北京　中國社會科學出版社　1995 年 4 月　頁 419—430

483. 潘亞暾　羅門蓉子伉儷詩　羅門蓉子文學世界學術研討會論文集　臺北　文史哲出版社　1994 年 4 月　頁 327—338

484. 潘亞暾　論羅門、蓉子伉儷詩　從詩中走過來：論羅門蓉子　臺北　文史哲出版社　1997 年 10 月　頁 348—349

485. 潘亞暾　論羅門蓉子伉儷詩　燕園詩旅——羅門・蓉子詩歌藝術論　武漢　長江文藝出版社　2000 年 4 月　頁 325—326

486. 魯樞元　詩人與都市——我讀羅門　羅門蓉子文學世界學術研討會論文集　臺北　文史哲出版社　1994 年 4 月　頁 349—357

487. 魯樞元　詩人與都市——我讀羅門　羅門論　北京　中國社會科學出版社

　　　　　　　　　1995 年 4 月　頁 302—310

488. 劉登翰　日月的行蹤——羅門、蓉子論札　羅門蓉子文學世界學術研討會
　　　　　　　論文集　臺北　文史哲出版社　1994 年 4 月　頁 359—372

489. 莊柔玉　都市文明：現代人的生存場景——論羅門的都市詩　論衡　第 1
　　　　　　　期　1994 年 6 月　頁 187—198

490. 林燿德　刺蝟學狐狸的寓言——羅門 V・S 後現代　幼獅文藝　第 488 期
　　　　　　　1994 年 8 月　頁 54—60

491. 俞兆平　臺灣八十年代詩學理論〔羅門部分〕　走向新世紀—第六屆世界
　　　　　　　華文文學國際研討會論文集　北京　人民文學出版社　1994 年 11
　　　　　　　月　頁 167—169

492. 劉登翰　羅門論[18]　臺灣文學隔海觀　臺北　風雲時代出版公司　1995 年 3
　　　　　　　月　頁 264—269

493. 劉登翰　天空溺死在方形的市井裡——羅門論　彼岸的繆斯——臺灣詩歌
　　　　　　　論　南昌　百花洲文藝出版社　1996 年 12 月　頁 210—214

494. 周偉民，唐玲玲　詩路跋涉——「羅門、蓉子文學創作系列」策劃後記
　　　　　　　日月的雙軌：羅門、蓉子創作世界評介　北京　中國社會科學出
　　　　　　　版社　1995 年 4 月　頁 391—393

495. 周偉民　羅門文學世界的啓示　羅門詩鑑賞　香港　中華出版社　1995 年
　　　　　　　4 月　頁 165—169

496. 林綠〔丁善雄〕　都市與性——論羅門的都市詩　羅門論　北京　中國社
　　　　　　　會科學出版社　1995 年 4 月　頁 21—33

497. 林　綠　文明與都市詩——論羅門的都市詩　當代臺灣都市文學論　臺北
　　　　　　　時報文化出版公司　1995 年 11 月　頁 422—443

498. 林燿德　羅門論　羅門論　北京　中國社會科學出版社　1995 年 4 月　頁
　　　　　　　44—102

499. 張　健　評介羅門的詩　羅門論　北京　中國社會科學出版社　1995 年 4

[18]本文後改篇名爲〈天空溺死在方形的市井裡——羅門論〉。

月　頁 103—123

500. 陳仲義　　羅門詩的藝術　羅門論　北京　中國社會科學出版社　1995 年 4 月　頁 274—293

501. 陳仲義　　論羅門的詩歌藝術方式　詩探索（理論卷）　1995 年第 2 期　1995 年　頁 124—136

502. 陳仲義　　羅門詩的藝術　從詩中走過來：論羅門蓉子　臺北　文史哲出版社　1997 年 10 月　頁 91—109

503. 陳仲義　　羅門詩的藝術　燕園詩旅——羅門·蓉子詩歌藝術論　武漢　長江文藝出版社　2000 年 4 月　頁 57—72

504. 〔王　彤編〕　　羅門詩中的多情　羅門詩鑑賞　香港　中華出版社　1995 年 4 月　頁 191—202

505. 〔王　彤編〕　　詩人·詩論家眼中的羅門　羅門詩鑑賞　香港　中華出版社　1995 年 4 月　頁 215—226

506. 陝曉明　　「城市詩國的發言人」——羅門都市詩　羅門創作大系·都市詩　臺北　文史哲出版社　1995 年 4 月　頁 265—274

507. 〔羅　門輯〕　　詩人·詩論家眼中的羅門　羅門創作大系·題外詩　臺北　文史哲出版社　1995 年 4 月　頁 121—133

508. 張夢瑞　　詩讓語言直入美的核心　民生報　1995 年 5 月 15 日　15 版

509. 張　健　　羅門蓉子詩比較　人間煙雲　臺北　文史哲出版社　1995 年 5 月　頁 173—175

510. 張　健　　羅門蓉子詩比較　心靈世界的回響：羅門詩作評論集　臺北　文史哲出版社　2000 年 10 月　頁 156—158

511. 應宇力　　羅門深深，深深羅門——淺析羅門詩歌的孤獨主題　世界華文文學論壇　1995 年第 3 期　1995 年 9 月　頁 25—27

512. 應宇力　　羅門深深，深深羅門——淺析羅門的孤獨主題　同濟大學學報　第 7 卷第 1 期　1996 年 5 月　頁 68—72

513. 劉秋得　　喚醒美的一切——談羅門的詩藝觀　華文文學　1995 年第 1 期

1995 年　頁 65—68

514. 劉秋得　　喚醒美的一切——談羅門的詩藝觀　從詩中走過來：論羅門蓉子　臺北　文史哲出版社　1997 年 10 月　頁 193—201

515. 劉秋得　　喚醒美的一切——談羅門的詩藝觀　燕園詩旅——羅門‧蓉子詩歌藝術論　武漢　長江文藝出版社　2000 年 4 月　頁 191—202

516. 侯　洪　　詩的 N 度空間——看臺灣詩人羅門詩歌的雙重吸收　當代文壇　1996 年第 1 期　1996 年 1 月　頁 56—60

517. 侯　洪　　詩的 N 度空間——看臺灣詩人羅門詩歌的雙重吸收　從詩中走過來：論羅門蓉子　臺北　文史哲出版社　1997 年 10 月　頁 110—135

518. 侯　洪　　詩的 N 度空間——看臺灣詩人羅門詩歌的雙重吸收　燕園詩旅——羅門‧蓉子詩歌藝術論　武漢　長江文藝出版社　2000 年 4 月　頁 117—140

519. 潘麗珠　　羅門都市詩美學探究　中國學術年刊　第 17 期　1996 年 3 月　頁 371—396

520. 潘麗珠　　羅門都市詩美學探究　現代詩學　臺北　五南圖書出版公司　1997 年 9 月　頁 97—135

521. 潘麗珠　　羅門都市詩美學探究　從詩中走過來：論羅門蓉子　臺北　文史哲出版社　1997 年 10 月　頁 5—29

522. 潘麗珠　　羅門都市詩美學探究　燕園詩旅——羅門‧蓉子詩歌藝術論　武漢　長江文藝出版社　2000 年 4 月　頁 3—21

523. 張　健　　羅門、蓉子詩的比較　古典到現代　臺北　三民書局　1996 年 4 月　頁 203—206

524. Chiang Jonathan P. F.　　Kissing Through the Veil〔羅門部分〕　Free China Review　第 46 卷第 4 期　1996 年 4 月　頁 48—53

525. 林燿德　　山河天眼裡‧世界法身中——羅門兩本詩集中的「自然」　書評雜誌　第 22 期　1996 年 6 月　頁 3—10

526. 林燿德　山河天眼裡・世界法身中——羅門兩本詩集中的「自然」　從詩
　　　中走過來：論羅門蓉子　臺北　文史哲出版社　1997 年 10 月　頁
　　　40—53

527. 林燿德　山河天眼裡，世界法身中——羅門詩作中的自然　燕園詩旅——
　　　羅門・蓉子詩歌藝術論　武漢　長江文藝出版社　2000 年 4 月
　　　頁 83—91

528. 沈　奇　與天同遊——羅門詩歌精神論　臺灣詩人散論　臺北　爾雅出版
　　　社　1996 年 11 月　頁 270—283

529. 沈　奇　與天同游——羅門詩歌精神散論　世界華文文學論壇　1996 年第
　　　4 期　1996 年 12 月　頁 39—42

530. 沈　奇　與天同游——羅門詩歌精神散論　從詩中走過來：論羅門蓉子
　　　臺北　文史哲出版社　1997 年 10 月　頁 82—90

531. 沈　奇　與天同游——羅門詩歌精神散論　燕園詩旅——羅門・蓉子詩歌
　　　藝術論　武漢　長江文藝出版社　2000 年 4 月　頁 48—56

532. 沈　奇　與天同遊——羅門詩歌精神散論　沈奇詩學論集——臺灣詩人論
　　　評　北京　中國社會科學出版社　2005 年 8 月　頁 233—242

533. 杜麗秋，許燕　意象組合蒙太奇——論羅門詩歌意象組合的藝術　海南師
　　　院學報　1996 年第 4 期　1996 年 12 月　頁 80—82

534. 杜麗秋，許燕　意象組合蒙太奇——論羅門詩歌意象組合的藝術　從詩中
　　　走過來：論羅門蓉子　臺北　文史哲出版社　1997 年 10 月　頁
　　　173—179

535. 杜麗秋，許燕　意象組合蒙太奇——論羅門詩歌意象組合的藝術　燕園詩
　　　旅——羅門・蓉子詩歌藝術論　武漢　長江文藝出版社　2000 年
　　　4 月　頁 172—177

536. 馬千里　論羅門城市詩的現代警示意義　安康師專學報　1997 年第 1 期
　　　1997 年 1 月　頁 14—18

537. 馬千里　論羅門的戰爭詩　安康師專學報　1997 年第 2 期　1997 年 2 月

頁 17—23

538. 陳大爲　從第一自然到第三自然的存在境界（上、下）　臺灣新聞報
　　　1997 年 5 月 16—17 日　13 版

539. 陳大爲　黏滯的方形——羅門都市詩中的生存空間　中國現代文學理論季
　　　刊　第 6 期　1997 年 6 月　頁 295—310

540. 陳大爲　黏滯的方形——羅門都市詩中的生存空間　燕園詩旅——羅門・
　　　蓉子詩歌藝術論　武漢　長江文藝出版社　2000 年 4 月　頁 203
　　　—216

541. 陳大爲　消費現象的速讀——析論羅門都市詩中的物慾母題（上、下）
　　　臺灣新聞報　1997 年 7 月 23—24 日　13 版

542. 邵燕祥　羅門猜想　乾坤詩刊　第 3 期　1997 年 7 月　頁 24—26

543. 邵燕祥　羅門猜想　從詩中走過來：論羅門蓉子　臺北　文史哲出版社
　　　1997 年 10 月　頁 79—81

544. 陳大爲　羅門都市文本的「雄渾」氣象　國文天地　第 147 期　1997 年 8
　　　月　頁 70—79

545. 陳大爲　羅門都市文本的「雄渾」氣象　心靈世界的回響：羅門詩作評論
　　　集　臺北　文史哲出版社　2000 年 10 月　頁 61—76

546. 張肇祺　海峽兩岸舉行——羅門、蓉子系列著作研討會　從詩想走過來：
　　　論羅門蓉子　臺北　文史哲出版社　1997 年 10 月　頁 1—8

547. 張肇祺　海內外「詩——文學——藝術——哲學科學」中人物看羅門、蓉
　　　子的：詩　從詩想走過來：論羅門蓉子　臺北　文史哲出版社
　　　1997 年 10 月　頁 9—38

548. 張肇祺　我看——羅門、蓉子的：詩　從詩想走過來：論羅門蓉子　臺北
　　　文史哲出版社　1997 年 10 月　頁 39—106

549. 張肇祺　一束——深深的「心語」——走著的：詩　從詩想走過來：論羅
　　　門蓉子　臺北　文史哲出版社　1997 年 10 月　頁 107—136

550. 王岳川　後現代氛圍中的詩人與詩　從詩中走過來：論羅門蓉子　臺北

文史哲出版社　1997 年 10 月　頁 30—39

551. 杜十三　　羅門論——羅門暨其詩作的價值　從詩中走過來：論羅門蓉子
　　　　　　　臺北　文史哲出版社　1997 年 10 月　頁 54—59

552. 杜十三　　羅門論——羅門暨其詩作的價值　藍星詩學　第 2 期　1999 年 6
　　　　　　　月　頁 190—196

553. 杜十三　　羅門論——羅門暨其詩作的價值　燕園詩旅——羅門・蓉子詩歌
　　　　　　　藝術論　武漢　長江文藝出版社　2000 年 4 月　頁 22—27

554. 王潤華　　都市詩學——從羅門到林燿德　從詩中走過來：論羅門蓉子　臺
　　　　　　　北　文史哲出版社　1997 年 10 月　頁 60—78

555. 王潤華　　都市詩學——從羅門到林燿德　燕園詩旅——羅門・蓉子詩歌藝
　　　　　　　術論　武漢　長江文藝出版社　2000 年 4 月　頁 28—47

556. 侯　洪　　詩眼看世界——中法詩壇的兩扇「窗」之意象淺析　從詩中走過
　　　　　　　來：論羅門蓉子　臺北　文史哲出版社　1997 年 10 月　頁 136—
　　　　　　　140

557. 崔寶衡　　「窗」——羅門獨特的審美方式　從詩中走過來：論羅門蓉子
　　　　　　　臺北　文史哲出版社　1997 年 10 月　頁 141—148

558. 崔寶衡　　〈窗〉——羅門獨特的審美方式　燕園詩旅——羅門・蓉子詩歌
　　　　　　　藝術論　武漢　長江文藝出版社　2000 年 4 月　頁 141—147

559. 姜　濤　　宣諭與靈視——羅門詩歌藝術片論　從詩中走過來：論羅門蓉子
　　　　　　　臺北　文史哲出版社　1997 年 10 月　頁 149—158

560. 姜　濤　　宣諭與靈視——羅門詩歌藝術片論　燕園詩旅——羅門・蓉子詩
　　　　　　　歌藝術論　武漢　長江文藝出版社　2000 年 4 月　頁 148—157

561. 高秀芹　　羅門：反諷框架下的生存意識　從詩中走過來：論羅門蓉子　臺
　　　　　　　北　文史哲出版社　1997 年 10 月　頁 159—164

562. 高秀芹　　羅門：反諷框架下的生存意識　燕園詩旅——羅門・蓉子詩歌藝
　　　　　　　術論　武漢　長江文藝出版社　2000 年 4 月　頁 158—163

563. 張曉平　　論羅門的風景詩　從詩中走過來：論羅門蓉子　臺北　文史哲出

版社　1997 年 10 月　頁 165—172

564. 張曉平　論羅門的風景詩　燕園詩旅——羅門・蓉子詩歌藝術論　武漢　長江文藝出版社　2000 年 4 月　頁 164—171

565. 張曉平　論羅門的風景詩　韶關學院學報　第 25 卷第 4 期　2004 年 4 月　頁 8—10

566. 金聲，麗玲　詩特質的深切體認——羅門詩論的啓示　從詩中走過來：論羅門蓉子　臺北　文史哲出版社　1997 年 10 月　頁 180—192

567. 金聲，麗玲　詩特質的深切體認——羅門詩論的啓示　燕園詩旅——羅門・蓉子詩歌藝術論　武漢　長江文藝出版社　2000 年 4 月　頁 178—190

568. 黎浙芹〔黎湘萍〕　羅門：患有嚴重心病的時代之童話詩人　從詩中走過來：論羅門蓉子　臺北　文史哲出版社　1997 年 10 月　頁 202—206

569. 黎湘萍　羅門：患有嚴重心病的時代之童話詩人　燕園詩旅——羅門・蓉子詩歌藝術論　武漢　長江文藝出版社　2000 年 4 月　頁 92—96

570. 潘麗珠　燈屋裡的詩國伉儷——羅門與蓉子　從詩中走過來：論羅門蓉子　臺北　文史哲出版社　1997 年 10 月　頁 355—366

571. 潘麗珠　燈屋裡的詩國伉儷——羅門與蓉子　燕園詩旅——羅門・蓉子詩歌藝術論　武漢　長江文藝出版社　2000 年 4 月　頁 332—336

572. 楊匡漢　多向歸航臺——談羅門蓉子的創作世界　從詩中走過來：論羅門蓉子　臺北　文史哲出版社　1997 年 10 月　頁 341—343

573. 楊匡漢　多向歸航臺——談羅門蓉子的創作世界　燕園詩旅——羅門・蓉子詩歌藝術論　武漢　長江文藝出版社　2000 年 4 月　頁 317—320

574. 易　丹　拯救的力量・詩化的人格　從詩中走過來：論羅門蓉子　臺北　文史哲出版社　1997 年 10 月　頁 344—347

575. 易　丹　拯救的力量・詩化的人格　燕園詩旅——羅門・蓉子詩歌藝術論

武漢　長江文藝出版社　2000 年 4 月　頁 321—324

576. 金聲，麗玲　　與日月同輝——評羅門、蓉子文學創作系列叢書　從詩中走
過來：論羅門蓉子　臺北　文史哲出版社　1997 年 10 月　頁 350
—354

577. 張　炯　　羅門、蓉子與中國詩壇　從詩中走過來：論羅門蓉子　臺北　文
史哲出版社　1997 年 10 月　頁 339—340

578. 張　炯　　羅門蓉子與中國詩壇　燕園詩旅——羅門‧蓉子詩歌藝術論　武
漢　長江文藝出版社　2000 年 4 月　頁 315—316

579. 任洪淵　　未完成的羅門論思考　從詩中走過來：論羅門蓉子　臺北　文史
哲出版社　1997 年 10 月　頁 375—378

580. 任洪淵　　未完成的羅門論思考　燕園詩旅——羅門‧蓉子詩歌藝術論　武
漢　長江文藝出版社　2000 年 4 月　頁 346—349

581. 古繼堂　　我的一些感想　從詩中走過來：論羅門蓉子　臺北　文史哲出版
社　1997 年 10 月　頁 379—380

582. 古繼堂　　我的一些感想　燕園詩旅——羅門‧蓉子詩歌藝術論　武漢　長
江文藝出版社　2000 年 4 月　頁 350—351

583. 劉湛秋　　詩與藝術的結合　從詩中走過來：論羅門蓉子　臺北　文史哲出
版社　1997 年 10 月　頁 381—382

584. 劉湛秋　　詩與藝術的結合　燕園詩旅——羅門‧蓉子詩歌藝術論　武漢
長江文藝出版社　2000 年 4 月　頁 352—353

585. 陳旭光　　羅門對大陸詩壇的啓示性意義　從詩中走過來：論羅門蓉子　臺
北　文史哲出版社　1997 年 10 月　頁 383—384

586. 陳旭光　　羅門對大陸詩壇的啓示性意義　燕園詩旅——羅門‧蓉子詩歌藝
術論　武漢　長江文藝出版社　2000 年 4 月　頁 354—355

587. 周偉民　　綆短汲探——在「羅門、蓉子文學創作座談會暨《羅門、蓉子文
學創作系列》推介裡」上的發言　從詩中走過來：論羅門蓉子
臺北　文史哲出版社　1997 年 10 月　頁 390—393

588. 周偉民　綆短汲深——在「羅門、蓉子文學創作座談會暨《羅門、蓉子文學創作系列》推介裡」上答客問　燕園詩旅——羅門‧蓉子詩歌藝術論　武漢　長江文藝出版社　2000年4月　頁361—364

589. 唐玲玲　相會在未名湖　從詩中走過來：論羅門蓉子　臺北　文史哲出版社　1997年10月　頁402—424

590. 唐玲玲　相會在未名湖畔——1995年12月6日在北京大學舉行的「羅門蓉子文學創作座談會暨《羅門蓉子文學創作系列》推介禮」部分論點提要　燕園詩旅——羅門‧蓉子詩歌藝術論　武漢　長江文藝出版社　2000年4月　頁373—395

591. 陳大爲　黏滯空間的逃生口——析論羅門「都市詩」中的「窗」意象　明道文藝　第261期　1997年12月　頁122—128

592. 楊佳嫻　都市的肌里——論羅門的都市詩　中文系第八屆學生學術研討會　臺北　政治大學中國文學系　1998年5月12日

593. 舒蘭　五〇年代詩人詩作——羅門　中國新詩史話（三）　臺北　渤海堂文化公司　1998年10月　頁381—384

594. 張健　藍星詩人的成就——羅門　明道文藝　第274期　1999年1月　頁123—124

595. 潘麗珠　羅門　臺灣現代詩教學研究　臺北　五南圖書出版公司　1999年3月　頁135—136

596. 〔羅門輯〕　海內外名詩人、學者、詩論家眼中的羅門　在詩中飛行：羅門詩選半世紀　臺北　文史哲出版社　1999年12月　頁397—428

597. 〔羅門輯〕　學者教授、詩評家對羅門都市詩的重要評語　在詩中飛行：羅門詩選半世紀　臺北　文史哲出版社　1999年12月　頁429—433

598. 區仲桃　論羅門建構的永恆空間　藍星詩學　第4期　1999年12月　頁187—210

599. 區仲桃　　論羅門建構的永恆空間　心靈世界的回響：羅門詩作評論集　臺北　文史哲出版社　2000 年 10 月　頁 37—60

600.〔羅　門輯〕　　學者、評論家、詩人、作家對羅門理論創作世界的評語　存在終極價值的追索　臺北　文史哲出版社　2000 年 1 月　頁 175—183

601. 龍彼德　　追索「前進中的永恆」——論羅門的詩歌藝術（上、下）　藍星詩學　第 5—6 期　2000 年 3，6 月　頁 34—42，184—204

602. 龍彼德　　追索前進中的永恆——論羅門的詩歌藝術〔1—9〕　臺灣新聞報　2000 年 5 月 1—9 日　B7，B8 版

603. 龍彼德　　追索前進中的永恆——論羅門的詩歌藝術　心靈世界的回響：羅門詩作評論集　臺北　文史哲出版社　2000 年 10 月　頁 10—36

604. 曾方榮　　論羅門詩歌意象的審美特徵　心靈世界的回響：羅門詩作評論集　臺北　文史哲出版社　2000 年 10 月　頁 77—84

605. 曾方榮　　論羅門詩歌意象的審美特徵　乾坤詩刊　第 16 期　2000 年 10 月　頁 33—38

606. 洪淑苓　　羅門詩賞析　心靈世界的回響：羅門詩作評論集　臺北　文史哲出版社　2000 年 10 月　頁 85—107

607. 丁　平　　從高空俯瞰大地的的詩人——論羅門與他的詩風　心靈世界的回響：羅門詩作評論集　臺北　文史哲出版社　2000 年 10 月　頁 116—152

608. 周偉民　　隔海說羅門　心靈世界的回響：羅門詩作評論集　臺北　文史哲出版社　2000 年 10 月　頁 197—201

609. 王一桃　　短評兩篇——透過都市文明追蹤人的生命——略評臺灣詩人羅門的詩　心靈世界的回響：羅門詩作評論集　臺北　文史哲出版社　2000 年 10 月　頁 223—225

610. 王一桃　　短評兩篇——太陽與月亮——羅門與蓉子　心靈世界的回響：羅門詩作評論集　臺北　文史哲出版社　2000 年 10 月　頁 226—

231

611. 鮑昌寶　十字街頭的十字架——論羅門的都市詩及理論　世界華文文學論
　　　壇　2001 年第 4 期　2001 年 12 月　頁 54—57

612. 鮑昌寶　十字街頭上的十字架——論羅門的都市詩及理論　藍星詩學　第
　　　23 期　2006 年 9 月　頁 224—231

613. 丁旭輝　論羅門的詩，第三世界的追求者　臺灣時報　2003 年 5 月 21 日
　　　23 版

614. 李正治　《重塑現代詩：羅門詩的時空觀》序　重塑現代詩——羅門詩的
　　　時空觀　臺北　文史哲出版社　2003 年 6 月　頁 1—4

615. 李正治　《重塑現代詩：羅門詩的時空觀》序　藍星詩學　第 19 期　2003
　　　年 9 月　頁 151—154

616. 李正治　《重塑現代詩：羅門詩的時空觀》序　我的詩國　臺北　文史哲
　　　出版社　2010 年 6 月　頁 47—48

617. 李正治　《重塑現代詩：羅門詩的時空觀》序　我的詩國（上）　臺北
　　　文史哲出版社　2011 年 12 月　頁 73—74

618. 林怡君　羅門都市詩中「窗」、「玻璃大廈」的意象探析　國文天地　第
　　　218 期　2003 年 7 月　頁 30—36

619. 李正治　重塑現代詩：羅門詩的時空觀　藍星詩學　第 19 期　2003 年 9 月
　　　頁 151—154

620. 陳俊榮　羅門的後現代論　臺灣前行代詩家論　臺北　萬卷樓圖書公司
　　　2003 年 11 月　頁 141—166

621. 朱雙一　臺灣新世代和舊世代詩論之比較〔羅門部分〕　兩岸現代詩學國
　　　際學術研討會　臺北　佛光人文社會學院文學研究所，當代詩學
　　　研究中心主辦　2003 年 12 月 6—7 日　頁 6—7

622. 陳仲義　想像：「不合法的配偶與離異」　現代詩技藝透析　臺北　文史
　　　哲出版社　2003 年 12 月　頁 49—56

623. 陳仲義　顛倒：常態秩序的倒置[19]　現代詩技藝透析　臺北　文史哲出版社　2003 年 12 月　頁 57—62

624. 陳大爲　試論臺灣都市詩的理論建構〔羅門部分〕　海峽兩岸現當代文學論集　臺北　臺灣學生書局　2004 年 2 月　頁 406—412

625. 洪淑苓　新娘與老妻——男詩人筆下的妻子〔羅門部分〕　現代詩新版圖　臺北　秀威資訊科技公司　2004 年 9 月　頁 167

626. 洪淑苓　羅門戰爭詩的主題與創作手法　現代詩新版圖　臺北　秀威資訊科技公司　2004 年 9 月　頁 187—196

627. 陳大爲　定義與超越——臺灣都市詩的理論建構——草創：羅門的「第三自然」[20]　亞洲閱讀：都市文學與（1950—2004）　臺北　萬卷樓圖書公司　2004 年 9 月　頁 69—76

628. 陳大爲　臺灣都市詩理論的建構與演化——理論草創：羅門的「第三自然」　臺灣詩學學刊　第 8 期　2006 年 11 月　頁 99—106

629. 陳大爲　20 世紀臺灣都市詩理論的建構與演化——理論草創：羅門的「第三自然」　詩探索　2011 年第 2 期　2011 年　頁 186—191

630. 陳大爲　臺灣都市詩理論的建構與演化　我的詩國　臺北　文史哲出版社　2010 年 6 月　頁 48—53

631. 陳大爲　臺灣都市詩理論的建構與演化　我的詩國（上）　臺北　文史哲出版社　2010 年 6 月　頁 75—79

632. 楊顯榮　不盡長江滾滾來——詩壇重鎮，一代風範——羅門研究　國文天地　第 236 期　2005 年 1 月　頁 101—111

633. 落蒂〔楊顯榮〕　不盡長江滾滾來——羅門論[21]　靜觀詩海拍天浪　臺北　文史哲出版社　2012 年 9 月　頁 16—33

---

[19] 本文探討羅門在詩中運用顛倒的技巧，使其詩中呈現出與經驗世界錯位，及空間關係顛倒的現象。全文共 5 小節：1.主客體顛倒；2.客體之間顛倒；3.設身性顛倒；4.置換性顛倒；5.透視性顛倒。

[20] 本文後節錄評論羅門部分，更名爲〈臺灣都市詩理論的建構與演化〉。

[21] 本文對羅門的生平及重要評論做了概要的整理。全文共 4 小節：1.羅門的生平及著述；2.林燿德和張艾弓的「羅門論」；3.海內外名家眼中的羅門；4.結語——詩壇重鎮，一代風範。

634. 古添洪　臺灣現代詩的「外來影響」面向——歐美現代詩潮的接受／挪用／與本土化〔羅門部分〕　不廢中西萬古流：中西抒情詩類及影響研究　臺北　臺灣學生書局　2005 年 4 月　頁 302，307—308

635. 黃萬華　臺灣文學——詩歌（上）〔羅門部分〕　中國現當代文學‧第 1 卷（五四—1960 年代）　濟南　山東文藝出版社　2006 年 3 月　頁 429—431

636. 丁旭輝　第三自然的追求者——羅門的詩　淺出深入話新詩　臺北　爾雅出版社　2006 年 9 月　頁 59—70

637. 陳大為　臺灣都市詩的發展歷程——第二紀元：罪惡的鋼鐵文明（1958—1980）〔羅門部分〕　20 世紀臺灣文學專題 2：創作類型與主題　臺北　萬卷樓圖書公司　2006 年 9 月　頁 85—89

638.〔編輯部〕　Introduction　The Collected Pomes of LOMEN：A Bilingual Edition　臺北　文史哲出版社　2006 年 11 月　頁 11—17

639. 古遠清　藍星詩人群——《中國詩歌通史》之一章——羅門：都市詩國的發言人　荊門職業技術學院學報　2007 年第 5 期　2007 年 5 月　頁 39—40

640. 古遠清　羅門：都市詩國的發言人　臺灣當代新詩史　臺北　文津出版社　2008 年 1 月　頁 135—139

641. 古遠清　「藍星」詩人群——羅門：都市詩國的發言人　長江師範學院學報　第 24 卷第 6 期　2008 年 11 月　頁 16—17

642. 陳政彥　招魂祭論戰與麥堅利堡論戰〔羅門部分〕　戰後臺灣現代詩論戰史研究　中央大學中國文學系　博士論文　李瑞騰教授指導　2007 年 6 月　頁 127—140

643. 王正良　羅門詩論：第三自然詩觀　戰後臺灣現代詩論研究　中興大學中國文學系所　博士論文　賴芳伶教授指導　2007 年 8 月　頁 27—62

644. 丁威仁　都市書寫的趨向（上）：九〇年代臺灣現代詩都市主題的多向變

奏〔羅門部分〕　戰後臺灣現代詩論　臺中　印書小舖　2008 年
9 月　頁 192—237

645. 古繼堂　追求「現代」和「超現實」詩人的詩歌理論批評——認爲詩人是
內在世界的造物主的——羅門　臺灣新文學理論批評史　臺北
秀威資訊科技公司　2009 年 3 月　頁 394—396

646. 龍彼德　來自天堂的召喚——論羅門和蓉子的價值　羅門、蓉子六十年詩
歌創作研討會　海口　海南師範大學　2010 年 6 月 19 日

647. 龍彼德　來自天堂的召喚——論羅門和蓉子的價值　中國現代文學研究叢
刊　2011 年第 10 期　2011 年　頁 145—158

648. 區仲桃　張冠李戴：羅門夫婦、勃朗寧夫婦詩歌創作比較　羅門、蓉子六
十年詩歌創作研討會　海口　海南師範大學　2010 年 6 月 19 日

649. 戴維揚　東方詩侶、日月映輝：論羅門、蓉子一甲子的燃燒美學　羅門、
蓉子六十年詩歌創作研討會　海口　海南師範大學　2010 年 6 月
19 日

650. 陳貴寧　探尋詩人羅門的詩想世界　羅門、蓉子六十年詩歌創作研討會
海口　海南師範大學　2010 年 6 月 19 日

651. 黃辛力　敞開靈肉之門——有關羅門其人其詩的幾個關鍵詞　羅門、蓉子
六十年詩歌創作研討會　海口　海南師範大學　2010 年 6 月 19 日

652. 舒　慧　詩國的童話——記有「中國勃朗寧夫婦」之稱的羅門、蓉子伉儷
羅門、蓉子六十年詩歌創作研討會　海口　海南師範大學　2010
年 6 月 19 日

653. 蔡煌源等[22]　學者、評論家、詩人、作家——對「第三自然」世界的有關評
語　我的詩國　臺北　文史哲出版社　2010 年 6 月　頁 29—33

654. 蔡煌源等　學者、評論家、詩人、作家——對「第三自然」世界的有關評
語　我的詩國（上）　臺北　文史哲出版社　2011 年 12 月　頁

---

[22]本文乃剪輯眾家評論的重點而成。評論者有：蔡煌源、孟樊、林燿德、杜十三、徐學、周偉民、
公劉、沈奇、古遠清、古繼堂。

　　　　　　　33—37

655. 陳冠甫〔陳慶煌〕　　門羅詩國——羅門　我的詩國　臺北　文史哲出版社
　　　2010 年 6 月　〔6〕頁

656. 陳冠甫　　門羅詩國——羅門　國文天地　第 315 期　2011 年 8 月　頁 58—
　　　64

657. 陳冠甫　　門羅詩國——羅門　我的詩國（上）　臺北　文史哲出版社
　　　2011 年 12 月　頁 67—72

658. 侯亨能　　生命的提昇——羅門的「第三自然螺旋型架構」詩觀　我的詩國
　　　臺北　文史哲出版社　2010 年 6 月　頁 53—54

659. 侯亨能　　生命的提昇——羅門的「第三自然螺旋型架構」詩觀　我的詩國
　　　（上）　臺北　文史哲出版社　2011 年 12 月　頁 80—81

660. 王常新　　詩與自然——兩岸海峽詩學交流學術研討會（摘錄）　我的詩國
　　　臺北　文史哲出版社　2010 年 6 月　頁 54—55

661. 王常新　　詩與自然——兩岸海峽詩學交流學術研討會（摘錄）　我的詩國
　　　（上）　臺北　文史哲出版社　2011 年 12 月　頁 82

662. 羅　門整理　　羅門精要評語專輯　我的詩國　臺北　文史哲出版社　2010
　　　年 6 月　頁 258—265

663. 羅　門整理　　羅門精要評語專輯　我的詩國（下）　臺北　文史哲出版社
　　　2011 年 12 月　頁 918—925

664. 陳滿銘　　羅門第三自然觀對詩學的貢獻——以多二一（0）螺旋結構切入做
　　　探討（上、下）[23]　國文天地　第 306—307 期　2010 年 9—10 月
　　　頁 70—77，頁 77—85

665. 陳滿銘　　論羅門詩國之第三自然螺旋結構觀　我的詩國（上）　臺北　文
　　　史哲出版社　2011 年 12 月　頁 49—66

666. 陳滿銘　　羅門詩國之第三自然螺旋結構觀　當代辭章創作及研究評析　臺
　　　北　萬卷樓圖書公司　2011 年 1 月　頁 3—45

[23]本文後改篇名為〈羅門詩國之第三自然螺旋結構觀〉。

667. 陳芳明　現代詩藝的追求與成熟——詩的高速現代化〔羅門部分〕　臺灣新文學史　臺北　聯經出版社　2011年10月　頁430—431

668. 孟慶鎧　論羅門的都市詩　文學教育（上）　2010年第3期　2010年　頁140—141

669. 曾方榮　意出新奇‧象在意外——羅門詩歌意象審美特徵探析　閱讀與寫作　2010年第2期　2010年　頁35—36

670. 丁威仁　典律的生成（上）——論「十大詩人票選」〔羅門部分〕　戰後臺灣現代詩的演變與特質（1949—2010）　臺北　秀威資訊科技公司　2012年5月　頁253—263

671. 丁旭輝　新左岸詩話〔羅門部分〕　臺灣詩學吹鼓吹論壇　第15期　2012年9月　頁8—9

672. 陳政彥　現代詩運動革命期（1956—1959）——詩人群像——羅門　跨越時代的青春之歌——五、六〇年代臺灣現代詩運動　臺南　國立臺灣文學館　2012年10月　頁104—107

673. 戴華萱　回歸鄉土與寫實的文學論戰——現代詩論戰——麥堅利堡論戰　鄉土的回歸——六、七〇年代臺灣文學走向　臺南　國立臺灣文學館　2012年11月　頁60—64

674. 陳滿銘　羅門詩國的三觀境界（上、下）　國文天地　第332—333期　2013年1—2月　頁100—103，85—92

## 分論
## ◆單行本作品
### 詩
#### 《曙光》

675. 葛賢寧，上官予　近幾年來的新詩壇〔《曙光》部分〕　五十年來的中國詩歌　臺北　正中書局　1965年3月　頁229—230

676. 王志健　五十年代的詩潮〔《曙光》部分〕　傳統與現代之間　臺北　眾成出版社　1975年12月　頁67—68

## 《第九日的底流》

677. 張　健　　評羅門的《第九日的底流》　現代文學　第 20 期　1964 年 3 月
頁 102—107

678. 張　健　　評《第九日的底流》　中國現代詩論評　臺北　純文學月刊社
1968 年 7 月　頁 159—168

679. 張　健　　評羅門的《第九日的底流》　從變調出發　臺中　普天出版社
1972 年 1 月　頁 185—193

## 《死亡之塔》

680. 柳文哲〔趙天儀〕　　詩壇散步——《死亡之塔》　笠　第 37 期　1970 年 6
月　頁 51—52

681. 趙天儀　　羅門《死亡之塔》　裸體的國王　臺北　香草山出版公司　1976
年 6 月　頁 314—315

## 《曠野》

682. 向　明　　心靈的《曠野》　民族晚報　1981 年 2 月 20 日　11 版

683. 蕭　蕭　　《曠野》的沉思——寫給羅門及中年一代的詩友　臺灣日報
1981 年 6 月 3 日　8 版

684. 蕭　蕭　　《曠野》的沉思——寫給羅門及中年一代的詩友　現代詩縱橫觀
臺北　文史哲出版社　1991 年 6 月　頁 163—171

685. 李　弦　　評介《曠野》　陽光小集　第 6 期　1981 年 7 月　頁 15

686. 李　弦　　評介《曠野》　門羅天下——當代名家論羅門　臺北　文史哲出
版社　1991 年 12 月　頁 363

687. 李　弦　　評介《曠野》　羅門創作大系‧自然詩　臺北　文史哲出版社
1995 年 4 月　頁 181—182

688. 李　弦　　評介《曠野》　羅門論　北京　中國社會科學出版社　1995 年 4
月　頁 230—231

689. 蕭　蕭　　尋找「人」的位置　陽光小集　第 6 期　1981 年 7 月　頁 19，21

690. 蕭　蕭　　尋找「人」的位置　門羅天下——當代名家論羅門　臺北　文史

哲出版社　1991 年 12 月　頁 367—369

691. 蕭　　蕭　　尋找「人」的位置　羅門論　北京　中國社會科學出版社　1995 年 4 月　頁 233—235

692. 李瑞騰　　《曠野》精神　陽光小集　第 6 期　1981 年 7 月　頁 20

693. 李瑞騰　　《曠野》精神　詩的詮釋　臺北　時報文化出版公司　1982 年 6 月　頁 311—312

694. 李瑞騰　　《曠野》精神　門羅天下——當代名家論羅門　臺北　文史哲出版社　1991 年 12 月　頁 365—366

695. 李瑞騰　　《曠野》精神　羅門創作大系‧自然詩　臺北　文史哲出版社　1995 年 4 月　頁 179—180

696. 李瑞騰　　《曠野》精神　羅門論　北京　中國社會科學出版社　1995 年 4 月　頁 232—233

697. 方　　明　　超越時空的呼喚——讀羅門詩集《曠野》有感　愛書人　第 167 期　1981 年 11 月　3 版

698. 方　　明　　超越時空的呼喚——讀羅門詩集《曠野》有感　門羅天下——當代名家論羅門　臺北　文史哲出版社　1991 年 12 月　頁 353—357

699. 張愛華　　曠野的演出——讀羅門詩集《曠野》　明道文藝　第 72 期　1982 年 3 月　頁 147—149

700. 張愛華　　曠野的演出——讀羅門詩集《曠野》　心靈世界的回響：羅門詩作評論集　臺北　文史哲出版社　2000 年 10 月　頁 237—241

## 《羅門詩選》

701. 陳寧貴　　羅門的震撼——評介《羅門編年詩選》　洪範雜誌　第 17 期　1984 年 7 月　2 版

702. 陳寧貴　　羅門的震撼——評介《羅門編年詩選》　藍星詩刊　第 1 期　1984 年 10 月　頁 153—159

703. 陳寧貴　　月湧大江流——讀《羅門詩選》　自由日報　1984 年 11 月 17 日

8 版

704. 陳寧貴　月湧大江流——評介《羅門詩選》　心臟詩刊　第 7 期　1985 年 1 月　頁 73—80

705. 陳寧貴　月湧大江流——評介《羅門詩選》　文學世界（香港）　第 5 期 1989 年 4 月　頁 153—159

706. 陳寧貴　月湧大江流——評介《羅門詩選》　門羅天下——當代名家論羅門　臺北　文史哲出版社　1991 年 12 月　頁 159—171

707. 陳　煌　城市詩國的發言人：讀《羅門詩選》　臺灣時報　1984 年 12 月 2 日　8 版

708. 陳　煌　城市詩國的發言人——羅門　明日世界　第 120 期　1984 年 12 月 頁 56—59

709. 陳　煌　城市詩國的發言人——讀《羅門詩選》　心臟詩刊　第 7 期 1985 年 1 月　頁 81—88

710. 陳　煌　城市詩國的發言人：讀《羅門詩選》　藍星詩刊　第 2 期　1985 年 1 月　頁 42—52

711. 陳　煌　城市詩國的發言人：讀《羅門詩選》　門羅天下——當代名家論羅門　臺北　文史哲出版社　1991 年 12 月　頁 219—232

712. 陳　煌　城市詩國的發言人　羅門創作大系‧都市詩　臺北　文史哲出版社　1995 年 4 月　頁 216—229

713. 陳　煌　城市詩國的發言人——讀《羅門詩選》　羅門論　北京　中國社會科學出版社　1995 年 4 月　頁 191—201

714. 林文義　文字的藝術家——讀《羅門詩選》的一點隨想　心臟詩刊　第 7 期　1985 年 1 月　頁 89—92

715. 林文義　文字的藝術家——讀《羅門詩選》的一點隨想　門羅天下——當代名家論羅門　臺北　文史哲出版社　1991 年 12 月　頁 359—362

716. 鄭明娳　比日月走得更遠——評介《羅門詩選》　大華晚報　1986 年 6 月

　　　　　　　　1 日　10 版

717. 鄭明俐　比日月走得更遠——評介《羅門詩選》　門羅天下——當代名家
　　　　　　　論羅門　臺北　文史哲出版社　1991 年 12 月　頁 37—40

718. 唐玲玲　心靈的弦——《羅門詩選》讀後　心靈世界的回響：羅門詩作評
　　　　　　　論集　臺北　文史哲出版社　2000 年 10 月　頁 202—205

719. 黃詩蕙　羅門詩中排比辭格的運用——試以《羅門詩選》為主　第四屆中
　　　　　　　國修辭學學術研討會　臺北　中華民國聲韻學學會，輔仁大學中
　　　　　　　國文學系　2002 年 5 月 18—19 日

720. 陳仲義　靈視：智性的燭照與悟性的穿透　現代詩技藝透析　臺北　文史
　　　　　　　哲出版社　2003 年 12 月　頁 43—48

《整個世界停止呼吸在起跑線上》

721. 林亨泰　羅門《整個世界停止呼吸在起跑線上》　美麗　臺北　時報文化
　　　　　　　出版公司　1988 年 12 月　頁 194—195

《太陽與月亮》

722. 黃偉宗　穿越「傳統」與「現代」的文化與藝術：讀羅門、蓉子詩精選
　　　　　　　《太陽與月亮》　作品　第 351 期　1994 年 1 月　頁 87—90

723. 黃偉宗　穿越「傳統」與「現代」的文化與藝術：讀羅門、蓉子詩精選
　　　　　　　《太陽與月亮》　羅門蓉子文學世界學術研討會論文集　臺北
　　　　　　　文史哲出版社　1994 年 4 月　頁 299—308

◆多部作品

《羅門長詩選》、《羅門短詩選》、《羅門論文集》、《羅門論》、《日月的
雙軌》

724. 趙麗玲，周金聲　「羅門・蓉子文學創作系列」讀後　世界華文文學論壇
　　　　　　　　　　1997 年第 3 期　1997 年 9 月　頁 78—79

單篇作品

725. 覃子豪　三詩人評介——羅門的「理想主義」及其〈曙光〉　幼獅月刊
　　　　　　　第 9 卷第 3 期　1959 年 3 月　頁 39—40

726. 覃子豪　　羅門的「理想主義」及其〈曙光〉　覃子豪全集　臺北　覃子豪
全集出版委員會　1968 年 6 月　頁 419—420

727. 覃子豪　　詩人評介——羅門的「理想主義」及其〈曙光〉　心靈世界的回
響：羅門詩作評論集　臺北　文史哲出版社　2000 年 10 月　頁
153—155

728. 張　健　　評三首〈麥堅利堡〉　聯合報　1962 年 11 月 5 日　8 版

729. 張　健　　評三首〈麥堅利堡〉　中國現代詩論評　臺北　純文學月刊社
1968 年 7 月　頁 137—140

730. 張　健　　評三首〈麥堅利堡〉　門羅天下——當代名家論羅門　臺北　文
史哲出版社　1991 年 12 月　頁 123—126

731. 陳世英　　在我心裡起最深共鳴的一首詩〔〈麥堅利堡〉〕　笠　第 22 期
1967 年 12 月　頁 54—55

732. 蕭　艾　　讀「出席世界詩人大會的感想」的感想——兼評羅門的詩〈麥堅
利堡〉　葡萄園　第 30 期　1969 年 10 月　頁 6—12

733. 〔笠〕　　作品合評——羅門〈麥堅利堡〉　笠　第 39 期　1970 年 10 月
頁 21—26

734. 林　綠　　詩的欣賞〔〈麥堅利堡〉〕　隱藏的景　臺北　華欣文化事業中
心　1974 年 9 月　頁 131—144

735. 楊昌年　　現代名家名作抽象析介——羅門的〈麥堅利堡〉　新詩品賞　臺
北　牧童出版社　1978 年 9 月　頁 363—372

736. 劉龍勳　　〈麥堅利堡〉賞析　中國新詩賞析（三）　臺北　長安出版社
1987 年 2 月　頁 151—157

737. 〔中國語文〕　　名著選介——〈麥堅利堡〉　中國語文　第 67 卷第 3 期
1990 年 9 月　頁 78—82

738. 和　權　　〈麥堅利堡〉與羅門　藍星詩刊　第 26 期　1991 年 1 月　頁 121
—123

739. 和　權　　〈麥堅利堡〉與羅門　心靈世界的回響：羅門詩作評論集　臺北

文史哲出版社　2000 年 10 月　頁 175—178

740. 俞兆平　歷史的悖論，悲劇的超升——〈麥堅利堡〉論　門羅天下——當
　　　代名家論羅門　臺北　文史哲出版社　1991 年 12 月　頁 507—
　　　518

741. 俞兆平　歷史的悖論悲劇的超升：羅門的〈麥堅利堡〉評析　名作欣賞
　　　1992 年第 3 期　1992 年 5 月　頁 40—43，45

742. 俞兆平　歷史的悖論，悲劇的超升——〈麥堅利堡〉論　羅門論　北京
　　　中國社會科學出版社　1995 年 4 月　頁 373—382

743. 李麗仲　一曲悲壯的樂章：羅門〈麥堅利堡〉賞析　名作欣賞　1992 年第
　　　3 期　1992 年 5 月　頁 36—38

744. 葉　櫓　令人心靈震顫的詩：羅門〈麥堅利堡〉賞評　名作欣賞　1992 年
　　　第 3 期　1992 年 5 月　頁 39

745. 馮麟煌　冷卻了的悲痛？傷？——談羅門的〈麥堅利堡〉　海南日報
　　　1993 年 7 月 29 日　7 版

746. 馮麟煌　冷卻了的悲痛——讀羅門的〈麥堅利堡〉　羅門蓉子文學世界學
　　　術研討會論文集　臺北　文史哲出版社　1994 年 4 月　頁 273—
　　　276

747. 馮麟煌　冷卻了的悲痛？傷？——談羅門的〈麥堅利堡〉　中時晚報
　　　1996 年 6 月 13 日　19 版

748. 馮麟煌　冷卻了的悲痛？傷？——談羅門的〈麥堅利堡〉　文藝報　1998
　　　年 2 月 10 日　2 版

749. 李少儒　壯懷筆墨沉痛美詞——唐代李華：〈弔古戰場文〉與現代羅門：
　　　〈麥堅利堡〉聯展　亞洲華文作家雜誌　第 39 期　1993 年 12 月
　　　頁 123—137

750. 公　劉　詩國日月潭〔〈麥堅利堡〉部分〕　羅門蓉子文學世界學術研討
　　　會論文集　臺北　文史哲出版社　1994 年 4 月　頁 109—116

751. 〔編輯部〕　　〈麥堅利堡〉在第一屆世界詩人大會上的回響　羅門創作大

系・《麥堅利堡》特輯　臺北　文史哲出版社　1995 年 4 月　頁
17—22

752. 〔編輯部〕　　詩人，詩評家讀〈麥堅利堡〉詩的部分評語　羅門創作大
系・《麥堅利堡》特輯　臺北　文史哲出版社　1995 年 4 月　頁
23—113

753. 李　婷　給個體生命命名的權利——關於羅門的〈麥堅利堡〉　華文文學
1999 年第 3 期　1999 年　頁 36—39

754. 丁旭輝　標點符號在現代詩中的圖象與情意暗示〔〈麥堅利堡〉部分〕
國文天地　第 198 期　2001 年 11 月　頁 73

755. 吳淑樺　羅門〈麥堅利堡〉之修辭藝術「超過偉大的／是人類對偉大已感
到茫然」　中國語文　第 93 卷第 1 期　2003 年 7 月　頁 79—85

756. 〔編輯部〕　　〈Fort　McKinley〉　The Collected Pomes of LOMEN：A
Bilingual Edition　臺北　文史哲出版社　2006 年 11 月　頁 20—
21

757. 陳滿銘　羅門詩國的真、善、美——以〈麥堅利堡〉一詩的篇章意象爲例
作探討　羅門、蓉子六十年詩歌創作研討會　海口　海南師範大
學　2010 年 6 月 19 日

758. 陳滿銘　羅門詩國中的真、善、美——以〈麥堅利堡〉一詩的篇章意象爲
例作探討　國文天地　第 301 期　2010 年 6 月　頁 66—77

759. 陳滿銘　羅門詩國的真、善、美——以〈麥堅利堡〉一詩的篇章意象爲例
作探討　我的詩國　臺北　文史哲出版社　2010 年 6 月　頁 35—
46

760. 陳滿銘　羅門詩國中的真、善、美——以〈麥堅利堡〉一詩的篇章意象爲
例作探討　當代辭章創作及研究評析　臺北　萬卷樓圖書公司
2011 年 1 月　頁 227—254

761. 陳滿銘　羅門詩國的真、善、美——以〈麥堅利堡〉一詩的篇章意象爲例
作探討　我的詩國（上）　臺北　文史哲出版社　2011 年 12 月

頁 38—48

762. 葉　櫓　　羅門〈麥堅利堡〉簡析　大海洋詩刊　第 84 期　2012 年 1 月　頁
　　　　　　　19

763. 張　默　　羅門及其〈都市之死〉　現代詩的投影　臺北　臺灣商務印書館
　　　　　　　1967 年 10 月　頁 167—172

764. 張　默　　羅門及其〈都市之死〉　門羅天下——當代名家論羅門　臺北
　　　　　　　文史哲出版社　1991 年 12 月　頁 339—344

765. 張　默　　羅門〈都市之死〉　羅門創作大系・都市詩　臺北　文史哲出版
　　　　　　　社　1995 年 4 月　頁 230—234

766. 張　健　　評羅門的〈都市之死〉　門羅天下——當代名家論羅門　臺北
　　　　　　　文史哲出版社　1991 年 12 月　頁 119—122

767. 張　健　　評羅門的〈都市之死〉　羅門創作大系・都市詩　臺北　文史哲
　　　　　　　出版社　1995 年 4 月　頁 176—178

768. 張　健　　重點評賞〈都市之死〉　羅門詩鑑賞　香港　中華出版社　1995
　　　　　　　年 4 月　頁 162—164

769. 李漢偉　　反思都會的亂象與掙扎〔〈都市之死〉部分〕　臺灣新詩的三種
　　　　　　　關懷　臺北　駱駝出版社　1997 年 10 月　頁 187—188

770. 辛　鬱　　羅門的〈窗〉[24]　青年戰士報　1976 年 12 月 6 日　8 版

771. 辛　鬱　　羅門的〈窗〉　臺灣新聞報　1988 年 7 月 4 日　12 版

772. 辛　鬱　　〈窗〉　臺灣新詩鑑賞辭典　太原　北岳文藝出版社　1991 年 12
　　　　　　　月　頁 313—314

773. 辛　鬱　　羅門的〈窗〉——讀詩札記之卅二　心靈世界的回響：羅門詩作
　　　　　　　評論集　臺北　文史哲出版社　2000 年 10 月　頁 163—166

774. 劉龍勳　　〈窗〉賞析　中國新詩賞析（三）　臺北　長安出版社　1987 年
　　　　　　　2 月　頁 146—148

775. 辛　鬱　　〈窗〉賞析　中國新詩鑑賞大辭典　南京　江蘇文藝出版社

[24] 本文後改篇名為〈羅門的〈窗〉——讀詩札記之卅二〉。

1988 年 12 月　頁 1041—1043

776. 古遠清　〈窗〉賞析　臺港現代詩賞析　鄭州　河南人民出版社　1991 年
3 月　頁 46—47

777. 謝　馨　讀羅門詩──〈窗〉　心靈世界的回響：羅門詩作評論集　臺北
文史哲出版社　2000 年 10 月　頁 172—174

778. 馮晟乾　釋羅門的〈窗〉　心靈世界的回響：羅門詩作評論集　臺北　文
史哲出版社　2000 年 10 月　頁 184—186

779. 向　陽　〈窗〉賞析　臺灣現代文選　臺北　三民書局　2004 年 5 月　頁
179—181

780. 羅　青　羅門的〈流浪人〉　大華晚報　1978 年 3 月 5 日　7 版

781. 羅　青　羅門的〈流浪人〉　門羅天下──當代名家論羅門　臺北　文史
哲出版社　1991 年 12 月　頁 127—132

782. 羅　青　羅門的〈流浪人〉　羅門論　北京　中國社會科學出版社　1995
年 4 月　頁 160—164

783. 羅　青　羅門的〈流浪人〉　從徐志摩到余光中　臺北　爾雅出版社
1999 年 8 月　頁 169—176

784. 落　蒂　羅門〈流浪人〉賞析　青青草原　雲林　青草地雜誌社　1981 年
4 月　頁 77—78

785. 落　蒂　〈流浪人〉　中學新詩選讀　雲林　青草地雜誌社　1982 年 2 月
頁 76—78

786. 劉龍勳　〈流浪人〉賞析　中國新詩賞析（三）　臺北　長安出版社
1987 年 2 月　頁 163—166

787. 翁光宇　羅門的〈流浪人〉　門羅天下──當代名家論羅門　臺北　文史
哲出版社　1991 年 12 月　頁 423—428

788. 丁四新　羅門的〈流浪人〉及其生命意識的藝術觀　名作欣賞　1992 年第
3 期　1992 年 5 月　頁 31—35

789. 俞兆平　羅門的〈流浪人〉　心靈世界的回響：羅門詩作評論集　臺北

文史哲出版社　2000 年 10 月　頁 242—243

790. 柳易冰　空酒瓶旁坐著木然靈魂——〈流浪人〉賞析　心靈世界的回響：
羅門詩作評論集　臺北　文史哲出版社　2000 年 10 月　頁 252—
253

791. 唐　捐　〈流浪人〉評析　當代文學讀本：臺灣現代文學教程　臺北　二
魚文化公司　2002 年 8 月　頁 44—45

792. 李標晶　羅門的〈流浪人〉　20 世紀中國文學通史　上海　東方出版中心
2003 年 9 月　頁 574—576

793. 李翠瑛　天涯我獨行——羅門〈流浪人〉的孤獨情懷　細讀新詩的掌紋
臺北　萬卷樓圖書公司　2006 年 3 月　頁 127—137

794. 陳仲義　啓夕秀於未振——重讀臺灣名詩人名作——顛倒，來幾下頭手倒
立——讀羅門〈流浪人〉　世界華文文學論壇　2008 年第 1 期
2008 年 3 月　頁 21—22

795. 陳仲義　啓夕秀於未振——重讀臺灣名詩人名作——顛倒，來幾下「頭手
倒立」——讀羅門〈流浪人〉　香港文學　第 279 期　2008 年 3
月　頁 82—83

796. 紀少雄　異鄉人的眼淚——臺灣詩人羅門的〈流浪人〉賞析　羅門、蓉子
六十年詩歌創作研討會　海口　海南師範大學　2010 年 6 月 19 日

797. 喬　林　羅門的〈流浪人〉　人間福報　2011 年 9 月 26 日　15 版

798. 李翠瑛　飛翔的語言——論臺灣新詩語言之虛擬意象〔〈流浪人〉部分〕
創世紀　第 164 期　2010 年 9 月　頁 36

799. 張漢良　〈咖啡廳〉賞析　現代詩導讀・導讀篇 1　臺北　故鄉出版社
1979 年 11 月　頁 119—121

800. 劉龍勳　〈咖啡廳〉賞析　中國新詩賞析（三）　臺北　長安出版社
1987 年 2 月　頁 168—170

801. 古遠清　〈咖啡廳〉賞析　臺港現代詩賞析　鄭州　河南人民出版社
1991 年 3 月　頁 49—50

802. 蕭　蕭　　〈機場・鳥的記事〉賞析　現代詩導讀・導讀篇 1　臺北　故鄉出
　　　　　　　版社　1979 年 11 月　頁 126—127

803. 張漢良　　〈都市的落幕式〉賞析　現代詩導讀・導讀篇 1　臺北　故鄉出版
　　　　　　　社　1979 年 11 月　頁 129—131

804. 張漢良　　談〈都市的落幕式〉　羅門詩鑑賞　香港　中華出版社　1995 年
　　　　　　　4 月　頁 12—14

805. 〔文曉村編〕　　〈天空〉評析　寫給青少年的新詩評析一百首（上）　臺
　　　　　　　北　布穀出版社　1980 年 4 月　頁 180—182

806. 〔文曉村編〕　　〈天空〉評析　新詩評析一百首（上）　臺北　黎明文化
　　　　　　　公司　1981 年 3 月　頁 198—199

807. 陳寧貴　　〈曠野〉中的羅門　臺灣新聞報　1981 年 6 月 11 日　12 版

808. 陳寧貴　　〈曠野〉中的羅門　門羅天下——當代名家論羅門　臺北　文史
　　　　　　　哲出版社　1991 年 12 月　頁 173—180

809. 陳寧貴　　〈曠野〉中的羅門　羅門創作大系・自然詩　臺北　文史哲出版
　　　　　　　社　1995 年 4 月　頁 171—178

810. 吳興仁　　愛深責切論〈曠野〉　陽光小集　第 6 期　1981 年 7 月　頁 16

811. 林　野　　回顧茫茫的〈曠野〉　陽光小集　第 6 期　1981 年 7 月　頁 17—
　　　　　　　18

812. 林　野　　回顧茫茫的〈曠野〉　門羅天下——當代名家論羅門　臺北　文
　　　　　　　史哲出版社　1991 年 12 月　頁 372—374

813. 林　野　　四顧茫茫的〈曠野〉　羅門論　北京　中國社會科學出版社
　　　　　　　1995 年 4 月　頁 237—239

814. 林　野　　回顧茫茫的〈曠野〉　羅門創作大系・自然詩　臺北　文史哲出
　　　　　　　版社　1995 年 4 月　頁 185—186

815. 陳　煌　　〈曠野〉的演出　陽光小集　第 6 期　1981 年 7 月　頁 22

816. 陳　煌　　〈曠野〉的演出　門羅天下——當代名家論羅門　臺北　文史哲
　　　　　　　出版社　1991 年 12 月　頁 364

817. 陳　煌　〈曠野〉的演出　羅門創作大系‧自然詩　臺北　文史哲出版社
　　　1995 年 4 月　頁 183—184

818. 陳　煌　〈曠野〉的演出　羅門論　北京　中國社會科學出版社　1995 年
　　　4 月　頁 231—232

819. 陳寧貴　向精神困境突圍〔〈曠野〉〕　陽光小集　第 6 期　1981 年 7 月
　　　頁 23—24

820. 陳寧貴　向精神困境突圍〔〈曠野〉〕　門羅天下——當代名家論羅門
　　　臺北　文史哲出版社　1991 年 12 日　頁 370—371

821. 陳寧貴　向精神困境突圍〔〈曠野〉〕　羅門論　北京　中國社會科學出
　　　版社　1995 年 4 月　頁 235—237

822. 陳寧貴　羅門如何〈觀海〉　臺灣新聞報　1981 年 12 月 5 日　12 版

823. 陳寧貴　羅門如何〈觀海〉　門羅天下——當代名家論羅門　臺北　文史
　　　哲出版社　1991 年 12 月　頁 181—190

824. 陳寧貴　羅門如何〈觀海〉　羅門創作大系‧自然詩　臺北　文史哲出版
　　　社　1995 年 4 月　頁 161—170

825. 朱　徽　〈觀海〉詩賞析　羅門創作大系‧自然詩　臺北　文史哲出版社
　　　1995 年 4 月　頁 187—188

826. 王　泉　紛繁人生的寫意——羅門〈觀海〉賞析　中國海洋文學大系：二
　　　十世紀海洋詩精品賞析選集　臺北　詩藝文出版社　2002 年 4 月
　　　頁 231—232

827. 陳滿銘　論羅門〈觀海〉詩的時空螺旋結構　國文天地　第 313 期　2011
　　　年 6 月　頁 87—91

828. 苦　苓　羅門的〈彈片‧TRON 的斷腿〉　詩人坊季刊　第 5 期　1983 年
　　　7 月　頁 54—56

829. 苦　苓　羅門的〈彈片‧TRON 的斷腿〉　門羅天下——當代名家論羅門
　　　臺北　文史哲出版社　1991 年 12 月　頁 345—348

830. 張　默　從繁富到清明——六十年代的新詩〔〈彈片‧TRON 的斷腿〉部

分〕　文訊雜誌　第 13 期　1984 年 8 月　頁 101—102

831. 陳寧貴　讀詩筆記〔〈傘〉〕　中央日報　1983 年 10 月 10 日　10 版

832. 蓉　子　新詩欣賞〈傘〉　國語日報　1985 年 6 月 2 日　6 版

833. 蓉　子　新詩欣賞〈傘〉　心靈世界的回響：羅門詩作評論集　臺北　文
　　　　　　史哲出版社　2000 年 10 月　頁 194—196

834. 趙天儀　〈山〉賞析　當代臺灣詩人選一九八三卷　臺北　金文圖書公司
　　　　　　1984 年 5 月　頁 42

835. 紀少雄　山海浪和風雲鳥的童話——析臺灣詩人羅門的〈山〉[25]　門羅天下
　　　　　　——當代名家論羅門　臺北　文史哲出版社　1991 年 12 月　頁
　　　　　　503—506

836. 紀少雄　詩人羅門的〈山〉　羅門創作大系・自然詩　臺北　文史哲出版
　　　　　　社　1995 年 4 月　頁 189—192

837. 紀少雄　羅門〈山〉　羅門詩鑑賞　香港　中華出版社　1995 年 4 月　頁
　　　　　　43—45

838. 紀少雄　山、海浪以及風雲鳥的童話——評析臺灣詩人羅門的〈山〉　羅
　　　　　　門、蓉子六十年詩歌創作研討會　海口　海南師範大學　2010 年
　　　　　　6 月 19 日

839. 蕭　蕭　〈山〉解析　天下詩選 1：1923—1999 臺灣　臺北　天卜遠見出
　　　　　　版公司　1999 年 9 月　頁 203—206

840. 王宗法　一片風景萬斛情——讀〈山〉　臺港文學觀察　合肥　安徽教育
　　　　　　出版社　2000 年 8 月　頁 69—72

841.〔蕭　蕭主編〕　〈山〉詩作賞析　優游意象世界　臺北　聯合文學出版
　　　　　　社　2006 年 6 月　頁 49

842. 向　陽　〈山〉作品導讀　青少年臺灣文庫 2——新詩讀本 1：春天在我的
　　　　　　血管裡歌唱　臺北　國立編譯館　2008 年 12 月　頁 80

843. 陳寧貴　余光中與羅門〈漂水花〉　成功時報　1984 年 7 月 31 日　11 版

---

[25]本文後改篇名爲〈詩人羅門的〈山〉〉、〈羅門〈山〉〉。

844. 陳寧貴　余光中與羅門〈漂水花〉　藍星詩刊　第 1 期　1984 年 10 月　頁 160—164

845. 陳寧貴　評余光中與羅門的〈漂水花〉　門羅天下——當代名家論羅門　臺北　文史哲出版社　1991 年 12 月　頁 213—218

846. 周粲　詩人競技：讀余光中和羅門的〈漂水花〉　藍星詩刊　第 4 期　1985 年 7 月　頁 77—81

847. 周粲　詩人競技：讀余光中和羅門的〈漂水花〉　七十四年文學批評選　臺北　爾雅出版社　1986 年 4 月　頁 29—38

848. 周粲　詩人競技：讀余光中和羅門的〈漂水花〉　門羅天下——當代名家論羅門　臺北　文史哲出版社　1991 年 12 月　頁 491—498

849. 郭龍　穿上蟋蟀的衣裳——從詩人余光中、羅門、向明的〈漂水花〉想起　藍星詩學　第 3 期　1999 年 9 月　頁 179—188

850. 落蒂　童年跳著水花來——析羅門〈漂水花〉　詩的播種者　臺北　爾雅出版社　2003 年 2 月　頁 45—49

851. 蕭蕭　走進一聲急煞車裡去〔〈車禍〉〕　感人的詩　臺北　希代書版公司　1984 年 12 月　頁 248—251

852. 紀少雄　死亡的透視——讀羅門的〈車禍〉　羅門、蓉子六十年詩歌創作研討會　海口　海南師範大學　2010 年 6 月 19 日

853. 周伯乃　詩的意象〔〈第九日的底流〉〕　現代詩的欣賞（一）　臺北　三民書局　1985 年 2 月　頁 67—69

854. 張艾弓　悲劇與拯救——評〈第九日的底流〉[26]　從詩中走過來：論羅門蓉子　臺北　文史哲出版社　1997 年 10 月　頁 207—227

855. 張艾弓　悲劇與拯救——評〈第九日的底流〉　燕園詩旅——羅門・蓉子詩歌藝術論　武漢　長江文藝出版社　2000 年 4 月　頁 97—116

856. 張艾弓　悲劇與拯救——評〈第九日的底流〉　我的詩國　臺北　文史哲

---

[26]本文以四個主題意象，歸結〈第九日的底流〉一詩的「流程」。全文共 5 小節：1.螺旋塔；2.鐘錶；3.鏡房；4.死亡；5.結尾，並開始。

出版社　2010 年 6 月　頁 198—210

857. 張艾弓　　悲劇與拯救——評〈第九日的底流〉　我的詩國（上）　臺北
　　　　　　　文史哲出版社　2011 年 12 月　頁 244—256

858. 張艾弓，林燿德，高信疆　　附：有關〈第九日的底流〉詩的一些話　我的
　　　　　　　詩國　臺北　文史哲出版社　2010 年 6 月　頁 211—212

859. 張艾弓，林燿德，高信疆　　附：有關〈第九日的底流〉詩的一些話　我的
　　　　　　　詩國（上）　臺北　文史哲出版社　2011 年 12 月　頁 257—258

860. 周伯乃　　詩的境界〔〈螺旋形的死戀〉〕　現代詩的欣賞（一）　臺北
　　　　　　　三民書局　1985 年 2 月　頁 148—159

861. 周伯乃　　論詩的境界〔〈螺旋形的死戀〉〕　門羅天下——當代名家論羅
　　　　　　　門　臺北　文史哲出版社　1991 年 12 月　頁 307—320

862. 周伯乃　　論詩的境界〔〈螺旋形的死戀〉〕　羅門創作大系・自我・時
　　　　　　　空・死亡詩　臺北　文史哲出版社　1995 年 4 月　頁 165—178

863. 向　明　　重頭歌韻響琤琮——《七十三年詩選》導言〔〈時空奏鳴曲〉部
　　　　　　　分〕　文訊雜誌　第 16 期　1985 年 2 月　頁 204

864. 陳寧貴　　把鄉愁運回來——讀羅門〈時空奏鳴曲——遙望廣九鐵路〉　臺
　　　　　　　灣新聞報　1985 年 3 月 25 日　8 版

865. 陳寧貴　　把鄉愁運回來——讀羅門〈時空奏鳴〉　整個世界停止呼吸在起
　　　　　　　跑線上　臺北　光復書局　1988 年 4 月　頁 153—158

866. 林燿德　　火焚乾坤獵——讀羅門的〈時空奏鳴曲〉　大華晚報　1985 年 6
　　　　　　　月 3 日　10 版

867. 林燿德　　火焚乾坤獵——讀羅門的〈時空奏鳴曲〉　整個世界停止呼吸在
　　　　　　　起跑線上　臺北　光復書局　1988 年 4 月　頁 143—152

868. 林燿德　　火焚乾坤獵——讀羅門的〈時空奏鳴曲〉　門羅天下——當代名
　　　　　　　家論羅門　臺北　文史哲出版社　1991 年 12 月　頁 41—54

869. 林亨泰　　健步的語言意象〔〈時空奏鳴曲〉〕　中國時報　1988 年 10 月
　　　　　　　24 日　18 版

870. 林亨泰　健步的語言意象〔〈時空奏鳴曲〉〕　林亨泰全集・文學論述卷 3　彰化　彰化縣立文化中心　1998 年 9 月　頁 171—173

871. 林亨泰　健步的語言意象〔〈時空奏鳴曲〉〕　心靈世界的回響：羅門詩作評論集　臺北　文史哲出版社　2000 年 10 月　頁 159—160

872. 湯玉琪　懷鄉的空間：論羅門的〈時空奏鳴曲〉　人文社會學報　第 4 期　2003 年 5 月　頁 177—196

873. 陳寧貴　把鄉愁運回來——讀羅門〈遙望廣九鐵路〉　臺灣新聞報　1985年 3 月 25 日　8 版

874. 陳寧貴　現代詩的新視野——羅門〈麥當勞午餐時間〉　民眾日報　1985年 8 月 22 日　12 版

875. 陳寧貴　現代詩新的視野——羅門〈麥當勞午餐時間〉　門羅天下——當代名家論羅門　臺北　文史哲出版社　1991 年 12 月　頁 199—206

876. 沈花末　〈「麥當勞」午餐時間〉小評　1985 臺灣詩選　臺北　前衛出版社　1986 年 3 月　頁 131—135

877. 向　陽　評〈「麥當勞」午餐時間〉　七十五年詩選　臺北　爾雅出版社　1986 年 3 月　頁 172

878. 陳寧貴　羅門的〈麥當勞午餐時間〉　羅門詩鑑賞　香港　中華出版社　1995 年 4 月　頁 46—53

879. 蕭　蕭　〈麥當勞午餐時間〉鑑賞與寫作指導　中學生現代詩手冊　臺北　翰林出版公司　1999 年 9 月　頁 113—120

880. 陳大為　胃的殖民史——現代詩裡的速食文化〔〈麥當勞午餐時間〉部分〕　中國現代文學理論季刊　第 19 期　2000 年 9 月　頁 427—430

881. 陳大為　胃的殖民史——現代詩裡的速食文化〔〈麥當勞午餐時間〉部分〕　中華現代文學大系（貳）・臺灣一九八九—二〇〇三評論卷（一）　臺北　九歌出版社　2003 年 10 月　頁 1279—1283

882. 潘麗珠　　羅門的豪華與〈麥當勞午餐時間〉的古典映照　羅門、蓉子六十
　　　　　　　年詩歌創作研討會　海口　海南師範大學　2010 年 6 月 19 日

883. 陳寧貴　　現代詩何去何從？——讀羅門〈週末旅途事件〉有感　藍星詩刊
　　　　　　　第 9 期　1986 年 10 月　頁 77—81　本文後改篇名為〈爬這座大山
　　　　　　　——讀羅門的〈週末旅途事件〉〉。

884. 陳寧貴　　爬這座大山——讀羅門的〈週末旅途事件〉　門羅天下——當代
　　　　　　　名家論羅門　臺北　文史哲出版社　1991 年 12 月　頁 191—198

885. 陳寧貴　　爬這座大山——讀羅門的〈週末旅途事件〉　羅門創作大系・戰
　　　　　　　爭詩　臺北　文史哲出版社　1995 年 4 月　頁 165—171

886. 和　權　　試論羅門的〈週末旅途事件〉　藍星詩刊　第 17 期　1988 年 10
　　　　　　　月　頁 78—85

887. 和　權　　試論羅門的〈週末旅途事件〉　門羅天下——當代名家論羅門
　　　　　　　臺北　文史哲出版社　1991 年 12 月　頁 413—422

888. 和　權　　試論羅門的〈週末旅途事件〉　華文現代詩鑑賞　臺北　新銳文
　　　　　　　創　2012 年 10 月　頁 276—284

889. 郭玉文　　羅門的〈周末事件〉　羅門詩鑑賞　香港　中華出版社　1995 年
　　　　　　　4 月　頁 67—70

890. 劉龍勳　　〈車入自然〉賞析　中國新詩賞析（三）　臺北　長安出版社
　　　　　　　1987 年 2 月　頁 158—161

891. 陳寧貴　　讀詩筆記〔〈假期〉〕　秋水詩刊　第 54 期　1987 年 4 月　頁 6
　　　　　　　—7

892. 張默　　　羅門／〈拾荒者〉　小詩選讀　臺北　爾雅出版社　1987 年 5 月
　　　　　　　頁 50—52

893. 〔沈花末主編〕　　〈田園與都市〉賞析　鏡頭中的新詩　臺北　漢光文化
　　　　　　　公司　1987 年 7 月　頁 69

894. 張漢良　　評〈玻璃大廈的異化〉　七十六年詩選　臺北　爾雅出版社
　　　　　　　1988 年 3 月　頁 5

895. 張漢良　　羅門的〈玻璃大廈的異化〉　羅門詩鑑賞　香港　中華出版社
　　　　　　　1995 年 4 月　頁 15—16

896. 張漢良　　都市詩言談——臺灣的例子〔〈玻璃大廈的異化〉部分〕　當代
　　　　　　　第 32 期　1988 年 12 月　頁 47—48

897. 向　明　　臺灣詩中的月亮〔〈月思〉部分〕　文學報　1988 年 8 月 25 日
　　　　　　　3 版

898. 于慈江　　〈蓉子回家日記〉賞析　中外現代抒情名詩鑑賞辭典　北京　學
　　　　　　　苑出版社　1989 年 8 月　頁 692—693

899. 于慈江　　〈蓉子回家日記〉　臺灣新詩鑑賞辭典　太原　北岳文藝出版社
　　　　　　　1991 年 12 月　頁 315—317

900. 高　巍　　〈蓉子回家日記〉賞析　世界華人詩歌鑑賞大辭典　太原　書海
　　　　　　　出版社　1993 年 3 月　頁 159—161

901.〔鄭明娳，林燿德主編〕　　〈記憶的快鏡頭〉　有情四卷——愛情　臺北
　　　　　　　正中書局　1989 年 12 月　頁 138

902. 張　健　　評詩兩首〔〈歲月的琴聲〉部分〕　文學的長廊　臺北　幼獅文
　　　　　　　化公司　1990 年 8 月　頁 110—111

903. 丁　平　　細聽羅門的〈歲月的琴聲〉　世界華文詩刊（香港）　第 3、4 期
　　　　　　　合刊　1991 年 9 月　頁 25—26

904. 丁　平　　細聽羅門的〈歲月的琴聲〉　門羅天下——當代名家論羅門　臺
　　　　　　　北　文史哲出版社　1991 年 12 月　頁 519—524

905. 丁　平　　細聽羅門的〈歲月的琴聲〉　羅門詩鑑賞　香港　中華出版社
　　　　　　　1995 年 4 月　頁 75—79

906. 蕭　蕭　　後現代 A 與 O 管道——〈後現代 A 管道‧後現代 O 管道〉　七
　　　　　　　十九年詩選　臺北　爾雅出版社　1991 年 2 月　頁 53

907. 古遠清　　〈城裡的人〉賞析　臺港現代詩賞析　鄭州　河南人民出版社
　　　　　　　1991 年 3 月　頁 43—44

908. 古遠清　　〈送早報者〉賞析　臺港現代詩賞析　鄭州　河南人民出版社

　　　　　　1991 年 3 月　頁 44—45

909. 古遠清　〈2 比 2・20 比 20〉　臺港現代詩賞析　鄭州　河南人民出版社
　　　　　　1991 年 3 月　頁 47—49

910. 古遠清　談〈2 比 2・20 比 20〉詩中的兩節　羅門詩鑑賞　香港　中華出
　　　　　　版社　1995 年 4 月　頁 73—74

911. 林燿德　都市：文學變遷的新坐標〔〈都市・此刻坐在教堂作禮拜〉部
　　　　　　分〕　重組的星空　臺北　業強出版社　1991 年 6 月　頁 195—
　　　　　　198

912. 鄒建軍　〈小提琴的四根弦〉賞析　世界華人詩歌鑑賞大辭典　太原　書
　　　　　　海出版社　1993 年 3 月　頁 148—149

913. 李敏勇　〈小提琴的四根弦〉作品導讀　青少年臺灣文庫 2——新詩讀本
　　　　　　3：天門開的時候　臺北　國立編譯館　2008 年 12 月　頁 10

914. 張　默　〈長在「後現代」背後的一顆黑痣〉編者按語　八十一年詩選
　　　　　　臺北　現代詩季刊社　1993 年 6 月　頁 19

915. 鄭明娳　〈活水之歌〉釋義　活水詩粹　臺北　活水文化雙周報社　1993
　　　　　　年 10 月　頁 8

916. 蕭　蕭　現代詩的情色美學與性愛描寫〔〈床上錄影〉部分〕　臺灣詩學
　　　　　　季刊　第 9 期　1994 年 12 月　頁 17—18

917. 蕭　蕭　現代詩的情色美學與性愛描寫〔〈床上錄影〉部分〕　雲端之
　　　　　　美・人間之真　臺北　駱駝出版社　1997 年 3 月　頁 229—231

918. 蕭　蕭　現代詩的情色美學與性愛描寫〔〈床上錄影〉部分〕　臺灣文學
　　　　　　二十年集 1978—1998：評論二十家　臺北　九歌出版社　1998 年
　　　　　　3 月　頁 63—65

919. 陳　煌　談〈都市・方形的存在〉　羅門詩鑑賞　香港　中華出版社
　　　　　　1995 年 4 月　頁 63—66

920. 〔游喚，徐華中，張鴻聲編著〕　〈都市・方形的存在〉賞析　現代詩精
　　　　　　讀　臺北　五南圖書出版公司　1998 年 9 月　頁 167—173

921. 許俊雅　新詩教學——談新詩的標點符號與分行〔〈都市·方形的存在〉部分〕　我心中的歌：現代文學星空　臺北　文史哲出版社　2006 年 6 月　頁 390—392

922. 王一桃　讀羅門〈一座走動的大自然〉　羅門詩鑑賞　香港　中華出版社　1995 年 4 月　頁 88—94

923. 向　明　〈社會造型藝術系列〉小評　八十三年詩選　臺北　現代詩季刊社　1995 年 5 月　頁 146—147

924. 辛　鬱　〈過三峽〉小評　八十四年詩選　臺北　現代詩季刊社　1996 年 5 月　頁 69

925. 焦　桐　身體爭霸戰——試論情色詩的話語策略〔〈樹·鳥二重唱〉部分〕　臺灣當代情色文學論：蕾絲與鞭子的交歡　臺北　時報文化出版公司　1997 年 3 月　頁 198

926. 焦　桐　身體爭霸戰——試論情色詩的話語策略〔〈樹·鳥二重唱〉部分〕　20 世紀臺灣文學專題 2：創作類型與主題　臺北　萬卷樓圖書公司　2006 年 9 月　頁 24

927. 潘麗珠　羅門的〈提 007 手提箱的年輕人——他夢見 007 是造在乳峰上的一座水晶大廈〉　現代詩學　臺北　五南圖書出版公司　1997 年 9 月　頁 17—19

928. 楊雨河　羅門的短詩十二個字讀後——〈天地線是宇宙最後的一根弦〉　從詩中走過來：論羅門蓉子　臺北　文史哲出版社　1997 年 10 月　頁 228—234

929. 向　明　鼓勵·鼓勵·加倍鼓勵·脫國王新衣——評析羅門〈大峽谷奏鳴曲〉及其他　臺灣詩學季刊　第 22 期　1998 年 3 月　頁 35—47

930. 向　明　鼓勵·鼓勵·加倍鼓勵·脫國王新衣——評析羅門〈大峽谷奏鳴曲〉及其他　窺詩手記　臺北　禹臨圖書公司　2002 年 12 月　頁 132—150

931. 向　明　一行也是詩〔〈我最短的一首詩〉〕　新詩後五十問　臺北　爾

雅出版社　1998 年 4 月　頁 57—59

932. 蕭　蕭　　圖象詩：多種交疊的文類——臺灣圖象詩的基本類型——象空圖
　　　　　　　象詩〔〈我最短的一首詩〉部分〕　現代新詩美學　臺北　爾雅
　　　　　　　出版社　2007 年 7 月　頁 318—319

933. 蕭　蕭　　臺灣海洋詩的美學特質——以海爲理性思維之客體〔〈海〉部
　　　　　　　分〕　臺灣詩學季刊　第 29 期　1999 年 12 月　頁 35

934. 李少儒　　大潑墨大寫意——詩人羅門的〈馬中馬〉　心靈世界的回響：羅
　　　　　　　門詩作評論集　臺北　文史哲出版社　2000 年 10 月　頁 179—
　　　　　　　183

935. 唐淑貞　　從美的創造活動看〈春天的浮雕〉一詩　中國語文　第 87 卷第 5
　　　　　　　期　2000 年 11 月　頁 62—66

936. 文曉村　　〈生存空間的驚爆線〉點評　中國詩歌選 2001 年版　臺北　詩藝
　　　　　　　文出版社　2001 年 6 月　頁 283

937. 焦　桐　　〈人與大自然淚眼相望〉賞析　九十年詩選　臺北　臺灣詩學季
　　　　　　　刊雜誌社　2002 年 5 月　頁 211

938. 鐘　靈　　物慾稱霸的金錢帝國——細讀羅門〈紐約〉　藍星詩學　第 19 期
　　　　　　　2003 年 9 月　頁 168—175

939. 〔孟　樊編〕　紀遊詩〔〈紐約〉部分〕　旅行文學讀本　臺北　揚智文
　　　　　　　化公司　2004 年 3 月　頁 142

940. 張　默　　從〈秋晚的江上〉到〈時間進行式〉——「七行詩」讀後筆記
　　　　　　　〔〈全人類都在流淚〉部分〕　小詩・牀頭書　臺北　爾雅出版
　　　　　　　社　2007 年 3 月　頁 186

941. 林菁菁　　〈溪頭遊〉隨詩去旅遊　風櫃上的演奏會——讀新詩遊臺灣（自
　　　　　　　然篇）　臺北　幼獅文化公司　2007 年 6 月　頁 71—73

942. 林菁菁　　〈觀燈記〉隨詩去旅遊　走入歷史的身影——讀新詩遊臺灣（人
　　　　　　　文篇）　臺北　幼獅文化公司　2007 年 6 月　頁 46—48

943. 焦　桐　　作品賞析——〈二〇〇六年後現代動畫特輯〉　2006 臺灣詩選

臺北　二魚文化公司　2007 年 7 月　頁 79

944. 向　陽　〈夏〉作品導讀　青少年臺灣文庫 2——新詩讀本 1：春天在我的
血管裡歌唱　臺北　國立編譯館　2008 年 12 月　頁 29

945. 向　陽　〈出走〉作品導讀　青少年臺灣文庫 2——新詩讀本 1：春天在我
的血管裡歌唱　臺北　國立編譯館　2008 年 12 月　頁 139

946. 丁威仁　都市書寫的趨向（上）—九〇年代臺灣現代詩都市主題的多向變
奏〔〈「世紀末」病在都市裡〉部分〕　戰後臺灣現代詩的演變
與特質（1949—2010）　臺北　秀威資訊科技公司　2012 年 5 月
頁 167—168

## 多篇作品

947. 陳慧樺　談羅門的三首詩〔〈窗〉、〈鞋〉、〈短裙〉〕　板歌　臺北
蘭臺出版社　1973 年 1 月　頁 165—172

948. 陳慧樺　談羅門的三首詩〔〈窗〉、〈鞋〉、〈短裙〉〕　門羅天下——
當代名家論羅門　臺北　文史哲出版社　1991 年 12 月　頁 249—
256

949. 陳慧樺　談羅門的三首詩〔〈窗〉、〈鞋〉、〈短裙〉〕　羅門論　北京
中國社會科學出版社　1995 年 4 月　頁 217—222

950. 顏元叔　羅門的死亡詩〔〈死亡之塔〉、〈都市之死〉、〈麥堅利堡〉〕
中外文學　第 1 卷第 4 期　1972 年 9 月　頁 62—77

951. 顏元叔　羅門的死亡詩〔〈死亡之塔〉、〈都市之死〉、〈麥堅利堡〉〕
談民族文學　臺北　臺灣學生書局　1973 年 6 月　頁 235—257

952. 張漢良　分析羅門的一首都市詩〔〈鳥〉、〈都市的落幕式〉、〈咖啡
廳〉〕　中外文學　第 7 卷第 12 期　1979 年 5 月　頁 126—134

953. 張漢良　分析羅門的一首都市詩〔〈鳥〉、〈都市的落幕式〉、〈咖啡
廳〉〕　結構主義的理論與實踐　臺北　黎明文化公司　1980 年
3 月　頁 177—186

954. 張漢良　分析羅門的一首都市詩〔〈鳥〉、〈都市的落幕式〉、〈咖啡

　　　　　　廳〕〕　門羅天下——當代名家論羅門　臺北　文史哲出版社
　　　　　　1991 年 12 月　頁 23—36

955. 張漢良　分析羅門的一首都市詩〔〈鳥〉、〈都市的落幕式〉、〈咖啡
　　　　　　廳〕〕　當代臺灣文學評論大系・新詩批評卷　臺北　正中書局
　　　　　　1993 年 5 月　頁 439—451

956. 張漢良　分析羅門的一首都市詩〔〈鳥〉、〈都市的落幕式〉、〈咖啡
　　　　　　廳〕〕　羅門論　北京　中國社會科學出版社　1995 年 4 月　頁
　　　　　　34—43

957. 張漢良　分析羅門的一首都市詩〔〈鳥〉、〈都市的落幕式〉、〈咖啡
　　　　　　廳〕〕　羅門創作大系・都市詩　臺北　文史哲出版社　1995 年
　　　　　　4 月　頁 163—175

958. 蕭　蕭　〈送早報者〉、〈車禍〉解說　中學白話詩選　臺北　故鄉出版
　　　　　　社　1980 年 4 月　頁 150—157

959. 劉龍勳　羅門詩兩首賞析〔〈窗〉、〈流浪人〉〕　藍星季刊　復刊 11 號
　　　　　　1980 年 4 月　頁 212—220

960. 劉龍勳　羅門詩兩首賞析〔〈窗〉、〈流浪人〉〕　門羅天下——當代名
　　　　　　家論羅門　臺北　文史哲出版社　1991 年 12 月　頁 257—266

961. 劉龍勳　羅門詩兩首賞析〔〈窗〉、〈流浪人〉〕　羅門論　北京　中國
　　　　　　社會科學出版社　1995 年 4 月　頁 223—229

962. 蕭　蕭　現代詩裡的城鄉衝突——現代詩學現象論〔〈都市之死〉、〈曠
　　　　　　野〉部分〕　文藝月刊　第 163 期　1983 年 1 月　頁 94—98

963. 流沙河　飛逃的雞〔〈逃〉、〈麥堅利堡〉、〈海〉〕　臺灣詩人十二家
　　　　　　重慶　重慶出版社　1983 年 8 月　頁 222—227

964. 陳寧貴　讀羅門的〈窗〉與〈傘〉　民眾日報　1984 年 11 月 15 日　12 版

965. 陳寧貴　讀羅門的〈窗〉與〈傘〉　門羅天下——當代名家論羅門　臺北
　　　　　　文史哲出版社　1991 年 12 月　頁 207—212

966. 陳寧貴　讀羅門的〈窗〉與〈傘〉　羅門創作大系・自我・時空・死亡詩

臺北　文史哲出版社　1995 年 4 月　頁 142—146

967. 陳寧貴　　讀羅門的〈窗〉與〈傘〉　羅門詩鑑賞　香港　中華出版社
　　　　　　　1995 年 4 月　頁 54—57

968. 和　權　　迷人的光芒：試論羅門的詩〔〈未完成的隨想曲之二〉、〈未完
　　　　　　　成的隨想曲之十五〉、〈送早報者〉〕　藍星詩刊　第 8 期
　　　　　　　1986 年 7 月　頁 73—78

969. 和　權　　迷人的光芒：試論羅門的詩〔〈未完成的隨想曲之二〉、〈未完
　　　　　　　成的隨想曲之十五〉、〈送早報者〉〕　門羅天下——當代名家
　　　　　　　論羅門　臺北　文史哲出版社　1991 年 12 月　頁 405—412

970. 和　權　　迷人的光芒——試論羅門的三首詩〔〈未完成的隨想曲之二〉、
　　　　　　　〈未完成的隨想曲之十五〉、〈送早報者〉〕　華文現代詩鑑賞
　　　　　　　臺北　新銳文創　2012 年 10 月　頁 269—275

971. 楊廣敏　　〈蜜月旅行〉、〈詩的歲月——給蓉子〉賞析　愛情新詩鑑賞辭
　　　　　　　典　西安　陝西師範大學出版社　1990 年 3 月　頁 813—817

972. 方　忠　　〈門〉、〈都市之死（四）〉賞析　古今中外朦朧詩鑑賞辭典
　　　　　　　鄭州　中州古籍出版社　1990 年 11 月　頁 484—487

973. 古遠清　　都市人深重孤寂感的生動展示——羅門三首詩賞析〔〈光，穿著
　　　　　　　黑色的睡衣〉、〈都市・方形的存在〉、〈傘〉〕　藍星詩刊
　　　　　　　第 27 期　1991 年 4 月　頁 119—124

974. 古遠清　　都市人深重孤寂感的生動展示——羅門三首詩賞析〔〈光，穿著
　　　　　　　黑色的睡衣〉、〈都市・方形的存在〉、〈傘〉〕　門羅天下—
　　　　　　　—當代名家論羅門　臺北　文史哲出版社　1991 年 12 月　頁 481
　　　　　　　—490

975. 陳寧貴　　讀詩筆記〔〈假期〉、〈小提琴的四根弦〉〕　心靈世界的回
　　　　　　　響：羅門詩作評論集　臺北　文史哲出版社　1991 年 10 月　頁
　　　　　　　167—169

976. 李麗中　　〈麥堅利堡〉、〈流浪人〉、〈玻璃大廈的異化〉、〈生存！這

　　　　　　　　　兩個字〉、〈傘〉、〈車禍〉、〈禮拜堂內外〉、〈遙指大陸〉
　　　　　　　　　臺灣新詩鑑賞辭典　太原　北岳文藝出版社　1991 年 12 月　頁
　　　　　　　　　288—312

977. 郭玉文　　　流浪與寂寞〔〈流浪人〉、〈週末事件〉〕　中國語文　第 69 卷
　　　　　　　　　第 6 期　1991 年 12 月　頁 79—84

978. 郭玉文　　　名著選介——流浪與寂寞〔〈流浪人〉、〈週末事件〉〕　心靈
　　　　　　　　　世界的回響：羅門詩作評論集　臺北　文史哲出版社　2000 年 10
　　　　　　　　　月　頁 108—115

979. 葉　櫓　　　〈麥堅利堡〉、〈傘〉、〈都市之死〉賞析　世界華人詩歌鑑賞
　　　　　　　　　大辭典　太原　書海出版社　1993 年 3 月　頁 149—159

980. 戴維揚　　　噴向永恆思維的螺旋——析論羅門三篇詩作的「空間運作」
　　　　　　　　　〔〈窗〉、〈飛在雲上三萬呎高空〉、〈麥堅利堡〉〕　羅門蓉
　　　　　　　　　子文學世界學術研討會論文集　臺北　文史哲出版社　1994 年 4
　　　　　　　　　月　頁 385—417

981. 戴維揚　　　噴向永恆思維的螺旋——析論羅門三篇詩作的「空間運作」
　　　　　　　　　〔〈窗〉、〈飛在雲上三萬呎高空〉、〈麥堅利堡〉〕　羅門論
　　　　　　　　　北京　中國社會科學出版社　1995 年 4 月　頁 241—261

982. 〔張默，蕭蕭編〕　　〈麥堅利堡〉、〈窗〉、〈流浪人〉、〈「麥當勞」
　　　　　　　　　午餐時間〉鑑評　新詩三百首（一九一七——九九五）（上）
　　　　　　　　　臺北　九歌出版社　1995 年 9 月　頁 396—408

983. 〔文鵬，姜凌主編〕　　羅門——〈山〉、〈窗〉　中國現代名詩三百首
　　　　　　　　　北京　北京出版社　2000 年 1 月　頁 488—491

984. 蕭　蕭　　　新寫實詩三首〔〈「人」的環保出了些問題〉、〈「人」生存空
　　　　　　　　　間的驚爆線〉、〈我們來自自然・已不自然〉〕　八十九年詩選
　　　　　　　　　臺北　臺灣詩學季刊雜誌社　2001 年 4 月　頁 117

985. 〔仇小屏主編〕　　欣賞新詩的幾個角度〔〈流浪人〉、〈車入自然〉、
　　　　　　　　　〈麥堅利堡〉部分〕　放歌星輝下——中學生新詩閱讀指引　臺

　　　　　　北　三民書局　2002 年 8 月　頁 24—25，32—33

986. 陳幸蕙　〈賣花盆的老人〉、〈童年歲月的流向〉芬多精小棧　小詩森
　　　　　　林：現代小詩選 1　臺北　幼獅文化公司　2003 年 11 月　頁 65—
　　　　　　66

987.〔林瑞明選編〕　　〈窗〉、〈出走〉、〈燈屋的世界〉、〈詩的歲月——
　　　　　　給蓉子〉賞析　國民文選・現代詩卷 1　臺北　玉山社出版公司
　　　　　　2005 年 2 月　頁 265

988. 向　陽　〈小提琴的四根弦〉、〈鞋〉賞析　臺灣現代文選・新詩卷　臺
　　　　　　北　三民書局　2005 年 6 月　頁 74—76

989. 陳幸蕙　〈搶劫與強暴〉、〈戰爭縮影〉向星輝斑斕處漫溯　小詩星河：
　　　　　　現代小詩選 2　臺北　幼獅文化公司　2007 年 1 月　頁 68

990. 陳仲義　感動・撼動、挑動、驚動（下）——好詩的「四動」標準〔〈教
　　　　　　堂〉、〈露背裝〉、〈機場・鳥的記事〉部分〕　創世紀　第 157
　　　　　　期　2008 年 12 月　頁 170—171

## 作品評論目錄、索引

991.〔羅　門〕　作品評論引得　羅門自選集　臺北　黎明文化公司　1975 年
　　　　　　12 月　〔1〕頁

992. 林燿德　相關評論要目　羅門論　臺北　師大書苑　1991 年 1 月　頁 153
　　　　　　—161

993.〔編輯部〕　　《羅門蓉子論》書目（十五種）　燕園詩旅——羅門・蓉子
　　　　　　詩歌藝術論　武漢　長江文藝出版社　2000 年 4 月　頁 397—398

994.〔張　默〕　作品評論引得　現代百家詩選　臺北　爾雅出版社　2003 年
　　　　　　6 月　頁 104—105

995. 羅　門　羅門研究檔案　我的詩國　臺北　文史哲出版社　2010 年 6 月
　　　　　　頁 264—251

996. 羅　門　羅門研究檔案　我的詩國（下）　臺北　文史哲出版社　2011 年
　　　　　　12 月　頁 906—911

997.〔封德屏主編〕　　羅門　臺灣現當代作家評論資料目錄（七）　臺南　國
　　　立臺灣文學館　2010 年 11 月　頁 4831—1879

**其他**

998. 觀　哲〔高　準〕　　《八十年代詩選》的「奧秘」　詩潮　第 1 期　1977
　　　年 5 月　頁 40—45

999. 高　準　　《八十年代詩選》的奧秘（一九七七）　異議的聲音：文學與政
　　　治社會評論　臺北　問津堂書局　2007 年 8 月　頁 243—250

1000. 白　靈　　藍星閃閃天盒中——評藍星詩選《星空無限藍》　文訊雜誌　第
　　　25 期　1986 年 8 月　頁 22—26

國家圖書館出版品預行編目資料

羅門／陳大爲編選. -- 初版. -- 臺南市：臺灣文學館，
2013.12
　面；　　公分. -- (臺灣現當代作家研究資料彙編；35)
ISBN 978-986-03-9123-7 (平裝)

1.羅門 2.作家 3.文學評論

783.3886　　　　　　　　　　　　　　102024085

【臺灣現當代作家研究資料彙編】35
# 羅門

發 行 人／　　李瑞騰
指導單位／　　文化部
出版單位／　　國立台灣文學館
　　　　　　　地址／70041 台南市中西區中正路 1 號
　　　　　　　電話／06-2217201　　　　傳真／06-2218952
　　　　　　　網址／www.nmtl.gov.tw　　電子信箱／pba@nmtl.gov.tw

總 策 畫／　　封德屏
顧 　 問／　　林淇瀁　張恆豪　許俊雅　陳信元　陳義芝　須文蔚　應鳳凰
工作小組／　　王雅嫻　杜秀卿　汪黛姈　張純昌　張傳欣　莊雅晴　陳欣怡
　　　　　　　黃寁婷　練麗敏　蘇琬鈞
編 　 選／　　陳大爲
責任編輯／　　陳恬逸　黃寁婷
校 　 對／　　林英勳　陳恬逸　黃敏琪　黃寁婷　趙慶華　潘佳君　蘇琬鈞
計畫團隊／　　財團法人台灣文學發展基金會
美術設計／　　翁國鈞・不倒翁視覺創意
印 　 刷／　　松霖彩色印刷事業有限公司

經銷展售／　　國家書店松江門市（02-25180207）
　　　　　　　國立台灣文學館—雪芙瑞文學咖啡坊（06-2214632）
　　　　　　　南天書局（02-23620190）　　　　唐山出版社（02-23633072）
　　　　　　　府城舊冊店（06-2763093）　　　 台灣的店（02-23625799）
　　　　　　　啓發文化（02-29586713）　　　　三民書局（02-23617511）
　　　　　　　草祭二手書店（06-2216872）　　 五南文化廣場（04-22260330）
網路書店／　　國家書店網路書店 www.govbooks.com.tw
　　　　　　　五南文化廣場網路書店 www.wunanbooks.com.tw
　　　　　　　三民書局網路書店 www.sanmin.com.tw

初版一刷／2013 年 12 月
定 　 　 價／新臺幣 390 元整
　　　　　　第一階段 15 冊新臺幣 5500 元整　　第二階段 12 冊新臺幣 4500 元整
　　　　　　第三階段 23 冊新臺幣 8500 元整　　全套 50 冊新臺幣 18500 元整
　　　　　　全套 50 冊合購特惠新臺幣 16500 元整

GPN／1010202808（單本）　　ISBN／978-986-03-9123-7（單本）
　　　1010000407（套）　　　　　　978-986-02-7266-6（套）

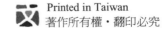